¡VAMOS DE FIESTA!

A Harcourt Spanish Reading / Language Arts Program

RITMOS Y FIESTAS

AUTORES
Alma Flor Ada • F. Isabel Campoy • Juan S. Solis

CONSULTORA
Angelina Olivares

Harcourt

Orlando   Boston   Dallas   Chicago   San Diego

Visita *The Learning Site*
www.harcourtschool.com

ISBN 0-15-313299-X

3 4 5 6 7 8 9 10   048   2003 2002 2001

Ritmos y fiestas

Querido lector:

A todos nos gusta sentir el ritmo interno de nuestro mundo —ya sea adentrándonos a una selva centroamericana, viajando hacia las estrellas o conociendo figuras históricas que han tenido impacto en el pensamiento de su época. Pero, como ya sabes, no siempre es posible. Es entonces, por medio de un buen libro o relato, que podemos vivir estas experiencias.

Prepárate para celebrar la fiesta de la lectura. Viajemos desde las profundidades de los grandes océanos del mundo y los blancos bosques de Alaska, hasta ciudades y escuelas como las tuyas. Leerás cuentos inventados por las mentes creativas de los escritores e historias verídicas escritas por quienes las vivieron. En **Ritmos y fiestas** conocerás a personajes que de alguna manera se han incorporado al ritmo de nuestra Tierra. Quizás descubras que las vivencias de alguno de estos personajes es semejante a una de las tuyas. ¡Vamos ya! Un mundo palpitante nos espera, lleno de sabor y ritmo.

Atentamente,

Los Autores

Los Autores

tema
Soy como soy
Contenido

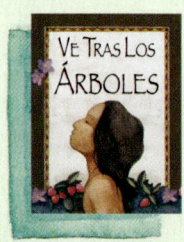

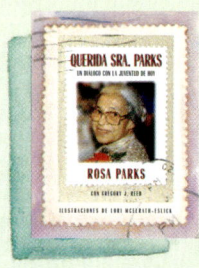

TODOS JUNTOS

6

CONTENIDO

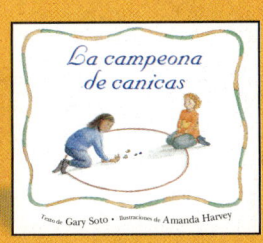

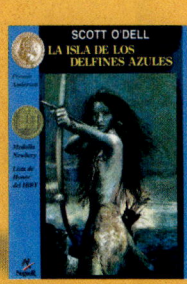

UN MUNDO CAMBIANTE

Contenido

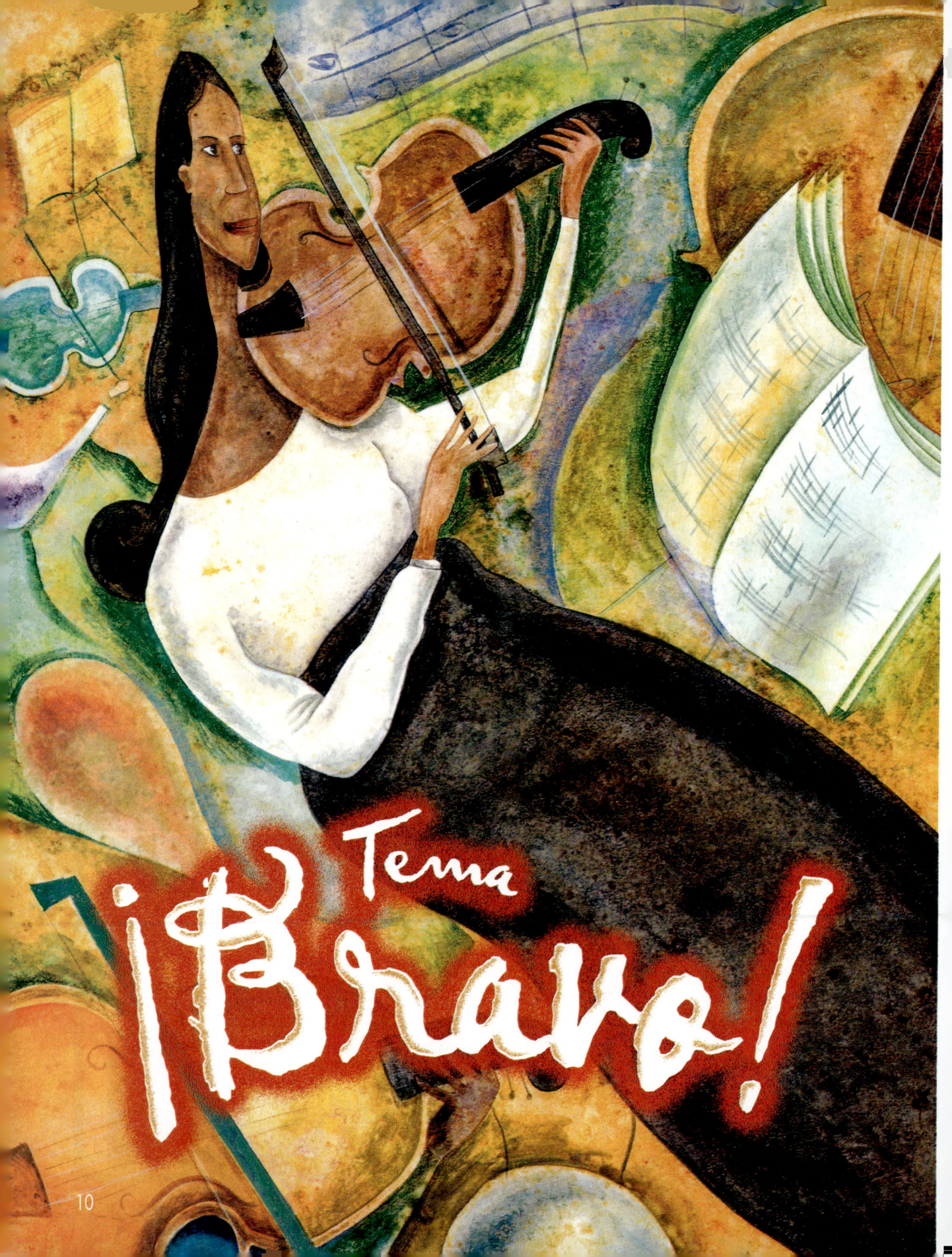

Tema

¡Bravo!

Contenido

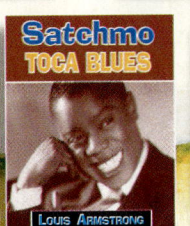

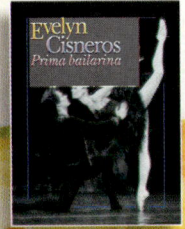

CONTENIDO

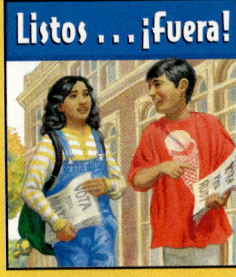

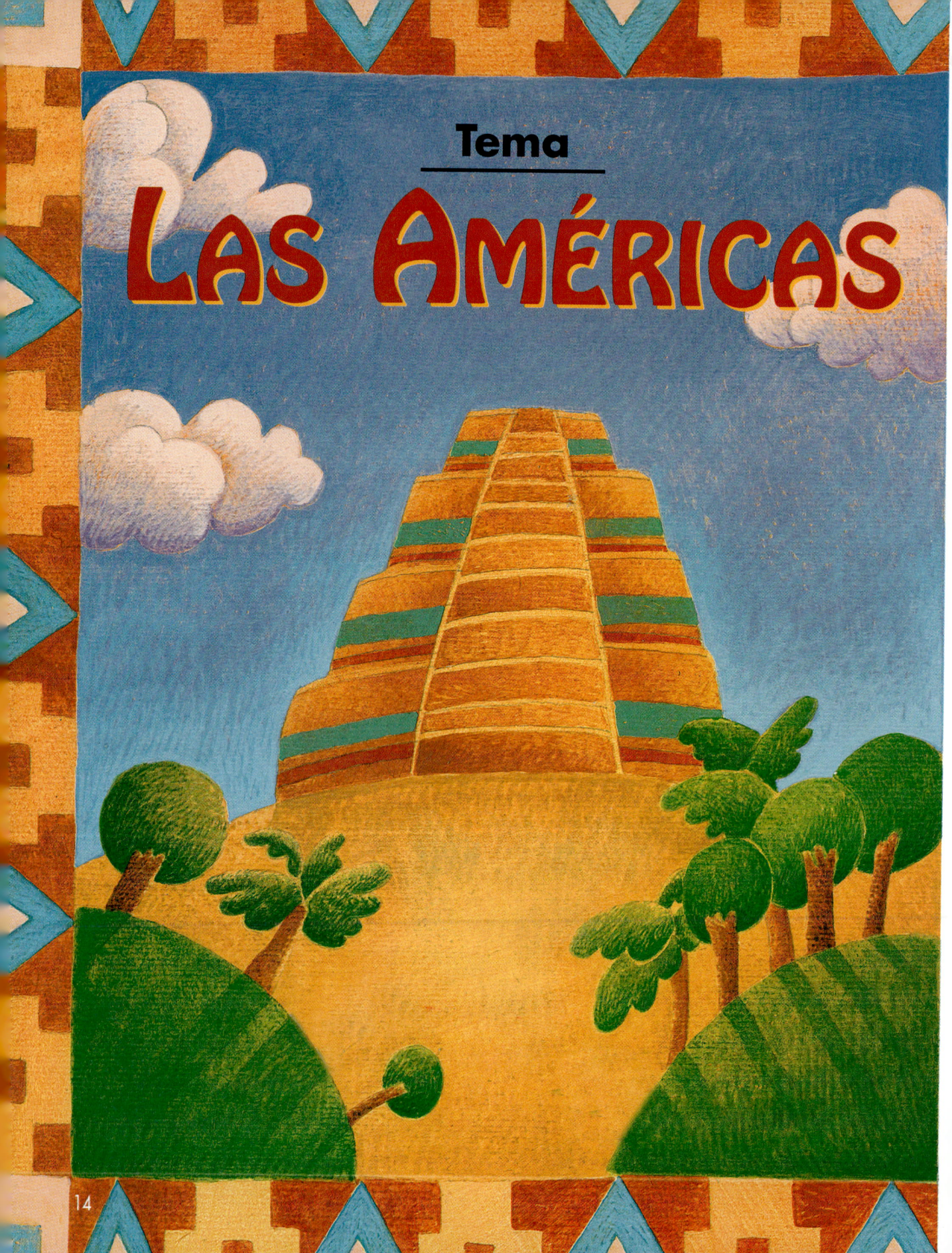

Tema

LAS AMÉRICAS

CONTENIDO

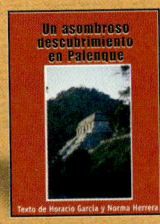
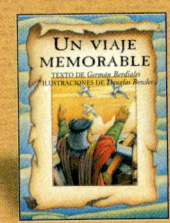

Cómo usar las **estrategias** de lectura

Una estrategia es un plan que te ayuda a hacer algo bien.

Tal vez ya usas algunas estrategias al leer. Quizás **observas el título y las ilustraciones antes de iniciar la lectura.** A lo mejor, **mientras lees piensas en lo que quieres saber.** Si aplicas las estrategias correctas, te convertirás en un mejor lector.

Consulta la lista de estrategias en la página 17. Aprenderás a usarlas cuando leas los cuentos de este libro. Consulta la lista cuando leas un cuento para ayudarte a recordar **las estrategias que usan los buenos lectores.**

- Usar los conocimientos previos

- Hacer predicciones y confirmarlas

- Ajustar el ritmo de lectura

- Autopreguntarse

- Crear imágenes mentales

- Analizar el contexto para confirmar el significado

- Examinar la estructura y el formato del texto

- Usar elementos gráficos

- Consultar fuentes de referencia

- Hacer una lectura anticipada

- Releer

- Resumir y parafrasear

Sigue estos consejos para comprobar tu comprensión:

✔ Copia la lista de estrategias en una tarjeta y úsala como marcador de libros.

✔ Ten la tarjeta a mano mientras lees los cuentos.

✔ Al terminar la lectura, habla con un compañero acerca de las estrategias que usaste y por qué las usaste.

TEMA
Soy como soy
contenido

Los favoritos de los lectores

Historia verdadera de una princesa
de Inés Arredondo

FICCIÓN HISTÓRICA

Una joven princesa es echada del reino por su madre y su padrastro, pero regresa después de muchos años.

COLECCIÓN DE LECTURAS FAVORITAS

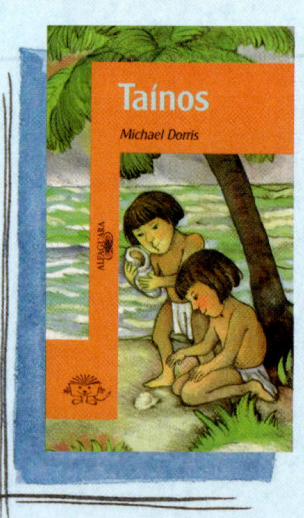

Taínos
de Michael Dorris

FICCIÓN REALISTA

Alba y Noche, que viven en una isla del Caribe antes de la llegada de Colón, superan sus diferencias y aprenden a entenderse mejor.

Premio Scott O'Dell de Novela Histórica

Pantalones cortos
de Lara Ríos

FICCIÓN REALISTA

Arturo recibe un diario para su cumpleaños y cuenta
de su vida durante varios meses.

Autora premiada

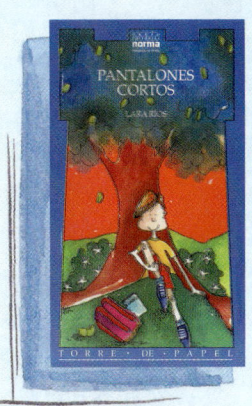

Jeruso quiere ser gente
de Pilar Mateos

FICCIÓN REALISTA

Jeruso y sus amigos investigan la desaparición de una caja
del mandado y descubren mucho sobre la vida
de tres extraños vecinos.

Premio El Barco de Vapor

Allá donde florecen los flamboyanes
de Alma Flor Ada

BIOGRAFÍA

La autora relata su niñez en la bella isla de Cuba.

Autora premiada

COLECCIÓN DE LECTURAS FAVORITAS

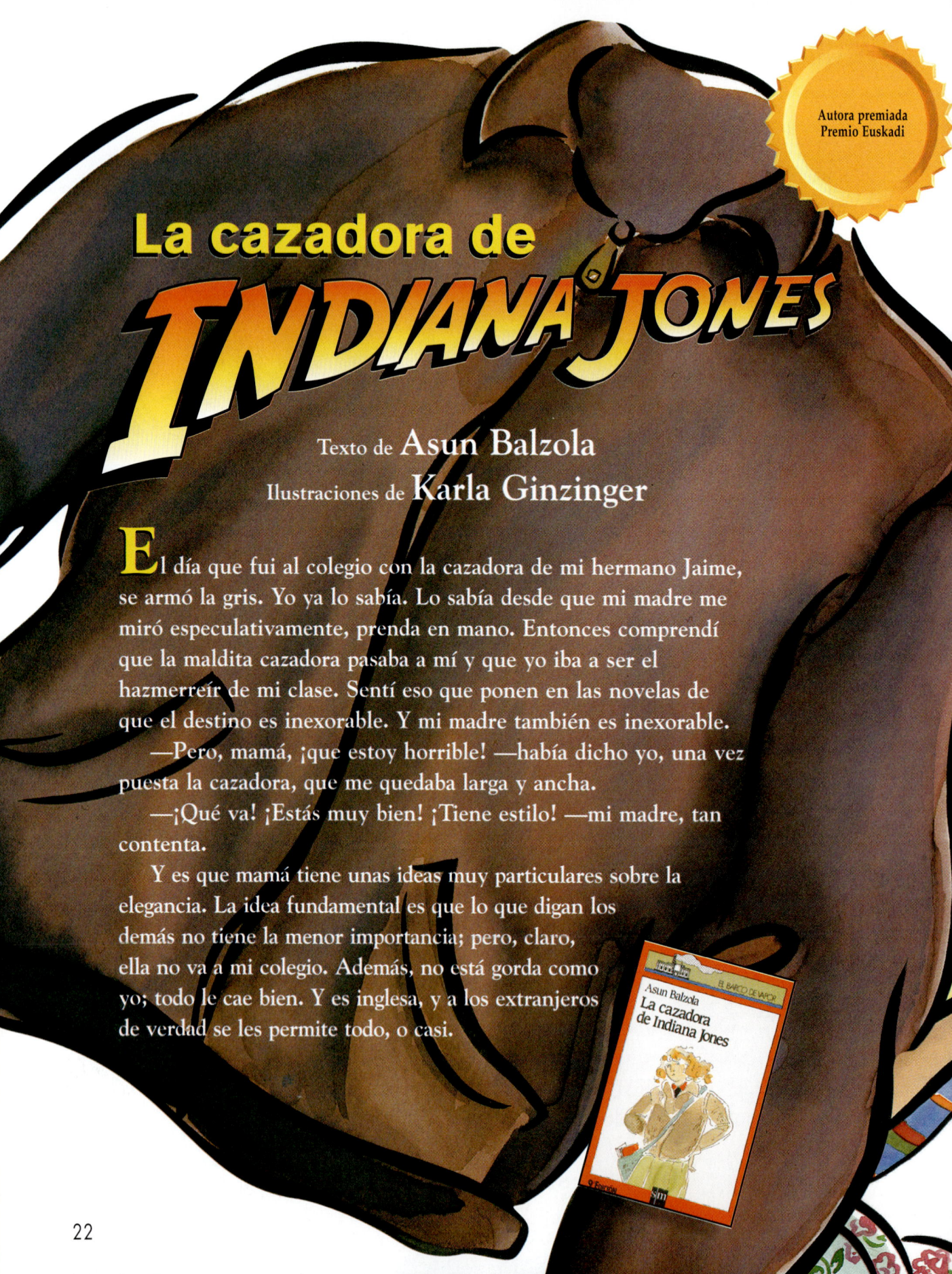

La cazadora de INDIANA JONES

Texto de **Asun Balzola**
Ilustraciones de **Karla Ginzinger**

El día que fui al colegio con la cazadora de mi hermano Jaime, se armó la gris. Yo ya lo sabía. Lo sabía desde que mi madre me miró especulativamente, prenda en mano. Entonces comprendí que la maldita cazadora pasaba a mí y que yo iba a ser el hazmerreír de mi clase. Sentí eso que ponen en las novelas de que el destino es inexorable. Y mi madre también es inexorable.

—Pero, mamá, ¡que estoy horrible! —había dicho yo, una vez puesta la cazadora, que me quedaba larga y ancha.

—¡Qué va! ¡Estás muy bien! ¡Tiene estilo! —mi madre, tan contenta.

Y es que mamá tiene unas ideas muy particulares sobre la elegancia. La idea fundamental es que lo que digan los demás no tiene la menor importancia; pero, claro, ella no va a mi colegio. Además, no está gorda como yo; todo le cae bien. Y es inglesa, y a los extranjeros de verdad se les permite todo, o casi.

Asun Balzola
La cazadora
de Indiana Jones

EL BARCO DE VAPOR

9.ª Edición SM

Una de las desventajas de ser la pequeña de los hermanos es
ésta precisamente: estoy siempre heredando cosas. Generalmente
me pasan la ropa de mi hermana Susana; aunque, por lo visto,
ahora van a empezar a vestirme de señor . . .

Un día empecé a protestar, pero me salió mal. Estábamos en la
sala, tomando el té, porque como somos medio ingleses tenemos esa
manía y mi madre pone la mesa con las tacitas chinas de porcelana
transparente. Y yo empecé a hablar de vestidos y de herencias.

—Es que tú, mamá, a lo mejor no te das cuenta, porque eres
inglesa y tal; pero a mí me parece que yo siempre resulto distinta de
los demás. Cuando era más pequeña, recuerdo que todas las niñas,
mamá, llevaban trencas y yo tenía que apechugar con un abrigo de
Suzy, horroroso. Y ahora, lo mismo. Que todas las chicas tienen
camisas vaqueras y yo, nada,
jersey heredado . . .

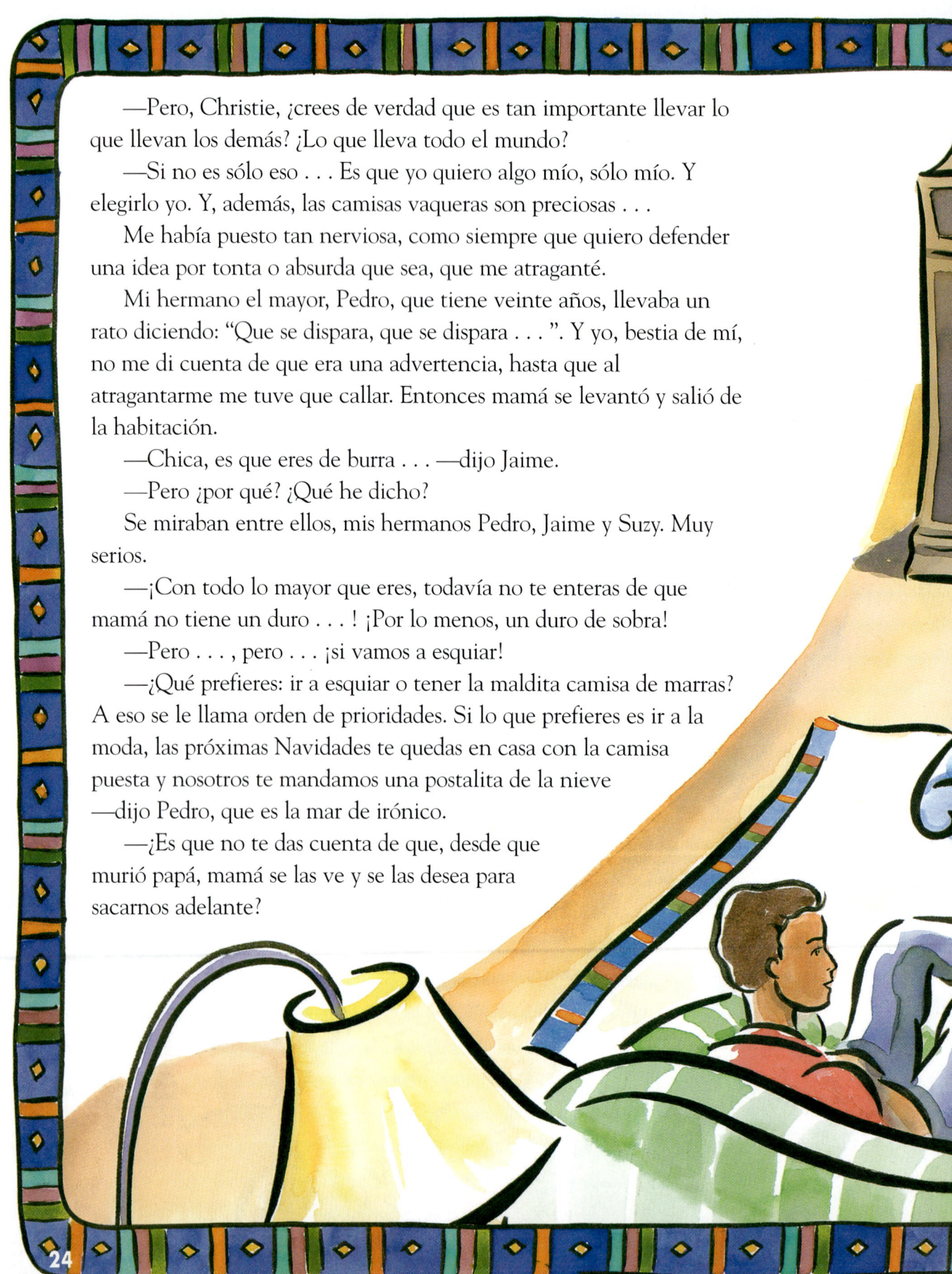

—Pero, Christie, ¿crees de verdad que es tan importante llevar lo que llevan los demás? ¿Lo que lleva todo el mundo?

—Si no es sólo eso . . . Es que yo quiero algo mío, sólo mío. Y elegirlo yo. Y, además, las camisas vaqueras son preciosas . . .

Me había puesto tan nerviosa, como siempre que quiero defender una idea por tonta o absurda que sea, que me atraganté.

Mi hermano el mayor, Pedro, que tiene veinte años, llevaba un rato diciendo: "Que se dispara, que se dispara . . .". Y yo, bestia de mí, no me di cuenta de que era una advertencia, hasta que al atragantarme me tuve que callar. Entonces mamá se levantó y salió de la habitación.

—Chica, es que eres de burra . . . —dijo Jaime.

—Pero ¿por qué? ¿Qué he dicho?

Se miraban entre ellos, mis hermanos Pedro, Jaime y Suzy. Muy serios.

—¡Con todo lo mayor que eres, todavía no te enteras de que mamá no tiene un duro . . . ! ¡Por lo menos, un duro de sobra!

—Pero . . . , pero . . . ¡si vamos a esquiar!

—¿Qué prefieres: ir a esquiar o tener la maldita camisa de marras? A eso se le llama orden de prioridades. Si lo que prefieres es ir a la moda, las próximas Navidades te quedas en casa con la camisa puesta y nosotros te mandamos una postalita de la nieve —dijo Pedro, que es la mar de irónico.

—¿Es que no te das cuenta de que, desde que murió papá, mamá se las ve y se las desea para sacarnos adelante?

Suzy me lleva dos años y es casi peor que Pedro. Dice las cosas de una manera que se corta el aire y, encima, es todo lo que yo no soy: educada, responsable, etcétera.

Me empecé a sentir mal. Fatal. Me estaba poniendo como un tomate. Iba a llorar de un momento a otro. Entonces Jaime, que siempre me saca de apuros, dijo:

—¡Christie y yo nos vamos a dar una vuelta! ¡Ustedes, recuperen a mamá!

Salimos a la calle. Llovía a mares porque aquí siempre está lloviendo y todo está mojado y húmedo.

Jaime me agarraba muy fuerte del brazo. Lo bueno de la lluvia es que, si lloras, no se nota.

—¡Venga, nena! ¡No te pongas murriosa! ¡Ahora mismo compramos unos pasteles para la merienda!

Cuando volvimos, gracias al cielo, mamá estaba normal y yo me sentí mejor.

Y sé que es horrible que mamá esté sola y tener muy poco dinero y todo eso, pero, de todos modos, el día que tuve que ir al cole con la cazadora de Jaime, lo pasé de pena.

Suzy y yo vamos al Colegio Inglés. A mí me parece un colegio majo; los otros son así medio cursis. Vamos, pijos. En mi colegio también hay algún pijo que otro, pero menos. Claro, que todo tiene un límite: hasta en un colegio que no es pijo el llevar una cazadora tres tallas mayor suscita escándalo.

El día de la cazadora no pude protestar mucho porque me acordaba de la discusión de la camisa vaquera y de lo tristes que nos habíamos puesto todos, así que me fui con Suzy arrastrándome escaleras abajo.

Hacía mucho frío. La cosa no tenía remedio: imposible circular sin cazadora. Además, Suzy se hubiera chivado. ¡Seguro!

—¡Venga, Christie! ¡No pongas esa cara, mujer!

—¡Si es que estoy de pena!

—No le des tanta importancia. Pasado mañana a todo el mundo se le habrá olvidado . . .

—¡Ya! ¡Cómo se nota que no la llevas tú, maja!

¡Es que es la monda, la tía! ¡Siempre está por encima de todo, la pelmaza esa!

Suzy se ofendió tanto que no volvió a abrir la boca en todo el camino.

Llegué a clase mirándome a los pies, intentando confundirme con el ambiente. Deseé en vano ser invisible, tierra trágame, etc. Pero antes de poderme quitar la cazadora y colgarla en los colgadores del pasillo que queda frente a nuestra puerta, se oyó la voz estentórea de Erik:

—¡Miren a Garayo vestida de piloto!

Y todos los demás, naturalmente, coreando la gracia como becerros: —¡Jiji, jaja!

—¡Que ya se ha acabado la guerra!

—¡Guerrillera!

—¡Malvestida, más que malvestida! —remachó algún original.

Hasta mis amigas se reían. De la rabia me estaban doliendo hasta las tripas y no tuve más remedio que salir por donde salí. Creo que, si no, les hubiera roto la cara.

—¿Ah, sí? ¿Les parece de malvestida? Se ve que no saben de cazadoras . . .

—¿Y eso?

—Pues, mira . . . ¡Esta cazadora tiene historia, guapo! ¡Que no es lo mismo que puedes decir tú de la tuya!

Erik se puso pálido porque su cazadora forrada de borrego es la envidia de todo el mundo. Por algo es el chico más rico del colegio.

En ese momento llegó míster Grant, director del cole y además nuestro profesor de literatura inglesa.

Nos sentamos precipitadamente en nuestros sitios y yo tuve tres cuartos de hora exactos para inventar la historia de mi cazadora, mientras Grant nos recitaba esa balada tan preciosa del novio que abre la tumba de su novia y llora mientras la besa.

29

Sonó la campana, se fue Grant y todos me rodearon bocadillo en mano, porque era recreo. Para entonces yo ya estaba lanzada.

—Resulta que, como sabrán, tengo un tío pelotari, que juega en Estados Unidos.

—¿Y qué tiene que ver tu tío?

—¿Me dejas que lo explique o me callo?

—Que lo explique, que lo explique —decían los demás, intrigados.

Yo ponía cara de estar por encima de ellos, que me sale muy bien. Es una cara que ensayo mucho delante del espejo.

—Pues eso, que mi tío vive en Miami y viaja muchísimo y nos trae regalos cuando viene por aquí. Entonces, resulta que pasó por Hollywood y le llevaron a un sitio muy especial que hay, donde venden las ropas de los actores de cine. Y esta cazadora, ahí donde la ves, es la que llevaba Harrison Ford en la película . . . ¡Indiana Jones!

Todos se tiraron sobre la cazadora, mientras yo ponía cara de falsa modestia —que me sale peor que la otra, pero bueno . . .

O sea que pasé una mañana de gloria. Todos se querían poner la cazadora.

Terminé por alquilarla. Bastante cara, además. ¡Por idiotas!

Cuando salimos de clase, todo el colegio hablaba de mí, de la cazadora y de Indiana Jones.

Mi hermana me esperaba para volver a casa. ¡Se traía un cabreo . . . ! ¡Todo el colegio la había bombardeado con preguntas!

—Y tú, ¿qué has dicho?

—Que es cosa tuya. Que yo no sabía nada.

Típico de Suzy. La condenada no se pringa.

Las cosas empeoraban por momentos. Todo el mundo hablaba de la cazadora de Indiana Jones y los profesores y profesoras me miraban con una cara muy extraña, aunque nadie me preguntó nada directamente.

Tenía la sensación de que la bola de nieve se convertía en un alud que amenazaba con sepultarme. Eso que llaman angustia, vamos.

El tercer día salí del colegio hundida, arrastrando los pies.

Cuando llegué a casa, mis hermanos me sirvieron la última taza de té, que estaba fría, pero buena a pesar de todo . . . Mi hermana dijo con voz ácida y en plan sarcástico:

—Mamá tiene algo que contarte . . .

—¡Qué aguafiestas eres, rica! —saltó Jaime.

Mamá me alargó un sobre —¡glup!— del director del cole.

La carta decía:

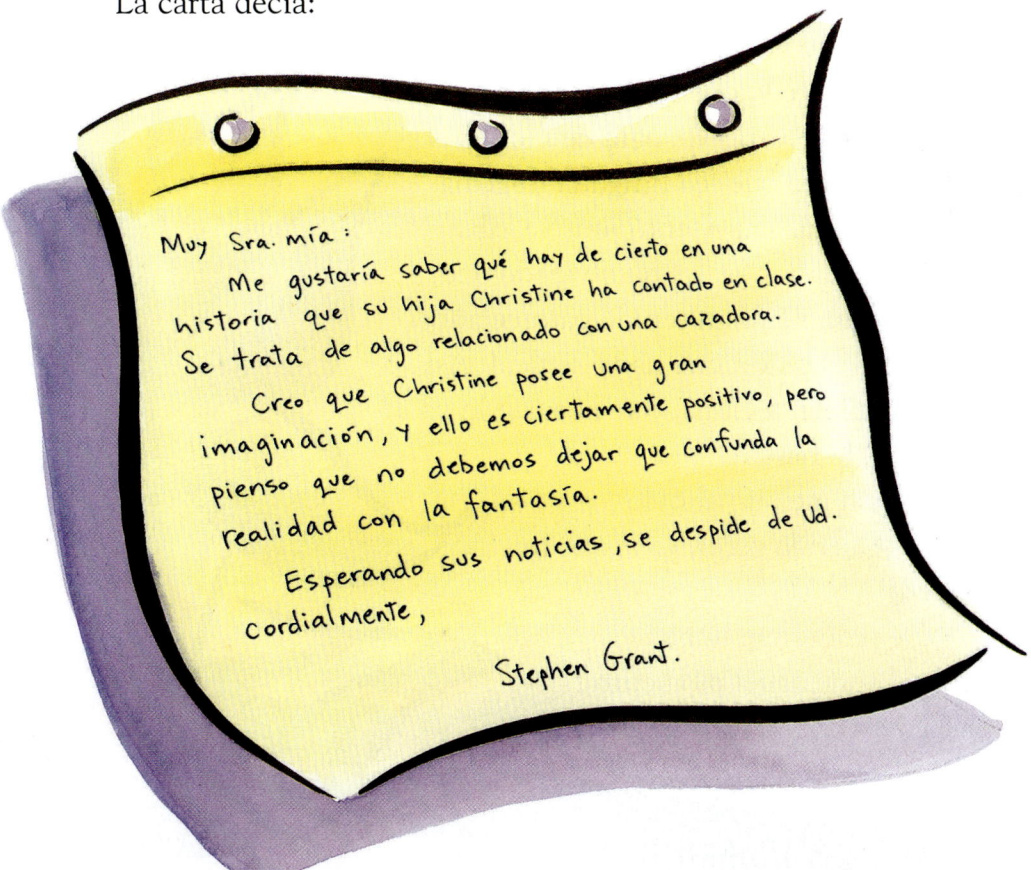

Muy Sra. mía:

Me gustaría saber qué hay de cierto en una historia que su hija Christine ha contado en clase. Se trata de algo relacionado con una cazadora.

Creo que Christine posee una gran imaginación, y ello es ciertamente positivo, pero pienso que no debemos dejar que confunda la realidad con la fantasía.

Esperando sus noticias, se despide de Ud. cordialmente,

Stephen Grant.

¡Qué chachi! ¡Míster Grant piensa que soy muy imaginativa!

A pesar de la tormenta que se avecinaba, me hizo mogollón de ilusión.

—El problema está en saber si te sientes una niña o un adulto —dijo Pedro—. Tú pretendes que se te trate como a alguien hecho y derecho. Por ejemplo, armaste la gris porque ya no querías dormir con Suzy y no paraste hasta que mamá no te acondicionó el cuarto de servicio. Y todo porque, según tú, eras demasiado mayor para compartir el cuarto con nadie. En cambio, ahora llevas unos días agobiada porque has dicho una mentira en el colegio. Te comportas como una cría. No tienes valor para decir que la cazadora es heredada y te sacas una novela de la manga, y al final vas a tener que reconocer que es mentira. Y si pretendes que mamá lo solucione, demuestras que, efectivamente, eres una niña.

—Yo seré una niña, pero tú eres un pedante, fíjate lo que te digo. Además, he decidido resolverlo yo, para que lo sepas.

—No creo que sea ninguna tragedia —dijo mamá. Y me sentó junto a ella, abrazándome—. Se les ha olvidado que ustedes también han tenido catorce años, una edad que no tiene nada de fácil. Así que disculpen a Chris, y si dice que lo va a resolver, lo hará.

Y a mí me dijo al oído:

—¡Querida gordi, yo sí que te quiero!

De pronto me hubiera gustado que aquel momento no acabara nunca.

Por las ventanas de la sala se veían las casas oscuras y pedazos de cielo casi negro. La habitación estaba en sombras y olía a té, a pan tostado y a la cera de los muebles. Olía a casa.

Mamá se levantó y se sentó al piano. Cuando empezó a tocar, Suzy encendió una lámpara y todos teníamos la misma cara de estúpidos. Como si saliéramos de un sueño.

Pedro, pillado "in fraganti", dijo:

—¡Cuánto me hubiera gustado nacer en una familia menos sentimental!

Al día siguiente llegué al cole hecha polvo. Está bien ser imaginativa para las redacciones y . . . , bueno, para divertirse y sacar partido a las cosas, pero reconozco que ese día hubiera preferido ser totalmente imperturbable. No tener imaginación. Ser un tocho.

Al entrar en clase, Grant me hizo un gesto. Me acerqué a él.

—Christine, no estaría mal que explicaras . . .

—*Yes, indeed*[1] —le contesté precipitadamente. ¿En qué estaría pensando Ana Bolena cuando le cortaron la cabeza?

Mis compañeros *and* compañeras me miraban conteniendo sus risitas malignas. Eso, por un lado, me dio coraje y, por otro, me serenó.

—Bueno . . . , parece ser que debo una explicación a míster Grant, a ustedes y a todo el colegio, a propósito de mi cazadora —empecé, cuando la gente dejó de "ji ji ji", de darse codazos, de tirar lápices al suelo, etc.—. A mi cazadora no le pasa nada, salvo que me está grande, porque la he heredado de mi hermano. El día que la traje por primera vez ustedes se rieron tanto de mí que me sentí muy . . . ridícula.

En ese preciso momento llaman a la puerta y aparece miss Davis, la "secre" de Grant.

—*I'm very sorry*[2], . . . , bla . . . , bla . . .

En resumen, que había llegado un chico nuevo.

Grant lo saludó, le tomó por el brazo el plan cariñoso y tal, y dijo:

—Les presento a Georges Stevenson. Acaba de llegar de Italia,

[1] Sí, desde luego.

[2] Disculpe.

donde ha vivido dos años, y se va a quedar con nosotros una temporada. Hagan un esfuerzo por echarle una mano, porque llevamos ya mes y medio de curso y creo que lo va a notar.

El hombre se sienta en el primer banco, junto al pasillo. Entonces caigo —yo siempre lenta de reflejos— en que lleva dos bastones y que se hace un lío con ellos y uno se le cae al suelo.

—Georges, has llegado en un momento . . . crucial. O, por lo menos, instructivo, para conocer la psicología de tus compañeros, y especialmente la de Christine, que nos está intentando explicar por qué contó a todo el colegio que su cazadora había pertenecido a Harrison Ford —sonrisita—. Ya sabes, el de Indiana Jones. ¡Sigue, Christine, por favor!

—Err . . . En realidad es un problema de forma y esencia —¡toma ya!—. Si yo llego y se ríen de mí por una cazadora demasiado grande, por mi forma de vestir, cosa a la que, sobre todo algunos, le dan mucha más importancia que a todo lo demás . . . Si me siento ridícula y humillada . . . , pues caben dos posturas: la buena, que sería decir: en casa no hay mucho dinero para ropa. Mi madre es viuda. Tengo tres hermanos, etc. Y la mala, que es la que yo elegí, contándoles una mentira entre algunas verdades. Porque sí es cierto que mi tío, el pelotari, compró la cazadora en Miami, y también es verdad que hay un sitio donde venden trajes de actores. A mí me hubiera gustado tener la cazadora de Indiana Jones. Desde que vi *El arca perdida*. Supongo que tuve una asociación de ideas un tanto . . . estrambótica. No pensé en armar tal lío, y *stop*. Que lo siento. Sólo quería que me dejaran en paz.

La clase atraviesa momentos de estupor. Nadie sabe cómo reaccionar.

—Por cierto . . . El dinero del alquiler se lo dejo a míster Grant —y lo dejé en su mesa dentro de un sobre.

—¡Ah! ¡Muy bien! ¡Compraremos una planta para Miss Claridge! —dice el "dire" tan ancho, y después, saliéndose por la tangente, pregunta:

—¿Tú qué piensas, Georges?

NOBEL PRIZES FOR LITERATURE
82 GABRIEL GARCÍA MÁRQUEZ
83 W. GOLDING
9 C. J. CELA
0 O. PAZ

El nuevo se levanta, apoyándose en el pupitre. Es flaquísimo y habla con una voz muy grave, arrastrando las palabras, despacio, pensando lo que dice. Y tiene un acento que a mi madre le encantaría. Como muy de Oxford. O sea, el chico es un intelectual.

—Pienso que reírse de los demás está mal. Que reírse de alguien porque lleva una cazadora que le está grande es una estupidez. Y que contestar a una agresión con una fantasía inocua es . . . ¡creativo!

Me sentí como si a Ana Bolena le hubieran salvado del hacha del verdugo.

En ese momento, la chica que a mí siempre me ha parecido la más tonta de la clase, Sol Vargas, que va vestida como un figurín porque le compran cantidad de ropa, se levanta y dice:

—Yo estoy de acuerdo. Christine es una compañera fenomenal y nosotros estuvimos de pena, y fue . . . porque nadie aguanta que sea la más inteligente de la clase. Sobre todo, los chicos.

Rugido sordo de "los chicos".

—Míster Grant, ¿me puedo sentar? —pregunté. Si sigo de pie, creo que me caigo.

Grant asintió.

PIÉNSALO

① ¿Qué quería decir Christie cuando dijo: "Tenía la impresión de que la bola de nieve se convertía en un alud que amenazaba con sepultarme"?

② ¿Cómo describirías la personalidad de Christie?

③ ¿Cuáles crees que fueron las razones por las que Christie inventó la historia de la cazadora? ¿Qué hubieras hecho tú en una situación similar?

Conoce a la autora
ASUN BALZOLA

Aunque Asun Balzola sea una gran ilustradora—ganó el Premio Nacional de Ilustración—también se le conoce como una autora prolífica de libros de literatura infantil y juvenil.

Los Mirlos Blancos, una de las publicaciones de la Biblioteca Internacional de Munich, le dio una buena recomendación a una de las novelas de Asun Balzola, La cazadora de Indiana Jones. Esta novela también ganó el Premio Euskadi del Gobierno vasco que se le otorga cada año a la mejor novela juvenil.

TALLER DE

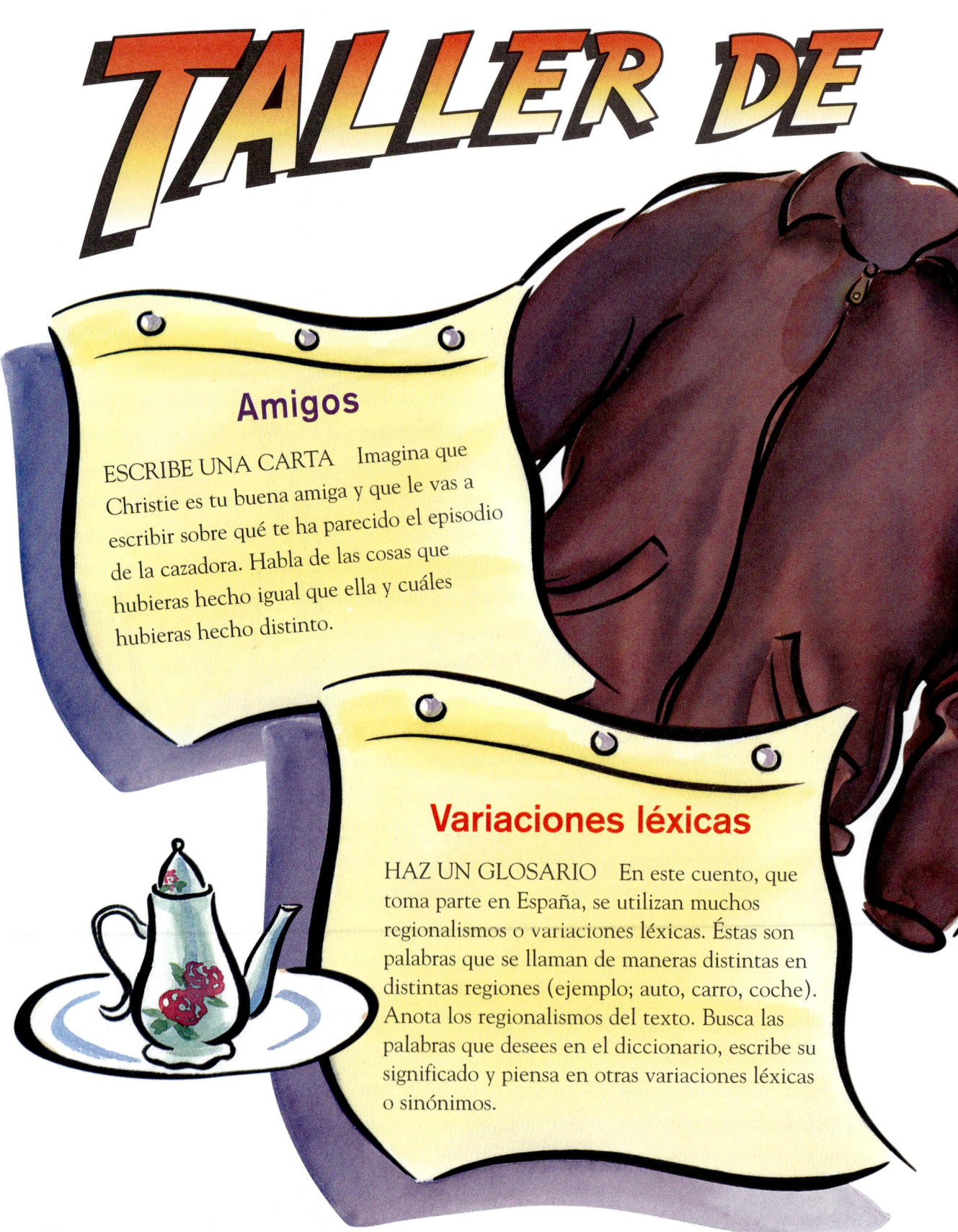

Amigos

ESCRIBE UNA CARTA   Imagina que Christie es tu buena amiga y que le vas a escribir sobre qué te ha parecido el episodio de la cazadora. Habla de las cosas que hubieras hecho igual que ella y cuáles hubieras hecho distinto.

Variaciones léxicas

HAZ UN GLOSARIO   En este cuento, que toma parte en España, se utilizan muchos regionalismos o variaciones léxicas. Éstas son palabras que se llaman de maneras distintas en distintas regiones (ejemplo; auto, carro, coche). Anota los regionalismos del texto. Busca las palabras que desees en el diccionario, escribe su significado y piensa en otras variaciones léxicas o sinónimos.

ACTIVIDADES

Un guardarropa completo

VESTUARIO   En esta historia Christie habla de un lugar donde tienen el vestuario que se usó en películas famosas. Si fueras a esa tienda ¿qué vestuario quisieras medirte? Haz una lista de la ropa y los accesorios que necesitarías para disfrazarte de tu personaje favorito.

Collage de posibilidades

DIBUJA, RECORTA Y PEGA Dibuja una cazadora o alguna otra pieza de algún personaje famoso y decórala con recortes de revistas. Procura utilizar varios colores y diseños para que quede original.

Prefijos y sufijos

E stas palabras son de la selección "La cazadora de Indiana Jones":

desventaja	directamente	invisible	postalita

Un afijo o una parte de palabra ha sido añadida al principio o al final de la palabra base. Tú has visto los siguientes afijos *des-, -mente, in-* e *-ita.* Éstos se llaman prefijos y sufijos.

- El afijo que se añade al principio de la palabra base es un **prefijo**.
- El afijo que se añade al final de la palabra base es un **sufijo**.

Las siguientes oraciones son de la selección. El cuadro de abajo identifica prefijos y sufijos. Fíjate cómo cada uno modifica el significado de la palabra base.

Te sacas una novela de la manga y al final vas a tener que reconocer que es mentira.

La cosa no tenía remedio: imposible circular sin cazadora.

Creo que Christie posee una gran imaginación, y ello es ciertamente positivo.

Prefijo	Palabra base	Sufijo	Nueva palabra y su significado
re-	conocer		reconocer – conocer nuevamente
im-	posible		imposible – que no puede ser
	cierta	-mente	ciertamente – de manera cierta

Si entiendes cómo se forman las palabras, tú podrás determinar el significado de nuevas palabras. El saber el significado de un prefijo o sufijo te podría ayudar a comprender el significado de una palabra desconocida. Recuerda que algunas palabras sólo *parecen* tener prefijos o sufijos. Por ejemplo, en la palabra *prestar,* las letras *pre* no son un prefijo.

Lee el siguiente párrafo. Identifica los prefijos y sufijos de las palabras subrayadas. Di el significado de cada palabra.

Una de las <u>desventajas</u> de ser la pequeña de los hermanos es ésta <u>precisamente</u>: estoy siempre heredando cosas. <u>Generalmente</u> me pasan la ropa de mi hermana Susana; aunque, por lo visto, ahora van a vestirme de señor . . .

¿QUÉ HAS APRENDIDO?

1 Si un amigo te dice que vio una mariposa <u>multicolor</u>, ¿qué quiere decir tu amigo? ¿Cómo te ayuda el prefijo?

2 ¿Qué diferencia hay entre un prefijo y un sufijo? Haz una lista de los prefijos y sufijos que puedas recordar.

INTÉNTALO • INTÉNTALO

Escribe un diálogo entre dos amigos. En tu diálogo, usa palabras con ciertos prefijos y sufijos que identificaste en "¿Qué aprendiste?" Subraya estas palabras.

Visita *The Learning Site*
www.harcourtschool.com

VE TRAS LOS ÁRBOLES

Texto de Michael Dorris

Ilustraciones de Rocco Baviera

VE TRAS LOS ÁRBOLES

- Selección premiada por los profesores
- Mejor libro *SLJ*
- Selección *Booklist* premiada por los editores
- Libro notable en Artes del lenguaje

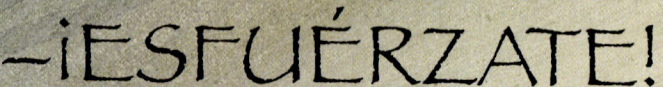

—¡ESFUÉRZATE!

Síguelo con la mirada antes de
disparar.

La voz ansiosa de mi madre
zumbó tan fuerte como la cuerda
de mi arco.

—¿Seguir qué? —le pregunté
por tercera vez esa mañana.
Enfrente de mí sólo podía ver los
familiares matices borrosos de
verde y marrón que significaba
que estaba adentrado en el
bosque en un día soleado.
Entonces al entrecerrar los ojos
sentí que algo venía hacia mí,
pude reconocer el aroma de
moras mezclado con el olor a
carne seca y el pisar de
mocasines que había oído mil
veces antes. Poco a poco, una
imagen borrosa empezó a resaltar
entre las demás y en un instante
se convirtió en mi madre que se
acercaba. Cuando estaba ya al
alcance de mi mano pude notar
por la expresión en su cara y la
tensión de su cuerpo que estaba
preocupada.

—Esto —dijo, meneando un
trozo de musgo en una mano. En
la otra tenía las cuatro flechas
que yo había disparado y las dejó
caer a mis pies—. Cuando lance
el musgo al aire, imagina su
vuelo y apunta hacia donde creas
que va a estar en el momento en
que tu flecha se tope con él. No
es tan difícil y todos los
muchachos tienen que aprender a
hacerlo antes de convertirse en
hombres.

El estómago me crujió y mi
madre sonrió con la misma
sonrisa que mostraba cada vez
que tenía una idea.

—Piensa en el musgo como si fuera tu desayuno —sugirió—. Imagina que es una torta de maíz, salida de las brasas calentita y taaan deliciosa.

Casi pude saborearla en mi paladar y oler el dulce estado de satisfacción que me causaría.

—¿No puedo comer primero, sólo por esta vez? —le supliqué—. Estoy seguro de que podría encontrar el musgo en el cielo si no tuviera tanta hambre.

Por un momento pensé que mi madre iba a ceder y me incliné hacia ella parpadeando como si la torta de maíz humeante y dorada estuviera en su mano en vez de la planta rala. Pero lo único que cambió fue la expresión de mi madre.

—Nuez. —Mi nombre se desplomó de su boca como un costal de harina—. Conoces la regla: tienes que encontrar el blanco antes de que el desayuno te encuentre a ti.

Asentí. Si ésa era la regla, no comería en largo tiempo. Habíamos hablado sobre este asunto de no poder ver las cosas en muchas ocasiones (como cada vez que mi madre señalaba algo que yo no podía localizar o lanzaba una pelota que yo no podía atrapar) pero nunca antes había sido un asunto tan serio. Ahora no podíamos actuar como si nada pasara. Ahora teníamos que resolver el problema. Habíamos batallado con esto todas las mañanas por tres días cuando mi madre decidió que era el momento de enseñarme a mí, el mayor de sus hijos, a usar el arco y la flecha. Nunca lo había

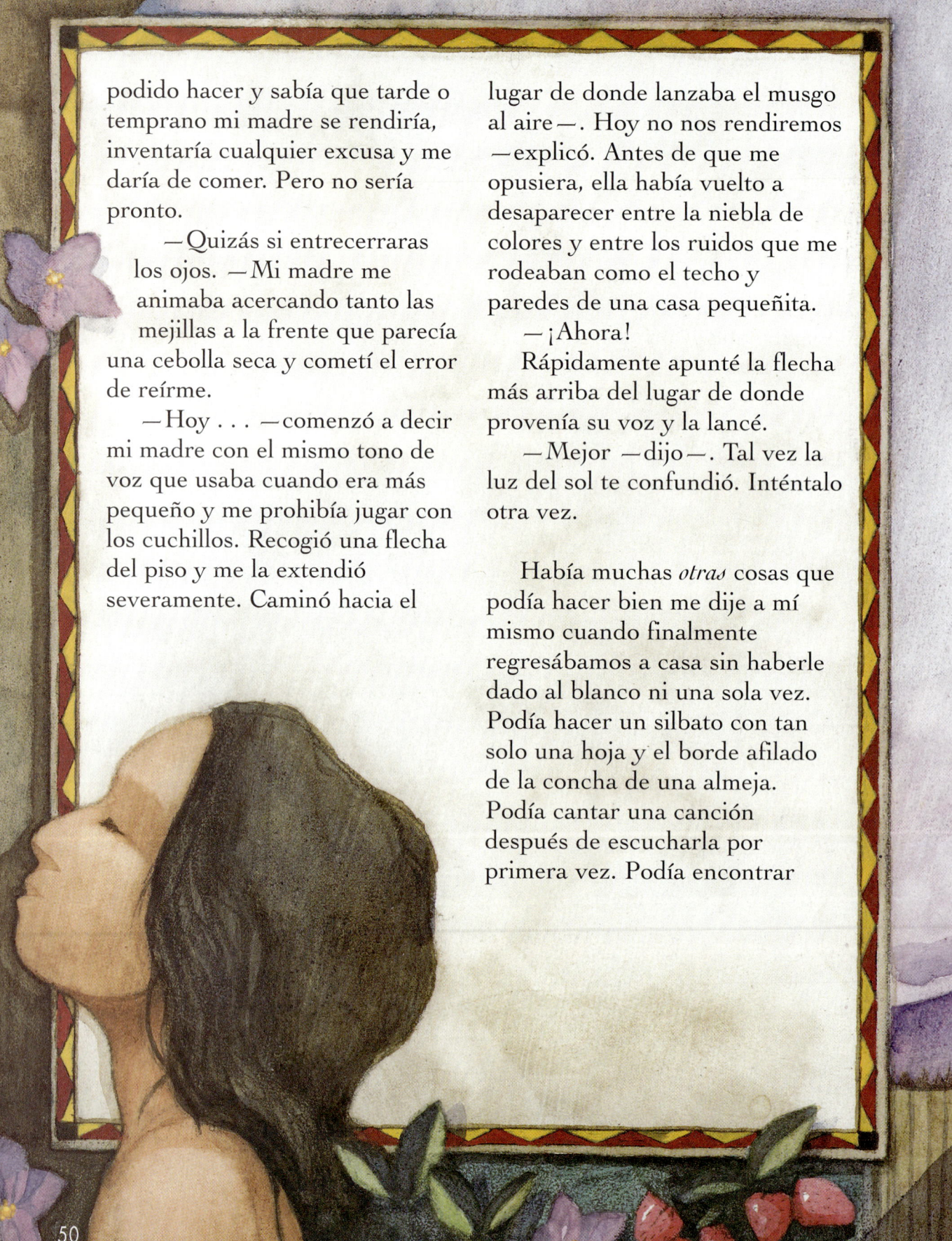

podido hacer y sabía que tarde o temprano mi madre se rendiría, inventaría cualquier excusa y me daría de comer. Pero no sería pronto.

—Quizás si entrecerraras los ojos. —Mi madre me animaba acercando tanto las mejillas a la frente que parecía una cebolla seca y cometí el error de reírme.

—Hoy . . . —comenzó a decir mi madre con el mismo tono de voz que usaba cuando era más pequeño y me prohibía jugar con los cuchillos. Recogió una flecha del piso y me la extendió severamente. Caminó hacia el lugar de donde lanzaba el musgo al aire—. Hoy no nos rendiremos —explicó. Antes de que me opusiera, ella había vuelto a desaparecer entre la niebla de colores y entre los ruidos que me rodeaban como el techo y paredes de una casa pequeñita.

—¡Ahora!

Rápidamente apunté la flecha más arriba del lugar de donde provenía su voz y la lancé.

—Mejor —dijo—. Tal vez la luz del sol te confundió. Inténtalo otra vez.

Había muchas *otras* cosas que podía hacer bien me dije a mí mismo cuando finalmente regresábamos a casa sin haberle dado al blanco ni una sola vez. Podía hacer un silbato con tan solo una hoja y el borde afilado de la concha de una almeja. Podía cantar una canción después de escucharla por primera vez. Podía encontrar fresas silvestres y racimos de violetas con cerrar los ojos y guiarme con la nariz. Podía escuchar el paso de mi padre antes que nadie. —Regresó —les avisaba a mis hermanos cuando nuestro padre estaba aproximándose para que tuvieran un poco más de tiempo para dejar de jugar y arreglarse. ¿Pero por qué no podía darle al blanco?

—¿Hay algún truco para lograrlo? —le pregunté al hermano de mi madre, Atrae Venados, mientras nos sentamos una noche frente a la casa para observar las luciérnagas. Era el mejor arquero de toda la familia y pensé que él lo sabría.

—El único truco es practicar —dijo mi tío, quien sonó más como mi padre que como él mismo. Siendo menor que mi madre y sin hijos, no acostumbraba a ser tan serio.

—He practicado por días y días y no he mejorado.

—Quizás . . . —El tono de voz de Atrae Venados se volvió más dulce, más comprensivo—. Quizás la cuerda del arco no está lo suficientemente apretada.

Tomó el arco que estaba junto a mi pierna y probó la cuerda.

—No, eso no es. Parece que está bien. ¿Estarás cerrando los ojos justo antes de lanzar? Yo también hacía eso cuando estaba aprendiendo.

Disentí con la cabeza.

—Quizás . . . ¿Cuántos dedos tengo?

Incliné la cabeza. La luz crepuscular era tenue pero todavía podía ver mis propias manos cerradas en forma de puños. —¿Cuántos dedos?

—¿Sí, cuántos?

No sabía cuántos brazos había levantado, mucho menos cuántos dedos. —¿Tres? —adiviné.

—Y ahora, ¿cuántos?

—¿Dos?

—¿Y ahora?

—¿Cinco?

Hubo un silencio. —Nuez, no he levantado ni un solo dedo.

—Ya sé —dije, aunque no era cierto—. Fue una broma.

Pero Atrae Venados no se rió.

La mañana siguiente, mi madre me despertó para ir a practicar y fuimos a un lugar del bosque al que nunca había ido. Y eso fue sólo la primera cosa extraña que hicimos.

—Suelta el arco y siéntate en esta roca —dijo mi madre a la vez que le dio palmadas a una roca grande y plana que estaba al pie de un pino. Luego, sacó de su bolsa una venda cuyo tejido era muy apretado, la colocó sobre mis ojos y la ató con un tallo de vid.

—¿Qué hace? —le pregunté.

—Sssss —dijo—. Descríbeme este lugar.

—Pero nunca he estado aquí y no puedo ver.

—Sssss —dijo otra vez—. Siente con los oídos.

Al principio no había nada que escuchar, sólo . . . bosque. Pero entre más tiempo pasábamos sin hablar, más cosas salían a relucir anunciando su presencia: el murmurar del riachuelo detrás de mí y más allá, el fluir del río. También sentí el zumbido de una colmena en un árbol a mi derecha y el pulso de las alas de un colibrí mientras se zambullía en un ramo de . . . ¿a qué olía? . . . a rosas. Estaban cerca de donde estaba sentada mi madre, quien, según pude notar, se había puesto aceite en el cabello esta mañana.

—No se mueva —dije cuando oí que se iba a mover—. Sólo es un colibrí.

—¿*Qué* es sólo un . . . ? ¡Oh! —susurró—. Qué bello. ¿Qué más ves, Nuez?

Así que seguí diciéndole. Había tanto que me tomó toda la mañana enumerarlo todo. Y lo más asombroso fue que se me olvidó por completo sentir hambre a la hora del desayuno. Desde ese día, en lugar de disparar flechas, íbamos cada madrugada a un lugar nuevo y nos teníamos que quedar allí hasta que sorprendiera a mi madre por lo menos cuatro veces con cosas que yo podía ver pero ella no.

A fines del verano había siempre una gran fiesta en la que los muchachos de mi edad tenían que comprobar, por medio de su puntería en el tiro al blanco, que estaban listos para ser adultos.

—No voy a ir —le dije a Atrae Venados. Estábamos acostados a la orilla de una laguna al sur del pueblo, esperando que los peces entraran a nuestras redes—. Usted dijo que tenía que practicar y no he practicado. En vez, mi madre y yo hemos jugado todo el verano.

—Sí, me lo ha contado —contestó. En nuestro alrededor había ruidos de gente trabajando. Algunos amontonaban calabacines huecos, verdes y amarillos, que producían un sonido vacío al chocar unos contra otros. Otros formaban montones de leña. Oía que tropezaban por llevar los brazos repletos, que al soltar la carga, rodaban y chocaban, y luego oía el tun-tun-tun uniforme cuando ordenaban los montones. Incluso Atrae Venados estaba cambiando las plumas de azulejo de su penacho con plumas nuevas. De un lado me llegaba el rico aroma de venado guisado.

—Mi padre va a sentir vergüenza —dije. Sabía que

Rana, mi mejor amigo, aún andaba practicando el tiro al blanco. No entendía por qué Rana estaba tan nervioso; me había dicho que le había dado al blanco en el primer intento.

—¿Le has preguntado?

—¿A quién? ¿A Rana?

—Pensé que quizás hasta Atrae Venados había notado el talento de Rana.

—No, a tu padre. ¿Le has mencionado esto?

—No, pero . . . por ahí viene.

Atrae Venados se paró y miró por todas partes. —¿Dónde?

—Al otro lado de la laguna —le dije, y en ese instante mi padre nos llamó.

—¿Nuez? ¿Atrae Venados? ¿Dónde están?

—Ya lo veo —dijo mi tío—. Aquí estamos —le exclamó.

Mientras esperábamos por mi padre, quien caminaba como un castor con los pies planos y separados, Atrae Venados se sentó junto a mí y movió la cabeza. —Increíble —se rió mientras admiraba el diseño de plumas nuevas—. Mi hermana no exageraba.

Antes de que pudiera contestarle, mi padre brotó de los colores que nos rodeaban y se sentó sobre mi barriga.

—Ah —suspiró y estiró sus brazos—. Por fin, un asiento seco y cómodo.

—¡No puedo respirar! —intenté sacármelo de encima, pero pesaba demasiado.

—Qué cosa más extraña —mi padre le dijo a Atrae Venados—. Pensé que oí a mi hijo hablar desde adentro de mi cuerpo.

—Sí —contestó Atrae Venados—. Debe ser lo que siente un pájaro cuando se sienta en el nido después de que los pajaritos salen de los cascarones.

—Me estoy hundiendo en el lodo —refunfuñé mientras trataba de hacerle cosquillas por debajo de las costillas. Pensé, "¿Por qué estaba tan juguetón, como si yo todavía fuera un niñito pequeño"?

—¿Qué es esto? ¿Qué es esto? —exclamó. Volteó la cabeza hacia mí y se puso de pie de un salto—. Nuez, ¿qué haces allá abajo? Ven rápido a la casa. Los concursos van a empezar temprano.

—Papá . . . —comencé a hablar. ¡Cómo me enfurecía tener que avergonzarlo!

—No hay tiempo para hablar. Este año va a haber una prueba adicional que será *mucho más* difícil que las demás.

—¿Más difícil que darle al blanco? Mejor hubiese sido quedarme sentado en el lodo que ir a prepararme.

Los muchachos de mi edad esperaban en el claro del bosque donde se jugaban los partidos de pelota. Cada quien tenía su arco y un carcaj para las flechas. Pasamos tan cerca de mi amigo Rana que pude ver su cara y me di cuenta de que aunque estaba nervioso, no estaba tan triste como yo. El sol del atardecer hacía relucir los colores de la tierra y de las piedras como si estuvieran mojadas. No había viento que moviera las ramas de los árboles y que me diera una excusa para fallar al blanco. El cielo estaba tan azul y reluciente como las escamas de una trucha.

Atrae Venados me dio un apretón en el brazo y se unió a un grupo cercano de adultos y niñitos que miraban desde la sombra. Yo estaba seguro de que mi madre estaba allí. Me pregunté qué estaría pensando. Quizás cuando la gente se entere de que no me había enseñado a lanzar, la criticarán. Ay, ay, ay.

La *weroance*, la persona más importante del pueblo, experta en cacería, estaba parada cerca de mí. Levantó las manos para pedir silencio y cuando se callaron todos, habló con la voz lenta y profunda que guardaba para los momentos más solemnes. La voz parecía salir de la profundidad de su cuerpo, como de una corneta de caracol, vibrando como la piel de un tambor.

—A veces —dijo— necesitamos que alguien haga lo imposible. Debido a la importancia de la cacería, debido a la importancia de la siembra y la cosecha, a veces necesitamos aun más de lo que esas labores nos brindan. Necesitamos a alguien con la capacidad de ver lo que no se puede ver. Y no tendremos el concurso tradicional hasta que alguien pase la nueva prueba.

Hubo un gran silencio y luego los muchachos que me rodeaban comenzaron a murmurar entre sí.

—¿Qué quiere decir? —se preocupó uno.

—¿Cómo esperan que logremos eso? —insistió otro—. ¿Acaso no basta con que nuestras madres nos hayan enseñado a darle al blanco?

—Así pues —siguió la *weroance*, firme como el pulso de las alas de un gran pájaro— la primera prueba será para . . .

No oí lo que dijo porque algo cayó a mis pies. Miré hacia abajo; era una venda y un trozo de tallo de vid. Parecía que mi madre los había lanzado.

—¿Ver tras los *árboles*? —Rana repitió las palabras de la *weroance*, y el muchacho junto a mí miró con inseguridad hacia el bosque.

Pero yo sabía qué hacer. Cubrí mis ojos con la venda y me mantuve muy quieto. El viento formaba dedos entre los árboles que usé para sentir por todas partes. Mi mente voló como el vuelo de un halcón; rozaba lo ordinario. Estaba alerta a cualquier movimiento fuera de lugar. No me fijé en el susurro de las hojas ni en la lluvia de la cascada. Esos sonidos esperados, esos sonidos que conocía de los juegos matutinos con mi madre, los hice a un lado y esperé.

¿Qué era eso? Una rama seca se quebró. Un poco más cerca, una piedra rodó cuesta abajo. Alguien respiró.

—¿Quién comenzará? —la *weroance* interrumpió a mis oídos—. Tú —dijo.

Rana intentó, pero no pudo.

—Veo un mapache. Duerme en la rama de un árbol.

—Tú —dijo ella. Madruga Tarde contestó con la misma inseguridad que Rana—. Veo una . . . telaraña que se extiende entre las zarzas de un moral.

—Ahora tú —dijo, pero nadie respondió esta vez—. Tú, Nuez.

Me concentré tanto que sentí que la cabeza me pulsaba. Tenía miedo de cometer un error delante de tanta gente, pero imaginé que se trataba de mi madre que me pedía que escuchara, curiosa e interesada, como cada mañana.

—Un hombre se acerca del sur —dije—. Tiene un paso ligero, pero cojea. No es joven porque pierde el aliento cuando camina cuesta arriba. Es . . . —dejé de hablar un momento, cerré los ojos aunque estaban vendados y me concentré más. Era inconfundible—. ¡Se ríe! ¡Es Fuego Gris!

Oí que las personas se volteaban para mirar detrás de mí y se murmuraban algo. Casi podía sentirlos mirar para ver si yo tenía razón. Esa parte del bosque era densa, los senderos eran ondulados y estaban cubiertos por vegetación.

—¡Allí! —La voz de Atrae Venados sobrepasó a las demás—. ¡Es *él*! ¡Es Fuego Gris! ¡El hermano de la *weroance*! Lo habían nombrado así porque era tan silencioso que cuando caminaba, pasaba por el pueblo como humo.

Unas manos fuertes desataron el tallo de vid que sujetaba la venda de mis ojos. Eran las de mi padre, que acariciaron mi cabello por un instante. Estoy seguro de que nadie más lo notó.

—Esta parte de las pruebas ha terminado —anunció la *weroance*—. Con excepción del muchacho que ya aprobó, cada muchacho debe tomar una prueba con el arco para tener derecho a su nombre de adulto.

—¿Y qué pasa con el muchacho que aprobó? —preguntó mi madre desde donde estaba parada—. ¿Qué pasa con mi muchacho Nuez?

—Cuando un muchacho pasa la prueba, ya no es un muchacho —le respondió la *weroance*—. Ya no tiene su nombre de niño.

Todos pararon lo que hacían para escuchar lo que iba a decir. Volteé la venda que mi madre había tejido. Todavía la tenía en mi mano. Era suave, como si fuera de musgo sedoso.

—Ve Tras Los Árboles —anunció la *weroance*—, es ahora un hombre.

Piénsalo

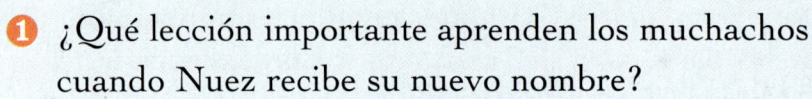

❶ ¿Qué lección importante aprenden los muchachos cuando Nuez recibe su nuevo nombre?

❷ ¿Qué da a entender el cuento acerca de las diferentes habilidades de la gente?

❸ ¿Por qué crees que hay una prueba adicional durante la fiesta de este año?

Sobre el autor
Michael Dorris

Michael Dorris era indio Modoc por parte de la familia de su padre. Dijo: "Viví en una reserva de indios por un tiempo cuando era niño y por lo tanto conozco a mis parientes indios. Esa parte de mis antecedentes está muy presente en mi vida".

Michael Dorris también leía mucho de joven. "Lo que me gusta sobre la lectura es que estás a cargo. Puedes parar o seguir, leer algo de nuevo e imaginar cómo son los personajes y los lugares. Cuando lees, participas en el cuento. No sucede así cuando ves televisión".

Coplerita

Poema de Antonio Ramírez Granados
Ilustraciones de Nora Köerber

Coplerita soy de montes
de los ríos y la barranca
vengo a regalarles algo
que traigo aquí en mi garganta.

Regalo un verso travieso
un verso de mil sabores
a la gente de mi tierra
y a pájaros trinadores.

Regalo un verso ligero
vientecito sin cordel
para un amigo que quiero
y que no tarda en volver.

Regalo un sueño pequeño
un sueño de este tamaño
pa' que se acuerden de mí
aunque sea una vez por año.

Y este trino mañanero
de un pájaro de papel
pa' que ahí se quede cantando
la canción que les canté.

Coplas van y coplas vienen
cosidas por la agujita
aquí se acaban cantando
versos de la Coplerita.

TALLER DE

Un nombre nuevo

DISEÑA UNA CAMISETA Imagina que te van a poner un nombre nuevo que signifique algo en particular sobre ti, como "Canta en el Coro". Puede estar basado en un talento que tengas o en algo que hayas hecho. Diseña una camiseta que represente tu nombre nuevo con dibujos o símbolos. Exhibe tu camiseta para ver si tus compañeros pueden adivinar tu nombre.

Una mano amiga

REPRESENTA UNA SITUACIÓN Trabaja en un grupo pequeño y piensa en situaciones en las cuales sería útil tener un amigo que pueda "ver tras los árboles". Elige una situación y planifica una escena para que tu grupo la represente ante los compañeros. Asegúrate de demostrar cómo es útil esta habilidad.

ACTIVIDADES

Usar otros sentidos

DISEÑA UN PRODUCTO Diseña un producto nuevo para ayudar a las personas que no puedan ver bien. Tu invento debe permitir que las personas usen otros sentidos que no sean la vista para poder hacer algo que no puedan hacer porque no ven bien. Escribe una descripción breve de tu producto e incluye diagramas o dibujos.

Hacer conexiones

ESCRIBE UNA RESEÑA Supón que Nuez leyó el poema "Coplerita". ¿Qué opinaría Nuez sobre este poema? Desde el punto de vista de Nuez, escribe por lo menos una oración expresando sus sentimientos hacia el poema.

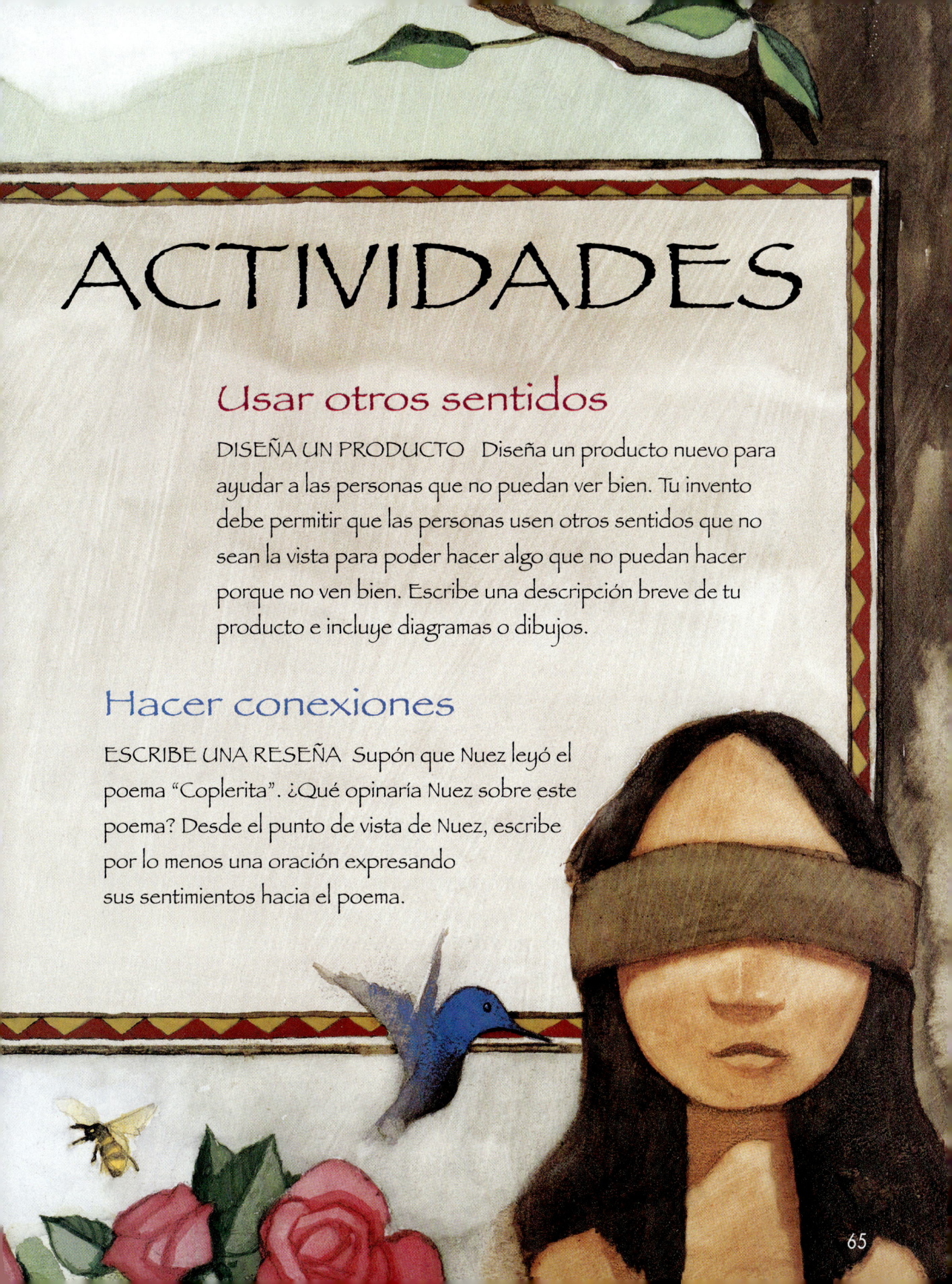

La función

Texto de **Cecilia Beuchat**
Ilustraciones de **Greg Couch**

Todo estaba preparado para la función de teatro del quinto año A. La obra se daría el viernes a las siete de la tarde y todos estaban cordialmente invitados. La señorita Mónica había redactado, junto con los niños, la invitación a los padres y la velada prometía ser muy entretenida.

Habían ensayado durante varias semanas y según el inspector López, que era el único que había presenciado el último ensayo, "la actuación de los niños era bastante aceptable". Si lo decía el señor López, que era tan estricto y exigente, no había por qué temer que algo saliera mal.

Cuando Beatriz contó en su casa lo de la función, su mamá le preguntó de inmediato:

—¿Hay que hacer algún disfraz?

—Sí, me tocó uno de los papeles principales: soy la princesa del cuento.

—Tú no necesitas disfrazarte —dijo su papá mirándola amorosamente. Y agregó: —Eres una princesa, mi princesita. . .

Beatriz se levantó de la mesa y besándolo en la frente le pidió:

—Papá, ¿verdad que vas a poder ir a la función? Yo, lo único que quiero, es que tú vayas a verme. Si no, me voy a morir y no voy a poder actuar. . .

—Claro que iré. Lo anotaré en mi agenda de inmediato y le avisaré a la señora Elvira que ese día dé horas en la consulta, solamente hasta las cinco. Después, soy todo tuyo.

—¿Y cómo piensas vestirte? —quiso saber la mamá.

—Quiero ir con un vestido lleno de florecitas —explicó Beatriz moviendo las manos juguetonamente. La señorita Mónica dijo que no gastáramos en nada y que buscáramos entre las cosas antiguas que tuviéramos en casa. También podríamos hacerlo con papel.

—Eso me parece bien —opinó la mamá. —Vamos a ver qué hay por ahí guardado. Estoy pensando en una vieja bata de raso color celeste con la que podemos hacer el vestido. . .

—Te vas a ver maravillosa —dijo el papá levantándose. —El color celeste hará juego con tus ojos. No puedo perderme por nada del mundo ver a mi hija actuando. . .

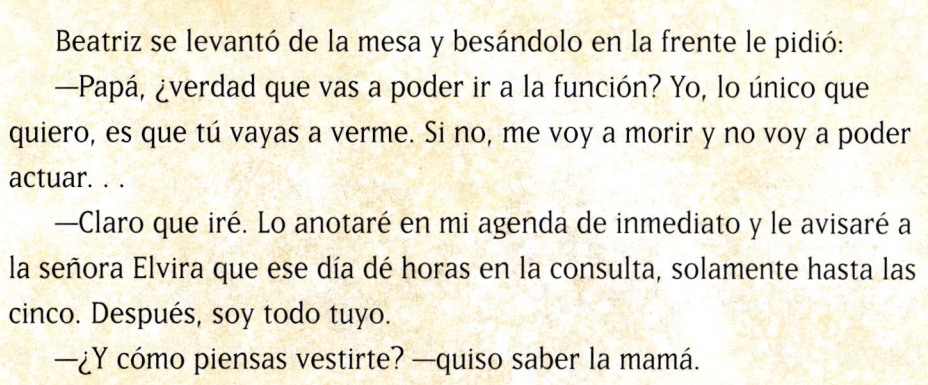

Jaime, el hermano menor que escuchaba, opinó con desgano:

—Me imagino que te pondrás una corona. . . si no, ¿cómo va a saber la gente que eres la princesa?

—¡Tonto! Claro que se van a dar cuenta cuando entre Andrés y pregunte: — "¿Aquí vive la princesa de las flores?"

—¡Ah! Así es que Andrés actúa de príncipe —se burló Jaime.

Pero la niña no le hizo caso y se fue con su mamá a preparar el disfraz. Estaba feliz. Todo iba a resultar muy bien y lo único que esperaba era que no le doliera el estómago antes de empezar la función. La señorita Mónica les había dicho que eso era normal y que incluso a los grandes actores les sucedía.

¡Y por fin llegó el viernes! Eran ya diez para las siete cuando Beatriz se asomó por la cortina del escenario para mirar el gimnasio de la escuela que se iba llenando poco a poco de papás, mamás, abuelos, primos, tíos, tías y amigos.

Pronto descubrió a su mamá; estaba en la tercera fila. Había colocado su cartera en la silla del lado para guardarle el lugar al papá. ¡Uy! Ojalá pudiera llegar a tiempo. Siempre estaba tan ocupado con sus pacientes.

Beatriz escuchó que la señorita Mónica la llamaba y volvió detrás del escenario.

—Ponte otro poco de polvos —le dijo. —¿Estás nerviosa? ¿Va a venir tu papá?

—¡Sí! Aún no ha llegado, pero va a llegar luego. Falta todavía para las siete, ¿verdad?

—Cinco minutos —respondió la profesora y golpeó con las manos: — ¡Niños, a sus lugares! Vamos a comenzar.

Beatriz se acercó disimuladamente al cortinaje para mirar una vez más. La silla junto a su mamá estaba aún vacía y ella le estaba diciendo a otra señora que ese lugar era para su esposo.

La sala se había repletado de personas que conversaban alegremente. Todos tenían en sus manos los programas preparados y dibujados por los niños.

Por fin, la señorita Mónica, dijo: —¡Empecemos!

Su voz era algo más aguda que de costumbre: —Niños, tranquilos. Nos va a salir muy bien. . . Hemos ensayado bastante, así es que ahora disfrutémoslo. ¡Listo! Juanito, ¿puede conectar la música, por favor? Apaga las luces centrales y enciende de a poco las del escenario. ¡Vamos, Álvaro!

Beatriz sintió que el piso se le movía y que el famoso dolor de estómago le seguía cada vez más fuerte. ¿Habría llegado su papá? ¡Qué ganas de saberlo! Pero iba a tener que esperar otro rato, pues aún no le correspondía salir a escena.

"¡Qué tonta soy!" pensó. "Me estoy poniendo nerviosa por leseras. Papá debe estar sentado junto a mamá y lo mismo que yo, no halla la hora de que salga al escenario. ¡Ojalá que le guste la obra!".

Recordó cómo su madre había hecho el vestido, con tanto cariño, y cómo la Pascuala, con mucha paciencia, había cosido, una a una, las lentejuelas del ruedo. ¡Hasta Jaime había colaborado pegando las perlitas de la corona!

¡No! Todo iba a salir bien. Y por la noche se iba a acordar de lo tonta que había sido al pensar que el papá no iba a estar en la función. En ese momento, la señorita Mónica le hizo una seña y Beatriz entró al escenario. Se escuchó un murmullo de admiración proveniente del público, pero ella sólo estaba pendiente de llegar donde Andrea que hacía el papel de reina.

—Hija mía —recitó ésta al verla —, te he llamado, pues me tienes preocupada. Hace días que estás triste y no quieres salir de tus habitaciones. ¿Qué te ocurre?

Beatriz miró a Andrea, la reina, y luego, disimuladamente, al público:

—No me pasa nada, madre. . . —respondió.

Fue entonces cuando Beatriz vio que la silla junto a mamá, permanecía aún vacía. . . Papá no había llegado a la función.

—Ya no sales a jugar al parque, ni deseas montar tu caballo. Tampoco vas a la colina a recoger flores. . . —continuaba diciendo Andrea.

—No me pasa nada, madre —replicó Beatriz y sintió que se le hacía un nudo en la garganta.

—Entonces, ¡sal, diviértete! No puedes quedarte eternamente en tus habitaciones soñando con tu príncipe encantado —le dijo la reina.

Beatriz se acercó y, arrodillándose, apoyó la cabeza sobre el regazo de la soberana. Ahora debía ponerse a llorar y la señorita Mónica había dicho que eso había que hacerlo con mucho sentimiento. No le costó nada. De sus ojos asomaron lágrimas y con mucha pena rompió a llorar.

Mientras Andrea acariciaba el cabello de la princesa, pensó que Beatriz era realmente una excelente actriz.

La obra prosiguió sin tropiezos y la niña terminó la actuación del primer acto sin problemas. En el intermedio corrió al baño. Frente al espejo decidió que la pena se la tenía que guardar bien adentro y que iba a seguir actuando hasta el final. La señorita Mónica se lo merecía, también su mamá, y si su papá no había llegado. . . bueno, ya no había nada que hacer. Pero nunca más lo invitaría a otra función. ¿Para qué? Si no le interesaba. Para él eran mucho más importantes sus pacientes, la consulta y esos congresos que siempre lo mantenían tanto tiempo lejos de casa. Se lavó la cara y fue donde la señorita para que la maquillara de nuevo.

La obra terminó con un aplauso muy fuerte y largo. Los niños del quinto estaban felices. El Centro de Padres le entregó a la señorita Mónica un hermoso ramo de claveles. Después hubo chocolate caliente y galletas para todo el mundo. Como a las nueve de la noche, los niños y sus padres comenzaron a abandonar la escuela.

Beatriz no habló casi nada con su mamá quien, entusiasmada, la abrazó y felicitó por lo bien que había actuado.

Al llegar a la casa, dijo estar muy cansada y subió a su pieza. Mientras colgaba el traje de princesa, escuchó a su padre cuando cerró la puerta y saludó a la mamá.

—¿Qué te pasó? —le preguntó ésta con voz serena.

—Lo mismo de siempre. . . un caso de urgencia —respondió él. Hubo un incendio en una población. Un muchacho de doce años se quemó gran parte del cuerpo. Me llamaron de la posta para ver qué podía hacer. Acabamos de terminar. . . Un muchacho, casi un niño. . . hubieses visto cómo traía la cara. . .

—¡Pobre! —exclamó ella pensativa.

—¡Claro! Tú comprenderás que ni me acordé de la función de Beatriz. ¿Cómo estuvo?

—¡Maravillosa. . . !

—Y ahora, ¿qué hago? —preguntó entonces el papá preocupado.

—Conversar con ella. . . —respondió la mamá y se fue a la cocina.

Beatriz se metió rápidamente a la cama y fingió estar dormida. El papá subió, se sentó al borde de la cama y le acarició el pelo. Luego, suspirando, apagó la luz y se dirigió al comedor.

Beatriz se levantó al día siguiente muy temprano y se fue a casa de Loreto toda la mañana. Era sábado, y tenían que terminar un trabajo sobre los insectos. Al volver, a la hora de almuerzo, se encontró con el papá quien le dijo:

—Beatriz, seguramente ya sabes lo que pasó. De veras siento mucho no haber llegado a la función. . .

La niña no respondió.

—Ya sé que estás enojada conmigo —prosiguió su padre. Pero imagínate, Luisito se habría podido morir si no llego a tiempo para operarlo en el hospital.

Fue entonces que Beatriz dijo con rabia:

—¡Es que a ti te importa más ese Luisito que tu hija! Y subió corriendo a encerrarse en su dormitorio.

El domingo estuvo todo muy triste en casa del Dr. Fernández. La familia se reunió sólo durante las comidas. Jaime hizo una que otra broma, pero nadie se rió. La Pascuala estuvo a punto de dejar caer la mermelada de frutilla, de puros nervios, al ver a la familia así. Sobre todo a su Beatriz que estaba con carita de pena y no había querido ni probarla.

Y llegó el lunes. La señorita Mónica entró un poco atrasada a la sala. Luego de pasar lista, dijo:

—¡Niños! En primer lugar debo felicitarlos. Estuvieron todos maravillosos en la función del viernes. Todo salió muy bien. Tan bien, que lo vamos a repetir. . .

—¿Qué. . . ? ¿Cuándo. . . ? ¿Dónde. . . ? —preguntaron todos alborotados.

—Lo que les he dicho. Hemos recibido un llamado del Hospital San Damián y quieren que demos una función para los niños que están hospitalizados.

—¡Sí! ¡Claro! ¡Buena idea! ¡Qué nervios! —gritaban todos.

—¿Y cuándo la vamos a dar? —quiso saber Jaime.

—El próximo viernes —puntualizó la señorita Mónica con voz excitada.

—¡Odio los viernes! —murmuró Beatriz sin prestar atención a lo que comentaban sus compañeros.

La sala tres del pabellón había sido arreglada especialmente para la función. Era la más grande del piso y allí se celebraba también la Navidad, pues cabían todas las camas colocadas en tres largas filas.

El viernes a las cuatro ya estaba todo preparado. La señorita Mónica había acortado un poco el libreto y los alumnos del quinto año habían pintado, especialmente para los pequeños enfermos, un nuevo programa.

Faltaban sólo algunos minutos cuando Beatriz lo vio llegar. Una enfermera venía empujando una silla de ruedas, en ella venía sentado un muchachito, de no más de doce años, cubierto con una delgada túnica. Su rostro estaba lleno de manchas rojas violáceas y, entre las quemaduras, brillaban un par de ojos negros.

—¿Dónde ponemos a Luisito? —preguntó la enfermera.

La señorita Mónica iba a contestar, pero Beatriz se adelantó y dijo:

—Acá, en primera fila, así verá mejor. . .

Luisito, levantando la vista le sonrió con los ojos.

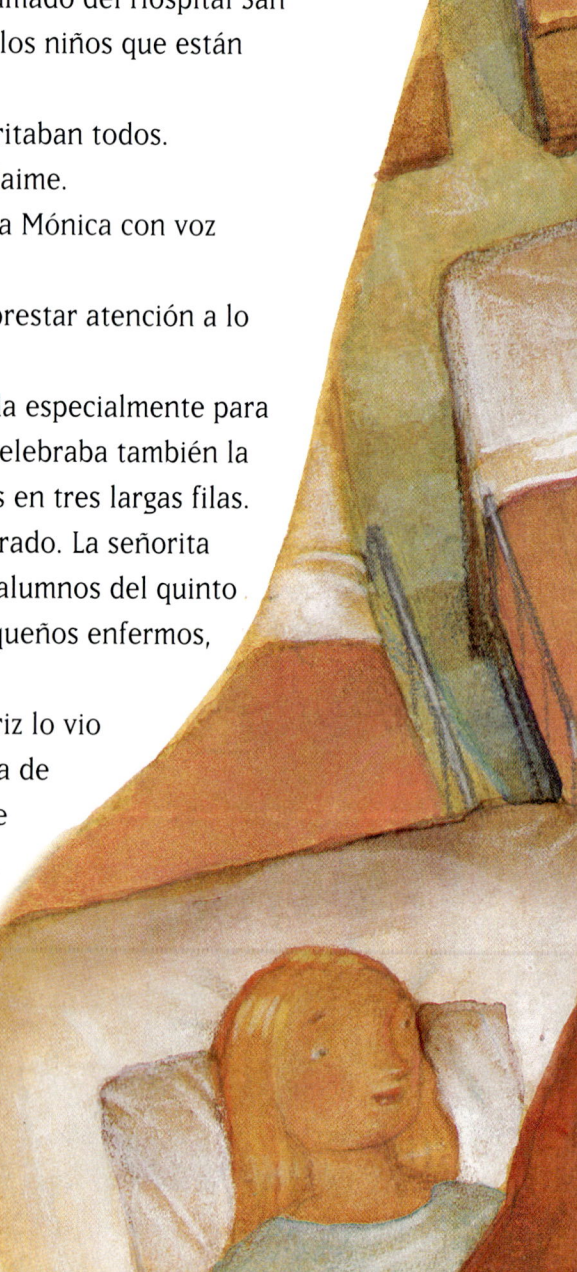

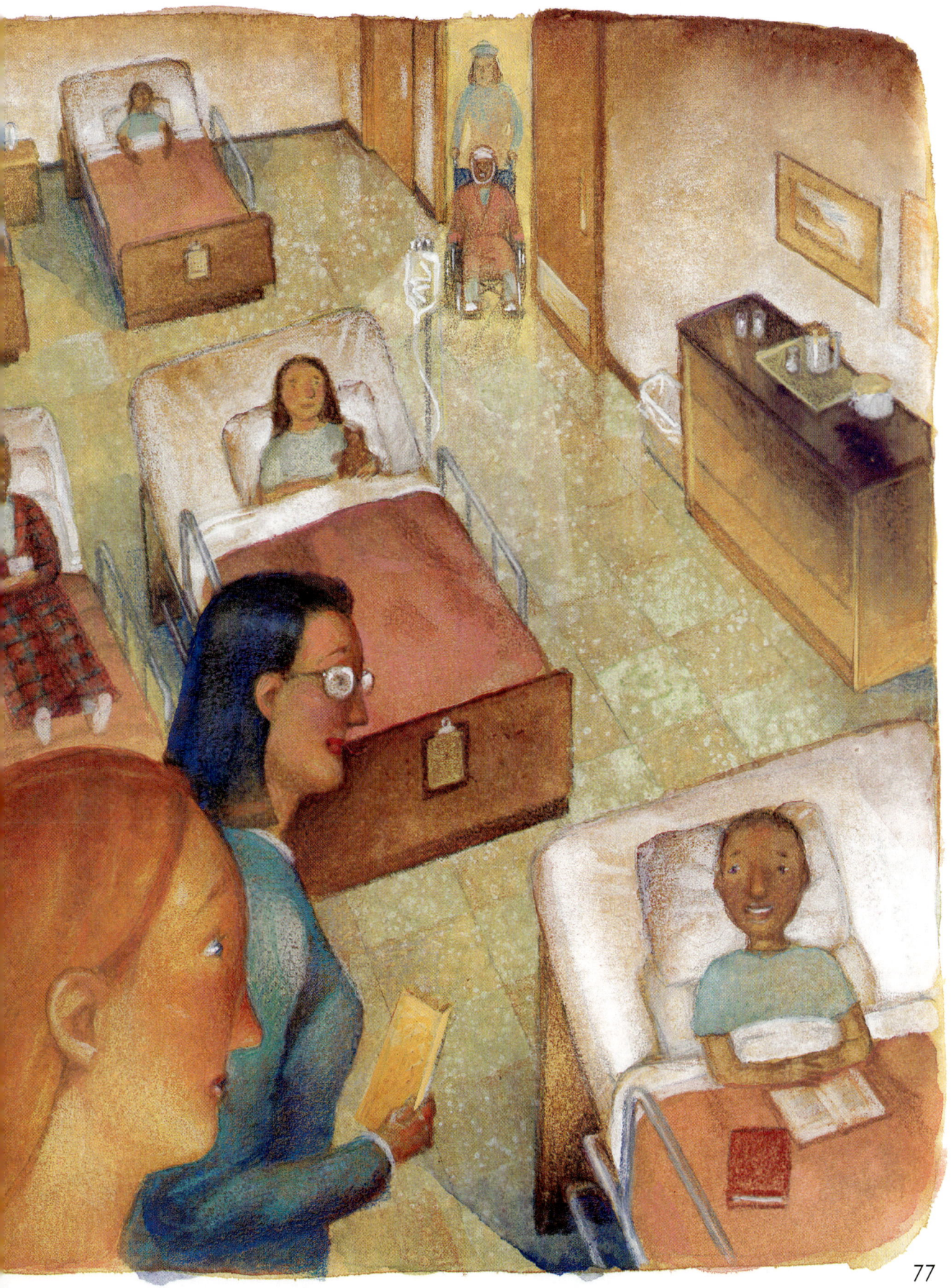

—Vamos a
empezar —anunció la
señorita Mónica, algo nerviosa.

Beatriz se ubicó detrás de las cortinas improvisadas con sábanas y miró a los enfermos. Desde un rincón la seguían los negros ojos de Luisito que no quería perder ningún detalle de la obra. La niña sintió una mezcla de pena y alegría, pero cuando la señorita Mónica le preguntó qué le sucedía, no supo qué responder.

Entonces vio a su papá, junto a Luisito, en la primera fila, con su uniforme blanco de médico. En una mano tenía el estetoscopio con que examinaba a los enfermos, y en la otra, el nuevo programa.

—¡Papá llegó a la función! —exclamó Beatriz, y llena de felicidad, se preparó para comenzar su actuación.

Piénsalo

1 ¿Qué es lo que impidió que el padre de Beatriz fuera a la primera representación? ¿Cómo se sentía?

2 Beatriz aprendió una buena lección al final del cuento. ¿Cúal fue esa lección?

3 ¿Te ha pasado algo parecido a lo que le ocurrió a Beatriz? ¿Cómo crees que te sentirías? Explica tu respuesta.

Conoce a la autora

Cecilia Beuchat

Cecilia Beuchat no es sólo una autora de cuentos para niños. También es una lectora devota, una editora de literatura infantil y una profesora respetada de Literatura y Pedagogía en la Universidad Católica de Chile. Nacida en Chile en 1947, Cecilia Beuchat pertenece a una generación impresionante de escritores chilenos que incluye a autores famosos como Isabel Allende y a Antonio Skármeta. Cecilia Beuchat, una profesora muy querida y una crítica de arte respetada, siente mucho orgullo por todo lo que ha contribuido al mundo de la literatura infantil y cree que hay una conexión importante entre la literatura y el mundo bello que nos rodea. Cecilia Beuchat escribió que "Los que escriben poesía o cuentos saben lo que cada estación del año tiene de especial". Desde que escribió *La Función* en 1987, no ha dejado de publicar libros para niños, y su colección *Cuentos con algo de fruta* fue incluida en el Catálogo de *Literatura infantil de interés internacional* en Bolonia, Italia.

Taller de

Paso a paso

CREA UN VESTUARIO   Piensa en los accesorios necesarios para crear un disfraz de princesa. Dibújalos en tu cuaderno y escribe los nombres debajo. Inventa la manera de fabricar uno de los objetos con cosas que puedas encontrar en tu casa. Enumera los pasos a seguir y si lo consideras conveniente, haz al lado unos dibujos explicativos.

No te pierdas

CREA UN MAPA   Imagina que los padres que van a ver la función del colegio no saben cómo se llega al gimnasio donde se representa la obra de teatro. Haz un mapa de la ruta más sencilla entre la entrada principal de la escuela y el lugar de la representación.

actividades

Todos invitados

ESCRIBE UNA INVITACIÓN   Imagina que tu clase está haciendo los preparativos para una función y que eres el encargado de las invitaciones para los padres. Escribe un párrafo divertido para las invitaciones de la representación de teatro.

Arriba el telón

HAZ UNA LISTA   Producir una obra de teatro no es nada fácil. Hace falta planificar con tiempo y trabajar con tenacidad. Pretende que eres la señorita Mónica y tienes que organizar la función del colegio. Haz una lista de cosas necesarias para que la representación salga perfecta.

Vocabulario en contexto

A medida que leíste "La función", te podrías haber encontrado con palabras desconocidas. Si tú usaste otras partes de la historia para descifrar el significado de las palabras, entonces estabas usando claves de contexto. **Las claves de contexto** son palabras, frases y dibujos que rodean a una palabra y ayudan a sugerir su significado. Hay diferentes tipos de claves de contexto. Algunas de las más comunes son las siguientes:

Sinónimo
Palabra con el mismo significado que otra

Antónimo
Palabra que significa lo opuesto de otra palabra

Definición
Palabras que dan a conocer lo que significa otra palabra

Explicación
Ampliación del significado de una palabra para hacerla más comprensible

Descripción
Palabras que hablan de cualidades y características que ayudan a entender el significado de otra palabra

Ejemplo
Palabras que se citan para ilustrar el significado de otra palabra

Algunas palabras tienen más de un significado. Éstas se llaman palabras de significado múltiple. Cuando encuentres una de estas palabras, las claves de contexto te ayudarán a comprender el significado que tiene esta palabra en la oración. Por ejemplo, la palabra *papel* puede significar (1) hoja que sirve para escribir, (2) escrito o impreso o (3) parte de la obra que representa cada actor. En la siguiente oración, las claves de contexto indican que la palabra *papel* se usa con el tercer significado.

En el último ensayo de ballet, yo representé el papel de Julieta.

Lee las siguientes oraciones. ¿Qué significado se sugiere para cada palabra subrayada?

A. A los toros y caballos salvajes se los derriba con el lazo.
   1. Adorno de cintas entrelazadas
   2. Cuerda con una lazada corrediza
   3. Unión, vínculo de sangre

B. El violín se toca moviendo un arco a través de las cuerdas.
   1. Arma que sirve para disparar flechas
   2. Meta, portería en deportes
   3. Vara delgada que se usa para tocar algunos instrumentos de cuerda

¿QUÉ HAS APRENDIDO?

1. ¿Qué claves de contexto de esta selección te ayudan a imaginar el papel de Beatriz?

2. Halla palabras de significado múltiple en alguna lectura que te interese. Haz una lista de las claves de contexto que te ayudaron a descifrar el significado que se sugiere para cada palabra.

INTÉNTALO • INTÉNTALO

Escribe un párrafo sobre un instrumento imaginario. Incluye al menos una palabra de significado múltiple y una palabra que posiblemente sea desconocida para el lector. Usa las claves de contexto para ayudar al lector a confirmar el significado de cada palabra.

Visita *The Learning Site*
www.harcourtschool.com

QUERIDA SRA. PARKS

UN DIÁLOGO CON LA JUVENTUD DE HOY

Selección premiada por los profesores

Libro notable en Estudios sociales

ROSA PARKS

CON GREGORY J. REED

ILUSTRACIONES DE LORI MCELRATH-ESLICK

Para muchos, Rosa Parks es la madre del movimiento pro derechos civiles actual. Por ejemplo, en 1955 demostró su gran valor al insistir en que se respetaran sus derechos en un autobús de la ciudad de Montgomery, Alabama. A través de los años ha recibido muchas cartas de estudiantes que le piden consejos sobre diversas situaciones. Esta selección muestra el intercambio de cartas entre algunos de esos estudiantes y Rosa Parks.

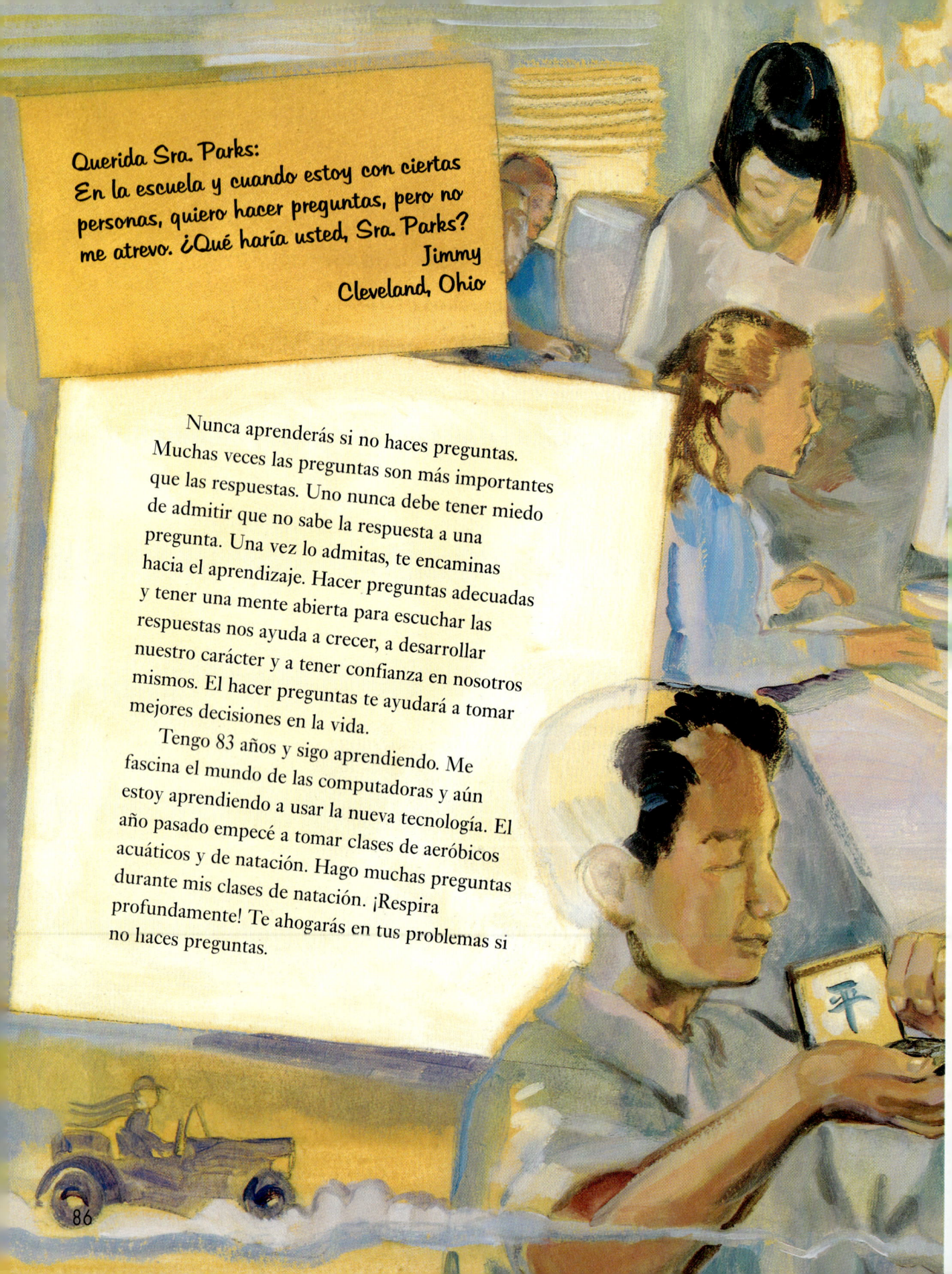

Querida Sra. Parks:
En la escuela y cuando estoy con ciertas personas, quiero hacer preguntas, pero no me atrevo. ¿Qué haría usted, Sra. Parks?
Jimmy
Cleveland, Ohio

Nunca aprenderás si no haces preguntas. Muchas veces las preguntas son más importantes que las respuestas. Uno nunca debe tener miedo de admitir que no sabe la respuesta a una pregunta. Una vez lo admitas, te encaminas hacia el aprendizaje. Hacer preguntas adecuadas y tener una mente abierta para escuchar las respuestas nos ayuda a crecer, a desarrollar nuestro carácter y a tener confianza en nosotros mismos. El hacer preguntas te ayudará a tomar mejores decisiones en la vida.

Tengo 83 años y sigo aprendiendo. Me fascina el mundo de las computadoras y aún estoy aprendiendo a usar la nueva tecnología. El año pasado empecé a tomar clases de aeróbicos acuáticos y de natación. Hago muchas preguntas durante mis clases de natación. ¡Respira profundamente! Te ahogarás en tus problemas si no haces preguntas.

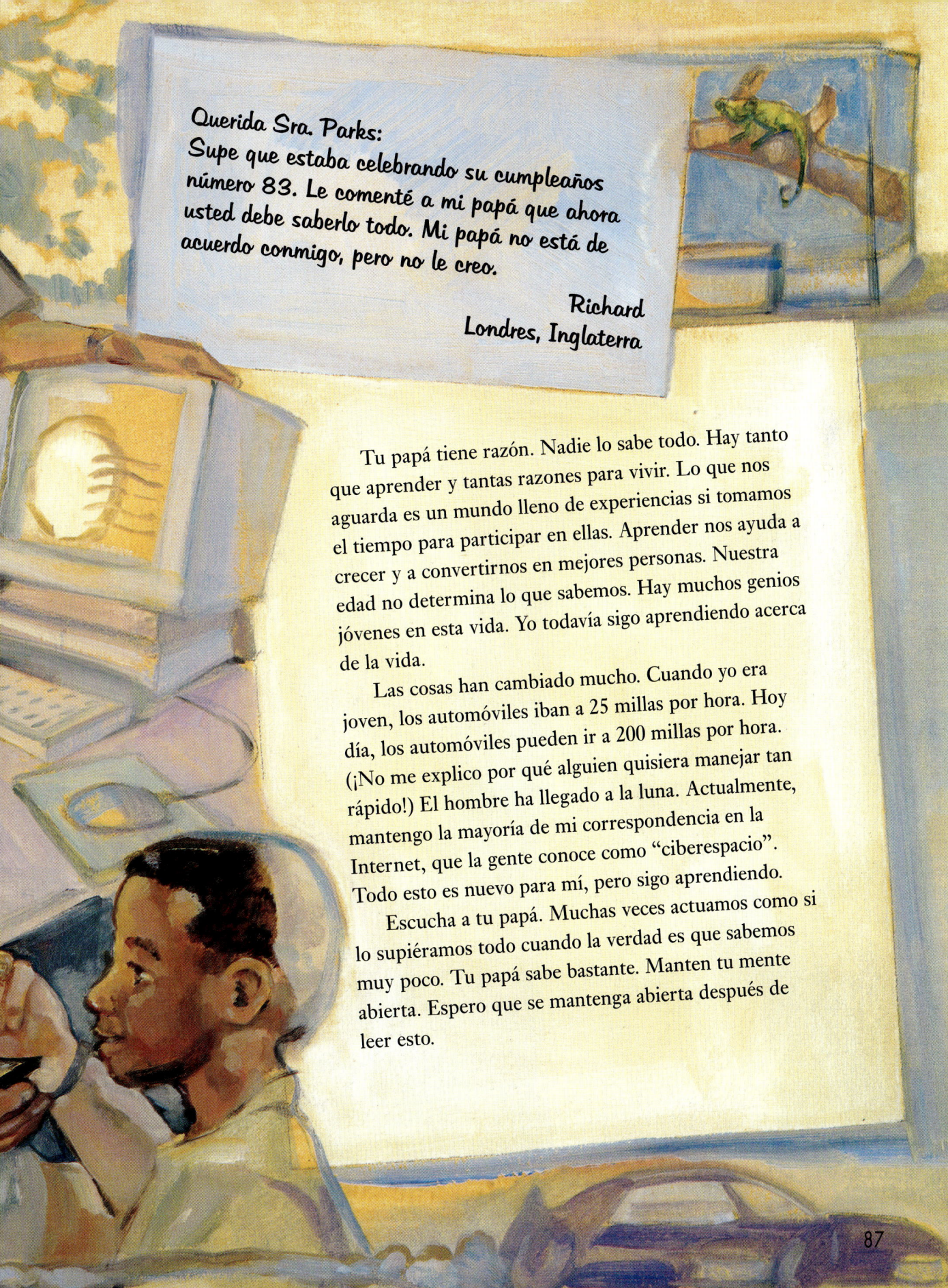

Querida Sra. Parks:
Supe que estaba celebrando su cumpleaños número 83. Le comenté a mi papá que ahora usted debe saberlo todo. Mi papá no está de acuerdo conmigo, pero no le creo.

Richard
Londres, Inglaterra

Tu papá tiene razón. Nadie lo sabe todo. Hay tanto que aprender y tantas razones para vivir. Lo que nos aguarda es un mundo lleno de experiencias si tomamos el tiempo para participar en ellas. Aprender nos ayuda a crecer y a convertirnos en mejores personas. Nuestra edad no determina lo que sabemos. Hay muchos genios jóvenes en esta vida. Yo todavía sigo aprendiendo acerca de la vida.

Las cosas han cambiado mucho. Cuando yo era joven, los automóviles iban a 25 millas por hora. Hoy día, los automóviles pueden ir a 200 millas por hora. (¡No me explico por qué alguien quisiera manejar tan rápido!) El hombre ha llegado a la luna. Actualmente, mantengo la mayoría de mi correspondencia en la Internet, que la gente conoce como "ciberespacio". Todo esto es nuevo para mí, pero sigo aprendiendo.

Escucha a tu papá. Muchas veces actuamos como si lo supiéramos todo cuando la verdad es que sabemos muy poco. Tu papá sabe bastante. Manten tu mente abierta. Espero que se mantenga abierta después de leer esto.

Querida Sra. Parks:
Me encanta ir a la escuela pero me preocupa sacar todas A. Cada vez que saco una A mis compañeros se burlan de mí. Estoy tratando de encajar en el grupo.

Shata
Detroit, Michigan

88

Me alegra saber que te gusta la escuela. Es una de las experiencias más importantes que uno puede tener en la vida si se toma en serio. En esta vida, cada persona tiene ciertas virtudes o talentos especiales para reciprocarle a la vida. Yo sé que a veces es difícil expresar los talentos que uno tiene por temor a ser ridiculizado. No eres la única persona que se siente así. Hay muchos otros estudiantes en otras ciudades que se sienten igual que tú. Para todos ustedes tengo el mismo mensaje: Trabajen mucho, no se desanimen y siempre traten de hacer lo mejor que puedan. Los que se rían de ustedes por alcanzar su máximo potencial tienen sus valores equivocados. Todos somos líderes alguna vez en la vida. Tú eres un líder. Empieza a guiar y los demás pronto te seguirán.

Querida Sra. Parks:
Tengo 12 años y mi materia favorita es matemáticas. Cuando sea mayor, quiero trabajar con las computadoras. ¿A usted le gustaba la escuela de joven?

Anthony
Las Vegas, Nevada

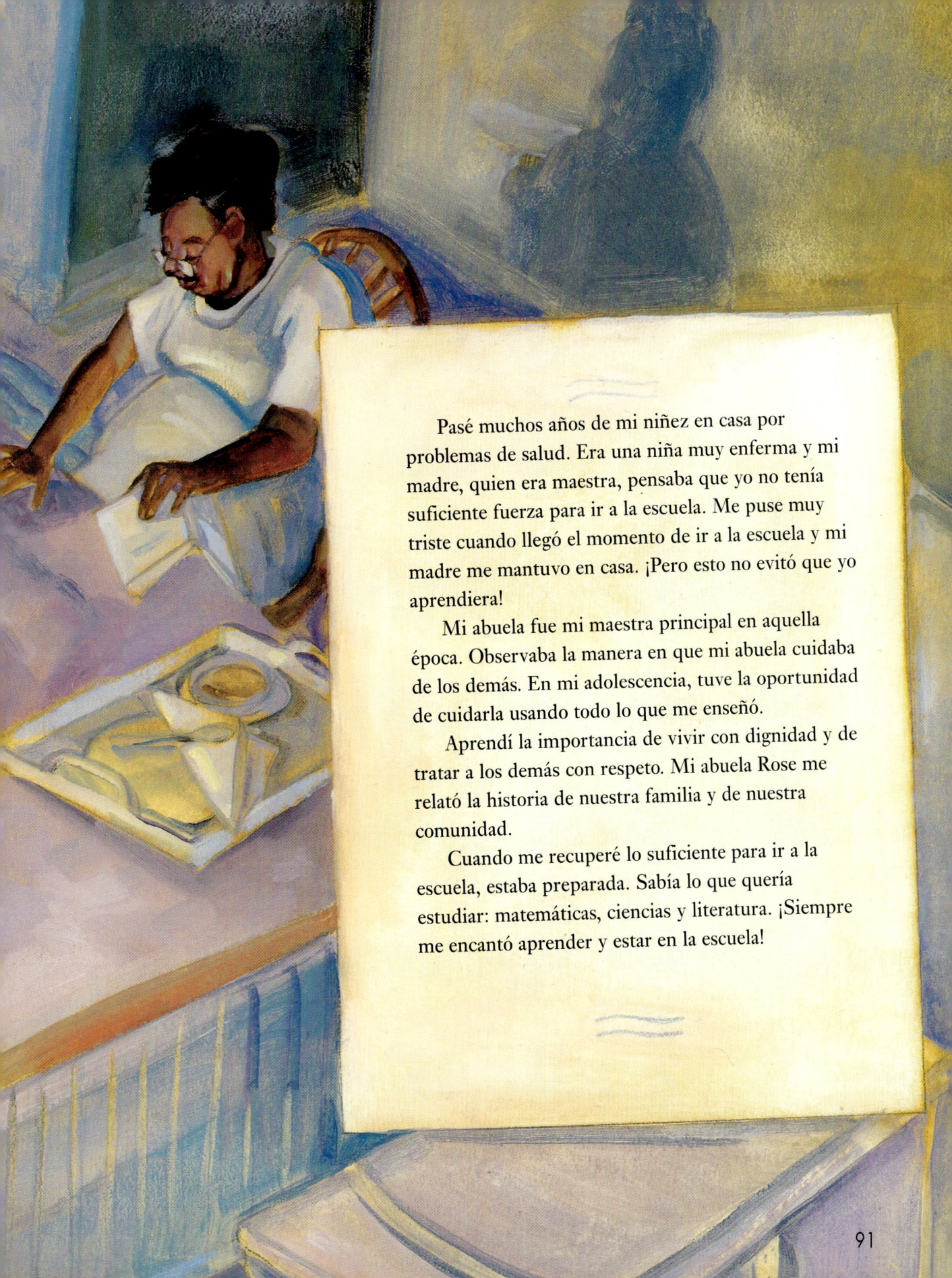

Pasé muchos años de mi niñez en casa por problemas de salud. Era una niña muy enferma y mi madre, quien era maestra, pensaba que yo no tenía suficiente fuerza para ir a la escuela. Me puse muy triste cuando llegó el momento de ir a la escuela y mi madre me mantuvo en casa. ¡Pero esto no evitó que yo aprendiera!

Mi abuela fue mi maestra principal en aquella época. Observaba la manera en que mi abuela cuidaba de los demás. En mi adolescencia, tuve la oportunidad de cuidarla usando todo lo que me enseñó.

Aprendí la importancia de vivir con dignidad y de tratar a los demás con respeto. Mi abuela Rose me relató la historia de nuestra familia y de nuestra comunidad.

Cuando me recuperé lo suficiente para ir a la escuela, estaba preparada. Sabía lo que quería estudiar: matemáticas, ciencias y literatura. ¡Siempre me encantó aprender y estar en la escuela!

Querida Sra. Parks:

Nuestra maestra nos dijo que usted acaba de cumplir 83 años. Mi bisabuela tiene 85. Ella siempre habla sobre los viejos tiempos. A veces me pregunto qué tienen que ver los viejos tiempos conmigo.

Adrienne
Vienna, Virginia

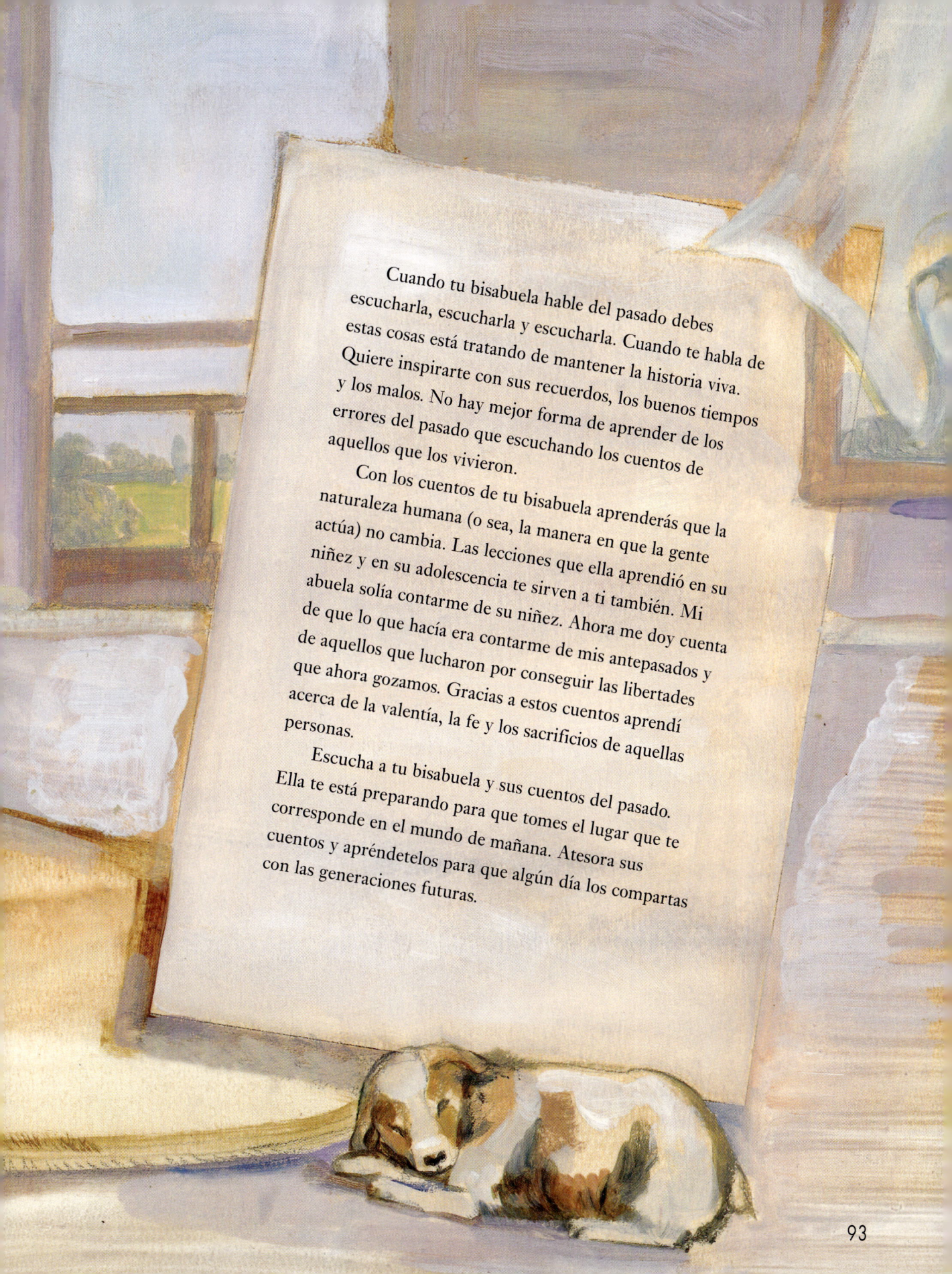

Cuando tu bisabuela hable del pasado debes escucharla, escucharla y escucharla. Cuando te habla de estas cosas está tratando de mantener la historia viva. Quiere inspirarte con sus recuerdos, los buenos tiempos y los malos. No hay mejor forma de aprender de los errores del pasado que escuchando los cuentos de aquellos que los vivieron.

Con los cuentos de tu bisabuela aprenderás que la naturaleza humana (o sea, la manera en que la gente actúa) no cambia. Las lecciones que ella aprendió en su niñez y en su adolescencia te sirven a ti también. Mi abuela solía contarme de su niñez. Ahora me doy cuenta de que lo que hacía era contarme de mis antepasados y de aquellos que lucharon por conseguir las libertades que ahora gozamos. Gracias a estos cuentos aprendí acerca de la valentía, la fe y los sacrificios de aquellas personas.

Escucha a tu bisabuela y sus cuentos del pasado. Ella te está preparando para que tomes el lugar que te corresponde en el mundo de mañana. Atesora sus cuentos y apréndetelos para que algún día los compartas con las generaciones futuras.

Querida Sra. Parks:
Tengo 13 años. ¿Alguna vez pensó que cumpliría 83 años? ¿Qué cambios ha visto en los últimos 50 años?

Michael
Gary, Indiana

¡Ochenta y tres años, y no me siento vieja! Agradezco cada día que pasa.

He sido bendecida con una vida maravillosa. He tenido la suerte de conocer a toda clase de personas de todos los grupos étnicos. He tenido contacto con toda la humanidad.

Le agradezco a Dios la larga vida que me ha dado. Le doy gracias por haberme escogido para llevar a cabo algunos de Sus planes.

Estoy orgullosa de ser estadounidense. Estados Unidos es un país maravilloso. En poco más de 200 años, desde que se firmó la Declaración de la Independencia, ha habido cambios muy importantes. Hemos abolido la esclavitud. Hemos establecido leyes que evitan la explotación de los niños en el trabajo. Las mujeres tenemos el derecho de votar y hemos empezado a tomar nuestro lugar merecido en la política, las artes, las ciencias y los negocios. Estoy orgullosa de ver que la historia de Estados Unidos y la historia de las mujeres se estén uniendo para formar una sola historia en preparación para el futuro.

Nuestro país sirve de modelo para todos los demás países en desarrollo porque ha logrado justicia e igualdad para sus ciudadanos. Nuestra constitución ha durado más que cualquier otra constitución en la historia moderna.

Debemos apreciar todas estas bendiciones y compartir estos regalos que Dios nos ha dado. Ya sea que tengamos 13 u 83 años, debemos mostrar al mundo entero que podemos corregir nuestros errores (incluso la situación de las personas sin hogar, el racismo y la violencia) y seguir adelante siempre intentando mejorar la sociedad. Sé que lo podemos lograr. Nuestra nación siempre ha superado los obstáculos con los que se ha enfrentado.

Querida Sra. Parks:
¿Cómo puedo ayudar a que el mundo sea un mejor lugar?

Larry
St. Paul, Minnesota

Con sólo hacer esa pregunta ya estás ayudando. Estás pensando en tu objetivo en este mundo y en lo que puedes hacer por los demás.

Cualquiera que quiera mejorar el mundo lo puede hacer. Hay muchas maneras de ayudar. Una de ellas puede ser a través de la carrera que elijas, como por ejemplo ser maestro, abogado, ministro, ingeniero, médico, enfermero o investigador médico. Todos estos trabajos y muchos más permiten tener un impacto directo en la vida de las demás personas. Otra manera de ayudar a tu comunidad es participar en actividades de tu centro religioso o grupo comunitario durante las noches o los fines de semana.

Cuando alguien me pregunta qué puede hacer para ayudar, siempre le recomiendo que trabaje con la juventud. Los jóvenes se están preparando para el próximo milenio y tienen muchas preocupaciones y necesidades. Tú puedes ayudar sirviendo de consejero cuando estén preocupados o de mentor para aquellos que necesiten alguien que los guíe.

Todos tenemos talentos que podemos compartir con los demás. Aprecio y agradezco a todos los que se interesan por la humanidad y quieren hacer del mundo un mejor lugar para vivir.

Piénsalo

1. Basándote en lo que has aprendido de la Sra. Parks, ¿por qué piensas que a pesar de estar tan ocupada sacó tiempo para contestar a estos jóvenes?

2. ¿Cuál intercambio de pregunta y contestación te pareció más interesante? Explica tu respuesta.

3. ¿Crees que esta selección hubiera sido igual de interesante si la Sra. Parks hubiera escrito un artículo sobre sus ideas y opiniones sin incluir las cartas? Explica tu respuesta.

Conoce a la autora
Rosa Parks

Por más de 40 años Rosa Parks ha apoyado la lucha pacífica por los derechos humanos, especialmente los derechos de la juventud. Recibe cientos de cartas cada año. "Siento que es una bendición recibir tantas cartas de los jóvenes" dice ella. "Agradezco a Dios los días que me ha otorgado para responder estas cartas".

Ella está convencida de que los adultos deben dar buen ejemplo a las siguientes generaciones. "Ha sido una bendición poder ver tantos cambios en el mundo" continúa Parks. "Pero hay algo que espero que nunca cambie: Ojalá que la juventud continúe buscando las respuestas a sus preguntas. Me siento inspirada por la energía de las mentes jóvenes".

FÁBULAS

DE ESOPO

RECONTADAS POR ANN McGOVERN

Acerca de Esopo

Esopo era un esclavo que vivió en Grecia hace unos 3,000 años. Se hizo famoso por las perspicaces fábulas de animales con las que mostraba el comportamiento sabio y tonto del hombre.

No se sabe mucho sobre la vida de Esopo. Se dice que su sabiduría complació tanto a uno de sus amos que éste le otorgó la libertad. También se dice que llegó a convertirse en un invitado de honor en las cortes de los reyes.

Las fábulas de Esopo se han convertido en parte de nuestro lenguaje cotidiano — una manera de expresarnos. ¿Has oído a alguien decir, "Las apariencias engañan" o "El que mucho abarca, poco aprieta"?

Esopo nunca escribió sus relatos. Se los contaba a la gente, que a su vez los recontaban a otros. No fue sino hasta doscientos años después de su muerte que apareció su primera colección de fábulas. Desde entonces han sido traducidas a casi todos los idiomas del mundo. En la actualidad existen muchísimas versiones de las historias que Esopo contó en las colinas de Grecia hace tantos años.

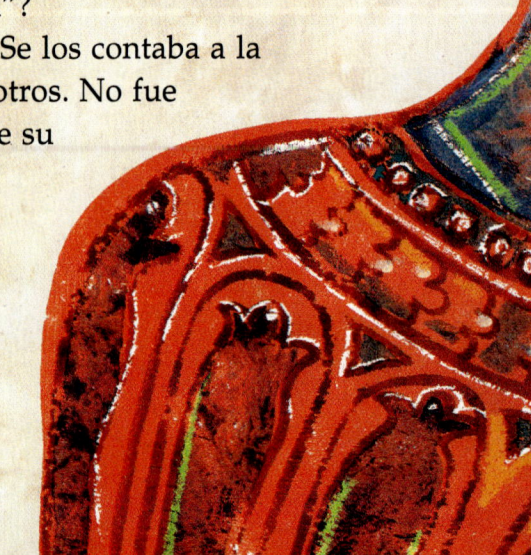

El cuervo y la jarra

Un cuervo, que casi se moría de sed, se encontró con una jarra que alguna vez estuvo llena de agua. Para su desgracia, el cuervo se dio cuenta de que el agua estaba tan abajo que no la podía alcanzar. Trató de voltear la jarra con todas sus fuerzas, pero era demasiado pesada.

Luego vio cerca un montón de piedritas. Tomó una en su pico y la dejó caer en la jarra. El agua subió un poco. Tomó otra y también la dejó caer. El agua subió un poco más. Una por una, las dejó caer dentro de la jarra. Finalmente, cuando echó la centésima piedra, el agua por fin subió hasta la boca de la jarra. Mientras bebía el agua fresca, el cuervo pensó:

—*Más vale maña que fuerza.*

Los viajeros y el oso

Dos hombres viajaban juntos cuando un oso salió del bosque y les cerró el camino gruñendo. Con suma velocidad, uno de los hombres se trepó al árbol más cercano y se escondió entre sus ramas. El otro, al darse cuenta de que no tendría tiempo de ocultarse, se tiró al suelo. Fingió estar muerto porque había oído que los osos no tocaban a los muertos.

El oso se acercó, olfateó la cabeza y el cuerpo del hombre, y se alejó lentamente hacia el bosque.

Una vez que se alejó el oso, el hombre que estaba en el árbol se deslizó por el tronco y le dijo a su amigo: —Vi que el oso te susurraba algo al oído. ¿Qué te dijo?

El otro contestó: —Me dijo que nunca viajara con un amigo que me abandone a la primera señal de peligro. —Clavó la mirada en los ojos de su compañero y añadió— : El oso también dijo: *Cuando estás en problemas es que sabes quiénes son tus verdaderos amigos.*

Piénsalo

¿En qué se parecen las dos fábulas que leíste?

TALLER DE ACTIVIDADES

Buen consejo

ESCRIBE UNA CARTA ¿Cuál de las sugerencias de Rosa Parks tuvo un significado especial para ti? Escribe una carta a la señora Parks para agradecerle ese consejo. Dile cómo planeas usar su sugerencia en tu vida. Luego comparte tu carta con tus compañeros de clases.

Radio noticias

PRESENTA UN PROGRAMA DE RADIO Imagina que Rosa Parks es la invitada de un programa de radio en el que contesta las llamadas de los radioyentes. En un grupo pequeño, planifiquen y representen una transmisión del programa. Pueden hacer los papeles del anfitrión del programa para presentar a Rosa Parks ante el público, los radioyentes que llaman con preguntas y Rosa Parks que recibe las llamadas. Graben su programa o presenten una transmisión en vivo ante sus compañeros.

Contar cuentos

ESCRIBE UN CUENTO Rosa Parks nos hace recordar que es importante escuchar cuentos del pasado. Piensa en uno que te contó un pariente o amigo mayor. ¿Quién te lo contó y por qué? ¿Volverías a contar el mismo cuento cuando seas mayor? Escribe un cuento que te hayan contado o inventa uno que una persona imaginaria haya contado.

Hacer conexiones

ESCRIBE UNA FÁBULA Rosa Parks da consejos en sus cartas. Las fábulas de Esopo también aconsejan a través de sus moralejas o lecciones. Vuelve a escribir una de las cartas de Rosa Parks en forma de fábula. Selecciona animales como personajes para tu fábula y concluye con una moraleja.

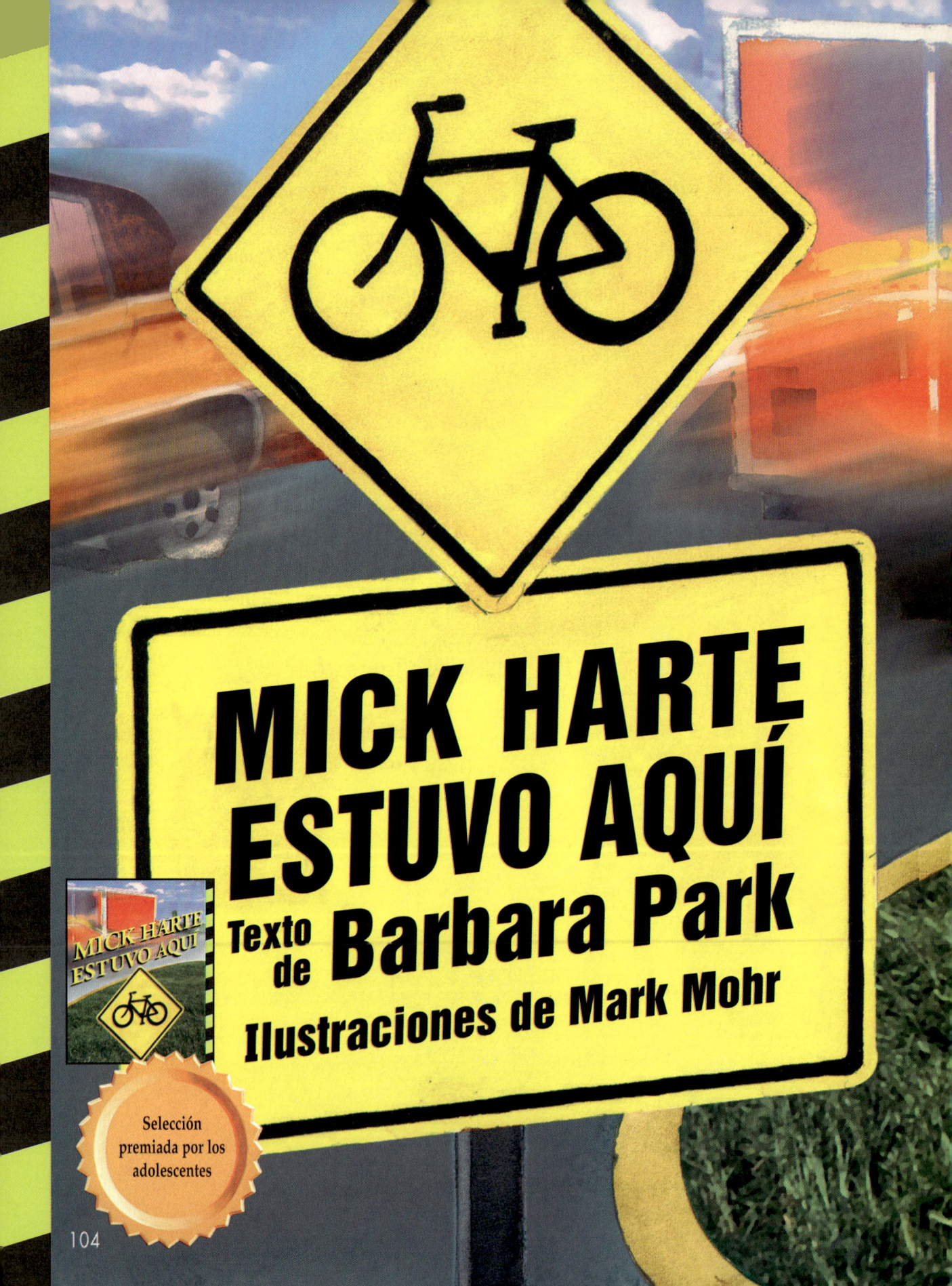

MICK HARTE ESTUVO AQUÍ

Texto de Barbara Park

Ilustraciones de Mark Mohr

Selección premiada por los adolescentes

Mick Harte era un niño juguetón y divertido a quien le encantaba entretener a su familia. Pero, al morir en un accidente de bicicleta, su familia se ve muy afectada. Cada uno tiene que superar el accidente a su manera. Su hermana Pili tiene que enfrentar su ira hacia Mick, hacia los demás y hacia sí misma.

Atres cuadras de mi casa había una intersección peligrosa. Era una de esas intersecciones imposibles de cruzar sin tener que pitar, frenar de sopetón, etc.

Mi padre refunfuñaba cada vez que pasábamos por allí.

—La ciudad no va a colocar un semáforo aquí hasta que alguien se lastime —decía—, ya verás. Se necesita un accidente para que hagan algo.

El año pasado hubo cuatro accidentes en siete meses y finalmente instalaron una señal de tránsito.

La primera vez que pasamos por allí, un tipo se pasó la luz roja y Papá tuvo que esquivarlo para no chocar con él.

Por poco morimos del susto. Papá lo insultó y sin más ni más comenzó con su sermón: "El que no sigue consejos, no llega a viejo" y "nadie aprende por cabeza ajena".

—Es triste, Pili —me dijo— pues, por más semáforos que instalen, nunca lograrán que la gente sea cuidadosa y sensata.

Mientras hablaba, Papá se volteó para asegurarse de que le estaba prestando atención. Al hacerlo nuestro carro deambuló al carril del lado y dos carros nos pitaron a todo dar.

Papá tomó el control rápidamente, pero por poco chocamos.

Por cierto que esto puso fin a su sermón de ser cuidadoso y sensato. Lo que sí aprendí ese día fue que hasta las personas inteligentes con licenciatura en química pueden cometer errores tontos de vez en cuando.

Lo que pasa es que cuando uno comete un error y con suerte no le pasa nada, y esto sucede varias veces, uno empieza a creer que siempre va a tener suerte. *Para siempre*, digo yo.

Por ejemplo, no me acuerdo cuántas veces jugué al fútbol sin espinilleras, hasta que por fin alguien me dio una buena patada y empecé a ponérmelas. Apuesto a que por lo menos fueron treinta veces.

Mamá nunca había tenido quemaduras del sol en toda su vida hasta que ella y Papá fueron a la playa el año pasado a celebrar su aniversario. A la pobre todavía se le ven las manchas que le dejaron las ampollas después de despellejarse.

Y Mick, que duró doce años y cinco meses sin caerse de la bicicleta ni una sola vez . . .

Por eso se negaba a usar el casco.

Y esto es algo de él que he tratado de olvidar. Algo que he tratado de perdonarle.

Y lo siento pero, se me hace muy difícil lograrlo.

HABÍA PASADO MÁS DE UNA SEMANA cuando la Sra. Del Castillo me llamó otra vez a su oficina. Me puse algo nerviosa cuando recibí su recado. Aunque sabía que mis padres le habían explicado por qué había faltado a la escuela ese día, pensaba que de cualquier forma me iban a regañar.

Pero me tranquilicé cuando entré en su oficina y vi a otra señora allí. La Sra. Del Castillo nos presentó. Era la Sra. Fulana-de-Tal, de la Asociación de Padres.

Me dio la mano y me dijo "cuánto sentía" lo de mi hermano. Empezó a explicarme que la Asociación quería asegurarse de que nada así volviera a suceder, así que iban a promover una gran asamblea sobre la seguridad en el uso de bicicletas. Dijo que ya la estaban organizando. La policía estaría presente, pasarían vídeos de instrucción, demostraciones del equipo de seguridad de última moda, y bla, bla, bla, bla.

—Quisiéramos que vengas a sentarte en el escenario con los que van a hablar —me dijo. Luego tomó mi mano de nuevo y me preguntó si podía decirles algo a mis compañeros sobre la seguridad en el uso de bicicletas, ya que unas palabras mías tendrían "un tremendo impacto".

En medio de todo esto, me quedé con la boca abierta, incrédula. Me le quedé mirando anonadada. Porque te juro que no sabía de qué planeta venía esta señora . . .

Quiero decir, ¿cómo se le pudo ocurrir pedirme algo así? ¿Nunca le pasó por la cabeza que era un mal momento para mí tener una asamblea sobre la seguridad en el uso de bicicletas? ¿No se le ocurrió que yo hubiera preferido tener una asamblea *antes* de que mataran a mi hermano?

No hice alboroto. Me levanté y solté la mano de la señora.

—No puedo —le dije.

Cuando di la vuelta para salir, la Sra. Fulana-de-Tal hizo un doble esfuerzo para decirme que me comprendía.

Cosa que, por cierto, me enfadó aún más. Pues la mujer no tenía ni la más remota idea.

NO SÉ CUÁNDO cambié de opinión para hablar en público en esa asamblea.

Es una de esas loqueras que uno hace de vez en cuando. Es como si al principio uno tuviera un presentimiento sobre algo y estuviera seguro de tener la razón. Pero después de un rato se da cuenta de que, tal vez, el otro la tiene. Poco a poco, la idea del otro se vuelve más sensata, lo cual me molesta, pero sucede.

A Mick y a mí nos pasaba esto a cada rato. Por ejemplo, hace un par de meses, discutíamos sobre los Tres Chiflados, si eran chistosos o no. Yo insistía en que eran buenísimos y Mick, en que eran unos morones.

Luego comenzamos a jugar a la lucha libre y de repente, Mick saltó y empezó a darse palmadas encima de la cabeza y a menear la mano de arriba abajo frente a mi cara. Después de eso, me agarró la nariz, me la torció y de golpe me la soltó.

Terminó su función con la famosa carcajada de los Tres Chiflados, algo así como "ñac, ñac, ñac" y un movimiento brusco para picarme los ojos con sus dedos. Afortunadamente lo paré con la mano.

Mick terminó la rutina con la misma rapidez con la que empezó, y sin decir ni pío, se levantó seriamente y se sacudió.

Me miró sin sonreír. —Chistosísimo, ¿no crees? —dijo fríamente.

—Sí —mentí—. Muy chistoso.

Pero ya había comenzado a cambiar de opinión sobre los Tres Chiflados.

HABÍA ochocientas personas en el gimnasio cuando me dirigí al micrófono aquella mañana. Pero no estaba nerviosa, lo cual me sorprendió. Te juro que me sentí en cierto modo relajada cuando coloqué mi bolsa llena de cosas en el escenario junto al podio.

—Soy la hermana de Mick Harte —dije. Luego me agaché hacia la bolsa de plástico que había dejado en el suelo.

—Cuando Mick estaba en tercero, mi abuela le mandó esto desde la Florida para Navidad.

Les mostré el objeto. —Es un corbatín de vestir fosforescente con flamencos rosas.

Algunos chicos se rieron un poco.

—No se preocupen —les dije—. Mick nunca se lo puso. Decía que se veía como un tonto si lo llevaba puesto.

Hubo más risas. Luego extendí la mano hacia la bolsa otra vez.

—Cuando Mick estaba en cuarto, mi tía Margarita le mandó esto desde Michigan.

Levanté una gorra en forma de trucha.

—Mick dijo que no se pondría la gorra aunque le pagaran un millón de dólares —dije. Esto sí que le dio risa a la gente. Algunos de los chicos en la primera fila estiraron el cuello para ver qué iba a sacar después.

Me miraban mientras volteaba la bolsa boca abajo y una caja de cartón cayó al escenario.

Con cuidado la coloqué encima del podio y esperé a que todos estuvieran callados.

—Cuando Mick cumplió diez años, mis papás le dieron esto para su cumpleaños.

Tomé mi tiempo en abrir la tapa de la caja. Podía sentir la anticipación del público, pero cuando por fin saqué el regalo de Mick, todavía nuevecito, sólo se escuchó un gran suspiro.

Nadie se rió.

Nadie se movió.

—Éste era el casco de bicicleta de mi hermano —dije.

Mi voz tembló pero de alguna manera pude terminar.

—Dijo que se veía como un tonto con el casco.

No sé si lo que dije en la asamblea hará que alguien cambie su forma de pensar. No sé si hará que alguien sea más sensato de lo que fue mi hermano. Espero que sí . . . ya que Mick se murió de una lesión masiva en la cabeza. Los doctores opinaron que pocos centímetros de estireno o hule-espuma lo hubieran salvado.

Ha pasado un mes desde su accidente. Las cosas en casa han mejorado un poco. Abuelita regresó a su casa en Orlando y Mamá ya se prepara por las mañanas. También ha regresado al trabajo, sólo dos días por semana, pero algo es algo.

Cenamos en nuestros lugares nuevos todas las noches, aunque para nosotros la hora de la comida no es muy especial; como anoche, que cenamos sándwiches de queso y puré de papas.

Y el domingo todos los tenedores estaban en el lavaplatos, así que comimos ensalada de papas con cucharas. Mi madre se ha calmado en cuanto a este tipo de cosas. La muerte te hace pensar de manera distinta sobre la importancia de los cubiertos adecuados.

A esto se le llama un cambio de *perspectiva*. Significa que tu padre no se pone a planchar todas las mañanas cada arruga en sus pantalones. También significa que las hamburguesas vienen en tamaños y formas diferentes.

He empezado a reirme más a menudo. Pero aún me siento culpable cuando me divierto demasiado. Lo cual es totalmente ridículo, porque si quiero sentirme culpable, hay muchas otras razones mejores que ésta. Y es que, apenas ahora estoy empezando a lidiar con el hecho de que Mick me pidió que llevara su bici a casa ese día.

Olvidé ese detalle después del accidente. Pero los malos recuerdos suelen quedarse en la memoria, creo yo, porque se convierten en obsesiones hasta que uno no puede dejar de pensar en ellos.

El sábado pasado, cuando mi padre y yo regresábamos del partido de fútbol, mi estómago empezó a temblar como siempre lo hace cuando estoy a punto de confesar algo.

No hay nada que te haga sentir peor que darte cuenta de que vas a confesar que tienes la culpa de algo, aunque peor es quedarte con el secreto.

Así que decidí desembuchar. Le dije que Mick me había pedido que me llevara su bicicleta ese día, y como tenía entrenamiento de fútbol, le dije que no podía.

—¿Lo ves, Papá? Pude haber prevenido el accidente. Si tan sólo hubiera llevado su bici a casa, Mick aún estaría aquí.

Estaba llorando un poquito y, a parte de pasarme los pañuelos, Papá casi no reaccionó. Miraba fijamente a la carretera.

Poco a poco, empezó a mover la cabeza de lado a lado.

—Lo siento, Papá. Lo siento, lo siento, lo siento —repetí una y otra vez.

Me había tapado la cara con las manos, cuando finalmente sentí que me tocó el hombro.

—Voy a hacer una lista, Pili —dijo él— y quiero que lleves la cuenta.

En voz baja y seria, empezó.

—*Si tan sólo* hubieras llevado la bicicleta de Mick a casa, Mick todavía estaría aquí.

—*Si tan sólo* el camión hubiera ido más rápido o más lento, Mick todavía estaría aquí.

—*Si tan sólo* su reunión hubiera sido el día anterior o el día después, Mick todavía estaría aquí.

—*Si tan sólo* hubiera llovido ese día, yo lo hubiera llevado a la escuela en carro y Mick todavía estaría aquí.

—*Si tan sólo* la casa a donde tenía que ir hubiera estado en la dirección opuesta . . .

—*Si tan sólo* la piedra en la banqueta no hubiera estado en ese sitio preciso . . .

Se detuvo. Yo estaba bien segura de que había terminado. Pero de pronto dio un suspiro largo y ruidoso y dijo en voz baja: —Si tan sólo lo hubiera obligado a ponerse el casco.

Me dio tanta tristeza por mi papá en ese momento que extendí la mano hacia él.

La tomó fuertemente. Luego sonrió de la manera más triste que jamás había visto.

—¿En qué número vamos, niña? —Su voz me pareció la voz de un anciano.

Me acerqué a él.

—Creo que hemos terminado, Papá —dije suavemente.

Me apretó la mano contra su mejilla.

Terminamos el recorrido a casa en silencio.

Piénsalo

❶ ¿Qué aprende Pili después del accidente de Mick?

❷ Si tuvieras una buena amistad con Pili, ¿qué le dirías o qué harías para ayudarla a seguir adelante?

❸ ¿Qué te hace pensar que la historia está escrita como si Pili la estuviera contando?

CONOCE A LA AUTORA
BARBARA PARK

Las lesiones en la cabeza son la primera causa de muerte en los accidentes mortales de bicicleta.

Los investigadores aseguran que, si todos los ciclistas usaran sus cascos, se podría prevenir al menos una muerte *cada día* y una lesión en la cabeza cada *cuatro* minutos.*

Les ruego a cada uno de ustedes que no quiere llevar un casco, que reconsidere su decisión. Hoy mismo.
Por favor.
Por su *vida*.

*De un estudio de *Centers for Disease Control* (los Centros Nacionales para el Control de las Enfermedades), *National Center for Environmental Health and Injury Control* (el *Centro Nacional para la Salud Ambiental y el Control de Accidentes*), *Division of Injury Control* (la *División de Control de Accidentes*), y *Division of Field Epidemiology* (la *División de Epidemiología*).
Este trabajo fue publicado en *Journal of the American Medical Association* (la *Revista de la Asociación Médica Americana*), el 4 de diciembre de 1991, tomo 266.

Taller de actividades

Escucha a Pili

ESCRIBE EN TU DIARIO
Imagina que estabas entre el
público el día en que Pili
habló en la asamblea. ¿Cómo
su discurso pudo haber
cambiado tus sentimientos u
opiniones acerca de los
cascos para bicicletas?
Escribe un apunte en tu
diario en el que explicas tu
reacción al discurso de Pili.

¿Apariencia o seguridad?

COMENTA Mick pensaba que
se veía tonto si se ponía un casco
de bicicleta. Únete a un grupo
pequeño de compañeros y
comenten si tiene sentido que las
personas jóvenes se preocupen de
cómo se ven cuando se trata de su
seguridad. Trabajen juntos para
escribir un resumen breve de los
comentarios.

PREPARA UNA CAMPAÑA DE PUBLICIDAD

¿Cómo podemos persuadir a los jóvenes a usar cascos para bicicletas? Prepara una campaña de publicidad a nivel nacional para el uso de cascos para bicicletas. Incluye un boceto para un anuncio impreso y un guión para un anuncio de televisión. Haz una lista de revistas y programas de televisión para los anuncios, y explica por qué elegiste cada uno.

Si tan sólo...

INVESTIGA UN DESCUBRIMIENTO   Utiliza tu libro de ciencias u otros recursos para investigar un gran descubrimiento científico. ¿Qué otros eventos, grandes o pequeños, tuvieron que ocurrir antes de que el descubrimiento pudiera tener lugar? Por ejemplo, tuvieron que inventar el microscopio antes de que la bacteria, la causa de muchas enfermedades, pudiera ser descubierta. Comparte con tus compañeros lo que averigües.

Conclusión
del tema

¿Hay algún problema?

ENCUENTRA EL PROBLEMA Piensa en los personajes principales de los cuentos en este tema. Cada personaje se enfrenta con un problema. Haz una tabla con dos columnas como la que está abajo. En la primera columna, escribe el nombre de cada personaje principal, y en la segunda, escribe el problema al que se enfrentó.

Personaje	Problema
Godar	
Nuez	
Beatriz	
Phoebe	

¡Aquí tengo la solución!
DESCRIBE LA SOLUCIÓN

Selecciona dos de los personajes en la tabla y piensa en el problema que cada uno tiene que solucionar. Escribe un párrafo en el cual compares y contrastes los problemas de los dos personajes y lo que cada uno aprendió. Después, describe el cambio que se efectúa en cada personaje al final del cuento.

Enlaces entre culturas
DISCUSIÓN ACERCA DE LAS CULTURAS Los personajes de este tema representan muchas culturas diferentes. Trabaja con un grupo pequeño y repasa los cuentos de este tema. Cada miembro del grupo debe seleccionar una cita, una oración o un dicho del cuento que represente una cultura determinada. Luego, cada uno debe leer su ejemplo en voz alta. En grupo, discutan cómo ese ejemplo refleja la cultura. Hablen de las semejanzas y las diferencias entre las culturas.

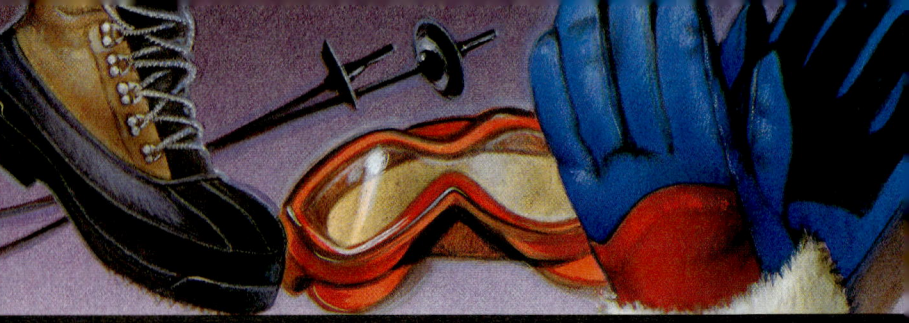

TODOS JUNTOS

CONTENIDO

LOS FAVORITOS DE LOS LECTORES

Béisbol en abril y otras historias
de Gary Soto

FICCIÓN REALISTA

Estos cuentos entretenidos acerca de un grupo de jóvenes mexico-americanos describen la vida en un barrio mexicano de California.

Autor premiado

COLECCIÓN DE LECTURAS FAVORITAS

A bordo de La Gaviota
de Ferndando Alonso

FICCIÓN

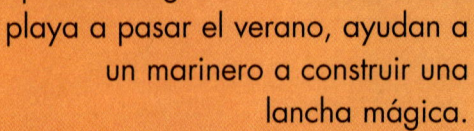

Cuando los niños españoles llegan a la playa a pasar el verano, ayudan a un marinero a construir una lancha mágica.

Premio Lazarillo de Literatura Infantil

El cuento interrumpido
de Pilar Mateos

FICCIÓN REALISTA

El cuento que Nicolás lee a su abuelo llega a ser una aventura real.

Autora premiada

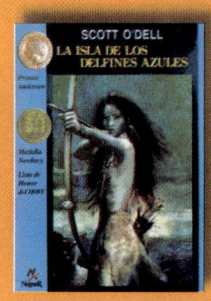

La isla de los delfines azules
de Scott O'Dell

FICCIÓN REALISTA

Karana pasa dieciocho años sola en una isla y tiene que enfrentarse a muchos peligros para sobrevivir.

Premio Andersen, Premio Newbery, Lista de Honor del IBBY

COLECCIÓN DE LECTURAS FAVORITAS

Béisbol en los barrios
de Henry Horenstein

NO FICCIÓN

En Venezuela, donde vive Hubaldo, a los niños y a los adultos les encanta el béisbol. Las fotografías muestran cómo Hubaldo ama el juego.

Autor premiado

NUNCA TE OLVIDAREMOS, ROBERTO CLEMENTE

Texto de Trudie Engel
Ilustraciones de Gil Adams

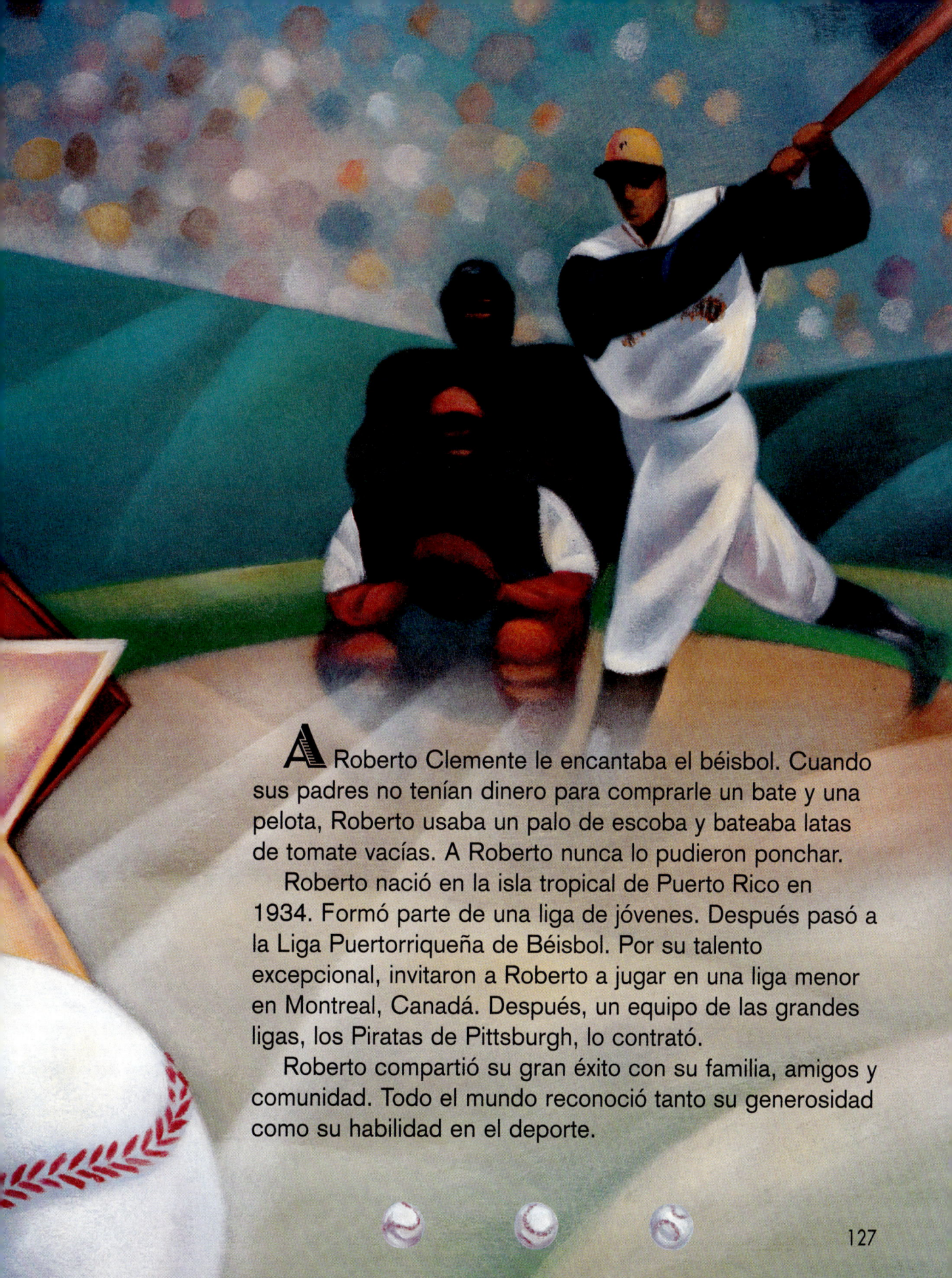

A Roberto Clemente le encantaba el béisbol. Cuando sus padres no tenían dinero para comprarle un bate y una pelota, Roberto usaba un palo de escoba y bateaba latas de tomate vacías. A Roberto nunca lo pudieron ponchar.

Roberto nació en la isla tropical de Puerto Rico en 1934. Formó parte de una liga de jóvenes. Después pasó a la Liga Puertorriqueña de Béisbol. Por su talento excepcional, invitaron a Roberto a jugar en una liga menor en Montreal, Canadá. Después, un equipo de las grandes ligas, los Piratas de Pittsburgh, lo contrató.

Roberto compartió su gran éxito con su familia, amigos y comunidad. Todo el mundo reconoció tanto su generosidad como su habilidad en el deporte.

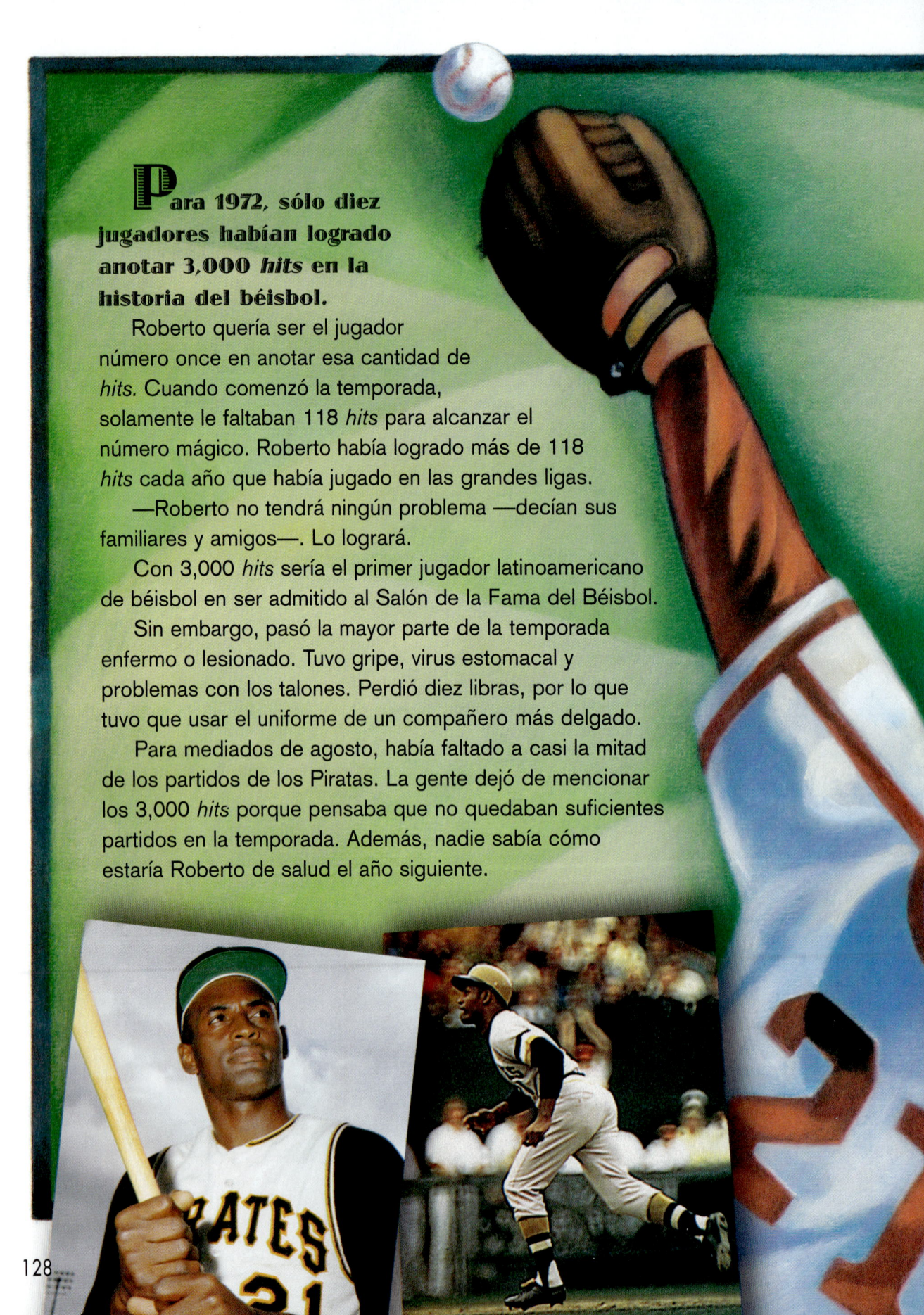

Para 1972, sólo diez jugadores habían logrado anotar 3,000 *hits* en la historia del béisbol.

Roberto quería ser el jugador número once en anotar esa cantidad de *hits*. Cuando comenzó la temporada, solamente le faltaban 118 *hits* para alcanzar el número mágico. Roberto había logrado más de 118 *hits* cada año que había jugado en las grandes ligas.

—Roberto no tendrá ningún problema —decían sus familiares y amigos—. Lo logrará.

Con 3,000 *hits* sería el primer jugador latinoamericano de béisbol en ser admitido al Salón de la Fama del Béisbol.

Sin embargo, pasó la mayor parte de la temporada enfermo o lesionado. Tuvo gripe, virus estomacal y problemas con los talones. Perdió diez libras, por lo que tuvo que usar el uniforme de un compañero más delgado.

Para mediados de agosto, había faltado a casi la mitad de los partidos de los Piratas. La gente dejó de mencionar los 3,000 *hits* porque pensaba que no quedaban suficientes partidos en la temporada. Además, nadie sabía cómo estaría Roberto de salud el año siguiente.

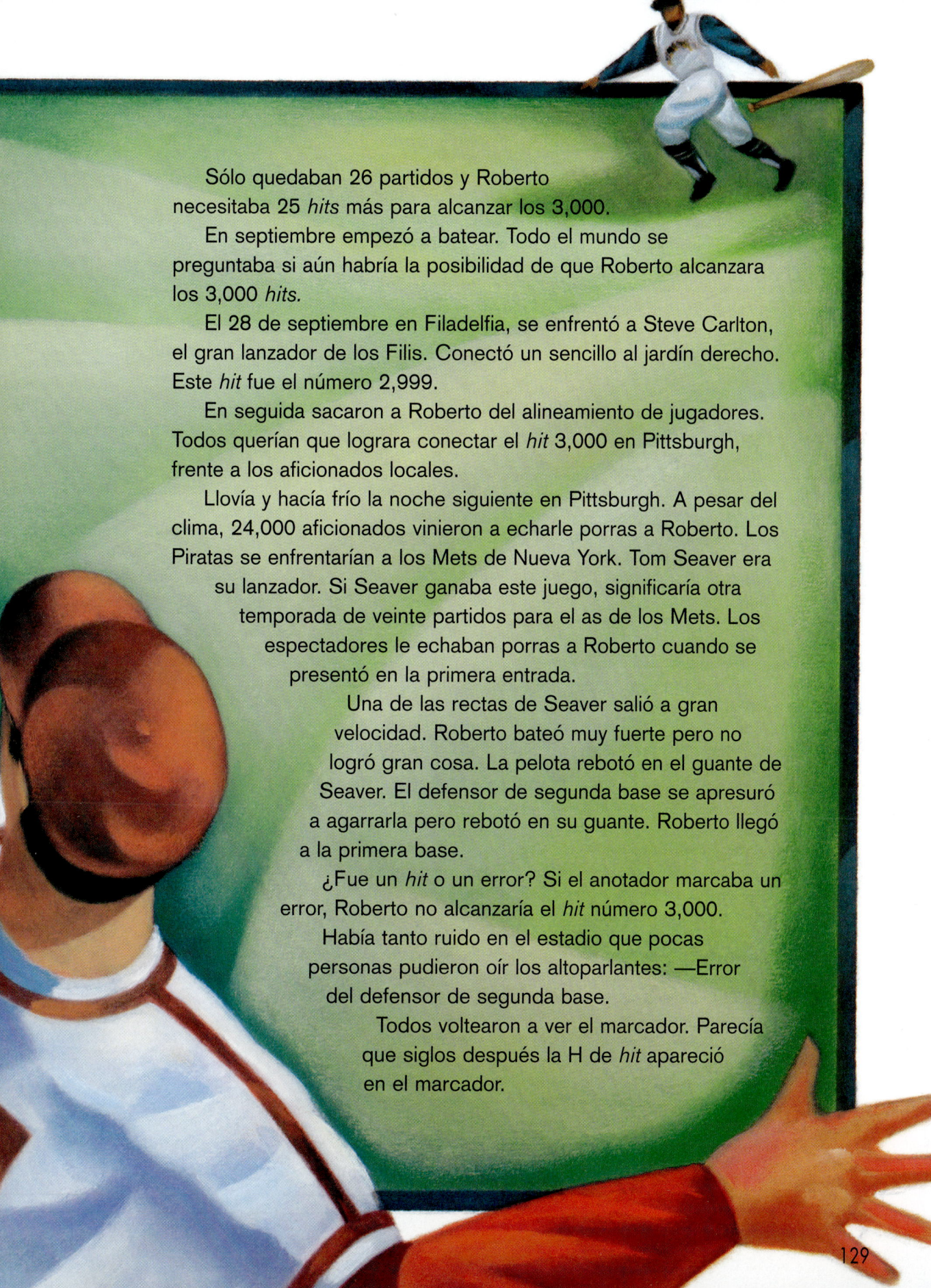

Sólo quedaban 26 partidos y Roberto necesitaba 25 *hits* más para alcanzar los 3,000.

En septiembre empezó a batear. Todo el mundo se preguntaba si aún habría la posibilidad de que Roberto alcanzara los 3,000 *hits.*

El 28 de septiembre en Filadelfia, se enfrentó a Steve Carlton, el gran lanzador de los Filis. Conectó un sencillo al jardín derecho. Este *hit* fue el número 2,999.

En seguida sacaron a Roberto del alineamiento de jugadores. Todos querían que lograra conectar el *hit* 3,000 en Pittsburgh, frente a los aficionados locales.

Llovía y hacía frío la noche siguiente en Pittsburgh. A pesar del clima, 24,000 aficionados vinieron a echarle porras a Roberto. Los Piratas se enfrentarían a los Mets de Nueva York. Tom Seaver era su lanzador. Si Seaver ganaba este juego, significaría otra temporada de veinte partidos para el as de los Mets. Los espectadores le echaban porras a Roberto cuando se presentó en la primera entrada.

Una de las rectas de Seaver salió a gran velocidad. Roberto bateó muy fuerte pero no logró gran cosa. La pelota rebotó en el guante de Seaver. El defensor de segunda base se apresuró a agarrarla pero rebotó en su guante. Roberto llegó a la primera base.

¿Fue un *hit* o un error? Si el anotador marcaba un error, Roberto no alcanzaría el *hit* número 3,000.

Había tanto ruido en el estadio que pocas personas pudieron oír los altoparlantes: —Error del defensor de segunda base.

Todos voltearon a ver el marcador. Parecía que siglos después la H de *hit* apareció en el marcador.

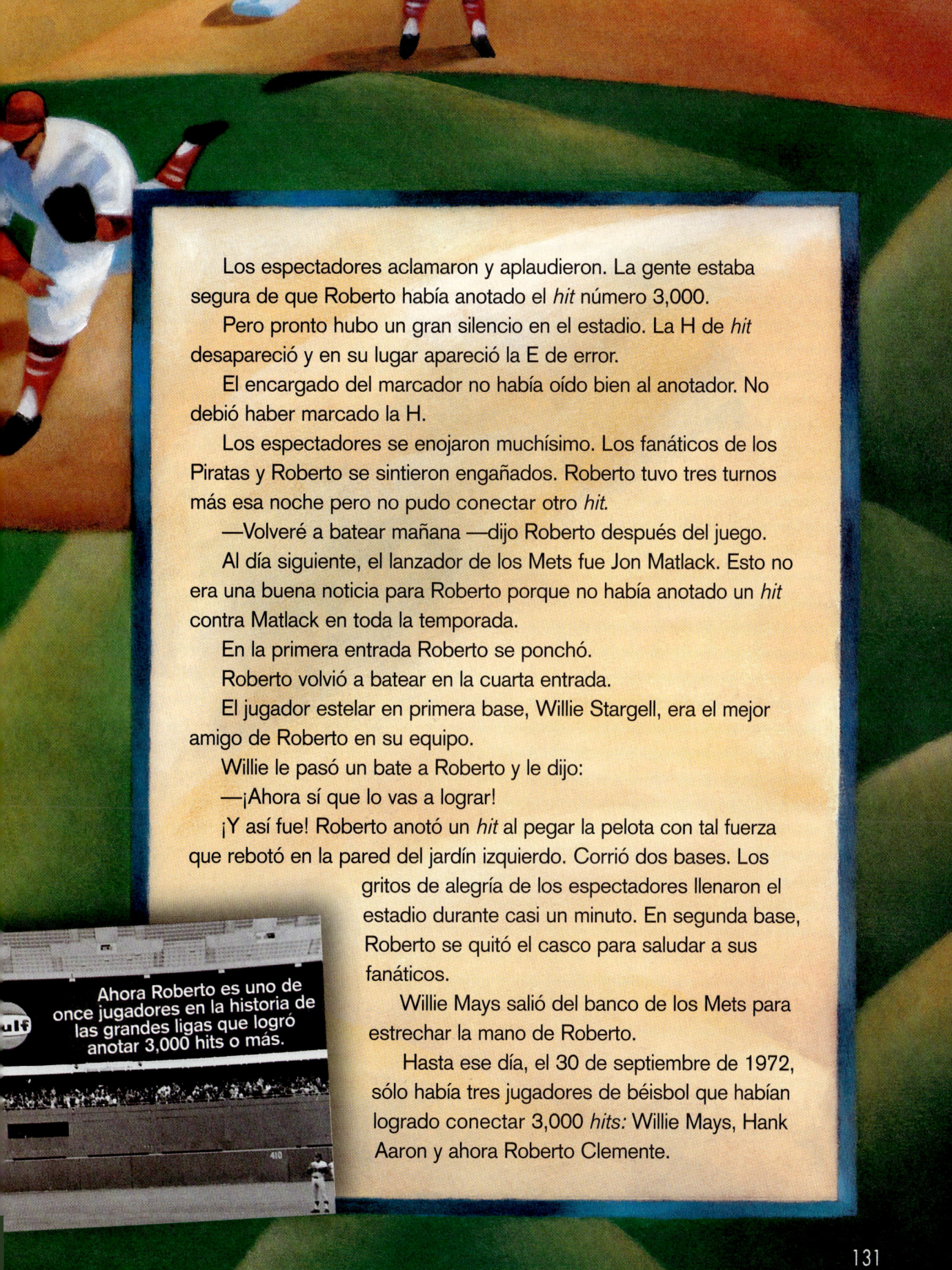

Los espectadores aclamaron y aplaudieron. La gente estaba segura de que Roberto había anotado el *hit* número 3,000.

Pero pronto hubo un gran silencio en el estadio. La H de *hit* desapareció y en su lugar apareció la E de error.

El encargado del marcador no había oído bien al anotador. No debió haber marcado la H.

Los espectadores se enojaron muchísimo. Los fanáticos de los Piratas y Roberto se sintieron engañados. Roberto tuvo tres turnos más esa noche pero no pudo conectar otro *hit*.

—Volveré a batear mañana —dijo Roberto después del juego.

Al día siguiente, el lanzador de los Mets fue Jon Matlack. Esto no era una buena noticia para Roberto porque no había anotado un *hit* contra Matlack en toda la temporada.

En la primera entrada Roberto se ponchó.

Roberto volvió a batear en la cuarta entrada.

El jugador estelar en primera base, Willie Stargell, era el mejor amigo de Roberto en su equipo.

Willie le pasó un bate a Roberto y le dijo:

—¡Ahora sí que lo vas a lograr!

¡Y así fue! Roberto anotó un *hit* al pegar la pelota con tal fuerza que rebotó en la pared del jardín izquierdo. Corrió dos bases. Los gritos de alegría de los espectadores llenaron el estadio durante casi un minuto. En segunda base, Roberto se quitó el casco para saludar a sus fanáticos.

Willie Mays salió del banco de los Mets para estrechar la mano de Roberto.

Hasta ese día, el 30 de septiembre de 1972, sólo había tres jugadores de béisbol que habían logrado conectar 3,000 *hits*: Willie Mays, Hank Aaron y ahora Roberto Clemente.

Ahora Roberto es uno de once jugadores en la historia de las grandes ligas que logró anotar 3,000 hits o más.

410

El 23 de diciembre de 1972 un terremoto sacudió Nicaragua.

Nicaragua es un país pequeño y pobre en América Central no muy lejos de la isla de Puerto Rico. Dos días antes de la Navidad de 1972, algo terrible ocurrió en ese país.

NICARAGUA

Un terremoto de gran magnitud sacudió la ciudad más grande de Nicaragua.

Más de 6,000 personas murieron y miles quedaron sin hogar. Hubo otras 20,000 personas heridas. La gente necesitaba comida, agua y medicinas.

Roberto había estado en Nicaragua un mes antes del terremoto.

Durante su visita, supo de un niño de catorce años que había perdido sus piernas en un accidente. También había quedado huérfano. El niño necesitaba piernas artificiales pero no tenía dinero para pagarlas.

Un equipo de la Liga Puertorriqueña de Béisbol reunió la mitad del dinero que el niño necesitaba y Roberto le dio el resto. Roberto fue a visitar al niño para darle la noticia que volvería a caminar, y se regresó a Pittsburgh.

Después del terremoto, Roberto pensaba en su amigo y se preguntaba si habría sobrevivido el terremoto y si estaría bien. Tenía que saber.

También pensaba en todas las personas que habían perdido sus hogares y todas sus pertenencias.

Su preocupación por los pobres era una linda cualidad de Roberto. Seguía los ejemplos de su padre que ayudó a otros miembros de su familia en momentos difíciles. Cuando su hermano murió, el padre se hizo cargo de sus sobrinos.

Roberto era muy gentil y generoso con mucha gente.

Un día durante un partido, el anunciador de los Piratas trajo a un niño sordo para que conociera a Roberto. Roberto conversó con el niño hablándole con señas y con una gran sonrisa.

Después, le regaló uno de sus bates y escribió en un lado del bate, "No es necesario poder oír para jugar al béisbol y para disfrutar de un partido. Con cariño, Roberto Clemente".

Por eso nadie se sorprendió cuando Roberto comenzó a ayudar a las víctimas del terremoto de Nicaragua.

Roberto fue de puerta en puerta por su barrio en San Juan para pedir dinero. Habló en la radio y televisión para solicitar donaciones de alimentos, dinero, ropa y medicinas.

Ayudó a reunir las provisiones que llegaban. Después consiguió varios barcos y un avión para transportar las provisiones a Nicaragua.

Durante la Navidad entera de 1972, Roberto ayudó a empacar las provisiones en cajas.

Dos aviones llenos de provisiones habían ido a Nicaragua. Otro saldría en la víspera de Año Nuevo.

La víspera del Año Nuevo es un día festivo importante en Puerto Rico. La gente se reúne con sus familias para festejar el Año Nuevo.

Sin embargo, Roberto decidió dejar a su familia y viajar a Nicaragua. —Necesito estar seguro de que la gente que necesita las provisiones las reciba.

Además, ¿qué había pasado con su joven amigo? Ésta era su oportunidad para averiguar cómo estaba.

El avión en el que Roberto viajaría a Nicaragua era un avión de hélices y había sido construído hace veintidós años. Tres semanas antes, el avión había estado en un accidente. Los frenos no funcionaron y el avión se estrelló contra una pared. Las puntas de las hélices del avión se doblaron.

Ahora, los frenos ya funcionaban y el avión tenía hélices nuevas. Parecía estar listo para volar. Se suponía que el avión despegara a las 4:00 P.M.

Sin embargo, para las 9:00 de la mañana, el dueño del avión todavía buscaba la tripulación para pilotear el avión a Nicaragua.

Finalmente encontraron un piloto. Consiguieron un ingeniero de vuelo, pero no sabía mucho sobre este tipo de avión.

No podían encontrar un copiloto. El dueño del avión, sin licencia válida para volar, decidió de todas maneras volar de copiloto.

A las 3:30 P.M., Vera, la esposa de Roberto, lo llevó al aeropuerto. El avión no estaba listo.

Muchos adolescentes ayudaron a cargar el avión. Estaba lleno, pero seguían metiendo más cajas. Querían enviar las últimas provisiones a Nicaragua.

—¿Es seguro el avión? —Vera preguntó.

—Claro que sí —dijo el dueño—. Estará listo pronto. Si el avión no estuviera en buenas condiciones yo no volaría. —Con eso, el dueño se subió a la cabina.

A las 5:00 P.M. Roberto subió al avión. Vera se despidió.

Pero no fue hasta las 9:00 P.M. que el avión despegó en dirección al océano. El aeropuerto de San Juan queda sólo a una milla de la playa.

Sólo voló pocos segundos cuando se oyó una explosión. Uno de los motores estalló en llamas.

La gente de la torre de control escuchó al piloto: —Regreso al aeropuerto.

Luego hubo dos explosiones más. El avión desapareció de la pantalla del radar de la torre de control.

Un hombre que vivía junto al mar oyó un avión encima de su casa. Miró por la ventana y vio el avión volar tan bajo que casi se estrella contra las palmeras de la playa. Luego vio el avión caer en el mar.

El hombre se alejó de la ventana para pedir a su hijo que llamara a la policía. Cuando el hombre volvió a la ventana, el avión se había hundido por completo.

Después de la medianoche, la policía llamó a la familia Clemente con las malas noticias del accidente aéreo. Vera se apresuró a ir a la playa.

Luces de bengala anaranjadas encendían el cielo nocturno. Los carros de policía se estacionaron en la playa para alumbrar el mar con los faros. Había barcos de la guardia costanera y el equipo de rastreo buscaba los cuerpos y partes del avión.

No encontraron nada.

La búsqueda continuó al día siguiente. Por la mañana la playa estaba llena de gente. Unos se metían al agua. Otros escuchaban noticias por la radio.

La búsqueda continuó durante semanas y una gran cantidad de personas acudía a la playa todos los días. Todas las tardes Vera Clemente se paraba en la playa a observar.

Un día dejó de venir.

El Guardacostas encontró partes del avión. Luego, encontraron el portafolios de Roberto que había llegado a la orilla. Pero nunca encontraron a Roberto.

Era imposible creer que Roberto había muerto. —Yo esperaba que nadara a alguna playa —dijo uno de sus compañeros del equipo de los Piratas.

En las colinas de Pittsburgh hay un letrero visible desde el estadio de los Piratas. Está iluminado por la noche.

Después del accidente aéreo, se podía leer en el letrero "Adiós, amigo".

Se decían cosas maravillosas de Roberto: que fue el mejor jugador de béisbol de la época y el héroe más grande que jamás haya tenido Puerto Rico.

Roberto fue el primer jugador de béisbol latinoamericano admitido al Salón de la Fama del Béisbol.

Pero había algo más que decir de Roberto. —Era un *buen* hombre —dijo Willie Stargell.

En 1973, al principio de la temporada, se podía leer en el marcador, "Gracias Roberto. Nunca olvidaremos a EL GRANDE".

La ciudad de Pittsburgh y los Piratas de Pittsburgh mantuvieron su promesa. Nunca olvidaron a Roberto.

En julio de 1994, veinte años después del accidente aéreo, se erigió una estatua dedicada a Roberto en el estadio de los Piratas de Pittsburgh.

Los residentes de Pittsburgh pagaron la estatua que muestra a Roberto dejando caer el bate después de pegarle a la pelota. Debe haber sido un buen *hit*. Roberto está con sus ojos fijos en la pelota que se aleja.

La estatua significa que Roberto vive en nuestra memoria y en nuestros corazones. No sólo está presente en nuestras memorias, sino también en los corazones de todos los niños que ayudó.

Antes de morir, Roberto tenía planes de construir una "Ciudad deportiva" en Puerto Rico, para que los niños pobres de allí tuvieran un lugar para practicar deportes.

Después de su muerte, la familia de Roberto construyó la Ciudad Deportiva Roberto Clemente. A lo largo de los años, muchos niños la han visitado.

Rubén Sierra, ex-jardinero de los Atléticos de Oakland, comenzó a entrenar allí. Sierra no sólo participó en las grandes ligas sino también en el Juego de Estrellas de 1994.

Sierra era un niño pobre de un pueblo humilde en Puerto Rico. Dice que si no fuera por la Ciudad Deportiva Roberto Clemente, todavía estaría en su pueblito.

Cuando Sierra llegó a batear en el Juego de Estrellas, miles de espectadores observaron que llevaba el número 21 en su uniforme.

Era el número de Roberto.

—Fue el mejor jugador. Por eso llevo su número en su honor —dijo Sierra.

PIÉNSALO

❶ ¿Crees que Roberto Clemente logró todo lo que hizo en su vida por su cuenta, o crees que necesitó ayuda de los demás?

❷ ¿Por qué crees que llamaron a Roberto Clemente EL GRANDE?

❸ ¿Por qué crees que el autor usó tanto detalle para contar sobre un partido en el que Roberto no logró anotar un *hit*?

Taller de actividades

¿Qué sabes de Nicaragua?

HAZ UN FOLLETO Usa una enciclopedia en la Internet y un atlas para investigar datos interesantes sobre Nicaragua. Haz un folleto atractivo para compartir los datos que averiguaste. Si tienes una computadora, puedes usarla para crear tu folleto.

Miembros de un equipo

ESCRIBE UNA OPINIÓN La familia de Roberto construyó la Ciudad Deportiva Roberto Clemente para que los jóvenes aprendieran a practicar deportes. Muchas personas creen que jugar deportes de equipo ayuda a los jóvenes a aprender a llevarse bien con los demás y a trabajar en conjunto. Otras personas no están de acuerdo. ¿Qué opinas tú? Escribe tu opinión y explica brevemente por qué crees eso. Da ejemplos o incluye los datos de tus investigaciones para apoyar tu punto de vista.

En memoria de Roberto

DISEÑA UN HOMENAJE Los residentes de Pittsburgh construyeron una estatua en homenaje a Roberto Clemente. Diseña otro tipo de homenaje para él. Por ejemplo, podrías diseñar una placa para colgar en la pared del estadio o una camiseta con un logotipo especial que represente la vida de Roberto Clemente. Exhibe tu obra en clase y explica su significado.

Modelos para imitar

HABLAR EN GRUPO En un grupo pequeño, comenta las cualidades que hicieron de Roberto Clemente un buen ejemplo para los jóvenes. Nombra otras personas que a tu entender sean buenos modelos para imitar y explica por qué lo son. Pide a un miembro del grupo que apunte los nombres y las razones por las cuales son buenos modelos para imitar. Luego pide a cada uno que diga cuál sería su modelo predilecto para imitar y por qué.

Sacar conclusiones y hacer generalizaciones

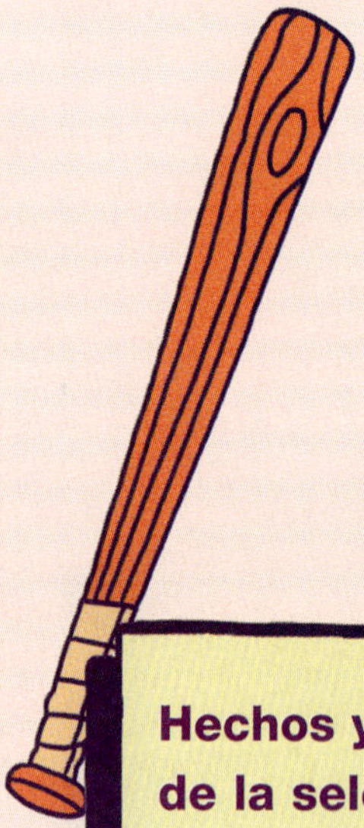

En "Nunca te olvidaremos, Roberto Clemente", Roberto intentaba alcanzar su meta de 3,000 *hits* a pesar de haber estado enfermo y de no haber jugado la mitad de la temporada. Al final logró alcanzar su meta.

Los escritores muchas veces no dicen las cosas de forma directa. Sin embargo, puedes usar la información que el autor te da para deducir las cosas y **sacar conclusiones**. De acuerdo con lo que el autor nos cuenta de Roberto y con tu conocimiento y experiencia, puedes concluir que Roberto Clemente era persistente; no se daba por vencido fácilmente.

Tal vez tus ideas hayan recorrido el siguiente camino:

Hechos y detalles de la selección		Conocimiento y experiencia personal		Conclusión
Quedándole sólo unos partidos, Roberto comenzó a lograr los *hits*.	**+**	Sé que la gente se esfuerza por lograr sus metas.	**=**	Roberto era persistente y no se daba por vencido con facilidad.

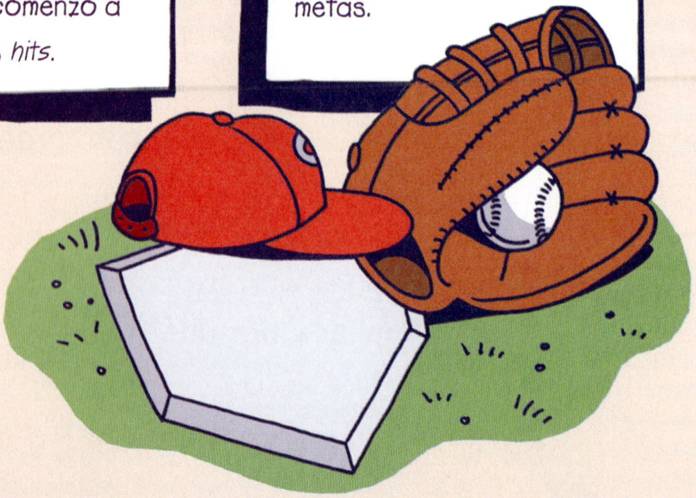

A medida que lees un cuento, empiezas a darte cuenta de las semejanzas o patrones en los personajes o los sucesos. Después, usas estos patrones o semejanzas para **hacer generalizaciones**.

Por ejemplo, cuando Roberto lograba un *hit*, los espectadores aplaudían. Basándote en esto puedes generalizar que los espectadores aplauden cuando su jugador preferido juega bien.

Lee el siguiente párrafo. ¿Qué conclusiones puedes sacar? ¿Qué generalizaciones puedes hacer?

Mientras Claudia se acercaba a pasos agigantados hacia la base del bateador, Rubén, con una sonrisa, le dijo al hombre sentado a su lado: —¡Ésa es mi hermanita! —Claudia tomó el bate. Con los ojos entrecerrados, fijó su mirada en el brazo derecho del lanzador. Mientras que la pelota volaba sobre el plato, ella bateó fuertemente. Rubén se paró y gritó con entusiasmo: —¡Bravo, Claudia! ¡Eres genial!

¿QUÉ HAS APRENDIDO?

1. Al leer la selección, ¿qué conclusión sacaste sobre la seguridad del avión? ¿Qué detalles del cuento te hicieron llegar a esa conclusión?

2. A veces sacamos conclusiones antes de tener toda la información. ¿Qué conclusiones sacaste antes de tiempo que luego tuviste que cambiar al obtener nueva información?

Visita *The Learning Site*
www.harcourtschool.com

INTÉNTALO • INTÉNTALO

Piensa en tres personas conocidas. ¿Qué conclusiones has sacado sobre estas personas, basándote en sus acciones? Haz una tabla y complétala con cosas que cada persona haya hecho o dicho y las conclusiones que hayas sacado sobre esa persona.

Persona	Palabras y acciones	Conclusiones

La campeona

Texto de **Gary Soto** • Ilustraciones de **Amanda Harvey**

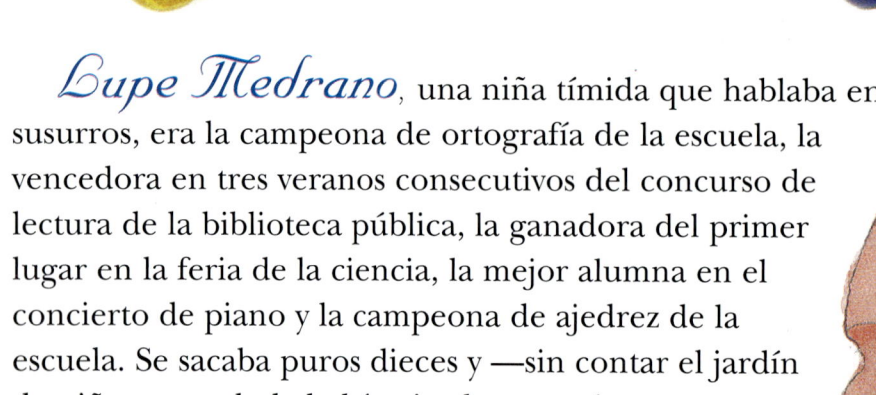

Lupe Medrano, una niña tímida que hablaba en susurros, era la campeona de ortografía de la escuela, la vencedora en tres veranos consecutivos del concurso de lectura de la biblioteca pública, la ganadora del primer lugar en la feria de la ciencia, la mejor alumna en el concierto de piano y la campeona de ajedrez de la escuela. Se sacaba puros dieces y —sin contar el jardín de niños, cuando la había picado una avispa— nunca faltaba a la primaria. Por esta razón había recibido un pequeño trofeo y la había felicitado el alcalde.

Pero aunque Lupe tenía una inteligencia muy despierta, por más que trataba no conseguía que su cuerpo corriera tan rápido como el de las otras niñas. Le rogaba a su cuerpo que se moviera más rápido, pero nunca podía ganarle a nadie en la carrera de 50 metros.

de canicas

La verdad era que Lupe no era buena para los deportes. No podía atrapar un globo ni calcular en qué dirección debía patear la pelota de fútbol. En una ocasión pateó la pelota dentro de su propia portería y anotó un tanto para el otro equipo. Tampoco era buena para el béisbol, ni para el baloncesto y hasta le costaba trabajo mantener el aro de plástico en sus caderas.

Apenas el año anterior, a sus once años, había aprendido a andar en bicicleta. Y aun así tuvo que ponerle llantitas. Podía caminar en la alberca pero no podía nadar, y sólo se atrevía a andar en patines cuando su padre la agarraba de la mano.

—Nunca seré buena para los deportes —dijo con coraje un día lluvioso en que estaba recostada en su cama mirando el anaquel que había hecho su padre para colocar sus premios—. Cómo me gustaría ganar en algo, cualquier cosa, hasta en canicas.

Al pronunciar la palabra "canicas" se irguió.

—Eso es. Quizá sería buena para jugar a las canicas.

Saltó de la cama y hurgó en el armario hasta encontrar una lata llena con las canicas de su hermano. Vació el espléndido tesoro de vidrio en su cama y escogió las cinco canicas más bellas.

Alisó su colcha y practicó el lanzamiento, con suavidad al principio para que su tiro fuera preciso. La canica salió rodando de su pulgar y golpeó contra la canica colocada como blanco. Pero ésta no se movió. Trató una y otra vez. Su tiro había adquirido precisión, pero la fuerza de su pulgar no lograba que la canica se moviera más que unos

cuantos milímetros. Luego, se dio cuenta de que la colcha detenía el movimiento de las canicas. También tuvo que admitir que su pulgar estaba más débil que el cuello de un pollo recién nacido.

Miró por la ventana. La lluvia estaba amainando, pero el suelo estaba demasiado lodoso para jugar. Permaneció sentada en la cama con las piernas cruzadas mientras hacía girar las canicas entre sus palmas. Sí, pensó, podría jugar a las canicas, y las canicas son un deporte. En ese momento se dio cuenta de que sólo tenía dos semanas para practicar. El campeonato escolar, el mismo en el que había participado su hermano el año anterior, ya iba a empezar. Tenía mucho que hacer.

Para fortalecer sus muñecas decidió hacer veinte lagartijas sobre la punta de los dedos, en series de cinco.

—Uno, dos, tres . . . —gimió. Para el final de la primera serie estaba ya respirando con dificultad, y sus músculos le ardían de puro cansancio. Hizo una serie más que eran suficientes lagartijas para el primer día.

Apretó una goma de borrar cien veces con la esperanza de que eso fortaleciera su pulgar. Pareció funcionar, pues al día siguiente su pulgar estaba adolorido. Apenas podía sostener una canica con la mano y menos aún lanzarla con fuerza. Así que Lupe descansó ese día y escuchó los consejos de su hermano sobre cómo lanzar: inclinarse, lanzar con un ojo puesto en la mira y con un nudillo colocado en el suelo.

Piensa: "ojo y pulgar", y dale con todo —dijo.

Al regresar de la escuela al día siguiente dejó su tarea en la mochila y practicó durante tres horas seguidas, con sólo una

pausa para comerse un dulce a fin de procurarse energía. Con el palo de una paleta dibujó un círculo con forma curiosa y dentro de él aventó cuatro canicas. Utilizó su canica de disparo —una ágate lechosa con ondulaciones hipnotizadoras— para golpearlas. Su pulgar *sí* estaba más fuerte.

Luego de la práctica, apretó el borrador durante una hora.

Comió su cena con la mano izquierda a fin de que descansara su mano de disparo y no les dijo nada a sus padres acerca de sus sueños de gloria deportiva.

Practicar, practicar, practicar. Apretar, apretar, apretar. Lupe fue mejorando y les ganó a su hermano y a Alfonso, un niño del vecindario que supuestamente era un campeón.

—Caray, es muy buena —dijo Alfonso—. Seguro que les puede ganar a las otras niñas. Creo.

Las semanas pasaron con rapidez. Lupe entrenaba con tanto ahínco que un día, mientras secaba los platos, su madre le preguntó por qué su pulgar estaba hinchado.

—Es músculo —explicó Lupe—. He estado practicando para el campeonato de canicas.

—¿Tú, querida?

Su madre sabía que Lupe no era buena para los deportes.

—Sí. Le gané a Alfonso, y él es muy bueno.

Esa noche durante la cena la señora
Medrano dijo:

—Querido, deberías ver el pulgar de Lupe.

—¿Eh? —dijo el señor Medrano al tiempo que se limpiaba
la boca y miraba a su hija.

—Enséñale a tu padre.

—¿Tengo que hacerlo? —preguntó Lupe avergonzada.

—Ándale, enséñale a tu padre.

Lupe levantó su mano a regañadientes y
dobló su pulgar. Podía verse el músculo.

Su padre bajó el tenedor y preguntó.

—¿Qué te pasó?

—Papá, he estado entrenando. He
estado apretando un borrador.

—¿Para qué?

—Voy a participar en el campeonato
de canicas.

Su padre miró a su esposa y luego de
nuevo a su hija.

—¿Cuándo es, hijita?

—Este sábado. ¿Puedes venir?

El padre había planeado jugar *squash* con un

amigo el sábado, pero dijo que iría. Sabía que su hija pensaba que no servía para los deportes y quería animarla. Hasta colocó unos focos en el patio trasero para que su hija pudiera practicar en la noche. Se agachó con una rodilla en el suelo, fascinado al ver cómo su hija le ganaba con facilidad a su hermano.

El día del campeonato empezó con un cielo frío y ráfagas de viento. El Sol era una luz plateada detrás de las nubes color pizarra.

—Espero que se despeje —dijo su padre mientras se frotaba las manos luego de salir por el periódico. Desayunaron, se pasearon nerviosamente por la casa en espera de que dieran las diez y luego caminaron las dos cuadras que los separaban del campo de juegos (aunque el señor Medrano había querido ir en coche para que Lupe no se cansara). Lupe se registró y se le asignó el diamante de béisbol número tres para su primer partido.

Lupe, que caminaba entre su hermano y su padre, estaba temblando de frío, no de nervios. Se quitó los guantes y todo el mundo miró fijamente su pulgar. Alguien preguntó: "¿Cómo puedes jugar con el pulgar roto?", Lupe sonrió y no dijo nada.

Venció fácilmente a su primer contrincante y sintió lástima por la niña porque no había nadie para alentarla. Salvo por su bolsa de canicas, estaba completamente sola. Lupe invitó a la niña, cuyo nombre era Raquel, a que se quedara con ellos. Sonrió y respondió que sí. Los cuatro caminaron a una mesa plegable que estaba en medio del jardín, donde se le asignó otra contrincante a Lupe.

También le ganó a esta niña, una alumna del quinto año llamada Yolanda, y la invitó a que se uniera al grupo. Hubo más partidos y más triunfos y pronto se formó una bola de gente que siguió a Lupe al último partido contra una niña que traía puesta una gorra de béisbol. Se veía de armas tomar. Ni siquiera miró a Lupe.

—No sé, papá, va a estar difícil.

Raquel abrazó a Lupe y dijo:

—Anda, gánale.

—Tú puedes —la animó su padre—. Sólo piensa en las canicas, no en la niña, y deja que tu pulgar se encargue de todo.

La otra niña fue la primera en tirar y se ganó una canica. Le falló el próximo tiro, y Lupe, con un ojo cerrado y el pulgar vibrando de energía, lanzó dos canicas fuera del círculo pero falló en su siguiente tiro. Su contrincante ganó dos canicas más antes de fallar. Azotó su pie contra el suelo y dijo: "¡Caramba!" Iban tres a dos, y la señorita Gorra de béisbol llevaba la delantera.

El árbitro detuvo el juego.

—Háganse para atrás, por favor, denles espacio —gritó.

Los espectadores se habían acercado demasiado a las jugadoras.

Lupe ganó tres canicas, y cuando se disponía a ganar una cuarta, una ráfaga de viento le llenó los ojos de polvo, y falló horriblemente. Su contricante rápidamente ganó dos canicas, con lo cual empató el juego, y se colocó en la delantera con seis a cinco gracias a un tiro de pura buena suerte. Luego falló, y Lupe, cuyos ojos sentía rasposos cuando parpadeaba, confió en el instinto y en el músculo del pulgar para anotar la jugada de empate. Iban seis a seis, y sólo quedaban tres canicas. Lupe se sonó la nariz y examinó los ángulos. Se hincó en una rodilla, mantuvo firme su mano y tiró con tanta fuerza que dos canicas salieron volando del círculo. ¡Era la ganadora!

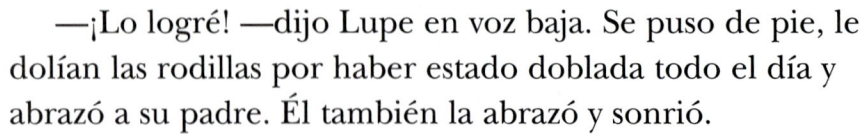

—¡Lo logré! —dijo Lupe en voz baja. Se puso de pie, le dolían las rodillas por haber estado doblada todo el día y abrazó a su padre. Él también la abrazó y sonrió.

Todo el mundo aplaudió, salvo la señorita Gorra de béisbol, que hizo una mueca y miró fijamente hacia el suelo. Lupe le dijo que era una gran jugadora, y se dieron la mano. Un fotógrafo del periódico tomó a las dos niñas paradas hombro con hombro, mientras Lupe sostenía el trofeo más grande.

Luego Lupe jugó contra el ganador del equipo de los niños, y después de un principio poco satisfactorio, le ganó once a cuatro. Disparó contra las canicas y una estalló en astillas relucientes de vidrio. Su contrincante miró con displicencia mientras Lupe hacía lo que mejor sabía hacer: ¡ganar!

El árbitro principal y el presidente de la Asociación de Jugadores de Canicas de Fresno se reunieron con Lupe mientras ella mostraba sus trofeos para el fotógrafo del periódico. Lupe le dio la mano a todo el mundo, incluso a un perro que se había acercado para averiguar la causa de tanta conmoción.

Esa noche la familia salió a cenar pizza y colocó los dos trofeos en la mesa para que toda la gente del restaurante los viera. Algunas personas se acercaron a felicitar a Lupe y ella se sintió un poco avergonzada, pero su padre dijo que los trofeos merecían estar allí.

Ya de vuelta en casa, en la intimidad de su recámara, colocó sus trofeos en el estante y se sintió feliz. Siempre había cosechado honores gracias a su inteligencia, pero el triunfo en los deportes era una experiencia nueva. Le dio gracias a su pulgar cansado: "Tú lo hiciste, pulgar. Me hiciste campeona". En recompensa Lupe fue al baño, llenó el lavabo con agua caliente y dejó que su pulgar nadara y chapoteara a su antojo. Luego se metió en la cama y cayó en un sueño ganado a costa de mucho esfuerzo.

Piénsalo

1. ¿Por qué era importante para Lupe obtener un trofeo en algún deporte?

2. Lupe invitó a Raquel a permanecer con ellos después del partido. ¿Cómo describirías el personaje de Lupe? ¿Qué cualidades tiene Lupe que la hacen una buena jugadora y también una buena amiga?

3. En tu opinión, ¿cuáles fueron las razones por las que Lupe ganó el concurso de canicas?

CONOCE A LA ILUSTRADORA
Amanda Harvey

La artista inglesa Amanda Harvey estudió arte por primera vez en su adolescencia. El primer libro que escribió e ilustró fue *A Close Call* publicado en 1990. Fue descrito por el periódico *The London Times* como "una obra sin defectos y de distinción excepcional", por lo que recibió el Premio Macmillan y también el Premio Mother Goose.

A los hijos de Amanda les gusta colorear los dibujos que ella rechaza, diciéndole que son demasiado bonitos para tirar. Sin embargo ella no les pide aprobación. Según ella "Hay que sentirse satisfecha".

CONOCE AL AUTOR
Gary Soto

Gary Soto nació en 1952 en el Valle de San Joaquín, en Fresno, California. Está muy orgulloso de ser mexicoamericano de tercera generación y celebra su herencia familiar por medio de su obra escrita. En este libro también encontrarás otro cuento de Gary Soto: "Listos. . . ¡Fuera!". Para leer más sobre este famoso autor, pasa a la página 431.

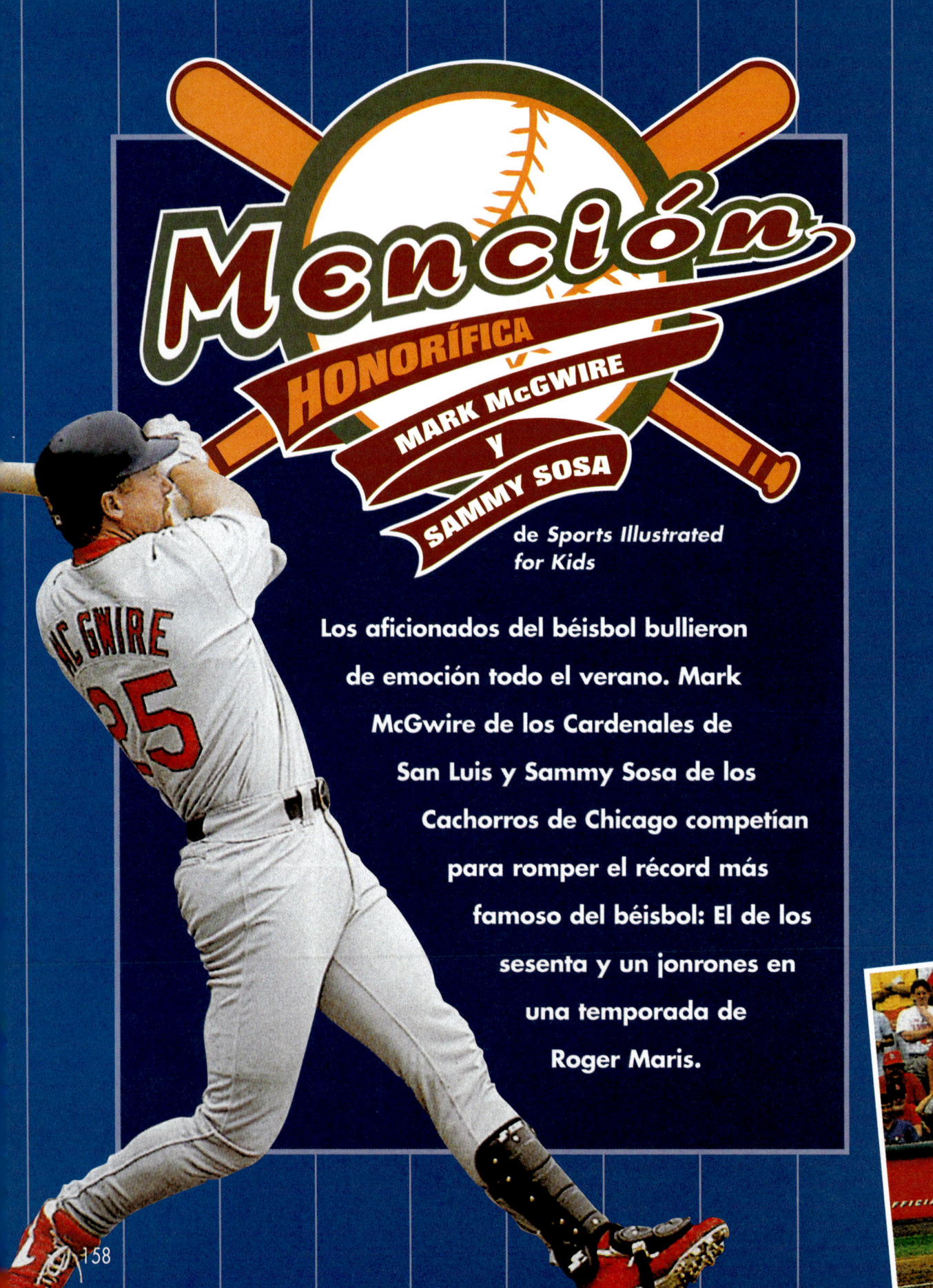

Mención

HONORÍFICA

MARK McGWIRE Y SAMMY SOSA

de *Sports Illustrated for Kids*

Los aficionados del béisbol bullieron de emoción todo el verano. Mark McGwire de los Cardenales de San Luis y Sammy Sosa de los Cachorros de Chicago competían para romper el récord más famoso del béisbol: El de los sesenta y un jonrones en una temporada de Roger Maris.

La olla de presión

Mark tuvo un excelente principio con 37 jonrones al empatar el récord de jonrones en la primera mitad de una temporada. En junio de 1998, Sammy desafió a Mark al establecer el récord del máximo número de jonrones en un mes (20). Para el Juego de Estrellas que jugaron el 6 de julio, ya había completado 33. Mark era el favorito para romper el récord de Roger. Estaba muy presionado, un ejército de reporteros le preguntaba todos los días: —¿Vas a romper el récord? Mark repetía que no quería hablar del asunto hasta que hubiese alcanzado los 50 jonrones. Mientras tanto, Sammy sonreía y se divertía.

Dos amigos

Mark y Sammy se hicieron buenos amigos a lo largo de la temporada. Mark rompió el récord el 8 de septiembre cuando jugó contra los Cubs. Después, Sammy y Mark se dieron un abrazo en el campo de juego. Para el 25 de septiembre, cada uno llevaba 66 jonrones. Luego, Mark bateó 4 en los dos últimos juegos de la temporada para establecer el récord en 70.

Sammy terminó con 66. "No puedo creer que he dado 70" dijo Mark. "Es sorprendente." ¡También lo fue para los aficionados de béisbol, Mark! ¡Y tú no te quedas atrás, Sammy!

¡Crac! Mark empata el récord con su jonrón numero 61.

159

Taller de

¡A jugar!

ESCRIBE UNA LISTA DE INSTRUCCIONES   Imagina que le vas a explicar cómo jugar canicas a un niño que no sabe cómo hacerlo. ¿Cuáles son los pasos a seguir? Escribe una lista de los pasos y ponla a prueba dándosela a un compañero. ¿Te entendió? ¿Tuvo algunas preguntas? Si es necesario, corrige tu lista y vuélvesela a enseñar a tu compañero para ver si finalmente puede jugar siguiendo tus instrucciones.

Practicar, practicar

RELATA UNA EXPERIENCIA   En el cuento, Lupe demuestra que la práctica hace la perfección. Recuerda alguna ocasión en la que tuviste que practicar mucho para lograr una meta. ¿Qué sucedió? ¿Qué querías lograr? Júntate con un compañero de clases y hablen acerca de las cosas que tuvieron que hacer para lograr sus metas. Presenten a la clase los puntos que tuvieron en común.

actividades

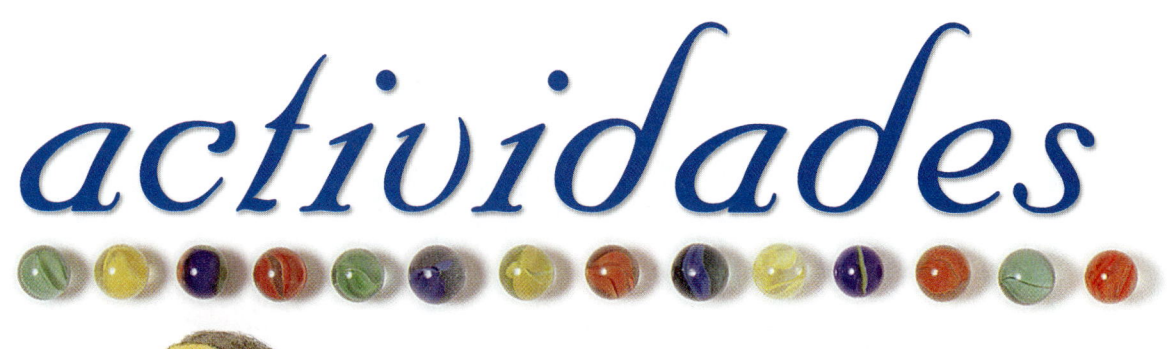

Debate

DISCUTIR EN EQUIPO   Reúnete con dos o tres compañeros para sostener un debate sobre el siguiente punto: *Es importante que los niños participen tanto en actividades deportivas como intelectuales.* Uno de tus compañeros debe apoyar esta idea y el otro debe sostener que las competencias sólo les causan presiones innecesarias a los estudiantes. Si hay tres estudiantes en tu grupo, organícense de manera que uno sea el moderador.

¡De cuántas maneras!

HACER UNA INVESTIGACIÓN Utiliza una enciclopedia o la Internet para investigar el origen del béisbol. ¿Hace cuántos años se creó este deporte? ¿Dónde tiene su origen? ¿En cuántos países del mundo se juega? Comparte con tus compañeros la información obtenida.

EL SUEÑO DE

TEXTO DE TED WOOD

En 1925, la gente de Nome, Alaska, necesitaba ayuda desesperadamente. Como resultado, los residentes de Anchorage organizaron equipos de trineos jalados por perros para entregarles los medicamentos que les salvaría la vida. Hoy día, para honrar a esos valientes equipos, se llevan a cabo dos carreras por la misma ruta: la famosa carrera de trineos de Iditarod y la competencia juvenil, el Iditarod Junior. A continuación se describe la experiencia de Dusty Whittemore durante su participación en la carrera de trineos del Iditarod Junior.

Dusty en su trineo jalado por perros

IDITAROD

EL SUEÑO DE IDITAROD

Selección premiada por los profesores

Es un día claro y frío. El monte McKinley, el más alto de América del Norte, parece un gigante frente al camión. El viaje al sur, hacia la jefatura de Iditarod en Wasilla, dura cuatro horas.

Los pensamientos de Dusty lo llevan un año atrás, a su primera carrera en el Iditarod Junior. Recuerda la temperatura de treinta grados bajo cero y que no podía ver el camino porque sus anteojos estaban cubiertos de hielo. También recuerda su regreso y que tal vez hubiera podido ganar, pero se extravió y estuvo vagando por cuatro horas antes de encontrar el camino correcto. Llegó en cuarto lugar. Pero este año ha reemplazado sus anteojos por lentes de contacto. Además cuenta con el mejor equipo de perros que jamás haya tenido. Sólo espera que los perros esquimales lo lleven por el camino correcto.

Por la noche llegan a la jefatura de Iditarod, donde los competidores asisten a la reunión que se lleva a cabo antes de la carrera. Dusty reconoce algunas caras del año pasado: Andy Willis, el favorito de este año y Noah Burmeister, quien vino desde Nome. Cada uno de los quince competidores saca un número de un sombrero para decidir en qué posición comenzará la carrera. (La primera posición no compite pues se reserva para honrar a un auspiciador destacado de la carrera juvenil de ese año.) Los competidores arrancan cada dos minutos.

Dusty saca el número 6; una buena posición y la misma del año pasado. Andy sacó el decimocuarto lugar y Noah el noveno. Dusty se va con su padre a dormir la última noche antes de la carrera.

La mañana siguiente, Dusty y su padre llegan dos horas antes de la carrera. La temperatura está bajo cero, perfecta para los perros. Con un poco más de calor, se sobrecalentarían. La carrera empieza en el Lago Lucille que está congelado y continúa setenta y nueve millas hacia el norte por bosques, pantanos barridos por el viento y río arriba por el Río Yentna, que también está congelado. La carrera sigue hasta la Estación Yentna, una cabaña que marca la mitad del camino.

El año pasado, la carrera comenzó diez millas más adelante en la ruta. A Dusty le preocupa empezar aquí. El hielo apenas tiene una ligera capa de nieve y es tan duro que si pierde el control del trineo en este tramo, los perros podrían arrastrarlo hasta el otro lado del lago. El gancho de seguridad que detiene el trineo no puede aferrarse al hielo. Dusty revisa los frenos y empaca las provisiones necesarias. Cada competidor debe cargar dos libras de comida por perro, en caso de emergencia, y debe terminar con la misma cantidad. (Las cuatro libras que cada perro cenará fueron enviadas por avión a la Estación Yentna el día anterior.)

Diez minutos antes del arranque, Dusty, su padre y tres amigos entrenadores enganchan los perros al trineo.

Cada perro se ve pequeño pero es increíblemente fuerte. Dusty trae a los perros del camión uno por uno. Los lleva caminando en sus patas traseras, mientras les levanta las patas delanteras. Con las cuatro patas en la nieve, el perro tiraría a Dusty. Una vez enganchados al trineo, los perros se emocionan tanto cuando ven a los demás equipos que se requiere la fuerza de muchas manos para mantenerlos en su lugar.

El equipo de Dusty llega a la línea de salida y pone resistencia a los entrenadores. Su madre se sube al trineo con él y pisa los frenos para ayudar a controlar el trineo. Está nerviosa. Recuerda como Dusty se perdió la vez pasada, pero está muy orgullosa de él. Se despide con un beso antes de saltar del trineo.

Los perros tiran tan fuerte ahora que cinco personas apenas los pueden detener.

Luego el anunciador grita: —¡Fuera! Los entrenadores se hacen a un lado y Dusty sale volando de la salida.

Siguen los conos rojos que marcan el camino y logran llegar sanos y salvos al otro lado del lago. Pero al penetrar el bosque, Dusty se pone nervioso. Es la primera vez que sigue esta parte de la ruta y está llena de obstáculos. Hay trineos motorizados que pasan velozmente por la misma ruta y Dusty tiene que cruzar cuatro calles en un trayecto de diez millas. Algunas de las calles están tan resbalosas que los perros se resbalan. También se confunden por los carros y los espectadores. Dusty sabe que tiene que sobrellevar este primer tramo para alcanzar la ruta principal del Iditarod.

Al llegar a la primera calle, el trineo se desliza a las millas por el pavimento y por una curva estrecha al final de la calle. Pero van demasiado rápido. El trineo se va de lado y choca contra un árbol. Dusty para en seco y no puede creer que no le pasó nada al trineo. *"Estoy fuera de control"* piensa. *"Debo frenar un poco a los perros"*.

Otra vez en el camino, Dusty usa los frenos de pista para disminuir la velocidad de los perros. Lleva a los perros a un paso bueno y constante y logra rebasar a dos competidores a sólo cinco millas de la salida. Cruza otra calle y rápidamente rebasa a un competidor más. Justo antes del último cruce, diez millas después de la salida, Dusty rebasa al último competidor que le faltaba. Sabe que va a la cabeza y que sus perros están corriendo bien, pero no puede pensar en eso ahora. Sólo quiere terminar este tramo y llegar al camino principal del Iditarod que recorrió en la carrera del año pasado.

Al fin, después de once millas, Dusty llega a territorio conocido y penetra el denso bosque de Alaska. Los perros corren perfectamente ahora, fuertes y rápidos, mientras se aproximan a la zona de las colinas. Dusty también lleva el ritmo. Se baja y corre al lado del trineo en las subidas para aliviar la carga. Cuando las vueltas son estrechas, Dusty salta de lado a lado para hundir los patines del trineo y poder guiarlo mejor por las curvas.

En el bosque el camino mide sólo unos pies de ancho, y en una curva los perros se encuentran de frente a dos trineos motorizados que se pararon en medio del camino. Los perros no pueden pasar y empiezan a girar y a correr en círculos, enredándose todos antes de que Dusty pueda alcanzarlos. Dusty tarda cinco minutos en desenredarlos y en volver a emprender el camino. Van cuesta abajo y al dar la siguiente curva, Dusty ve otro trineo motorizado que viene hacia ellos a toda velocidad. La máquina casi les pega a Annie y a QT, los perros que van a la cabeza. Pero en el último segundo la máquina se desvía para no chocar. Los dos perros delanteros paran en seco, pero los demás no lo logran. Empiezan a chocar y a caer uno encima del otro y forman un enorme enredo de perros y correas.

Dusty no lo puede creer. Dos enredos en menos de cinco minutos. Frenéticamente, desenreda el trineo, seguro de que algún participante los alcanzará a causa de las demoras. Enredarse es la segunda peor pesadilla de un operador de trineos. Los perros se pueden lastimar las patas con las correas o estrangularse cuando se enredan.

De nuevo en el camino, Dusty y los perros están nerviosos y no encuentran un buen ritmo. *"Por favor, que no venga otro trineo motorizado"*, piensa. En ese momento, ve huellas de alce y se preocupa más que nunca. La peor pesadilla de un operador de trineos

es toparse con un alce. Los alces confunden a los perros con lobos y pueden atacar un equipo y matar a varios perros antes de que el operador los asuste. No se puede hacer nada si uno se topa con un alce. Si encuentra uno, lo único que Dusty puede hacer es esperar hasta que se mueva y que no ataque.

Sin embargo, el equipo logra salir del bosque y llega a una pradera sin problemas. Dusty pasa un cartel de madera que señala: Nome 1,049 millas. Por sus experiencias del año pasado, sabe que puede relajarse un poco en este llano árido. El llano llega al Lago Flathorn, a tres horas y media del punto de salida. Aquí, a orillas del lago, Dusty descansa por primera vez. Les da bocados de pescado a los perros; pedazos de salmón congelado que les mantendrá el nivel de energía alto. Saluda a cada perro y revisa si se lastimaron las patas. QT y Blacky tienen cortaduras leves en la membrana entre los dedos, así que Dusty les pone botines para protegerlos cuando corran.

Descansa sólo cinco minutos pues todavía piensa que algún competidor los alcanzará. En el lago, los caminos se cruzan en todas direcciones y fue aquí donde Dusty se perdió el año pasado. Esta vez escoge el camino correcto y se lanza a toda prisa por el lago cubierto de nieve. Es como correr en un océano blanco. Dusty se siente relajado y a gusto. Una vez en el lago, Dusty se da cuenta de cuánta ventaja les lleva a los demás. Puede ver cinco millas hacia atrás y no alcanza a ver a nadie. No lo puede creer. *"¿Dónde estarán Andy y Noah?"* se pregunta.

Al salir del lago, Dusty continúa por el Río Susitna. Parece una autopista de nieve que desaparece en el monte. Aquí se detiene en el único punto de chequeo de la carrera. Mientras un oficial inspecciona el trineo y la carga requerida, Dusty revisa a sus perros. Decide quitar a Annie de la cabeza. Se ha volteado demasiado para ver hacia atrás mientras corre y parece estar nerviosa. Tal vez todavía esté afectada por el trineo motorizado, piensa Dusty.

Dusty mueve al joven Jazz a la cabeza junto a QT, pero Jazz resulta ser muy inexperto. A tres millas de allí, Dusty cambia a Jazz por Bettie. Ahora los perros están corriendo bien y de nuevo corren rápida y silenciosamente por un tributario del Río Susitna que se llama el Río Yentna. Ya no es necesario darles órdenes en este tramo porque todos conocen el camino a la Estación Yentna, pero Dusty los llama por sus nombres para mantenerlos contentos.

Justo después de las cinco de la tarde —siete horas después de haber comenzado— Dusty llega a la Estación Yentna. Este lugar

constituye la mitad de la travesía y es donde pasan la noche. La estación es una pequeña cabaña de madera donde se puede llegar sólo por avión, trineo motorizado o trineo jalado por perros. Los visitantes se pueden quedar en la cabaña, pero los competidores no porque según las reglas deben quedarse con sus perros.

Dusty se siente de maravilla. Sabe que ha ido rápido, pero más que todo, los perros

se ven frescos y están ansiosos por correr. Dusty sonríe y se da cuenta de que su entrenamiento valió la pena.

Pero no hay tiempo para descansar. Todavía tiene muchas cosas que hacer por los perros.

A cada competidor se le da una paca de paja para dormir. Después de amarrar el trineo a un árbol, Dusty coloca la paja alrededor de los perros para protegerlos de la nieve mientras duermen.

Luego enciende su estufa para derretir nieve y tener agua. Mientras se calienta, llena una hielera con veinte libras de carne molida y comida seca. Vierte el agua caliente en la hielera para que la carne congelada absorba el líquido. Veinte ojos hambrientos lo miran hasta que por fin reciben su comida caliente.

Después de cenar, Dusty revisa las patas de los perros y les pone una pomada donde la necesiten. En eso oye el ladrido de otros perros y se voltea. Había olvidado a los demás competidores.

Es Noah, el segundo en llegar a Yentna —
treinta y ocho minutos después de Dusty.
Después llega Andy, ocho minutos después
de Noah. Los otros competidores siguen
llegando durante las cuatro horas
siguientes. Se requiere que todos los
competidores se queden en Yentna por diez
horas. Dusty llegó tan temprano que su
hora de salida es a las tres y media de la
mañana del día siguiente. Decide no dormir
y ayuda a los competidores a encender una
gran fogata en la nieve. Todos se ayudan
entre sí; es la regla del monte.

Antes de salir a las tres y media de la
mañana, Dusty derrite más agua para los
perros, les da de comer, monta todo en el
trineo y por último se asegura de que las
pilas de la lámpara de su casco sirvan para
el camino de regreso.

Nieva ligeramente al salir de Yentna y
la luna está oculta. La única luz proviene
del casco de Dusty. Los perros están
ansiosos por correr, pero a Dusty no le
gusta la noche. No puede ver los
marcadores de la ruta ni un alce si se
aproxima. Los perros, son sus únicos ojos,
así que escoge a Bettie y a QT para guiarlo.
Si lograron seguir la ruta una vez, lo
podrán hacer de nuevo.

Una vez más los perros recorren las
millas a toda velocidad. Corren sobre el Río
Yentna y el Lago Flathorn en la oscuridad.
Cuando ya hay luz, Dusty se detiene en el
letrero de Nome. Mientras les da bocados
de pescado a los perros, llega a la conclusión
de que de no ocurrir nada malo, podrá
ganar. Dusty y su equipo atraviesan las
colinas y las cuatro calles sin problemas.

Por fin, Dusty ve el lago. De lejos parece un gran tapete de bienvenida. Dusty empieza a sonreír a medida que avanza hacia la meta. Ha llegado tan rápido que los espectadores y la mayoría de los familiares de los competidores no han llegado todavía. Pero ve a su mamá y a su papá que le echan porras, y cuando cruza la meta, su madre lo inunda de besos y abrazos. La sonrisa de orgullo de su padre es tan grande que parece como si la felicidad se le hubiese congelado en el rostro.

Los locutores de televisión y radio se le echan encima. —¿Cómo se siente ganar, Dusty? —preguntan.

—Estaría sonriendo aunque hubiera llegado en último lugar —dice Dusty—. Pero se siente increíble ganar.

Debido a que había corrido tan rápido, se corre un rumor de que Dusty había maltratado a sus perros; que los esforzó demasiado. Pero al verlos, todos se dan cuenta de que no es verdad. Los perros están fuertes, ladran, saltan y tienen ganas de seguir corriendo. Dusty los ha tratado muy bien. Sabe que son sus compañeros fieles y que son unos campeones.

Piénsalo

1 ¿De qué manera protege el Iditarod Junior a los competidores y a sus perros?

2 ¿Te gustaría entrenar y competir en el Iditarod Junior? ¿Por qué sí o por qué no?

3 ¿Qué hace el autor para que la selección sobre Dusty y el Iditarod Junior sea interesante?

TED WOOD

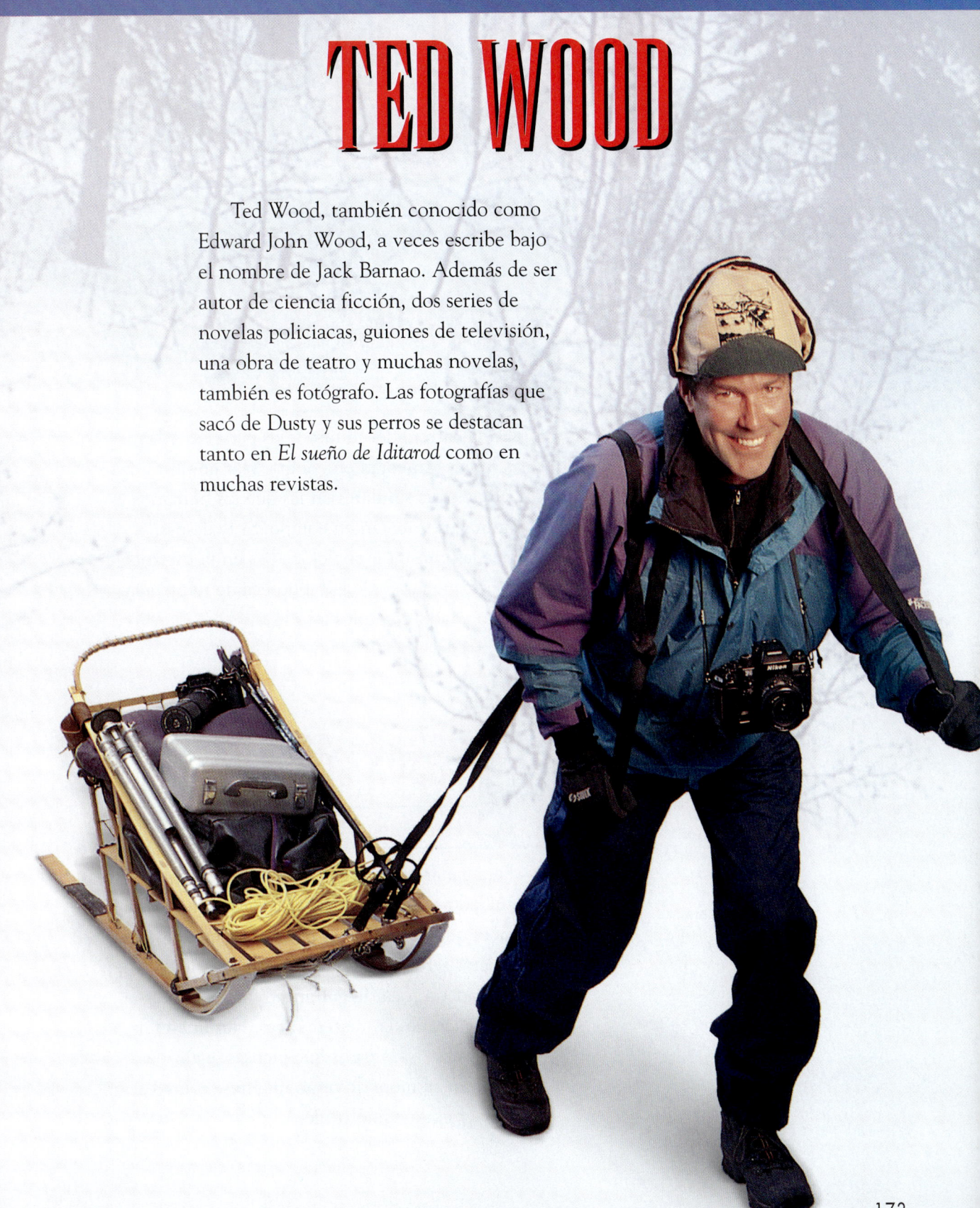

Ted Wood, también conocido como Edward John Wood, a veces escribe bajo el nombre de Jack Barnao. Además de ser autor de ciencia ficción, dos series de novelas policiacas, guiones de televisión, una obra de teatro y muchas novelas, también es fotógrafo. Las fotografías que sacó de Dusty y sus perros se destacan tanto en *El sueño de Iditarod* como en muchas revistas.

TALLER DE

Formar un equipo

HAZ UNA LISTA

En la carrera del Iditarod, las personas y los animales trabajan en equipo. Haz una lista de situaciones similares en las que los humanos y animales trabajan en equipo. Si lo deseas, puedes consultar enciclopedias en la Internet u otros recursos de la biblioteca de tu escuela para añadir ejemplos a tu lista.

Pasos hacia una meta

HAZ UNA TABLA

Para ganar el Iditarod, Dusty tuvo que planear cuidadosamente y trabajar duro. ¿Tienes una meta que quieres alcanzar? Por ejemplo, quizás quieras ser miembro del equipo de baloncesto, aprender a tocar la guitarra o sacar mejores calificaciones en matemáticas. Haz una tabla que muestre los pasos que piensas seguir para alcanzar tu meta. Inventa una frase sobre tu meta y úsala como título.

ACTIVIDADES

Interpretación del Iditarod

CREA UN BAILE

Trabaja en grupo para crear un baile basado en el Iditarod.
Puedes representar algunos acontecimientos del cuento. Por
ejemplo, podrías usar gestos para expresar la confusión de
los perros cuando se toparon con los trineos motorizados.
Podrías usar movimientos para representar cómo los perros
corrieron a gran velocidad rítmicamente por el camino.
Interpreta el baile ante la clase.

Si los perros hablaran

ESCRIBE UN DIÁLOGO

Supón que los perros de trineo pudieran hablar
entre sí. ¿Qué se hubieran comentado al oír los
rumores de que Dusty los había maltratado?
Escribe su conversación imaginaria en forma
de diálogo.

Secuencia

Los sucesos en "El sueño de Iditarod" ocurren en un orden lógico, o en secuencia. **Secuencia** es el orden en que suceden las cosas en un cuento. Las palabras como *primero, próximo, después, antes* y *luego* te ayudan a reconocer el orden.

Un diagrama puede mostrar la secuencia de sucesos. En el diagrama, un suceso conduce a otro y así sucesivamente. Mira este diagrama y fíjate cómo un suceso conduce a otro.

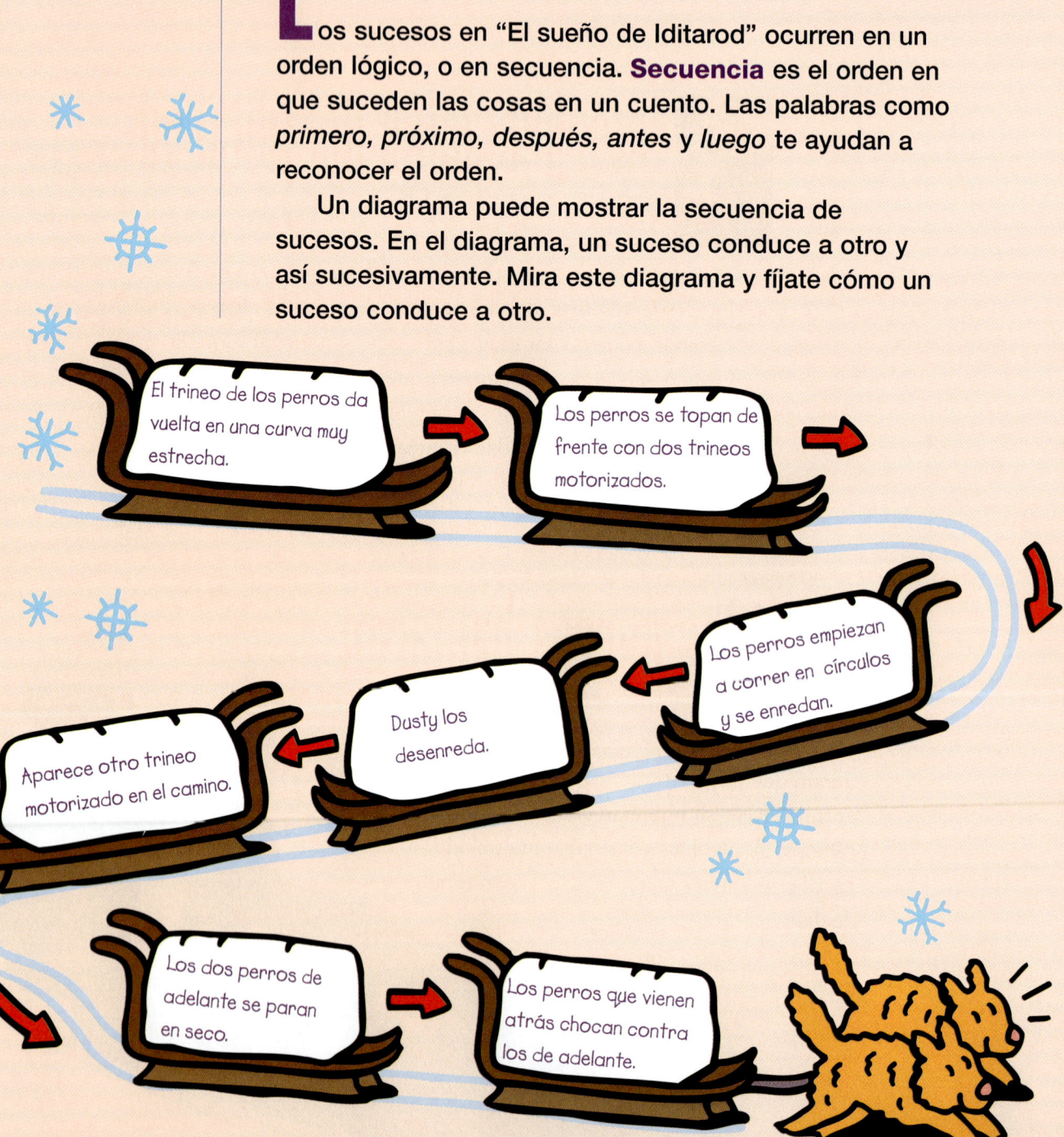

El trineo de los perros da vuelta en una curva muy estrecha.

Los perros se topan de frente con dos trineos motorizados.

Los perros empiezan a correr en círculos y se enredan.

Dusty los desenreda.

Aparece otro trineo motorizado en el camino.

Los dos perros de adelante se paran en seco.

Los perros que vienen atrás chocan contra los de adelante.

Fíjate en la secuencia de los sucesos en este pasaje de "El sueño de Iditarod". Para identificar la secuencia de sucesos, usa un diagrama como el que se muestra.

Los pensamientos de Dusty lo llevan un año atrás, a su primera carrera en el Iditarod Junior. Recuerda la temperatura de treinta grados bajo cero y que no podía ver el camino porque sus anteojos estaban cubiertos de hielo. También recuerda su regreso y que tal vez hubiera podido ganar, pero se extravió y estuvo vagando por cuatro horas antes de encontrar el camino correcto. Llegó en cuarto lugar.

Suceso

Suceso

Suceso

Suceso

Suceso

¿QUÉ HAS APRENDIDO?

1 Supón que el autor haya escrito sobre los sucesos de "El sueño de Iditarod" sin seguir una secuencia. Explica por qué sería confuso.

2 Piensa en algo que hayas aprendido a hacer. ¿Qué secuencia de sucesos condujo a que tuvieras éxito?

INTÉNTALO • INTÉNTALO

En los cuentos, los sucesos imprevistos a veces resultan en una catástrofe. Piensa en algún libro o película en que las cosas no ocurrieron como estaban planeadas. ¿Qué secuencia de sucesos resultó en una catástrofe? Usa un diagrama como el anterior para mostrar la secuencia.

Visita *The Learning Site*
www.harcourtschool.com

AYDIN

Texto de Jordi Sierra i Fabra • Ilustraciones de Jui Ishida

Aydin
La ballena de la discordia

Los pescadores que la encontraron le pusieron de nombre "Aydin", que en turco significa "Claridad". La ballena beluga macho de 500 kilos, que escapó el pasado mes de febrero de un laboratorio ucraniano del mar Negro, buscó refugio en el puerto turco de Gerze, donde fue alimentada por los pescadores locales. Aydin había sido utilizada para experimentos desconocidos en ese laboratorio y pudo escapar a causa de una tormenta que rompió las redes que la encerraban. Pronto pasó a las primeras páginas de los periódicos porque se la disputaban tres países: Ucrania, Turquía y el Reino Unido, donde varios grupos conservacionistas decidieron hacer algo para protegerla. Estos últimos pretendían que Aydin fuera puesta en libertad en el mar de Siberia, a más de 3.000 kilómetros de Gerze, donde las aguas están menos contaminadas, y con ese fin recaudaron en pocos días cerca de medio millón de pesetas, que sirvieron de momento para que a Aydin no le faltase pescado para comer. Los pescadores turcos que la han adoptado dicen que Aydin ha utilizado su libertad de elección y prefiere quedarse en Gerze. Los trámites legales están en curso y mientras tanto el destino de la ballena blanca, acostumbrada al trato humano, sigue siendo incierto.

El País, abril 1992

Godar dejó afianzada la caña de pescar en uno de los ganchos de la amurada y acto seguido se tendió en el fondo de la barca, con los ojos fijos y quietos en las nubes, igual que cuando era niño y jugaba con sus formas, imaginando cosas a través de sus cambiantes contornos.

El silencio no tardó en llenarle de plácidas quietudes.

De noche, y al amanecer, cuando los hombres del pueblo pescaban juntos, utilizaban las redes y las técnicas ancestrales por las cuales siempre se habían regido.

De noche, y al amanecer, trabajaban, se procuraban el sustento, la comida para vivir o para vender a otras mesas.

De noche, y al amanecer, eran un solo cuerpo multiforme actuando con la fuerza de la unión. Ahora, sin embargo, no había nadie más que él y su mar, él y su caña de pescar, él y su pequeño espacio de tiempo y vida.

De noche, y al amanecer, los peces caían a cientos y miles en las redes. Y era hermoso verlos salir fuera del agua, admirar sus formas plateadas, contemplar su inútil lucha, la belleza de sus clases y la diversidad de sus tamaños. Pero nada, nada podía compararse a la auténtica belleza de la pesca individual, la tradición, solos el ser humano y el mar, la caña y el pez, cuando cada presa era una victoria, y cada captura, un orgullo rebosante de satisfacción. Desde la primera vez que, siendo niño, había cobrado su primer pez, el sentimiento se perpetuaba, inalterable.

Y en el silencio de aquel mar en calma, Godar se sentía seguro, libre, feliz.

¿Mar en calma?

Se enderezó al notar el vaivén de la barca y se apoyó en la proa, expectante. Creyó que había sido una ilusión, pues el mar seguía en calma, pero se dio cuenta de que la barca todavía oscilaba de uno a otro lado, y no precisamente por la precipitación de su gesto.

Era extraño. Ningún viento recorría la superficie del agua, ninguna corriente producía movimiento en la ensenada, aunque estuviese en la parte más alejada del puerto, próxima a su desembocadura en el mar Negro. Al abrigo del exterior no existían peligros ni zozobras. Ya era un hombre, pero no le dejaban adentrarse en solitario más allá de la bocana. Su madre aún recordaba a su padre, aunque aquello hubiese sido un accidente, un lamentable accidente producto de la casualidad.

Miró en dirección a Gerze y siguió la suave línea de la costa, con las casas, la mezquita y el minarete presidiendo el aspecto de postal ingrávida que desde allí y en silencio le producía su contemplación. Iba a volver a tumbarse en el fondo de la barca cuando de nuevo percibió el movimiento, ahora más acusado.

Godar buscó algo, a su alrededor, en el agua.

Nada, salvo. . .

Tuvo un estremecimiento. ¿Era una ilusión? Juraría haber visto una silueta imprecisa pasando fugazmente por estribor, a unos diez metros de la barca, dejando una estela invisible bajo la superficie. O no tan invisible.

Una estela blanca.

El pez más grande pescado allí, en el mismo puerto de Gerze, había medido un metro, y más allá de la bocana otros superaron los dos, quizá tres metros. Pero aquella silueta le había parecido enorme, y tan rápida como. . .

Recogió el sedal, despacio, sin apartar sus ojos del agua, a proa y popa, babor y estribor. El siseo del carrete fue el único ruido perceptible. Las aguas volvían a estar quietas, la barca inmóvil.

Fueron apenas diez segundos, no más.

La cabeza alargada de la pequeña ballena emergió del agua frente a él, a unos tres metros, tan súbitamente que la sorpresa le

paralizó. Sus ojos se encontraron con los del animal. Sus oídos escucharon aquel sonido parecido al suave cacareo de un pájaro bobo.

Otro segundo, largo y silencioso.

La ballena abrió la boca. Fue como si sonriera. Movió las aletas laterales, ganó altura, casi dispuesta a volar fuera de su medio ambiente, y luego, dando un salto, volvió a sumergirse.

Esta vez Godar vio su silueta, sus cinco metros o más de envergadura, su esbelta línea blanca surcando el agua a su alrededor.

Ya no esperó más, arrojó la caña de pescar a un lado y se sentó a los remos, de espaldas a Gerze. No había dado más que tres golpes con ellos cuando el animal emergió por segunda vez, repitiendo su gesto, su curiosa sonrisa, sus sonidos y su aleteo antes de sumergirse de nuevo. Godar remó con más fuerza, pero no la suficiente para alejarse de allí, dejar atrás al cetáceo o ganar la costa de manera inmediata. La tercera subida de la ballena fue aún más espectacular.

Saltó por encima de la superficie marina, dio una vuelta en el aire y cayó al agua, con lo cual se levantó una gran ola que empujó la barca sobre su cresta.

Godar abrió hasta el límite sus grandes ojos oscuros.

Y continuó remando sin parar, poniendo a prueba la fuerza de sus jóvenes y vigorosos brazos, mientras la ballena le seguía hasta alcanzar casi la playa, tierra firme.

Sus gritos rompieron la calma de la tarde.

—¡Abuelo, abuelo! ¡Es enorme! ¡Eh, vengan todos! ¡Aquí, vengan! ¡Abuelo. . . !

Primero apareció Diyan, después Coruk, y en tercer lugar Badur, su abuelo. Inmediatamente después, el resto de sus vecinos, Ezrum, Isia, Ikhstar, Eskeshir, Ordez. . . , hombres, mujeres, niños, niñas, ancianos, ancianas. Las casas del puerto pescador de Gerze se abrieron, y sus puertas vomitaron seres con rostros tintados de expectación. Raramente sucedía algo allí, así que entre el miedo de unos y la ansiedad de otros, rodearon a Godar, que no cesaba de hablar y gritar, gesticular y señalar hacia el mar, más allá de la barca varada de cualquier forma en la arena. En sus rostros acabó titilando una suerte de emociones diversas.

—¡Allí, allí! ¡Y es enorme! ¡Es el pez más grande que jamás haya visto! ¡Vamos, todos! ¡Juntos podremos atraparlo!

—Godar —su abuelo intentó tranquilizarle—, ¿de qué estás hablando? En estas aguas no hay. . .

Su nieto no le hizo caso, impulsado por su vehemencia.

—¡Es suficiente para alimentarnos a todos un mes! ¡Suficiente para vender y comprar redes nuevas! ¡Suficiente!

Miraban las apacibles aguas del puerto besando la arena igual que

desde el comienzo de los tiempos. Buscaban el motivo de aquella excitación sin encontrar nada. Y volvían a mirar a Godar, entre divertidos y preocupados. El muchacho seguía apuntando en dirección al agua, esperando ver aparecer de un momento a otro la cabeza de aquel extraordinario espécimen.

Pero nada sucedió.

—¡Oh, vamos, vamos, está ahí! ¡Deben creerme! ¡Es más largo que mi barca, y tan grande como una casa! ¡Debemos ir a la bocana, impedirle que vuelva al mar abierto, atraparlo!

—¿Estás seguro de lo que dices, Godar?

—Abuelo, ¿he mentido alguna vez?

¿Qué clase de pez es? —preguntó Isia.

—Un tiburón, un delfín, un ballenato. . . ¡No lo sé! ¡Ha sido todo demasiado rápido! Pero les juro que jamás hemos visto nada parecido en estas aguas.

—¡Te has quedado dormido al sol, Godar! —sonrió Eskeshir.

—¡No! Y si no van a salir ahora mismo, lo capturaré yo solo.

Mostró su enfado haciendo un gesto de determinación, dando media vuelta para regresar a su barca. Antes agarró los aperos y la red de la barca del abuelo, la gran barca de la familia. Apenas si podía con todo, pero su enfado era superior a cualquier otra razón.

—¡Espera, Godar!

Y de pronto sonó una voz. . .

—¡Allí!

Sus rostros apuntaron al mar, vieron el batir del agua, el sesgo en la calma, el oleaje recién nacido esparciéndose concéntricamente desde un punto situado en mitad de su horizonte. Nada más.

Pero cuando buscaron al autor del grito, en su faz descubrieron la sorpresa y en sus ojos una tensa emoción.

—¡Vamos! —dijo Diyan en primer lugar.

—¡A las barcas! —elevó su puño al aire Ezrum.

Echaron a correr en dirección a ellas, olvidaron las prevenciones y saltaron al agua. Unos tiraban de las cuerdas mientras otros empujaban las quillas hundidas en la arena. En aquel pandemónium de voces y gritos, le ganaron su espacio al mar y, una a una, iniciaron su camino sobre el agua, llenando el pequeño puerto pescador de vida en la tarde.

Y al frente, en su barca, iba Godar, remando de nuevo embravecido, dispuesto a ser el primero en localizar por segunda vez a su presa, dispuesto a pasar a la historia como el más grande pescador de Gerze, digno hijo de su padre.

La vida siempre era capaz de sonreír de forma inesperada.

No necesitaban un jefe, ni instrucciones. Cada cual sabía muy bien qué hacer, qué posición tomar, qué puesto ocupar en el cerco de caza, aunque aquélla se tratase sin duda de la más extraordinaria de todas.

Mientras remaban, los ojos seguían buscando una señal en el agua, un indicio. Ya no tenían dudas. Su instinto les decía que fuese lo que fuese, allí había algo.

Y cuanto viniese del mar, o viviese en él, servía para comer o negociar, para ser capturado.

—¡Godar, ten cuidado!

Era la voz del abuelo, rezagado, compartiendo la gran barca con sus primos Taksir y Balikesh. Godar comprendía su miedo. Los dos habían visto morir al hombre que faltaba entre ambos. Los dos habían recogido su cuerpo sin vida del mar tras aquel estúpido accidente. El muchacho se había enfrentando por vez primera a la muerte, cara a cara, y no le gustó lo que vio en ella.

—¡Quizá no se encuentre solo, tengan cuidado! —dijo Isia.

No se les había ocurrido pensarlo. Bastante insólito era tener allí a un animal tan grande como para pensar en una manada. Los ojos de los pescadores atravesaron una vez más el agua en todas las direcciones.

—¿Dónde estás? —susurró Godar.

Las barcas empezaron a cerrar el círculo, y Godar dejó de remar. Le correspondía el centro, el lugar de privilegio. En la playa corrían las mujeres y los niños para alcanzar la bocana y ver desde allí lo que sucedía. A medida que el gran círculo fue cerrándose, la enorme red inició su despliegue, primero pasando de mano en mano, de barca en barca, después a punto de ser echada al agua.

Entonces, en un punto equidistante entre Godar y los pescadores, el animal dio uno de sus saltos por encima del agua, limpio, espectacular, lleno de hermosa viveza, y cayó de cabeza perforando la superficie líquida, para desaparecer a la misma velocidad con la que había aparecido.

Los pescadores se quedaron abrumados, con el ánimo sobrecogido.

—¡Se lo dije! —gritó Godar—. ¿No es increíble?

—¿Qué clase de pez es ése? —preguntó Feyen.

—Es una ballena —dijo el abuelo Badur elevando su gastada voz por encima de las cabezas y las barcas—. Una ballena beluga.

Godar sintió admiración. El abuelo sabía más que nadie. Bastaba con asomarse a su mirada para ver en el fondo de sus ojos la historia de su vida, la densa suma de acontecimientos que la habían marcado a lo largo de sus muchos años.
Algún día, quizá él también supiese tanto.

¿Una ballena? De acuerdo, ¿qué más daba?

Aunque creía que las ballenas eran mucho más grandes; medían de quince a veinte metros y pesaban varias toneladas.

—¡Aquí!

Había vuelto a la superficie, pero no para saltar, sino para nadar casi a ras de agua. Su silueta blanca era visible desde el amplio círculo formado por las barcas. Se movía veloz, igual que un rayo submarino. Sin embargo, lo hacía en torno a la barca de Godar, no pretendía huir.

Las redes fueron echadas.

Y de pronto, el insólito animal hizo algo que Godar ya había visto la primera ocasión.

Sacó la cabeza del agua y le miró.

Fue como si esperara algo, pero lo más asombroso seguía siendo aquel ruido, el brillo de sus ojos y la curiosa sonrisa formada por su gran boca.

—¡Godar, es tuya!

—¡Ahora, muchacho!

Tomó el cloque que había agarrado de la barca de su abuelo y lo sujetó con mano firme, sin dejar de mirar la ballena fijamente, tanto como ella le miraba a él. Estaba como hipnotizado mientras el animal se sostenía en el agua con grácil tranquilidad. El sol de la tarde arrancó un destello brillante del extremo metálico del cloque, aquel que debía tintarse en sangre cuando lo hundiera en la carne de su enemigo.

—¡Vamos!

—¡Hazlo ya!

—¡Ahora, es tuya!

El abuelo levantó una mano, y bastó ese gesto para que se hiciera el silencio, barca a barca, lo mismo que un efecto dominó. Todos estaban pendientes de Godar.

Pero Godar lo estaba de aquella mirada, aquel sonido y aquella sonrisa.

Inmóvil.

No pudo reaccionar, le fue imposible. Antes de lograrlo, la ballena se sumergió, desapareció unos segundos, un minuto tal vez. Un minuto de silencio y renovada tensión, hasta que súbitamente. . .

Esta vez el salto fue extraordinario, increíble; pasó por encima de la barca de Godar. Y fue el movimiento de éste, brusco, asustado, tanto como el impacto al otro lado y la ola que se levantó, lo que la hizo volcar.

El muchacho cayó al agua.

Tuvo miedo. Nunca había estado frente a un animal tan grande y poderoso, desguarnecido, así que se asustó. Nadó hacia arriba y sacó la cabeza fuera del agua para respirar. Escuchó los gritos y las voces de los pescadores, la alarma, así como los chillidos más distantes de las mujeres en tierra. Vio la barca boca abajo a unos metros y trató de alcanzarla. Sintió algo rozándole las piernas.

El miedo se convirtió en pánico, pero sólo un instante más.

La cabeza de la ballena apareció ante él, giró sobre sí misma una vez, aleteó el agua, le dirigió un largo y vibrante sonido, y luego se acercó hasta tocarle.

Godar hubiera jurado que era una caricia. . . , o que la buscaba.

La primera barca remaba ya muy cerca seguida por otras. Vio los rostros de los hombres, sus manos aferradas a palos y remos, arpones y cloques.

En unos segundos los arrojarían sobre el animal.

Godar levantó una mano, tocó la ballena, y ésta volvió a hablarle.

Le acarició la cabeza.

El contacto más hermoso jamás imaginado. Una suave energía llena de paz envolvió su excitado ánimo.

—¡Esperen, esperen! —gritó.

Los hombres se quedaron muy quietos, todos, mientras la voz del muchacho los sorprendía tanto como lo que veían.

Godar se abrazó a la ballena.

Y en medio de una tensión que desaparecía tan rápidamente como el humo azotado por el viento, el animal empezó a jugar con él.

PIÉNSALO

1 ¿Cómo se ganaban la vida Godar, su padre y su abuelo?

2 ¿Te gustaría tener a Aydin de mascota? Explica tu respuesta.

3 ¿Qué hace el autor para que te puedas imaginar a Aydin de forma clara y precisa?

JORDI SIERRA I FABRA

Originario de Barcelona, Jordi Sierra i Fabra estudió arquitectura, pero su pasión es la música y la literatura. En el mundo de la música, fue director de varios programas de radio y de revistas de crítica musical. También, es el autor de *Historia de la música rock*. Como autor, ha recibido varios premios por sus obras de literatura infantil y juvenil. Para escribir el libro *Aydin*, Jordi se inspiró en un artículo que se publicó en *El País* en abril de 1992.

JUI ISHIDA

La ilustradora premiada Jui Ishida nació en Taiwan, República de China y creció en Yamaguchi, Japón. Vino a Estados Unidos en 1991. Cuando no está ilustrando obras como Aydin, su actividad favorita es crear esculturas con los objetos que encuentra. Ella dice, "Cada pieza de chatarra tiene su propia historia. Para mí es un placer darle nueva vida." Actualmente vive en Long Beach, California con su esposo Patrick y cientos de criaturas inexplicables que ella ha creado y coleccionado para su inspiración.

TALLER DE

YO OPINO. . .

COMPARTE TU OPINIÓN ¿Cuán inteligentes son las ballenas? ¿Cuánto entienden en realidad? ¿Tienen los mismos sentimientos que los seres humanos? En un grupo pequeño, contesta y comenta estas preguntas. Luego distribuye una hoja de papel para que cada estudiante de tu grupo anote su opinión.

LOS CUATRO COSTADOS

ORIENTARSE EN UN BARCO Consulta en una enciclopedia o diccionario el significado de: "proa", "popa", "babor" y "estribor". Haz un dibujo de un barco y señala con flechas a qué parte de la embarcación pertenecen.

ACTIVIDADES

EL CANTAR DE AYDIN

COMPÓN UNA CANCIÓN   ¿Qué tipo de música escogerías para una canción sobre ballenas? ¿La música sería lenta o rápida, alegre o triste? Selecciona una pieza musical que sea apropiada para el momento en que Aydin y Godar comienzan a jugar. Crea tu propia canción sobre la amistad de Aydin y Godar que se pueda cantar al ritmo de la pieza musical que seleccionaste.

A ORILLAS DEL MAR

HAZ UNA LISTA   La historia de Aydin se desarrolla en el mar, cerca de la playa. Repasa lo que se cuenta en la narración y piensa en otros cuentos que hayas leído que tuvieran lugar a la orilla del mar. Haz una lista con las cosas que se pueden encontrar en la playa. Luego haz una tabla con dos columnas y clasifica los objetos de tu lista como "cosas de la naturaleza" y "cosas construidas por el hombre".

La isla delfines az

Texto de Scott O'Dell
Ilustraciones de Rich Nelson

Medalla Newbery
Premio Anderson
Lista de Honor de
IBBY

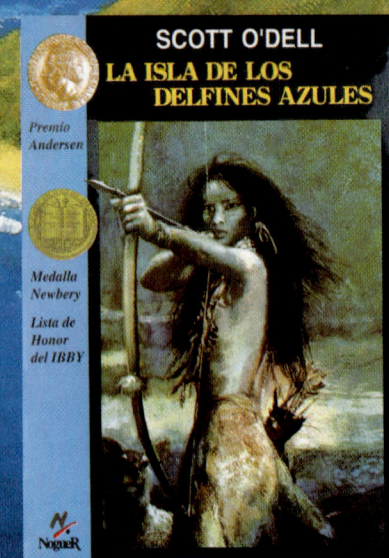

de los

ules

Karana y su gente vivían en una isla fuera de la costa de California, en un ambiente en el que reinaba la paz. Cuando su padre, el jefe, confió en un grupo de forasteros y les permitió entrar a cazar en la isla, se acabó la paz. Los cazadores usaron sus armas en contra de Karana y su gente. Mataron a muchos hombres, incluso al padre de Karana, y los dejaron indefensos.

El nuevo jefe decidió llevar a su gente a una nueva isla — lugar que él supone será un hogar más seguro.

No habíamos agarrado nada para llevarnos cuando pensamos que
teníamos que huir; así que la excitación y algazara eran notables al preparar
ahora nuestra marcha pacífica. Nanko iba y venía por fuera de las cabañas,
incitándonos a apresurarnos.

—El viento se va haciendo fuerte —chillaba—. El barco se irá sin
ustedes.

Llené dos cestas con las cosas que quería llevarme. Tres finas agujas de
hueso de ballena, un punzón para abrir agujeros, un buen cuchillo de piedra
para desollar, dos cazuelas de barro, y una cajita hecha de una concha con
muchos pendientes dentro de la misma.

Ulape tenía dos cajitas llenas de pendientes — siempre había sido mucho
más presumida que yo — y una vez las hubo colocado en los cestos con todo
lo demás que quería llevarse, se hizo una delgada marca con piedra blanda
azul desde una mejilla al extremo de la otra, pasando por encima de la nariz.
La marca mostraba que Ulape no tenía marido.

—¡Qué se va el barco! —gritó Nanko.

—Si se marcha —le contestó Ulape chillando también—, ya volverá
cuando haya pasado la tormenta.

Mi hermana estaba enamorada de Nanko, pero le gustaba reírse de él.

—Vendrán otros hombres a la isla —le decía—. Y serán mucho más
guapos y más valientes que los que se marchan.

—Pero ustedes son tan feas que les entrará miedo, y en seguida se irán otra vez.

El viento soplaba a ráfagas, fuerte pero discontinuo, cuando íbamos abandonando el poblado. Los ramalazos de viento nos llenaban la cara de arena. Ramo iba haciendo cabriolas al frente de la expedición, portando una de nuestras cestas, pero antes de que hubiera pasado mucho tiempo regresó a toda velocidad diciendo que se había olvidado de su venablo. Nanko estaba de pie sobre el acantilado, haciéndonos gestos para que fuéramos aún más aprisa, así es que, sujetando a mi hermano, le impedí que volviera a la aldea según su deseo.

El barco estaba anclado fuera de la caleta, y Nanko nos advirtió que no podía aproximarse más a la orilla, por temor al daño que pudieran causarle las altas olas de aquel momento. Rompían contra el arrecife y los acantilados con el sonido del trueno. Hasta donde alcanzaba la vista, la costa hervía de espuma.

Había dos botes en la playa de la cala. Junto a ellos permanecían cuatro hombres blancos, y conforme íbamos descendiendo por el senderillo que conducía a la arena uno de esos blancos nos hizo señas de que acelerásemos la marcha. Nos hablaba en una lengua que nadie entendía.

Todos los hombres de la tribu, excepto Nanko y el Jefe Matasaip, estaban ya a bordo del navío. Mi hermano Ramo ya había subido también, nos

informó Nanko. Yo lo había visto correr otra vez y ponerse delante de la expedición, cuando le prohibí que regresara al poblado en busca de su lanza. Nanko dijo que había ido en el primer bote que salió de la caleta.

Matasaip dividió a las mujeres en dos grupos. Luego empujaron los botes hasta hacerlos entrar en el agua, y mientras estaban subiendo y bajando sin cesar fuimos ocupándolos lo mejor que podíamos.

La caleta estaba en parte protegida del fuerte viento, pero tan pronto como iniciamos el paso entre las dos grandes rocas que guardaban la entrada, y nos lanzamos al mar abierto, unas olas gigantescas se desplomaron sobre nosotros. Hubo unos momentos de gran confusión. La espuma del desenfrenado oleaje nos bañaba por entero. El bote en que yo viajaba picaba hacia el fondo con tal violencia que en un momento dado podíamos ver el barco que nos esperaba, y al instante siguiente ya había desaparecido. Sin embargo, logramos llegar hasta su costado, y con múltiples apuros nos fuimos izando hasta el puente.

El barco era grande, como varias de nuestras canoas. Tenía dos altos mástiles, y entre éstos estaba de pie un joven de ojos azules y barba negra. Era el que mandaba a los blancos, al parecer, pues empezó a dar gritos y todos le obedecían rápidamente. Se izaron las velas, y dos de los hombres empezaron a tirar de la cadena que sujetaba el ancla.

Llamé a mi hermano sabiendo que era un chico muy curioso, y por tanto lo más normal es que estuviera mezclado con los hombres que maniobraban la nave. El viento ahogó mi voz y no obtuve respuesta. El puente estaba tan lleno de gente y de bultos que resultaba difícil moverse, pero me las arreglé para ir de un extremo a otro del barco sin dejar de gritar llamando a Ramo. Nadie contestó. Los demás de la tribu tampoco lo habían visto.

Al fin pude ver a Nanko. Yo estaba temblando de miedo. Le grité:

—¿Dónde está mi hermano?

Me repitió lo que ya había dicho en la playa, pero cuando estaba hablando, Ulape, que se mantenía a su lado, señaló hacia la isla. Miré hacia el mar, a lo lejos, al otro lado del puente. Corriendo a lo largo del acantilado, tremolando en triunfo su lanza, estaba nuestro hermano Ramo.

Las velas se habían hinchado y el buque empezaba a moverse despacio. Todo el mundo contemplaba los farallones, incluso los hombres blancos. Corrí junto a uno y le señalé a Ramo, pero él movió la cabeza y se marchó de allí. El barco iba tomando velocidad. Sin poderlo evitar, lloré.

El Jefe Matasaip me tomó del brazo.

—No podemos volver por Ramo. No es posible esperar más —me dijo—. Si lo intentamos, el barco se destrozará contra las rocas.

—¡Pero tenemos que hacerlo! —chillé—. ¡Hay que recoger a Ramo!

—El barco volverá uno de estos días —me indicó Matasaip—. Y tu hermano estará bien en la isla. Tiene alimentos para comer, fuentes para beber, y no le falta sitio en donde dormir.

—¡¡No!! —grité.

La cara de Matasaip adquirió la dureza de la piedra. Había dejado de escucharme. Volví a gritar, pero mi voz se perdió en el ulular del viento. La gente se reunió en torno mío repitiendo lo que había dicho el Jefe, pero todo aquello no me servía de consuelo.

Ramo había desaparecido de la punta del acantilado, y yo sabía que en ese instante corría por el sendero que llevaba a la playa de la cala.

El barco empezó a rodear el banco de algas. Creí que regresaba a la orilla. Contuve la respiración esperando los acontecimientos. Luego, poco a poco, cambió de nuevo su dirección, rumbo al este. En aquel momento crucé el puente y, aunque muchas manos me sujetaban para impedírmelo, me tiré de cabeza al mar.

Una ola me envolvió por completo, y notaba cómo descendía y descendía hasta creer que nunca iba a volver a la superficie. Cuando emergí, el buque estaba lejos. Sólo podía verle las velas entre el agitado oleaje.

Por mi parte agarraba todavía fuertemente la cesta con todas mis pertenencias, pero pesaba un horror, y me di cuenta de que no podía nadar y sujetarla a la vez. Dejé que se hundiera y empecé a bracear hacia la orilla.

Apenas podía ver las dos grandes rocas que guardaban la entrada de la Caleta de Coral, pero la verdad es que no me encontraba atemorizada. Muchas veces había nadado hasta distancias mayores, aunque no en una tormenta.

Mientras nadaba, iba pensando cómo castigaría a Ramo cuando alcanzase la orilla, pero al sentir la arena bajo mis pies, y verlo esperándome al borde de las olas, agarrando fuertemente su lanza y con expresión de extremo abatimiento, se me olvidaron todos mis propósitos. Caí de rodillas junto a Ramo, y abracé convulsivamente su cuerpo.

El barco había desaparecido.

—¿Cuándo volverá? —me preguntó el chico. Estaba con los ojos arrasados en lágrimas.

—Pronto —contesté.

Lo único que me dolía es que mi bonita falda de fibra de yuca se había estropeado sin remedio con la aventura. ¡Con el trabajo que me costó tejer aquella preciosa falda!

El viento soplaba fuertemente conforme íbamos subiendo por el sendero, cubriendo aquella meseta con arena que nos azotaba las piernas y oscurecía la luz del sol. Como no podíamos encontrar el camino correcto en medio de la tempestad, optamos por refugiarnos entre unas rocas, y allí estuvimos hasta caer la noche. A partir de entonces el viento amainó, salió la luna, y merced a su luz alcanzamos el poblado.

Las cabañas parecían fantasmas a la fría luz lunar. Cuando nos acercamos oí un extraño sonido, como si alguien corriese. Pensé que era un ruido producido por el viento, pero cuando estuvimos ya al lado de nuestras cabañas, pudimos ver docenas de perros salvajes merodeando por los alrededores. Huyeron ante nuestra presencia, lanzando gruñidos al alejarse.

La manada debía de haber invadido el poblado poco después de nuestra marcha, pues se habían comido casi todos los abulones que nosotros no nos llevamos al barco. Sin duda los perros habían recorrido todas las cabañas, porque Ramo y yo tuvimos que buscar a fondo antes de encontrar suficiente alimento para la cena. Estábamos luego consumiendo esos víveres junto a una pequeña fogata, y podíamos oír a los perros en la colina, no muy lejos.

Durante toda la noche llenaron el aire con sus aullidos que nos llegaban arrastrados por el viento. Pero cuando salió el sol y me presenté fuera de la cabaña, la manada huyó hacia su guarida, que estaba en la zona norte de nuestra isla, en una amplia cueva.

Nos pasamos aquel día buscando comida. El viento azotaba toda el área, y las olas estallaban con furia contra la costa, de manera que no se podía ir a buscar mariscos entre los arrecifes. Recogí unos cuantos huevos de gaviota entre los acantilados y Ramo atravesó con su venablo unos cuantos pececillos en un gran charco, una especie de pequeña laguna conectada irregularmente con el mar, y en la que se notaban por tanto las mareas. Trajo a casa su pesca y la exhibió muy orgulloso colgada a la espalda. De ese modo juzgaba haber reparado su falta al quedarse en tierra cuando todos se iban al barco.

Con unas cuantas semillas que recogimos en un barranco pudimos ofrecernos una espléndida comida, aunque tuve que guisarlo todo sobre una piedra plana. Mis cazuelas de barro estaban en el fondo del mar.

Los perros salvajes retornaron al poblado aquella noche. Atraídos por el olor del pescado se sentaron en la colina inmediata, aullando y gruñéndose unos a otros. Podía ver cómo brillaba reflejado en sus ojos el resplandor de nuestra fogata. Al amanecer desaparecieron.

A la siguiente jornada la superficie del océano estaba en completa calma, y pudimos recoger muchos abulones entre las rocas de la orilla. Sirviéndonos de algas tejimos aprisa un cesto de forma grosera, que estaba ya repleto antes de que el sol ascendiera hasta la cúspide. Al regresar al poblado, llevando cada uno una asa de la cesta repleta de abulones, nos detuvimos en el acantilado para observar el horizonte. El aire estaba muy limpio y podíamos ver, en dirección hacia donde se fue el barco, hasta una respetable distancia.

—¿Volverá hoy? —preguntó Ramo.

—Quizá —respondí, aun cuando estaba más inclinada a creer lo opuesto—. Pero supongo que aún tardará en regresar varios soles, porque el país al que se dirigía está muy lejos.

Ramo me miró de frente. Brillaban sus negros y grandes ojos.

—No me importa si el barco no viene ya nunca —dijo.

—¿Por qué dices eso? —le pregunté.

Ramo se quedó pensativo, dándole vueltas a su venablo para hacer un agujero en el suelo.

—Dime, ¿por qué? —volví a preguntarle.

—Porque me gusta vivir aquí contigo —respondió—. Es mucho más divertido que cuando estaban todos los demás. Mañana voy a ir al escondite de las canoas, y me traeré una a la Caleta de Coral. La usaremos para pescar, y para ir dando vueltas por todo el contorno de la isla.

$\mathscr{P}$ iénsalo

1 **¿Con qué problema se enfrenta la narradora y cómo lo resuelve?**

2 **¿Si tú hubieras sido un pasajero en el barco, hubieras estado a favor de esperar a Ramo? ¿Por qué sí o por qué no?**

3 **¿Por qué crees que el autor incluyó la descripción de los perros salvajes?**

Conoce al autor

Scott O'Dell

Durante su niñez, Scott O'Dell vivió en muchos lugares. Un lugar extraño y maravilloso fue la isla de Rattlesnake frente a la bahía de Los Angeles, California. Su familia vivió allí en una casa construida sobre pilotes.

En 1960, cuando O'Dell empezó a escribir *La isla de los delfines azules*, recordó aquellos años de su niñez en la isla de Rattlesnake. O'Dell y otros niños usaban troncos como canoas y remaban con sus manos alrededor de la bahía para explorar las islas cercanas.

Años más tarde, O'Dell y su esposa arrendaron una casa en la isla. Karana, el personaje principal del cuento, se basa en una niña mexicana llamada Carolina cuyo padre era el cuidador de la casa.

Los agradables recuerdos de la isla de Rattlesnake y de Carolina fueron parte de lo que inspiró a O'Dell a escribir *La isla de los delfines azules*. O'Dell esperaba que este libro transmitiera un simple mensaje: "Perdona a tus enemigos y respeta la vida —todo tipo de vida".

Cosecha

Poema de Julio Barrenechea
Ilustraciones de Tom Foty

Van los pescadores.
Van a cosechar.
Benditas las tierras
deshechas del mar.

Campos sin cultivo.
Campos de agua y sal.
¿Quién sembró los peces?
¿Quién sembró el coral?

Campos al cuidado
de la inmensidad.
Las flores de espuma,
¿quién las plantará?

Van los pescadores
y cantando van.
¿Serán sus canciones
las que sembrarán?

Taller de

Cena para dos

HAZ UN DIBUJO

Karana y su hermano pasan el día recogiendo alimentos. Imagina que tu amigo y tú están desamparados en una isla y deben trabajar juntos para recoger alimentos y preparar comida. Haz un dibujo de la isla. Pon rótulos para indicar dónde y qué alimentos encontraron. Luego, crea un menú diario basándote en los alimentos que encontraron.

En la cesta

HAZ UNA LISTA

Imagina que debes salir de tu casa muy de prisa y solamente puedes llevar lo que alcance en dos canastas. ¿Qué pondrías en tus canastas? Haz una lista de estos artículos y añade una pequeña nota explicando por qué escogiste cada uno. Recuerda que tú cargarás las canastas.

actividades

Hacer conexiones

DESCRIBE UN PAISAJE

Observa como el cuento *La isla de los delfines azules* y el poema "Cosecha" contienen descripciones de lugares. ¿Hay palabras y descripciones similares? Identifica las diferencias. Ahora en tus propias palabras describe otro paisaje. Descríbelo en forma de un poema corto o un párrafo.

Quedarse o no quedarse

ESCRIBE UN FINAL NUEVO

La narradora del cuento nada de regreso a la isla para quedarse con su hermano. ¿Qué crees que habría pasado si ella se hubiera quedado en el barco? Con un compañero o en un grupo pequeño, escribe un final nuevo para el cuento en el que Karana se queda en el barco y Ramo se queda solo en la isla. Describe lo que le sucede a cada uno.

CONCLUSIÓN DEL TEMA

Enriquece tu vocabulario

BUSCA LENGUAJE PINTORESCO

Selecciona tres cuentos de este tema y busca todas las oraciones que contengan lenguaje pintoresco. Haz una tabla como la que está abajo con el nombre de la selección, la expresión y el significado de la expresión. Después, escribe tres de tus propias expresiones con lenguaje pintoresco. Intercambia las hojas con un compañero para "traducir" las expresiones.

SELECCIÓN	EXPRESIÓN	SIGNIFICADO
"La cazadora de Indiana Jones"	"se armó la gris"	"empezó el problema"

¿Dónde estás?

ESCRIBE ACERCA DEL ESCENARIO

Piensa en los escenarios en los que ocurren los cuentos. Escribe un párrafo en el que compares dos de los escenarios. ¿En qué se parecen? ¿En qué se diferencian? Después, muestra las diferencias y las semejanzas en un diagrama de Venn.

Entra al escenario

PRESENTA UNA ESCENA

Trabaja con un compañero o con un grupo pequeño, y hagan una lectura dramática de uno de los cuentos del tema.

Actores:

- Seleccionen una escena del cuento que quieran leer.
- Identifiquen el propósito de la escena. Por ejemplo, ¿el propósito es asustar, hacer reír o hacer llorar? Tengan el propósito en mente mientras lean.
- Imagínense la escena mientras lean. Muévanse y exprésense con emoción para ayudar a la audiencia a imaginarse la escena.
- Practiquen hasta que puedan presentar la escena sin tener que referirse al texto continuamente.
- Varíen el tono de sus voces. Hablen en voz baja o alta; hablen rápida o detenidamente de acuerdo con lo que la lectura dicte. Usen sus voces para ayudar a la audiencia a entender el propósito de la escena.

Audiencia

- Presten atención a los actores.
- No hagan ruido.
- Muestren interés.

UN MUNDO
CAMBIANTE

Contenido

LOS FAVORITOS DE LOS
LECTORES

En el bosque seco de Guánica
de Ángel Luis Torres

FICCIÓN REALISTA

Los animales del bosque en Puerto Rico hablan de la naturaleza y el daño que sufren cuando no se cuida su hogar.

COLECCIÓN DE LECTURAS FAVORITAS

Aydin
de Jordi Sierra i Fabra

FICCIÓN HISTÓRICA

Aydin, una ballena beluga, se escapa de un laboratorio. Llega a las costas de Turquía y empieza la búsqueda de su libertad.

Premio Edebé de Literatura Infantil

El río de los castores
de Fernando Martínez Gil

FICCIÓN

Moi es un pequeño castor que sale del bosque para descubrir por qué el río está enfermo.

Premio Nacional de Literatura Infantil del Ministerio de Cultura

Guía para los niños que quieren salvar el planeta
de Patricia Hume

NO FICCIÓN

Descubre qué es lo que está haciendo daño al planeta y qué acción se puede tomar para salvarlo.

COLECCIÓN DE LECTURAS FAVORITAS

Volcanes
de Susanna van Rose

NO FICCIÓN

Aprende algunos hechos interesantes acerca de los terremotos y los volcanes.

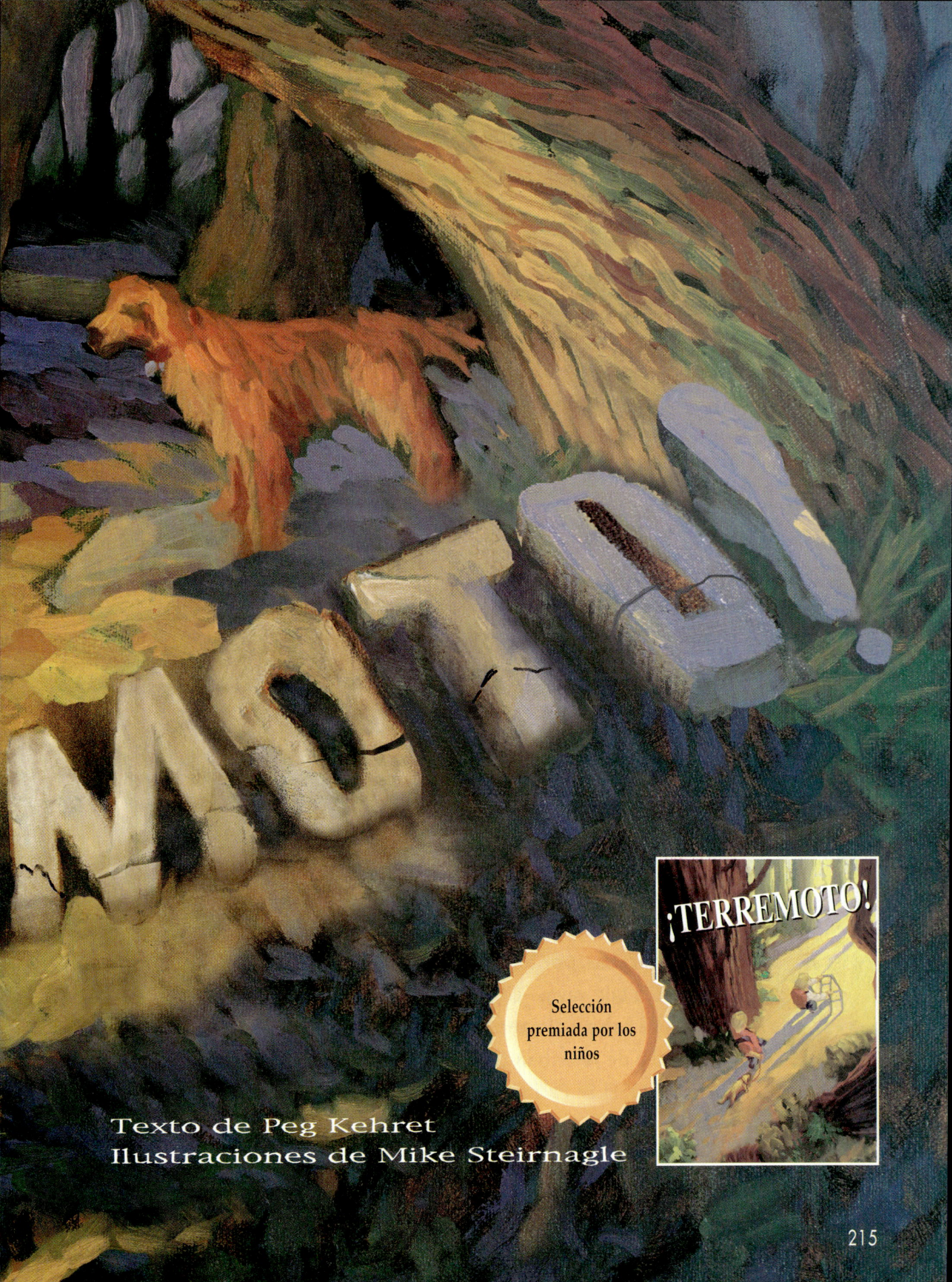

¡TERREMOTO!

Selección premiada por los niños

Texto de Peg Kehret
Ilustraciones de Mike Steirnagle

215

Desde que Ana, la hermana menor de Jonathan, tuvo un accidente, las excursiones en los senderos de Magpie Island se habían convertido en marchas lentas para la familia Palmer. Por causa de ese accidente, las piernas de Ana habían quedado parcialmente paralizadas, por lo que tiene que usar un andador a donde quiera que vaya.

Se habían alejado bastante del campamento, cuando la mamá de Jonathan también tuvo un accidente y se rompió un tobillo. El Sr. Palmer la cargó rápidamente al auto para llevarla al hospital. A la familia no le quedó más remedio que dejar solos por un rato a Jonathan, Ana y su perro Montero en la isla deshabitada.

—Me pregunto si Mamá y Papá habrán llegado al auto —dijo Ana.

—Tal vez sí. Te apuesto a que en este momento están saliendo del campamento. Tal vez ya estén cruzando el puente.

Jonathan imaginó cómo su padre desenganchaba la pequeña casa rodante y el auto iba en ruta por la estrecha carretera que zigzagueaba del campamento a través del bosque. Imaginó el puente elevado que cruzaba el río y comunicaba el campamento de la isla con tierra firme de la costa.

También imaginó a su papá cruzando el puente más rápido de lo normal y a su mamá recostada en el asiento de atrás. O tal vez no iba recostada. Lo más probable era que aun con el tobillo roto llevaría puesto su cinturón de seguridad. Siempre lo llevaba puesto e insistía que Jonathan y Ana lo usaran también.

Montero levantó la cabeza como si escuchara algo y luego corrió hacia el sendero mientras olfateaba el suelo.

—¡Montero! —dijo Jonathan—. ¡Regresa!

Montero se detuvo, miró a Jonathan y ladró.

—¡Ven!

Montero regresó pero todavía olfateaba el suelo y caminaba de un lado a otro.

—Montero está buscando a Mamá —dijo Ana.

De repente Montero se quedó inmóvil con sus
patas tiesas y su cola erguida. Volvió a ladrar.

—¡Perro tonto! —dijo Ana.

Jonathan pensó que a lo mejor Montero sabía que
algo malo pasaba. "Los perros perciben las emociones
de sus dueños; se habrá dado cuenta de que estoy
preocupado por Mamá." Jonathan le sobó la cabeza a
Montero —Tranquilo, Montero. No te preocupes.

Montero volvió a ladrar.

—Tengo calor —dijo Ana—. Hace mucho
calor para comer al aire libre. ¡Regresemos!
Estará más fresco en la sombra y
podremos terminar de almorzar en la
casa rodante.

Quizás Jonathan podría relajarse
en la casa rodante. Aquí estaba un
poco nervioso. No le gustaba
estar totalmente fuera de
contacto con el resto del
mundo. Cada vez que se
quedaba solo en casa o

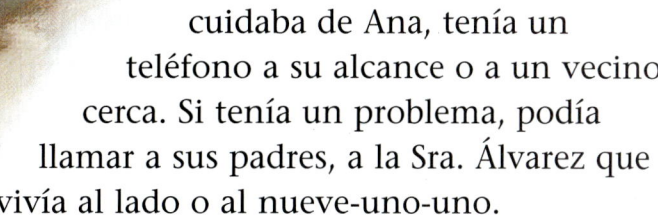

cuidaba de Ana, tenía un teléfono a su alcance o a un vecino cerca. Si tenía un problema, podía llamar a sus padres, a la Sra. Álvarez que vivía al lado o al nueve-uno-uno.

Aquí estaba aislado. Jonathan pensó que nunca podría ser guardabosques. ¿Cómo pueden tolerar la soledad del bosque?

Empacó otra vez la comida que no habían tocado, se ajustó la mochila en los hombros y le puso la correa a Montero. Con el extraño comportamiento de Montero, Jonathan temía que saliera disparado por el sendero y se perdiera.

Jonathan ayudó a Ana a levantarse y a colocar su andador en posición. Lentamente emprendieron el camino de regreso por la arena y luego penetraron el bosque para seguir el sendero entre los árboles.

Jonathan deseó haber usado su reloj. Le parecía que ya había transcurrido suficiente tiempo como para que sus padres estuviesen casi llegando a la ciudad, pero era difícil saberlo a ciencia cierta. El tiempo parecía evaporarse en un instante cuando estaba enfrascado en alguna tarea interesante, como por ejemplo al clasificar sus tarjetas de béisbol o leer un buen libro de suspenso. Sin embargo, el tiempo pasaba con una lentitud desesperante cuando estaba en el consultorio del dentista o esperaba a que lo recogieran. Era difícil calcular cuánto tiempo había transcurrido desde que sus padres se despidieron. ¿Cuarenta minutos? ¿Una hora?

Ana caminaba delante de él. Así podía verla y determinar si necesitaba ayuda. Además caminaría al mismo ritmo que Ana. Si caminaba delante de ella, generalmente se alejaba demasiado, aun cuando intentaba ir despacio.

Mientras caminaban, Jonathan planeó lo que harían al llegar a la casa rodante. Una vez que Ana estuviera cómoda en su cama, él encendería la radio y escucharía el partido de béisbol. Con eso se entretendría. Su equipo de béisbol preferido era el de Los Gigantes de San Francisco y esperaba que ganaran la Serie Mundial.

Jonathan volvió a notar que todo estaba muy tranquilo. Ninguna urraca graznaba, ninguna hoja crujía en lo alto. El aire estaba sofocante, ni siquiera corría una brisa.

Montero ladró de repente, causando que Jonathan pegara un brinco. Era su ladrido de advertencia, el mismo que ladraba cuando algún desconocido tocaba la puerta. Mientras permanecía junto a Jonathan, volvió a ladrar. La mirada del perro reflejaba su nerviosismo. Temblaba igual que hacía durante las tormentas eléctricas.

—¿Qué pasa, chico? —preguntó Jonathan. Estiró la mano para acariciarlo pero el perro tiraba hacia Ana y luego le ladraba.

—¡Silencio, Montero! —dijo Ana.

Jonathan miró a su alrededor pero no vio nada fuera de lo normal. No había nadie, ni siquiera un animal que asustara o espantara a Montero. Jonathan intentó escuchar detenidamente, pensando que Montero había escuchado algo que él no podía oír.

Ana dejó de caminar. —¿Qué fue eso? —preguntó.

—¿De qué hablas?

Jonathan se puso a escuchar atentamente. De repente oyó un ruido estruendoso a lo lejos. ¿Son truenos? Miró hacia arriba pero el cielo estaba claro y despejado. El ruido se acercaba.

El sonido era diferente al de los truenos. Parecía más bien disparos simultáneos de varios rifles.

"¡Son cazadores!" pensó. Debe haber cazadores en el bosque que nos han confundido con ciervos o faisanes. Tal vez Montero los vio, los escuchó o los olió.

—¡No disparen! —exclamó.

Mientras gritaba, sintió una sacudida. Cayó hacia adelante, estirando bruscamente el brazo para sostenerse contra un árbol. Otro sonido fuerte explotó mientras Jonathan se tambaleaba de un lado a otro.

Soltó la correa.

Ana gritó.

"¿Será una bomba?" pensó Jonathan. "¿Pero quién tiraría una bomba en un campamento solitario?"

El ruido continuaba y la tierra se movía debajo de sus pies. Al sentirse impulsado hacia arriba, se dio cuenta de que el sonido no provenía de un cazador con escopeta ni de una bomba.

¡Terremoto! Esta palabra le cruzó por la mente como si estuviera encendida en un letrero de neón.

Se sentía como si estuviera parado en una tabla de surf, tratando de alcanzar una ola gigante, subiendo, llegando a la cresta y deslizándose nuevamente hacia abajo, con la diferencia de que en realidad estaba parado en tierra firme.

—¡Jonathan! —gritó Ana. Pero su grito se perdió entre el ruido estruendoso. La vio caer y el andador voló hacia un lado. Jonathan se lanzó hacia delante, con los brazos extendidos para tratar de alcanzar a Ana antes de que se cayera al suelo, pero no llegó a tiempo.

El terreno cedió abruptamente debajo de los pies de Jonathan como si una trampa se hubiera abierto. Se le doblaron las piernas y cayó de rodillas. Con la mano intentó alcanzar el tronco de un árbol para estabilizarse pero antes de alcanzarlo, el árbol se movió.

A Jonathan se le subió el estómago a la garganta, tal como le sucedía a veces en los ascensores rápidos.

Desde el primer grado, después de que los Palmer se mudaron a California, Jonathan ha practicado todos los años en la escuela simulacros de terremoto. Sabía que la mayoría de los terremotos ocurren a lo largo de la costa del Océano Pacífico y que la falla de San Andrés, en California, recorre cientos de millas de norte a sur, haciendo que estas tierras sean particularmente propensas a los terremotos. Sabía que si había un terremoto mientras estaba en la escuela debía colocarse debajo de un pupitre o debajo de una mesa por si el techo se derrumbaba.

Eso era en la escuela. Ahora estaba en Magpie Island. ¿Qué debía hacer para protegerse en el bosque? ¿Dónde se podía esconder?

Con dificultad se levantó. Delante de él yacía Ana en el suelo llorando. Montero estaba cabizbajo a su lado.

—¡Protégete la cabeza con las manos! —exclamó Jonathan.

El suelo volvió a sacudirse y Jonathan luchaba para permanecer de pie.

—¡Ahí voy! —gritó—. ¡Quédate donde estás! ¡Ahí voy!

Pero no llegó hasta donde ella estaba. No podía acercársele.

Tambaleaba. No podía mantener el equilibrio. Tenía la sensación de estar de pie en una montaña rusa, sólo que el suelo se movía hacia adelante y hacia atrás a la vez que se sacudía hacia arriba y hacia abajo.

Un grupo de pequeños abedules ondularon como bailarines y luego se cayeron.

El ruido estruendoso que provenía de todas partes continuaba y lo rodeaba. Era como estar parado en medio de una enorme orquesta, con timbales golpeando por doquier.

Los gritos de Ana y los ladridos de Montero se mezclaban con el ruido.

Aunque ningún techo se le iba a derrumbar encima, Jonathan se cubrió la cabeza con las manos mientras caía. En la escuela había aprendido que en caso de un terremoto, debía protegerse la cabeza y lo hizo de la única manera que pudo.

Terremoto.

Nunca antes había sentido un terremoto y siempre se preguntaba cómo sería. Cuando estaba en primer grado le había preguntado a su maestra —¿Cómo voy a saber si está temblando?

—Si es un terremoto fuerte te darás cuenta —le había contestado la maestra.

Jonathan ahora pensó que su maestra había tenido razón. Lo supo con tal certeza que se le pararon los pelos de punta detrás del cuello. Estaba en pleno terremoto. Uno muy fuerte.

La tierra levantó a Jonathan con tal fuerza que lo arrojó por el aire.

Jonathan cayó con fuerza contra el suelo y todos sus huesos crujieron. Inmediatamente la tierra debajo de él se movió, arrojándolo nuevamente por el aire.

Cuando volvió a caer, vio temblar el tronco de una secoya gigante. El árbol inmenso tambaleó hacia adelante y hacia atrás por unos instantes y luego se inclinó hacia él.

Desesperadamente, Jonathan gateó hacia la izquierda apresurándose para quitarse del camino del árbol.

Las raíces se aflojaban poco a poco, como si no quisieran renunciar a su aferramiento centenario con la tierra.

Mientras Jonathan gateaba por el suelo tembloroso, apretó los dientes y se preparó para el impacto.

El árbol cayó. El aire le pasó silbando por los oídos mientras caía el tronco enorme. Unas ramas le rozaron los hombros, raspándole los brazos. La secoya aterrizó junto a él, errándole sólo por unos pies. El árbol se estrelló y al aterrizar formó un ángulo con otro árbol que se había caído. Tierra y hojas secas volaron por el aire y lentamente volvieron a caer.

La tierra vibró, Jonathan no sabía si era por el impacto del árbol u otro remezón.

Jonathan tenía un nudo en la garganta. Se arrastró hacia donde estaba Ana mientras se alejaba de la secoya. Debajo de él, el suelo subía y bajaba como las olas del mar. Dos veces se cayó boca abajo al no poder mantener el equilibrio. La segunda vez, permaneció inmóvil con los ojos cerrados. ¿Cuánto tiempo más duraría? Tal vez debería permanecer tendido hasta que pasara el terremoto.

—¡Mamá! —El grito desesperado de Ana se escuchó por encima del estruendoso ruido.

Con dificultad Jonathan intentó acercarse a ella mientras su corazón latía furiosamente. Por fin, al alcanzarla, permaneció tendido a su lado y la abrazó. Ella sollozando se aferró a él.

—No te preocupes —dijo él—. Es sólo un terremoto.

Es sólo un terremoto. Empezó a recordar fotografías en las revistas de terribles devastaciones producidas por terremotos: casas destruidas, carreteras derrumbadas, autos volcados y gente aplastada por los escombros. Es sólo un terremoto.

—Tenemos que refugiarnos —dijo Jonathan—. Intenta gatear conmigo. —Con un brazo alrededor de la cintura de Ana, comenzó a gatear hacia adelante sobre el suelo ondulante.

—No puedo —exclamó Ana—. Tengo miedo. El suelo se está moviendo.

Jonathan la sujetó con más fuerza y la arrastró por el suelo. Un árbol pequeño se derrumbó junto a ellos. Una polvareda se levantó y les llenó la nariz de polvo.

—¡Quiero a Mamá! —gritó Ana.

Jonathan la acercó hasta el inmenso tronco de la secoya que se había caído.

—¡Métete debajo del árbol! —dijo él, mientras la empujaba hacia el espacio que se había formado entre el tronco de la secoya y el otro árbol que quedaba debajo.

Cuando Ana estaba completamente debajo del árbol, Jonathan se acostó boca abajo a su lado, con el brazo derecho debajo de su cuerpo y el otro protegiendo a Ana. Se colocó lo más cerca posible de ella para que el gran árbol los protegiera a los dos.

—¿Qué esta pasando? —sollozó Ana. Sus uñas se enterraron en el brazo descubierto de Jonathan.

—Es un terremoto.

—Quiero irme a casa. —Ana empujó a Jonathan tratando de alejarse.

—¡No te muevas! —dijo Jonathan—. El árbol nos protegerá.

El suelo seco del bosque le raspó la mejilla mientras respiraba el aire perfumado con el aroma acre de las hojas muertas. Se sintió empequeñecido al lado de la enorme secoya. Intentó no pensar en lo que hubiera ocurrido si se hubiera caído encima de él.

—¡Montero! —llamó Jonathan—. ¡Ven Montero!

Debajo de él, el suelo volvió a temblar. Jonathan se aferró fuertemente de Ana y puso su cara junto a la suya. Un crujido seco resonó cerca de ellos cuando otro árbol cayó al suelo. Jonathan volteó la cabeza para mirar con cuidado y vio como las ramas de la secoya temblaban por el impacto.

¿Y si el terremoto hiciera que la secoya se volviera a mover? ¿Y si se deslizara del árbol sobre el cual estaba apoyada y los aplastaba? Con tanta ansiedad, Jonathan tenía el estomago hecho nudos.

La tierra se sacudió una vez más. Ana enterró la cara en el hombro de Jonathan empapándole la camiseta de lágrimas. El remezón no le pareció tan fuerte esta vez a Jonathan, pero pensó que era porque estaba acostado.

Montero, jadeando de terror, se acurrucó junto a Jonathan y le puso la pata en su hombro. Jonathan se tranquilizó al ver que el perro no se había lastimado y lo abrazó con el brazo derecho para mantenerlo junto a él.

El terremoto paró con la misma rapidez que había comenzado. Jonathan no sabía con certeza cuánto tiempo había durado. ¿Cinco minutos? ¿Diez? Durante el terremoto, Jonathan pensó que el tiempo se había detenido y que el terremoto duraría varios días.

El bosque estaba en silencio.

Jonathan permaneció inmóvil, abrazando a Ana con un brazo y a Montero con el otro, esperando a ver si en realidad había terminado. El aire estaba completamente quieto. Después del rugido del terremoto, el silencio parecía ser tan reconfortante como nefasto.

Más temprano, aunque no había nadie en esta zona, había escuchado las urracas graznando e inclusive una ardilla que se quejó cuando Jonathan tiró una piedra.

Ahora no escuchaba nada, ni un pájaro, ni una ardilla. Ni siquiera el viento volando entre las hojas.

Piénsalo

❶ ¿Cómo demuestra Jonathan su valentía?

❷ ¿Cómo conocer datos científicos sobre terremotos te ayudaría a superar una experiencia como la de Jonathan?

❸ ¿Cómo la autora crea una sensación de miedo?

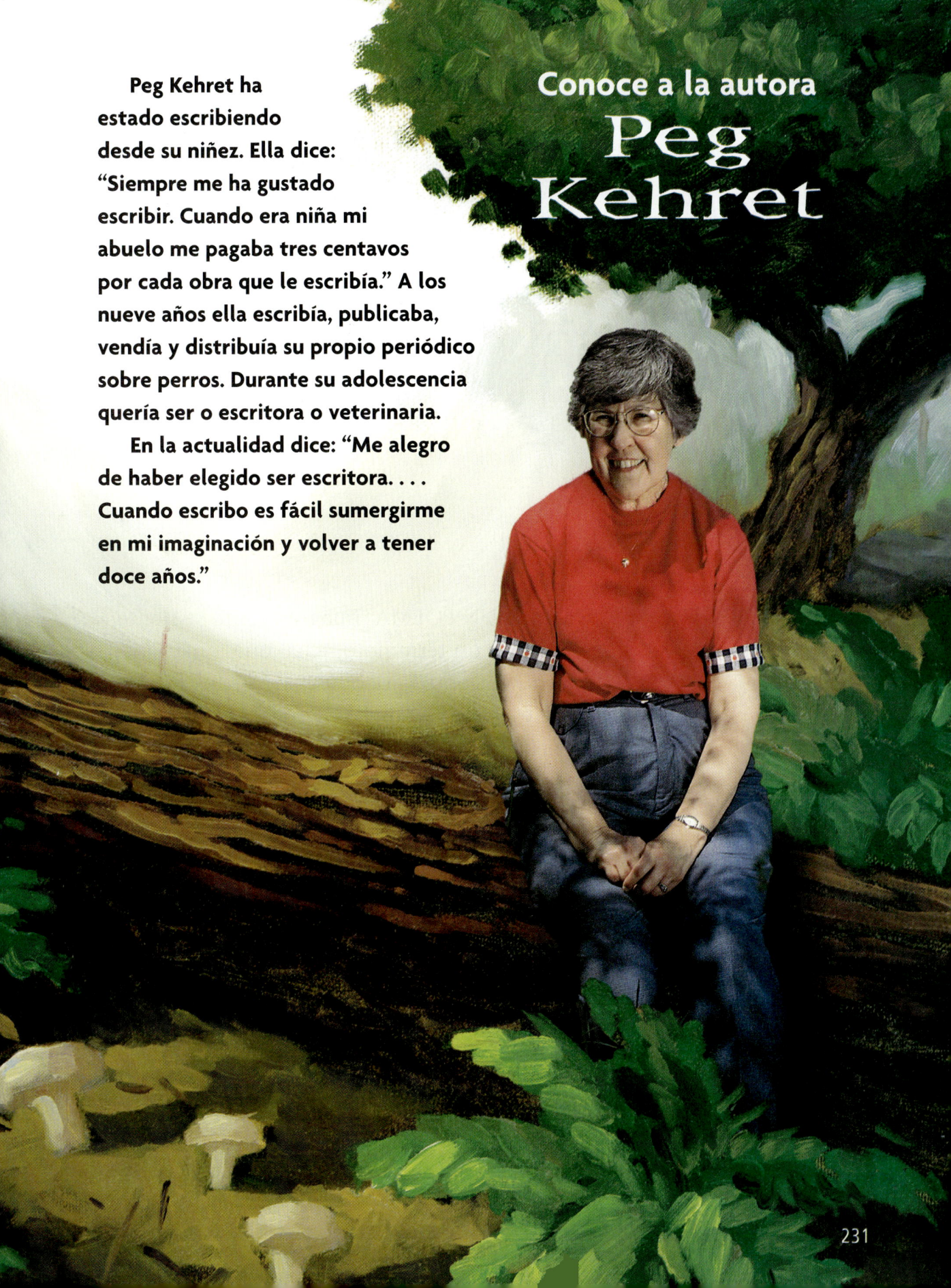

Peg Kehret ha estado escribiendo desde su niñez. Ella dice: "Siempre me ha gustado escribir. Cuando era niña mi abuelo me pagaba tres centavos por cada obra que le escribía." A los nueve años ella escribía, publicaba, vendía y distribuía su propio periódico sobre perros. Durante su adolescencia quería ser o escritora o veterinaria.

En la actualidad dice: "Me alegro de haber elegido ser escritora. . . . Cuando escribo es fácil sumergirme en mi imaginación y volver a tener doce años."

Conoce a la autora
Peg Kehret

TALLER DE ACTIVIDADES

¡QUÉ EXPERIENCIA!

ESCRIBE UN POEMA Imagina cómo se siente presenciar un terremoto, igual que Jonathan. ¿Cómo se siente la tierra debajo de tus pies? ¿Qué es lo que piensas y sientes? Usa palabras específicas y descriptivas para escribir un poema sobre la experiencia de un terremoto.

ARTE ESTRUENDOSO

CREA UNA OBRA DE ARTE Piensa en una manera de utilizar materiales gráficos para representar un terremoto y los cambios que causa en la tierra. Por ejemplo, podrías crear una pintura, un collage, una escultura u otra obra de arte.

232

¿UN BUEN AMIGO?

ESCRIBE UN PÁRRAFO ¿Crees que te gustaría tener a Jonathan como amigo? ¿Qué dice el cuento sobre el tipo de persona que es? Escribe un párrafo para explicar por qué te gustaría o no conocer a Jonathan.

¿QUÉ SUCEDIÓ DESPUÉS?

AMPLÍA EL CUENTO Con un grupo pequeño, discute lo que podría suceder cuando regresen los padres de Jonathan y Ana. ¿Qué podrían decir los niños a sus padres sobre el terremoto? ¿Cómo podrían reaccionar sus padres? Planea y representa una escena corta con las ideas de tu grupo.

Causa y efecto

Al comienzo de "¡Terremoto!", Montero, el perro, se comporta de forma extraña. Más adelante en el cuento comienza el terremoto. Es posible que Montero se comportaba de forma extraña porque percibía el peligro. Ésta es una relación de **causa y efecto.**

Una **causa** es el motivo por el cual ocurre algo. Un **efecto** es lo que ocurre.

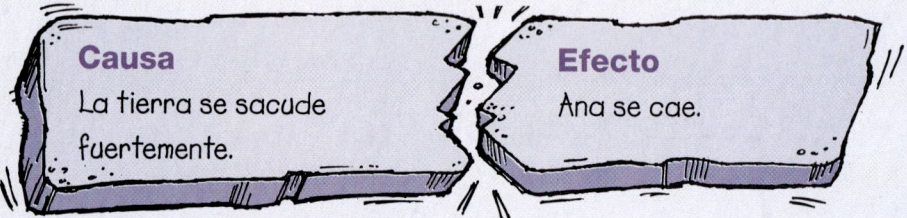

Causa
La tierra se sacude fuertemente.

Efecto
Ana se cae.

Un efecto puede tener muchas causas y una causa puede tener muchos efectos.

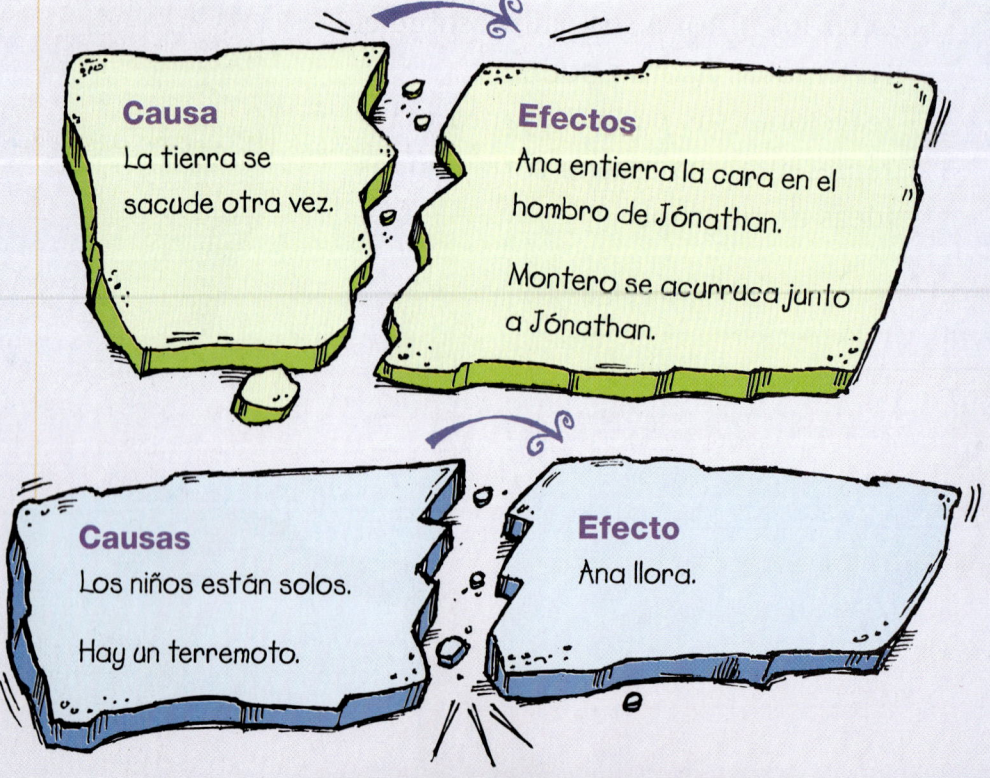

Causa
La tierra se sacude otra vez.

Efectos
Ana entierra la cara en el hombro de Jónathan.

Montero se acurruca junto a Jónathan.

Causas
Los niños están solos.

Hay un terremoto.

Efecto
Ana llora.

Identificar las causas y los efectos en una selección ayuda a entender lo que ocurre y por qué ocurre. Lee el pasaje siguiente. Haz una lista de las causas y los efectos en un diagrama como éste.

Causas

Efectos

El 17 de octubre de 1989, un terremoto de 7.1 de intensidad sacudió el área de la Bahía de San Francisco. El suelo tembló por 20 segundos. La carretera 880 y el puente de la Bahía de Oakland se derrumbaron. Sesenta y dos personas murieron; 3,700 resultaron heridas. Más de 900 casas fueron destruidas y 18,000 resultaron dañadas. Además hubo 27 incendios en la ciudad.

¿QUÉ HAS APRENDIDO?

1. En el cuento "¡Terremoto!", ¿cuál fue la causa de que Jónathan y Ana se metieran debajo de la secoya?

2. A veces la naturaleza actúa con mucha fuerza. Piensa en un suceso de la naturaleza que hayas experimentado. ¿Cuáles fueron los efectos que causó?

INTÉNTALO • INTÉNTALO

Busca y lee algún artículo interesante en el periódico sobre algo que ocurrió en tu comunidad. Crea un diagrama que muestre las causas y los efectos de los sucesos descritos en el artículo.

Visita *The Learning Site*
www.harcourtschool.com

Salven

Texto de Monica Zak
Ilustraciones de Alain Stivell

Esta selección se basa en la historia verdadera de la lucha de un niño para salvar la única selva que queda en México. En 1985, Omar, un muchacho de ocho años, angustiado por la destrucción continua de la Selva Lacandona, decide hacer una caminata a Tuxtla Gutiérrez desde su casa en la ciudad de México. Va a Tuxtla para pedirle al gobernador que proteja la selva y los animales. Su padre lo acompaña. La selección empieza cuando Omar y su padre llegan a Tuxtla.

mi selva

Después de 39 días de caminata llegan a Tuxtla. Han caminado 1.400 kilómetros y están muy cansados, pero al fin Omar podrá hablar con el gobernador.

Tiene que esperar todo el día afuera de la casa del gobernador antes de ser recibido. Llegó el momento que Omar tanto había esperado; su corazón late con fuerza cuando está frente al gobernador y le dice:

—Salve mi selva y prohiba la cacería de los animales de la selva por los próximos veinte años.

El gobernador sonríe y le acaricia la cabeza cariñosamente.

Omar está profundamente decepcionado.
En verdad creía que el gobernador le diría:
"Tienes razón, ahora mismo detendré la destrucción
de la selva". No fue así.

Pero, al menos, Omar tiene la oportunidad de
conocer la selva. Cuando la ve, al principio, se siente
desilusionado otra vez, pues no se parece en absoluto a lo
que había imaginado: no hay lianas colgando de las ramas de
los árboles para que él pueda mecerse como Tarzán en las
películas y no se ve animales por ningún lado. Pero después
de un rato de estar parado entre la hierba, viendo los
enormes árboles con enredaderas cubriendo sus troncos y
escuchando con atención el canto de tantos pajarillos
encaramados en algún lugar de las altas copas de los árboles,
piensa que ha valido la pena caminar 1.400 kilómetros para
ver una selva de verdad.

La selva en la que Omar pasea es una pequeña área que
quedó después de que talaron la selva que rodeaba Tuxtla.
En esta área hay un zoológico donde Omar ve todos los
animales que había soñado: jaguares, cocodrilos, monos
araña, monos aulladores, tapires, guacamayas y el águila
más grande del mundo. Se entera de que estos animales
habitan en la última selva de México, pero que
están en peligro de extinción debido a
la tala de la selva y a que la
gente los caza para venderlos.

Don Miguel hizo este zoológico y se lo enseña a Omar. Ahí aprende que la mitad de los animales y las plantas del mundo viven en la selva. Si ésta desaparece, los animales y plantas desaparecerán para siempre, pues cuando se destruye una selva, es imposible que vuelva a nacer. También aprende que muchos medicamentos se obtienen de las plantas de la selva. Hasta ahora se conocen sólo algunas plantas de la selva que pueden usarse como medicamentos; si uno destruye la selva, también desaparecerá la farmacia más grande del mundo.

—Y cuando la selva desaparece —dice Don Miguel—, el clima cambia. Para que te des una idea, mira cuán seca se ha vuelto la región que rodea a Tuxtla. Tenemos que irrigar este parque zoológico, porque temo que esté por secarse.

Omar aprende por qué las selvas de América Latina desaparecen. Primero, llegan las grandes compañías madereras y abren caminos para cortar árboles en la selva. Después, llegan los campesinos que se adentran en la selva porque no tienen tierras propias; con su machete cortan árboles pequeños y arbustos, y queman los árboles grandes; luego, siembran maíz sobre las cenizas. El primer año, la cosecha es buena, pero como la capa de tierra de la selva es tan delgada, después de dos o tres años la cosecha es tan mala que el campesino tiene que cortar y quemar un nuevo trozo de selva. Después llegan los ganaderos; con frecuencia ocurre que los ganaderos mandan a los campesinos para realizar el trabajo pesado de la tala y usan la tierra para llevar a su ganado a pastar ahí. Omar se entera de que antes había mucha selva en México, y hoy sólo queda el 5%. La mayor parte de la selva devastada ha sido transformada en ranchos ganaderos. Lo mismo ha pasado en los países de América Central. La carne se vende a las ciudades grandes o se exporta a Estados Unidos.

Omar se siente aturdido al pensar que las selvas de México y de otros países de América Central y del Sur son taladas para beneficio de los habitantes de las ciudades grandes. En los últimos veinte años, la mitad de las selvas de América Central ha desaparecido y en su lugar hay ranchos ganaderos, donde pastan pocas vacas.

—Yo estoy viejo y cansado —dice Don Miguel al padre de Omar. He luchado toda mi vida por

preservar la selva y los animales de México. He fracasado, y ahora no tengo la fuerza necesaria para continuar. Por eso me alegra que haya personas como este niño; aún me queda la esperanza.

Cuando Omar escucha lo que Don Miguel dice, entiende que no debe darse por vencido. "Tengo que seguir", piensa. "Debo hablar con el Presidente, después de todo, él es el responsable del país."

Un día de diciembre, ese mismo año, Omar y su padre llegan al Zócalo, la enorme plaza cuadrada que está frente al Palacio Nacional, en el centro de la Ciudad de México.

Levantan su pequeña tienda de campaña roja bajo el balcón presidencial y, de inmediato, una multitud los rodea.

—¿Están locos? —preguntan.

—¿Por qué están acampando en el Zócalo?

—Porque quiero hablar con el Presidente —responde Omar—, pero él no quiere recibirme; por eso no pienso moverme de aquí hasta que me permita entrar y escuche lo que tengo que decirle.

Cuando la tienda está instalada, Omar comienza a caminar alrededor de la plaza con su bandera. Camina sin parar dando vueltas y vueltas al Zócalo. "Me imagino que el Presidente está detrás de alguna de esas ventanas", piensa. "Si me ve, seguro que se compadecerá de mí y me dejará entrar."

Pero el Presidente no se asoma. Al caer la noche, Omar y su padre se meten a la tienda; Omar está desilusionado.

Hace mucho frío, pues diciembre es el mes más frío del año. Omar tiene tanto frío que sus dientes castañetean, a pesar de que se ha puesto cuanta ropa llevaba y se ha cubierto con una cobija. Al día siguiente, reanuda su marcha por la plaza. Mucha gente ha ido a verlo porque esa mañana hablaron de él en el periódico; las mamás lo señalan diciendo a sus hijos:

—Mira, ése es el niño caminante.

Muchos automovilistas se detienen, salen
de sus autos, aplauden y levantan sus pulgares
en señal de apoyo; otros le gritan:

—¡Arriba, Omar! ¡Sigue luchando por la selva! ¡Estamos contigo!

Esa noche, Omar y su padre no duermen solos en la plaza.
Personas desconocidas se han sentado alrededor de su tienda,
montando guardia para que nada les ocurra.

Al día siguiente llega una niña con un pequeño regalo para
Omar: un árbol de Navidad de plástico: pronto será Navidad, y ella
piensa que él debe tener un árbol en su tienda. También llegan otros
niños; unos traen carros de juguete. Y, de pronto, Omar se olvida de
su marcha y se sienta con ellos a jugar. Mientras juegan, Omar les
habla de la selva, que está a punto de ser destruida y de los animales
amenazados con extinguirse. Los niños le dan la razón y se ofrecen a
ayudarlo. Hacen banderas de papel y se unen a la marcha de Omar
alrededor del Zócalo.

—¡Nosotros vamos a salvar la selva! —gritan tan alto como pueden.

Varios adultos se detienen a observar a los pequeños. Uno de los
espectadores les grita:

—¿Cuántas vueltas piensan darle al Zócalo?

—¡Cien! —responde Omar.

—¡No, más! —gritan los otros niños.

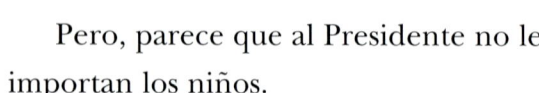

Pero, parece que al Presidente no le importan los niños.

Omar y su padre pasan cuatro noches en la plaza y Omar camina cinco días con los demás niños. Finalmente, Omar está tan cansado que se para bajo el balcón del Presidente y grita:

—¡Señor Presidente! Tengo hambre, tengo frío. Por favor, déjeme entrar. Señor Presidente, si usted tiene hijos, piense en ellos.

Nadie se asoma al balcón y Omar reanuda su caminata. Después de dar más de doscientas vueltas a la plaza, un hombre se acerca a decirle que el Presidente quiere hablar con él.

—¡Papá, lo logré! —grita Omar corriendo hacia su padre para darle un gran abrazo. No puede contener las lágrimas y, lleno de alegría, da dos vueltas más a la plaza, corriendo.

Omar sólo puede hablar con el Presidente unos cuantos minutos en un jardín. Sabe que no tiene mucho tiempo, así que sólo dice lo más importante. Pide al presidente salvar la última gran selva del país para que pueda legarse a los niños de México como herencia. El presidente le dice que no se preocupe, que hay planes para proteger la Selva Lacandona y le asegura que en el lapso de un año ningún árbol más será cortado.

Omar se aleja sintiéndose "en las nubes". "Lo logré, lo logré", se repite una y otra vez.

Un año más tarde, Omar está en el mercado de Sonora, en el centro de la Ciudad de México, donde venden juguetes muy bellos. Mira los juguetes, pero en realidad ha venido para ver los animales. En un rincón del mercado venden toda clase de animales: pajarillos, gatitos, gallinas, conejos, perros y ratones.

De pronto, Omar ve un tucán, el ave mas bella de la selva. Sabe que está prohibido atrapar y vender tucanes, así como otros animales raros, pero a pesar de ello ahí hay un tucán a la venta. Omar siente como su ira aumenta, se acerca a la jaula, levanta el paño con el que está cubierta y mira al pájaro. El tucán con su gran pico amarillo, inclina la cabeza a un lado. Omar tiene la impresión de que el tucán lo mira con ojos tristes.

—Los adultos no cumplen sus promesas —susurra Omar al tucán—. El Presidente me dijo que al cabo de un año la Selva Lacandona estaría a salvo, pero no fue así. Ya pasó un año y los adultos siguen cortando los árboles y convirtiendo la selva en ranchos ganaderos. Y, ¿sabes qué más sucede allá? Verás, las compañías petroleras abren caminos en medio de la selva y dinamitan esa zona en busca de petróleo; además, atrapan hermosas aves como tú, a pesar de que está prohibido. Pero no estés tan triste, te prometo que no me daré por vencido. Voy a salvar la selva y un día, cuando gane la batalla, vendré a buscarte e iremos juntos a la Selva Lacandona; te posas en mi brazo, después levantas las alas y te vas volando, y yo te miraré hasta verte desaparecer entre los árboles más altos.

 *fin*

¿Disfrutaste el cuento del niño que quería salvar la selva? Bien, pues no es ningún cuento; yo soy Omar Castillo. Todo lo que has leído en el libro sucedió cuando yo tenía ocho y luego nueve años.

Era muy infantil en aquel tiempo. Pensaba que podía hacerlo todo por mí mismo. Creía que bastaba con ir y hablar con los adultos que tienen el poder de tomar decisiones. Pensaba que bastaba con decir: "Salven mi selva". Ahora sé que no es así.

Cuando me di cuenta de que seguían talando la selva, hice un viaje en bicicleta a varios estados de la República para pedir a los gobernadores que le escribieran al Presidente pidiéndole que proteja la selva y los bosques. Casi ningún gobernador se atrevió a escribir al Presidente.

Por eso me di cuenta de que no podría salvar la selva yo solo. Es necesario que seamos muchos más.

Ahora he hablado con muchos niños en México y sé que ellos piensan como yo; todos los niños quieren que haya una selva cuando sean grandes. Y todos los niños con los que he hablado están tan decididos como yo. Si los adultos no dejan de talar la Selva Lacandona, tendremos que ir todos allá; habrá cientos de miles de niños formando una larga cadena que rodeará la selva. Y no nos moveremos hasta que dejen de talar.

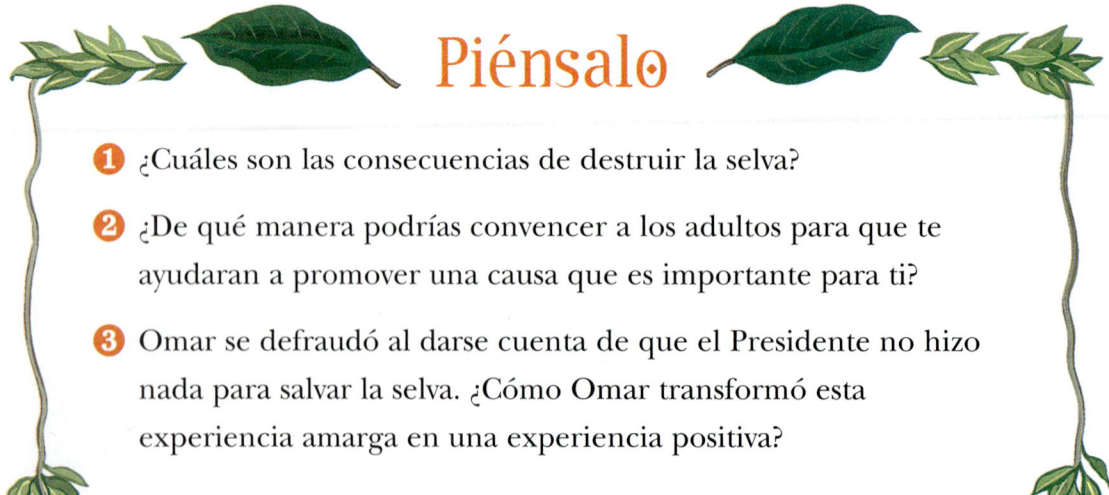

Piénsalo

1. ¿Cuáles son las consecuencias de destruir la selva?

2. ¿De qué manera podrías convencer a los adultos para que te ayudaran a promover una causa que es importante para ti?

3. Omar se defraudó al darse cuenta de que el Presidente no hizo nada para salvar la selva. ¿Cómo Omar transformó esta experiencia amarga en una experiencia positiva?

Conoce a la autora

MONICA ZAK nació en 1939 en Suecia. Ella cree que ciertos problemas como la preservación de los recursos naturales deben preocuparnos a nivel mundial. Sus cuentos se han publicado en varios idiomas. Por ejemplo, *Salven mi selva* originalmente llevó el título *Radda min Djungel* en sueco, y *Save My Rainforest* en inglés. Ella piensa que todos tenemos el poder de hacer cambios positivos en el mundo, incluso un niño de ocho años a quien le entristece la destrucción de la selva tropical.

Conoce al ilustrador

ALAIN STIVELL nació en una familia de artistas. Sus recuerdos de niñez están repletos de olores a pinturas de óleo, los cuales asocia con el hogar. El recuerdo del olor a pintura es para Alain lo que para otros es el olor a pan recién horneado: dulce, alentador y reconfortante. El arte y la creatividad siempre fueron y serán parte de su vida diaria.

247

Como el bronco redoble de un tambor . . .

Texto de **Alfredo M. Aguayo,**
F. Alvero Francés,
y F. Vicente Sánchez

Ilustraciones de **Max Seabaugh**

Para el habitante del *cinturón de fuego* que circunda el océano Pacífico —y parte de ese *cinturón* lo forman doce naciones que hablan español—, suena a frase habitual lo de *erupción volcánica*.

Efectivamente, ¿qué niño o adolescente mexicano, guatemalteco, salvadoreño, costarricense, panameño o de Nicaragua, chileno o argentino, de Colombia o del Perú, del Ecuador y aún de Bolivia, no cuenta entre sus vivencias el hecho de que su tierra, próxima o lejana, tiembla en alguna parte, arroja humo, cenizas y escoria por la boca de alguna de sus numerosas y altas montañas, por la boca de un volcán?

Ellos saben que en las profundidades de la Tierra pueden fundirse las rocas por el calor y que se pueden transformar en un espeso barro ardiente. Esta roca fundida, llamada *lava*, saldrá por el *cráter* al exterior, fluirá por el suelo y, al enfriarse, se convertirá en lo que al principio fue: una dura e inerta roca.

Océano Pacífico

cráter

cono

chimenea

el foco volcánico

El volcán, sabemos, es una abertura por la que salen materias gaseosas, líquidas o sólidas, quemantes, ordinariamente como resultado de una explosión, tal como en Izalco, *Faro de Centroamérica*, o el Irazú.

Varias son las partes de que se compone un volcán:

- el *foco volcánico*, punto de origen en el interior de la Tierra;
- la *chimenea*, tubo por el que salen a la superficie los materiales del foco; *la lava*;
- el *cráter*, boca o hueco en la cumbre de la montaña volcánica;
- el *cono*, montaña cónica formada por los materiales arrojados en la erupción;
- *cráteres adventicios* (a veces) formados a los lados del cono principal.

Hay volcanes *activos*, rugientes, humeantes, de fuego interno sin humo, y los hay *inactivos*, extintos, momentáneamente en quietud.

Los *activos* se encuentran especialmente en el *cinturón de fuego* que circunda el Pacífico. Y nuestros países, con 80 volcanes de los 432 catalogados hasta la fecha en todo el mundo, aportan al total una respetable suma.

Guatemala, nuestra hermosa hermana Guatemala, tiene no menos de 33 volcanes identificados en el país. Todos ellos están a lo largo de las sierras que corren paralelas al océano Pacífico desde la frontera con México, cerca del Tajamulco, el más elevado de Centroamérica, hasta la frontera con El Salvador.

Los volcanes del Fuego y Pacaya, en la parte central, presentan periódica actividad, y el Santiaguito, en la parte occidental, se encuentra en erupción constante.

Piénsalo

¿Qué vivencias tienen en común las personas de habla hispana que viven en el cinturón de fuego?

251

Taller de

Causas y protestas

CREA UN ENSAYO FOTOGRÁFICO
Las personas que apoyan una causa a veces se organizan para protestar frente a las autoridades por algo que consideren injusto. Recuerda alguna causa o protesta que ha salido en las noticias recientemente. Busca en revistas y diarios fotografías de grupos de gente haciendo huelgas, sentadas, marchas o cualquier otro tipo de protesta. Recórtalas y pégalas en un cartel con unas líneas que expliquen las imágenes. Presenta un breve informe a la clase sobre tu ensayo fotográfico.

Grupos ecológicos

HAZ UNA LISTA Pregúntales a tus amigos y familiares o investiga en la biblioteca los nombres de los grupos ecológicos internacionales que se dedican a salvar la naturaleza. Haz una lista de las organizaciones más conocidas y los esfuerzos que llevan a cabo por su causa.

actividades

Defensa de buenas causas

CREA UN BUEN LEMA Júntate con dos compañeros y entre los tres piensen en una causa por la que opinen que hace falta luchar. Elaboren una frase corta que llame la atención y haga que los demás tomen conciencia del problema que hace falta resolver. Pueden hacer un dibujo o aportar una imagen si creen que así conseguirán un mayor impacto. Pidan la opinión de otros compañeros.

Las partes de un volcán

COMPARA Y CONTRASTA ¿Cuáles son las partes de un volcán? Busca esa misma información en una enciclopedia; compara y contrasta los datos. Cuando te hayas informado bien podrás hacer un dibujo-esquema muy completo.

Los OCÉANOS

Autor premiado

LOS OCÉ

texto de

Seymour Simon

L a Tierra se distingue de
cualquier otro planeta o luna del sistema solar: es el único planeta
que tiene agua líquida en la superficie. De hecho, los océanos
cubren más del 70 por ciento de la superficie de la Tierra. Aunque
hablamos del Atlántico y del Pacífico como si fueran dos océanos
diferentes, en realidad nuestro mundo está cubierto por una sola
extensión de agua en la que los continentes no son más que islas.

256

uando visites la costa te darás cuenta del subir y bajar diario del agua, al que conocemos como marea. La atracción de la gravedad ejercida por el Sol y la Luna causa las mareas. Aunque la Luna es mucho más pequeña que el Sol, se encuentra mucho más cerca de la Tierra, por lo que su fuerza de atracción es mayor. Conforme la Tierra lleva a cabo su rotación, las aguas oceánicas más cercanas a la Luna son atraídas para formar una protuberancia que se llama marea alta. También existe otra protuberancia de la marea en el lado de la Tierra que queda opuesto a la Luna. Allí la fuerza de atracción de la Luna es menor y se forma una segunda marea alta. A causa de las dos protuberancias, la mayoría de las costas tiene dos mareas altas y dos bajas cada veinticuatro horas y cincuenta minutos.

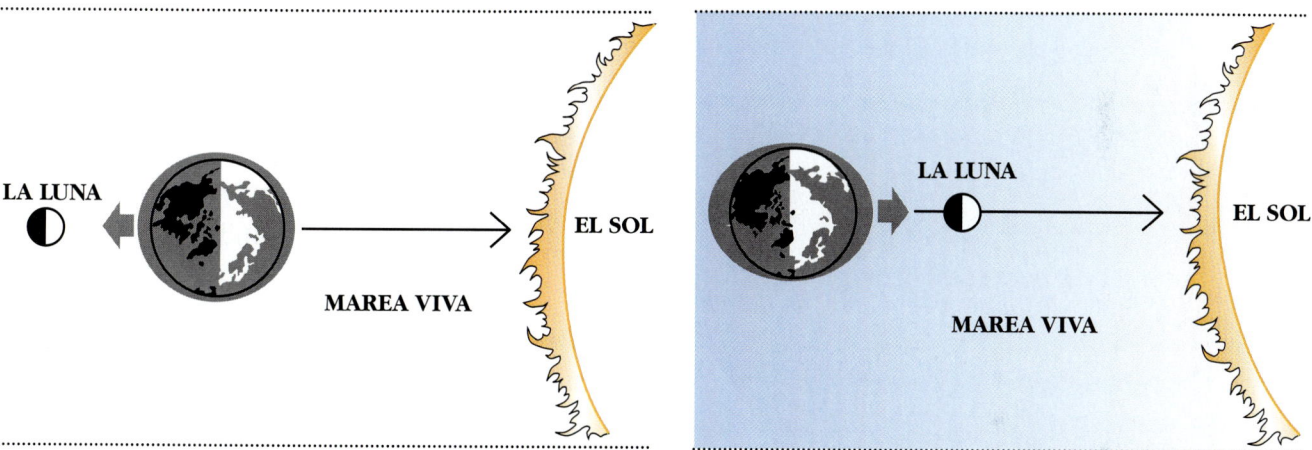

Dos veces al mes, cuando el Sol y la Luna se alinean con la Tierra, sus atracciones gravitacionales se combinan y producen las mareas más altas del mes, llamadas mareas vivas. En otras dos ocasiones al mes, el Sol y la Luna ejercen su atracción desde una posición de ángulo recto y se forman las mareas más bajas del mes, llamadas mareas muertas.

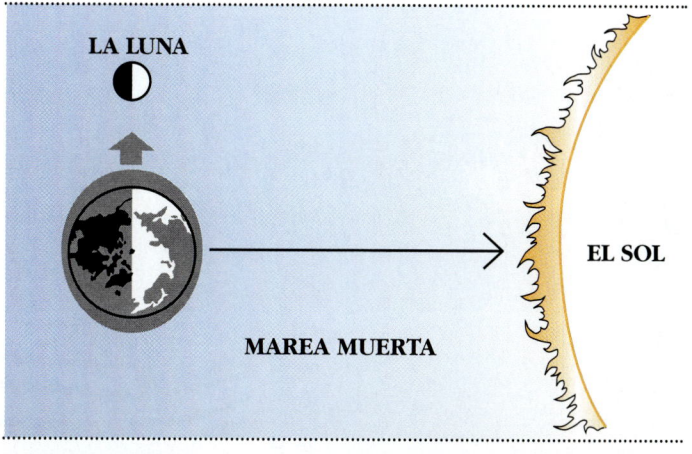

Aun en lugares que quedan cerca el uno del otro, las mareas no siempre ocurren al mismo tiempo ni tienen el mismo tamaño. La hora y el tamaño de las mareas depende de la forma de las costas y el ancho de los golfos y las bahías. Imagina que el océano es como una sartén grande y plana en la que el agua se mueve de un lado a otro. El agua en medio del océano sube y baja muy poco. El agua al borde de los océanos sube y baja mucho más. Por eso las islas que están en el medio del océano, como Hawai, a menudo tienen mareas que son pequeñas en comparación con las mareas al borde de un océano.

En lugares donde la marea se puede esparcir, como en el Golfo de México, la marea sube y baja sólo unas pulgadas al día. La marea es mucho mayor si no se puede esparcir. Las fotos muestran una ensenada en la estrecha Bahía de Fundy en Nueva Escocia, donde la marea alta puede llegar a cincuenta pies por encima de la marea baja.

Las olas comúnmente llamadas maremotos en realidad no tienen nada que ver con las mareas diarias. El nombre que los científicos dan a este tipo de ola es *tsunami*, pronunciado su–na–mi, una palabra japonesa que significa puerto + ola. Un tsunami se origina por un terremoto submarino violento o una explosión volcánica. La sacudida forma una ola que recorre el océano a una velocidad de casi quinientas millas por hora, la velocidad de un jet. En mar abierto, un tsunami no mide más de dos o tres pies de alto y apenas se aprecia; pero al acercarse a la costa, el tsunami puede alcanzar un tamaño gigantesco y puede azotar con la fuerza de un tren fuera de control.

Las tres fotografías muestran la llegada de un tsunami a las costas de la isla Oahu, Hawai. Este tsunami se originó por un terremoto que ocurrió a 2,500 millas de distancia, en las islas Aleutianas de Alaska. Como resultado del tsunami, hubo más de cincuenta muertos y numerosos daños a las propiedades.

Cuando el viento sopla sobre la superficie de las aguas marinas, se forman pequeñas ondas. A medida que el viento sigue soplando, las ondas se convierten en olas. El tamaño de una ola depende de la velocidad y duración del viento y del alcance. El alcance es la distancia que recorre la ola. Cuanto más fuerte y duradero el viento, y cuanto mayor el alcance, más grande será la ola.

En mar abierto, donde el viento sopla y forma olas, las olas son de distintos tamaños y formas y se mueven en todas direcciones. Conforme se retiran del lugar de origen, unas olas se mueven más rápido que otras y forman grupos de más o menos la misma longitud de onda. Estas olas largas y tranquilas se conocen como marejadas.

Las olas que recorren el océano transportan la energía del viento, pero el agua oceánica no se mueve con las olas. Conforme la ola pasa, las partículas de agua suben y bajan haciendo un pequeño círculo. Si observas una ramita flotando en el agua, verás que la ramita sube y baja a medida que pasan las olas, pero se queda en casi el mismo lugar. Es la energía de las olas que avanza, no el agua.

La parte más alta de una ola se llama la cresta, y la más baja el seno. La distancia entre dos crestas (o entre dos senos) se conoce como la longitud de la ola. La altura de una ola es la distancia de la cresta al seno.

Las olas producidas por las tormentas pueden elevarse a grandes alturas. La ola más alta que se ha registrado alcanzó 112 pies, la altura de un edificio de diez pisos. Los barcos en alta mar pueden maniobrar sobre la mayoría de las olas. Los barcos pequeños suben por un lado de la ola y bajan por el otro y los barcos grandes atraviesan la mayoría de las olas sin mucha dificultad. No obstante, durante un huracán o una tormenta violenta, es posible que una ola enorme arroje cientos de toneladas de agua sobre un barco en unos segundos, desbaratándolo y causando un naufragio.

LA ENERGÍA DE UNA OLA

EL VIENTO AZOTA EL AGUA

EL VIENTO FORMA LAS OLAS AL EMPUJAR EL AGUA

LA LONGITUD DE LA OLA

CRESTA

SENO

Alcance

LA CRESTA SE PRECIPITA HACIA
ADELANTE Y LA OLA ROMPE

LA BASE DE LA OLA PEGA
CONTRA EL FONDO DEL
MAR Y PIERDE VELOCIDAD

Cuando una ola oceánica llega a las aguas poco profundas de las costas, empieza a perder velocidad y a cambiar de forma. Algunos dicen que "la ola empieza a tocar el fondo". Las olas comienzan a amontonarse y a crecer a medida que las que vienen detrás se mueven a mayor velocidad que las que van adelante.

Cuando las olas disminuyen su velocidad, la cresta trata de continuar a la misma velocidad que llevaba y se vuelca contra el seno de la ola de enfrente y se rompe.

Cuando las olas rompen en la costa se forma el oleaje. A veces el oleaje surge a unos cuantos metros de la costa. Sin embargo, si la costa no es profunda, se pueden formar cientos de metros de oleaje que van mar adentro. Las olas en las playas poco profundas, como ésta en Hawai, rompen lentamente según se aproximan a la costa.

Hasta las costas rocosas se degradan con el poder del oleaje. Los tipos de roca más suaves se degradan primero y dejan rocas espirales o plataformas de roca dura. Éstas también acabarán degradándose por el golpe constante de las olas. En otros lugares, el oleaje lleva partículas de arena de un lugar a otro, formando lentamente playas y dunas. Cada minuto de cada día el mar trabaja para transformar la tierra.

Piénsalo

1 ¿Por qué es importante que aprendamos acerca del océano?

2 ¿Te gustaría leer otras selecciones escritas por este autor? ¿Por qué?

3 ¿Cómo te ayuda el autor a entender los datos científicos de la selección?

Seymour Simon

Di clases de ciencias naturales por veintiún años y con frecuencia tuve dificultad en encontrar el libro adecuado que tratara el tema que yo quería explicar. De modo que empecé a escribir mis propios libros. Me esfuerzo por escribir tal y como les hablo a los estudiantes cuando les estoy enseñando. Mi meta es explicar el *porqué* y *cómo* de los procesos naturales en lugar de sólo decir *qué* ocurre.

Si sales a caminar y *de veras* observas, escuchas y tocas el mundo a tu alrededor, puede ser una experiencia extraña. Empiezas a observar cosas que antes no te llamaban la atención. Te maravillas por cosas que has visto miles de veces como las nubes, los árboles, las rocas o las máquinas. Te preguntas —¿Esa nube oscura significa que va a llover? ¿Por qué algunas hojas se ponen rojas en el otoño mientras que otras se ponen amarillas? ¿Qué tipo de roca tiene pequeñas manchitas brillantes? ¿Cómo vuela un avión? Este tipo de preguntas que yo me hacía y las de mis estudiantes me motivaron a escribir libros de ciencias. La verdad es que mis libros están llenos de preguntas.

Taller de actividades

¿Cerca o lejos?

COMENTA EN GRUPO

¿Cuán lejos queda tu ciudad o pueblo del mar? Trabaja en un grupo pequeño para calcular la distancia. Puedes usar un mapa o un atlas para ayudarte. Luego comenta las ventajas y desventajas de vivir tan lejos o tan cerca del mar. Haz una lista de las ventajas y desventajas mientras el grupo comenta el tema.

Ciencias y arte

HAZ UN DIBUJO

Los artistas que dibujan y pintan escenas de la naturaleza a menudo utilizan datos científicos para crear una escena realista o precisa. Dibuja o pinta una escena de un océano o una costa: un paisaje costero. Usa información del cuento para hacer un dibujo que parezca natural. Escribe por lo menos una oración que explique cómo la información del cuento te ayudó a hacer tu dibujo.

Movimientos marítimos

CREA PASOS DE BAILE

Inventa un nuevo paso basado en una sección del cuento. Por ejemplo, puedes nombrar a tu paso "la onda", "el oleaje", "el tsunami" u otro término relacionado con el océano. Compara el paso que inventaste con los de tus compañeros. Trata de combinar las ideas para crear pasos más complicados.

El poder de la fotografía

PRESENTA UNA CHARLA

Imagina que eres un guía en una exposición fotográfica. Selecciona una fotografía del cuento que te parezca dramática o poderosa. Prepara una charla breve sobre la foto y preséntala a tus compañeros, los espectadores de la exposición. Explica cómo la fotografía que elegiste puede ayudar al espectador a comprender mejor los océanos.

Fuentes gráficas

La selección "Los océanos" incluye varios diagramas. Estas **fuentes gráficas** ayudan a los lectores a "ver" y entender la información en la selección. Los mapas, diagramas, horarios, gráficas, cuadros y tablas son distintos tipos de fuentes gráficas.

Observa el diagrama siguiente de "Los océanos". El diagrama te ayuda a ver la información descrita en la selección. Pon atención al modo en que el artista combinó las palabras y los dibujos usando rótulos en partes del diagrama.

LA ENERGÍA DE UNA OLA

El viento azota el agua.

El viento forma las olas al empujar el agua.

LA LONGITUD DE LA OLA

CRESTA

SENO

ALCANCE

La cresta se precipita hacia adelante y la ola rompe.

La base de la ola da contra el fondo del mar y pierde velocidad.

270

Las gráficas son muy útiles porque a veces no podemos imaginar algo hasta que no lo vemos. Las gráficas nos ayudan a entender más claramente las cosas.

Lee el siguiente pasaje de "Los océanos". Dibuja un diagrama que muestre la Tierra de acuerdo a la descripción del pasaje. Asegúrate de usar rótulos en tu diagrama.

De hecho, los océanos cubren más del 70 por ciento de la superficie de la Tierra. Aunque hablamos del Atlántico y del Pacífico como si fueran dos océanos diferentes, en realidad nuestro mundo está cubierto por una sola extensión de agua. Los continentes no son más que islas.

¿QUÉ HAS APRENDIDO?

1. Piensa en algo que quisieras contar a los demás sobre los océanos del mundo o sobre el clima. ¿Qué tipo de gráfica te puede ayudar a comunicarte claramente: un mapa, un diagrama, una gráfica, un cuadro o una tabla? ¿Qué información incluirías en tu gráfica?

2. Hojea libros de otras materias, los periódicos o algún libro de la biblioteca. ¿De qué manera te ayudan las gráficas a entender el texto?

INTÉNTALO • INTÉNTALO

Usa un diagrama para mostrar cómo harías una tarea simple, por ejemplo preparar un sándwich o hacer un avioncito de papel. Luego intercambia tu diagrama con el de un compañero y pongan rótulos en las gráficas.

Visita *The Learning Site*
www.harcourtschool.com

El pequeño astronauta

Texto de **Rodolfo Neri Vela**

Ilustraciones de **Stephen Peringer**

Alberto no olvidaba nunca que nuestro Sol también es una estrella, aunque sólo una entre tantas, e insignificante en comparación con otras. Mientras contemplaba las luces que brillaban en el cielo oscuro de la noche, se preguntaba si habría otros niños, en otros mundos lejanos, a muchos millones de años luz; otros niños que también estuvieran mirando las estrellas que los rodeaban, siendo una de esas estrellas precisamente nuestro Sol.

El pequeño
astronauta

Texto de
Rodolfo Neri Vela

Ilustraciones de
Stephen Peringer

"¡Qué maravilloso sería poder comunicarse con ellos!", pensaba Alberto. "Qué interesante sería viajar a los planetas de otros sistemas solares de nuestra Vía Láctea. Es más, qué fantástico sería ir a otras galaxias, viajando a gran velocidad, como se ve en las películas y en los programas de televisión."

Pero mientras soñaba despierto sobre la pequeña barda del jardín, Alberto sabía que las estrellas estaban muy lejos de nuestro planeta. Recordaba que los esfuerzos del hombre por explorar el espacio apenas lo habían llevado a la Luna o a girar alrededor de la Tierra en naves espaciales, dando vueltas y vueltas sobre ella haciendo experimentos. Solamente algunas máquinas sin tripulación, llamadas sondas, habían logrado llegar a otros planetas de nuestro Sistema Solar. Gracias a esas sondas sabemos cómo son Venus, Marte y otros planetas aún más lejanos.

Todo esto pensaba Alberto, y se decía para consolarse:

"Bueno, quizá aún no sea posible visitar las estrellas, pero, ¡cómo me gustaría ir aunque fuese a Marte, a ese misterioso Planeta Rojo!"

"Aunque fuese a Marte", ¡como si estuviera a la vuelta de la esquina! Sin embargo, el Planeta Rojo está ni más ni menos que mil veces más lejos que la Luna, y eso que después de Venus es el planeta más próximo a la Tierra.

Aunque Venus está más cerca que Marte, a Alberto no se le antojaba ir ahí. La razón era muy simple: sabía que en Venus hace mucho calor, y la verdad no tenía la menor intención ni el deseo de achicharrarse junto con su nave. Además, la atmósfera de Venus es venenosa y su presión es tan grande que puede hacer papilla a cualquiera.

Venus no se parece en nada a una jungla tropical y exótica como antes se pensaba que era. Muchos escritores de ciencia ficción imaginaron ese planeta como un paraíso, con árboles por todas partes.

Alberto pensaba que afortunadamente ya nos habíamos dado cuenta de ese error y que era preferible ir de visita a Marte, porque allí la presión atmosférica y las temperaturas son más benignas, entre otras cosas.

La distancia de la Tierra a Marte es, sin embargo, estratosférica. ¡Se halla, en promedio, mil veces más lejos que la Luna! Está tan, pero tan lejos, que suponiendo que un avión común y corriente viajase hacia él a una velocidad normal, tardaría en llegar ¡45 años! Y eso contando con que el avión o nave, o lo que fuese, soportara todo ese tiempo las condiciones adversas del medio ambiente espacial, y que despegara desde la Tierra en el momento adecuado. Pero claro, una nave tan lenta no puede escapar de la fuerza de atracción de la Tierra. Así que, en realidad, nunca llegaría al espacio.

Las naves espaciales vuelan muchísimo más rápido que un avión ordinario, y cuando están lejos de los planetas no necesitan combustible para moverse, debido a que aprovechan un fenómeno físico del Universo que se llama inercia para conservar su velocidad. Gracias a este fenómeno, combinado con la atracción de los planetas y el Sol sobre ellas, pueden recorrer el espacio rápidamente como si fuesen impulsadas por una poderosa e inagotable fuerza invisible.

Durante su viaje, las naves espaciales actuales sólo requieren usar un poco de combustible para realizar algunas correcciones ocasionales en su orientación y rumbo.

5 MESES

4 MESES

3 MESES

2 MESES

1 MES

De manera que, valiéndose del fenómeno de la inercia y la posición relativa de la Tierra y Marte, el viaje se podría realizar en tan sólo ¡seis meses! Si no se aprovecha la posición relativa de la Tierra y Marte, el viaje puede ser aún más largo y durar hasta un año.

"¡Vaya, seis mesecitos! Después de todo sería un recorrido muy, pero muy largo", suspiró Alberto.

De manera que si decidía ir, no lo haría solo. Les diría a sus amigos Javier y Lorena que lo acompañaran, y se llevaría también a Waldo, su amigo canino. Después lo pensó mejor y decidió que era más conveniente que Waldo se quedara en la Tierra, pues la misión sería muy peligrosa, llevarían poco oxígeno y la comida no sería suficiente para todos. Más aún, Alberto se imaginó sonriendo que sería un verdadero problema bañar a Waldo en el espacio, flotando en el aire. Así que mejor su perrito se quedaba.

Nuevamente, Waldo parecía intuir lo que su amo pensaba y al adivinar que no iría a Marte, bajó las orejas y se puso un poco triste.

JABÓN

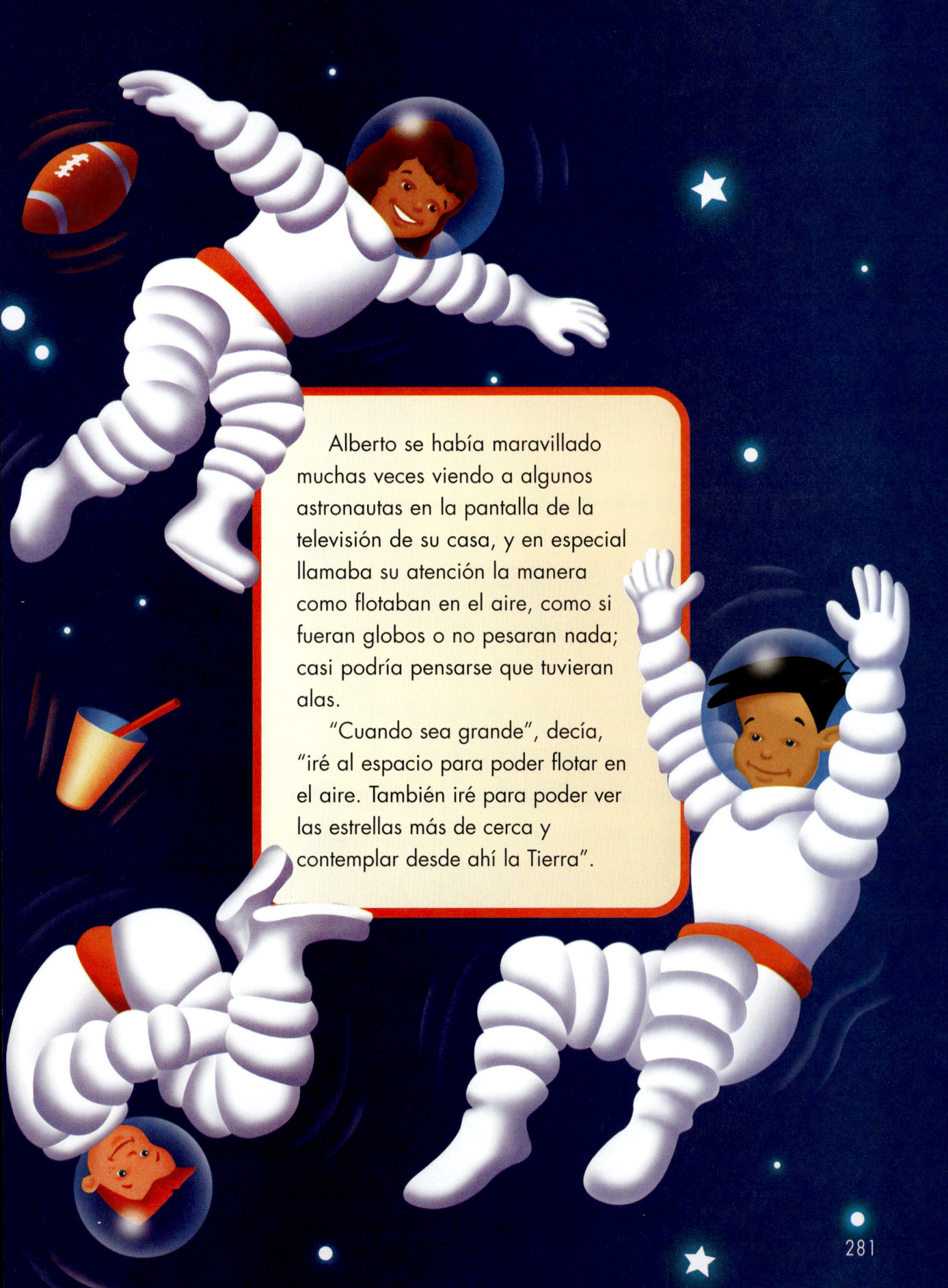

Alberto se había maravillado muchas veces viendo a algunos astronautas en la pantalla de la televisión de su casa, y en especial llamaba su atención la manera como flotaban en el aire, como si fueran globos o no pesaran nada; casi podría pensarse que tuvieran alas.

"Cuando sea grande", decía, "iré al espacio para poder flotar en el aire. También iré para poder ver las estrellas más de cerca y contemplar desde ahí la Tierra".

Alberto había escuchado que la Tierra se veía muy azul desde el espacio y que resaltaba majestuosamente sobre el negro del vacío que la rodeaba, como si fuera una gran esfera viviente que flotara en la nada.

Sí, él quería ver el Planeta Azul desde arriba, muy arriba. Admirar completito a ese planeta Tierra en el que él vivía. Quería verlo, observarlo en su camino a Marte, el Planeta Rojo.

Neri Vela

Piénsalo

1 Explica cuánto tiempo tomaría llegar a Marte y qué preparativos serían necesarios para llegar.

2 El autor combina los pensamientos de Alberto con los comentarios del narrador. Comenta sobre la importancia que tienen estos comentarios en la selección.

3 Alberto tiene muchas expectativas acerca del tipo de experiencias que tendría en el espacio (por ejemplo, ver las estrellas más de cerca o flotar en el aire). Según tus conocimientos de ciencias previos, ¿cuáles de estas expectativas son realistas?

INTE

Tomo 1 Número 1

Educación sobre la Internet

¿Alguna vez has usado una computadora para enviar un correo electrónico o para navegar por la web? Si es así, estás usando la Internet, una red global de computadoras que se comunican entre sí. Millones de usuarios de la Internet en todo el mundo pueden hallar información, hacer compras, jugar y enviar mensajes usando sólo una línea telefónica, un modem y una computadora.

En la década de los años sesenta, el gobierno de Estados Unidos necesitaba un método seguro para comunicarse con las fuerzas armadas durante la guerra. Como sabían que este método nuevo no debía depender de una computadora central, los diseñadores crearon una red que funcionaría aun cuando una de las computadoras de la red fallara. Hoy esta red, que se conoce como la Internet, se ha convertido en la tecnología con más usos que nadie jamás se pudo imaginar.

Primera edición

Para tu información

La Internet es un medio maravilloso para aprender cosas nuevas. Pero no puedes suponer que todo lo que se encuentra en la Internet es para niños. Las películas y los programas de televisión tienen clasificaciones que dicen si el contenido es adecuado o no para los niños. Los sitios en la Red no tienen ningún sistema de clasificación, así que tienes que decidir por ti mismo. Por supuesto que si dudas del contenido de un sitio, debes pedir a tus padres o a tu profesor que te aconsejen.

"No puedes suponer que todo lo que se encuentra en la Internet es para niños".

Aquí te damos algunas reglas importantes para que tengas en cuenta cuando estés en línea:

- Recuerda que aunque le escribas muchas veces a alguien, en un canal de conversación o por correo electrónico, esa persona sigue siendo un desconocido.

Aunque la mayoría de las personas desconocidas son buena gente, hay algunas que no lo son. Así que siempre debes tener cuidado.

- Nunca le des a nadie tu número de teléfono ni tu dirección.
- Nunca te pongas de acuerdo para reunirte con personas con las que hayas hablado en la Internet.
- Si te sientes incómodo con lo que alguien dice o con lo que lees o ves en un sitio de la Internet, apaga la computadora. Pide a tus padres que vean el sitio y que te expliquen lo que está pasando.

PIÉNSALO

¿Por qué es importante que sepas las reglas de seguridad cuando usas la Internet?

Taller de actividades

Desde la soledad del universo

REDACTA UNAS ENTRADAS DE UN DIARIO
Imagina que estás en una nave espacial
viajando hacia Marte u otro planeta. Escribe
dos o tres entradas de un diario sobre cómo
imaginas que sería tu viaje: ¿qué verías, qué
pensarías, qué extrañarías de la Tierra y qué
esperarías encontrar en ese planeta?

Peculiaridades de los planetas

COMPARA PLANETAS   Elige dos
planetas sobre los qué te gustaría
aprender más y ve a la biblioteca a
hacer una investigación. Escribe un
párrafo en el que comparas los dos
planetas. Si puedes, consigue alguna
foto o dibujo para ilustrar tu párrafo. Si no,
haz tu propio dibujo.

Noticias en los periódicos

BUSCA NOTICIAS   Busca en diarios viejos noticias que tengan que ver con la astronomía o avances en la técnica espacial. Recórtalas y pégalas en tu libreta. Resume lo que hayas entendido y léeselo a un compañero para ver si también lo entiende.

Las cosas que importan

REPASA LAS REGLAS   Repasa una vez más las reglas que debes tener en cuenta cuando estés en línea. Escribe una pequeña explicación de por qué crees que es importante que sigas cada una de las reglas. Discute tus razones con otros compañeros de clase.

LAS ESTRELL

Texto de Miguel Ángel Herrera y Julieta Fierro

las estrellas

Miguel Ángel Herrera • Julieta Fierro

Serie: NUESTRO MUNDO

SITESA

Autores premiados

LOS PRIMEROS ASTRÓNOMOS, ¿LOS PRIMEROS CIENTÍFICOS?

La contemplación del cielo es una de las actividades humanas más atractivas, tanto en el plano estético como en el intelectual. A lo largo de la historia, artistas y científicos han usado esto como fuente de inspiración. Por desgracia, en nuestros días esta actividad está casi por completo olvidada, en parte, por el acelerado ritmo de la vida moderna que no deja tiempo para la meditación y, por otra parte, por la contaminación atmosférica y luminosa, que opaca de manera notable la belleza del firmamento.

Plutón (derecha) mide 2280km de diámetro y es el más pequeño de los nueve planetas del sistema solar. Se piensa que su superficie está cubierta de hielo metano y que se asemeja en muchos aspectos a Tritón, la luna de Neptuno. Se cree que la luna Caronte (izquierda) está cubierta de hielo. Hasta el día de hoy, ninguna nave espacial ha visitado estos confines del espacio, por lo que los detalles en cuanto a su superficie son especulativos. Reproducción artística de Plutón y su luna, Caronte

John Milton (sentado, al telescopio) visita a Galileo durante su estancia en Italia. Grabado a colores de una pintura de Annibale Gatti

Nosotros podemos vivir tranquilamente sin mirar hacia el cielo, pero no les ocurría así a nuestros antepasados. Para ellos, la observación del cielo era vital. Todas las sociedades primitivas regularon sus actividades más esenciales por medio de los astros. Sus posiciones les indicaban cuándo sembrar, cuándo recolectar o cuándo mudarse a otra región. La astronomía nació de esta necesidad de conocer e interpretar el cielo.

¿Quiénes fueron los primeros astrónomos? Nadie lo sabe. Pero es indudable que la astronomía nació en la **Prehistoria,** pues los conocimientos astronómicos más elementales se mencionan ya en los registros históricos más antiguos.

Además, se conservan algunas construcciones prehistóricas —en ruinas, desde luego— que parecen haber sido hechas con fines astronómicos. Un ejemplo muy famoso es un lugar llamado *Stonehenge*, en Inglaterra. Stonehenge es, esencialmente, un círculo de piedras de cuatro metros de altura construido hace unos 4,000 años. Según varios arqueólogos y astrónomos, era un observatorio astronómico.

La astronomía más antigua de la que conservamos registros escritos se desarrolló hace más de 2,000 años en Egipto, en Babilonia, en China y en la India.

Stonehenge, en Wilshire, Inglaterra

Se piensa que la superficie de Venus alcanza los 500°C. Reproducción computadorizada de la superficie de Venus

LOS NOMBRES DE LOS ASTROS

Todos los pueblos de la antigüedad les dieron nombres a los astros más brillantes y visibles a simple vista. Estos nombres provenían, por lo general, de sus leyendas o su religión. Pero la mayor parte de ellos ya se han olvidado. En nuestros días, conservamos tan sólo nombres árabes y versiones latinizadas, que nos legaron los romanos, de los nombres griegos originales.

Así, por ejemplo, a un planeta que se caracterizaba por ser tan rojo como el color de la sangre, los griegos le pusieron el nombre del dios de la guerra: *Ares*, y al planeta más brillante de todos lo llamaron *Afrodita*, su diosa de la belleza y el amor. Pero, para los romanos, el dios de la guerra era *Marte* y la diosa de la belleza y el amor era *Venus*, así que fueron estos nombres los que se conservaron.

Hoy día hay una comisión internacional que se encarga de ponerle nombre a cualquier objeto nuevo que se descubra, ya sea un cometa, un asteroide, un satélite o un objeto desconocido. Cualquier persona puede sugerir un nombre. Por ejemplo, cuando en 1977 se descubrió un satélite del planeta

Reproducción artística de un halo solar y Caronte sobre la superficie de Plutón

Plutón, a una niña inglesa se le ocurrió llamarlo *Caronte* porque, en la mitología griega, Plutón era el dios del reino de los muertos y Caronte era el barquero que transportaba a los muertos al reino de Plutón. La sugerencia se aceptó y el satélite de Plutón se llama *Caronte*.

Orión (el arquero o cazador) se puede visualizar a la derecha de la foto. Arriba, a la izquierda, está la constelación de Géminis. Abajo, a la izquierda, está Cáncer que se encuentra a 520 años luz de la Tierra. Todas estas constelaciones se encuentran en el hemisferio boreal.

¿CONOCES REALMENTE EL CIELO?

Lejos de la ciudad y en una noche despejada, el cielo estrellado es un espectáculo maravilloso. Al contemplarlo, la primera impresión que se tiene es que las estrellas son incontables. Pero esto es sólo una impresión. En una noche oscura y sin nubes una persona con buena vista alcanza a ver alrededor de 3,000 estrellas. Y si permanece despierta toda la noche podría ver unas 6,000, pues, con el paso del tiempo, aparecen nuevas estrellas por el Oriente y las que ya estaban poco a poco se ocultan por el Poniente. La bóveda celeste parece girar del Oriente al Poniente, acarreando con ella las estrellas. Este movimiento sólo es aparente, no es más que un reflejo de la rotación de la Tierra.

En su continuo movimiento de Oriente a Poniente, las estrellas ni se acercan ni se alejan unas de otras. Sus posiciones relativas no cambian. Si varias de ellas forman cierta figura en un momento dado, esa figura no cambia, aunque pasen miles de años. Basados en este hecho, los pueblos antiguos inventaron las **constelaciones.**

Pero no todas las estrellas se comportan igual. Cinco de ellas sí cambian de posición, tanto entre ellas mismas como con respecto a las demás. No están fijas, sino que se mueven caprichosamente entre las estrellas. Por eso fueron llamadas **planetas,** porque en griego esa palabra significa "vagabundo" o "errante". Los griegos las bautizaron con los nombres de algunos de sus dioses: Mercurio, Venus, Marte, Júpiter y Saturno. Más tarde, con la ayuda del telescopio, se descubrieron otros tres planetas que no son visibles a simple vista: Urano, Neptuno y Plutón. En la actualidad sabemos que la Tierra también es un planeta y que, junto con los demás, gira alrededor del Sol formando lo que conocemos como **Sistema Solar.**

Sistema Solar

Las estrellas tienen colores diferentes. Lo puedes comprobar fácilmente comparándolas entre sí cualquier noche despejada. Por ejemplo, en la Ciudad de México, durante el verano, es muy notable una estrella muy roja que puedes ver al principio de la noche, casi encima de tu cabeza. Se llama *Arcturus*, y es la estrella más brillante de la constelación del Boyero. En invierno puedes ver, en la constelación de Orión, otra estrella muy brillante y muy roja, *Betelgeuse*, y una estrella brillante y azul, *Rigel*. Y muy cerca de Orión, un poco hacia el Suroeste, se encuentra la estrella más brillante del cielo: *Sirio*, que es blanca.

¿A qué se deben los colores de las estrellas? Es probable que hayas visto lo que le pasa a un pedazo de hierro cuando se calienta en un horno para metales. Cuando está frío tiene el color del metal, pero conforme se calienta su color cambia. Primero se pone rojo, después anaranjado, luego amarillo y, por último, antes de fundirse, se ve blanco, color que es la suma de

(Página 296) Betelgeuse, estrella gigante y roja

(Izquierda) Arcturus, la cuarta estrella más brillante, se encuentra a 37 años luz.

(Derecha) Constelación del Can Mayor donde se encuentra Sirio, la estrella más prominente en nuestro cielo

todos los colores. Como ves, el color de la luz que emite el pedazo de hierro depende de su temperatura. Va pasando por todos los colores del arco iris y, si no se fundiera, llegaría a verse verde, azul y violeta a temperaturas muy altas.

En las estrellas pasa exactamente lo mismo. Sus colores reflejan la temperatura a la que se encuentra su superficie. Las rojas son las más frías (alrededor de 3,000°C) y las azules son las más calientes (alrededor de 40,000°C).

Montaje de imágenes de los sistemas de Saturno

TAN GRANDE COMO LAS ESTRELLAS

Las estrellas se representan, por lo común, como si tuvieran varios picos. Y es que, efectivamente, las más brillantes se ven a simple vista como si tuvieran rayos. Pero esto sólo es un efecto atmosférico. Desde un lugar sin atmósfera, como desde la Luna o como desde un satélite artificial, todas las estrellas se ven como simples puntos luminosos. Y lo siguen siendo aún a través de los telescopios más poderosos.

Sin embargo, las estrellas no son realmente puntos luminosos sino enormes esferas de gas incandescente. Las vemos como puntitos porque están muy lejos de nosotros. Según su tamaño, las clasificamos como **gigantes, normales** o **enanas.** Son normales aquellas que tienen más o menos el tamaño del Sol, o sea, unas 100 veces más grandes que la Tierra. Las gigantes son más o menos 100 veces más grandes que el Sol. Un ejemplo típico es *Betelgeuse,* la estrella más brillante de la constelación de Orión. Es tan grande que si la pusiéramos en lugar del Sol, ¡la Tierra quedaría dentro de ella!

Nebulosa Cabeza de Caballo

De hecho, es 400 veces mayor que el Sol, o sea que su radio es incluso mayor que el de la órbita de Marte.

Las estrellas enanas son unas 100 veces más pequeñas que el Sol, o sea que son más o menos del mismo tamaño que la Tierra. Están tan comprimidas que su densidad es enorme. Una cucharadita del material que las compone ¡pesaría más de una tonelada!

EL BRILLO DE LAS ESTRELLAS O NO TODO LO QUE BRILLA ES ORO

Quizá la característica más evidente de una estrella es su brillo. Tan es así, que la primera clasificación que se hizo de ellas fue a partir de su brillo. Los griegos decían que las estrellas más brillantes eran de **primera magnitud,** las que le seguían en brillo eran de **segunda magnitud** y así, sucesivamente, hasta llegar a las más débiles, que correspondían a la **sexta magnitud.** Los astrónomos han conservado hasta nuestros días la tradición de asignar una *magnitud* a cada estrella según su brillo. Pero, desde luego, la magnitud se determina por medio de complicados instrumentos y no a simple vista, como se hacía en la antigüedad.

Ahora bien, es importante que sepas que el brillo que vemos de una estrella es aparente, pues depende no sólo de qué tan brillante es en realidad, sino también de su distancia a nosotros. El ejemplo más evidente es el Sol. Está tan cerca de nosotros que su brillo aparente es enorme e incluso opaca a todas las demás estrellas. Pero si estuviera, por ejemplo, a la misma distancia que *Sirio* (la estrella de mayor brillo aparente), se vería como una estrellita muy débil, y si estuviera a la distancia de Betelgeuse, ni siquiera sería visible. En resumen, las estrellas más brillantes que se ven en el cielo no siempre son las más luminosas.

Una estrella brillante y una nube astral

La estrella de mayor brillo aparente es Sirio, y la de mayor brillo intrínseco que conocemos se llama *OA Casiopea*, y es casi un millón de veces más luminosa que el Sol.

En el pasado, las estrellas se consideraban como ejemplo de lo *inmutable*, pues se pensaba que nunca cambiaban. Uno de los triunfos más impresionantes de la astronomía moderna, y por tanto, del intelecto humano, fue el descubrimiento de que las estrellas **cambian** y **evolucionan.** Pero lo hacen con tal lentitud con respecto al acontecer humano, que no nos damos cuenta. Para notar algún cambio en el Sol, por ejemplo, tendríamos que observarlo durante varios miles de millones de años, y ningún humano vive tanto.

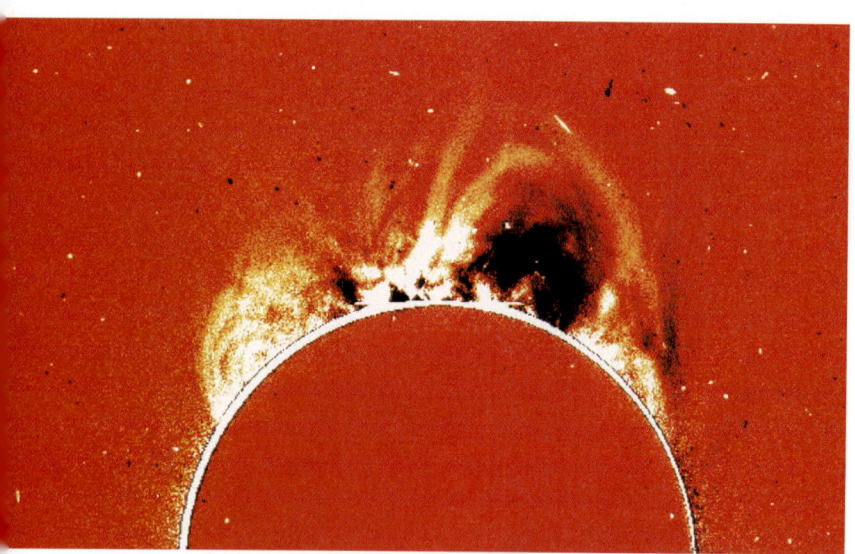

El Sol, erupciones solares

Como todo lo que evoluciona, las estrellas tienen un principio y un fin. Los astrónomos dicen que "nacen" y "mueren" pero, desde luego, esto es sólo una manera de decirlo, puesto que no están vivas. Se forman, según creemos, por la contracción de una enorme nube de gas y polvo. Debido a la contracción, el gas se calienta cada vez más y, al mismo tiempo, la nube adopta poco a poco una forma esférica. Llega un momento en que la temperatura del centro se hace lo bastante alta para que se produzcan reacciones nucleares. La energía que estas reacciones liberan se emite al espacio en forma de luz y calor y, cuando esto sucede, la nube de gas se convierte en una estrella.

Nacimiento, vida y muerte del Sol

Hace aproximadamente 4,500 millones de años, una nube de gas y polvo comenzó a contraerse bajo la acción de su propia fuerza de gravedad. Nacía así el Sol, nuestra estrella.

Por fortuna para nosotros, no todo el material de aquella nube participó en la formación del Sol. Sobró una pequeñísima porción de gas y polvo, que quedó girando alrededor de la recién nacida estrella y, que con el tiempo, se condensó en planetas, satélites, asteroides y cometas. Como ves, estamos aquí gracias a que una parte de la nube original no participó en la contracción solar.

El Sol ha pasado la mayor parte de su vida tal como lo vemos en la actualidad. Y seguirá sin cambiar por otros 4,500 millones de años. Después, en un tiempo relativamente corto, morirá. ¿Cómo será su muerte? Primero se expandirá hasta convertirse en una estrella gigante y, en el proceso, se volverá rojo. Se hará tan grande que su superficie llegará más allá de la órbita de la Tierra. Nuestro planeta, y todo lo que en él se encuentre, se evaporará debido al intenso calor, y los vapores serán devorados por el Sol, esto es, se incorporarán a él.

La evolución del Sol

Unos cuantos miles de años más tarde, toda su atmósfera será arrojada al espacio, dejando descubierto su núcleo. La materia envolvente se alejará poco a poco del núcleo y se dispersará por el espacio.

El núcleo se enfriará poco a poco hasta quedar convertido en un objeto frío y oscuro en el cual ya no pasará nada. El Sol habrá muerto.

PIÉNSALO

❶ Entre los datos que se mencionan en esta selección, ¿cuáles son hechos y cuáles son opiniones?

❷ ¿Piensas que sería una buena idea que tanto estudiantes como adultos lean esta selección? Explica tu respuesta.

❸ ¿Cómo contribuyen las fotos e imágenes a entender el texto?

Miguel Ángel Herrera y Julieta Fierro son Investigadores Titulares del Instituto de Astronomía de la Universidad Nacional Autónoma de México (UNAM). Son profesores y científicos muy respetados a nivel mundial. También están enamorados de las estrellas y les gusta compartir lo que han aprendido con todos a quienes les interese. Por eso, además de ser los autores de docenas de libros y publicaciones científicas, participan en exposiciones de astronomía, programas de radio y televisión, y son miembros activos de diversos comités, sociedades y comisiones científicas. Ambos autores han dedicado sus vidas al estudio y la investigación del Universo.

La Luna se hizo pastora

Poema de Salvador de Madariaga
Ilustraciones de Becky Heavner

La Luna se hizo pastora
para guardar las estrellas
que pacen yerba de luz
en las celestes praderas.
En cuanto rayaba el alba,
se ponía a recogerlas,
para que, al salir el Sol,
dormiditas ya las viera.
Una mañana de otoño,
una mañanita fresca,
la Luna vio con disgusto
que le faltaba una estrella.
Las contaba con los dedos:
no le salía la cuenta.

"Falta una. ¿Cuál será?",
se decía muy inquieta.
Mirándolas más despacio,
la Luna al fin se dio cuenta
de que era la más chiquitita
de siete que juntas juegan
a la Osa Mayor, al Carro,
y a veces a la Cazuela.
Todo el día la buscó
sin conseguir dar con ella.
Pero ya al anochecer,
cuando todas se despiertan,
vio la Luna en su lugar
a la vagabunda estrella.
"¿Dónde has estado este día?",
preguntó la Luna, seria.
Y la estrella contestó:
"pues, al trasponer la cresta,
di un saltito para ver
lo que pasaba en la Tierra;
y de pronto me encontré
una pastorcita tierna
llorando lágrimas vivas
como rocío en pradera".

"¿Qué te pasa, pastorcita,
que lloras con tanta pena?"
"He perdido mi tesoro
en lo espeso de la selva:
la oveja que más quería,
la he perdido en la floresta."
"Vamos juntas a buscarla",
dije para socorrerla.
"No —contestó la pastora—,
no, que no podremos verla,
porque en lo espeso del bosque
ni la luz del Sol penetra".

"Ven, que yo te alumbraré,
que estoy de luz siempre llena."
Y entré con la pastorcita
en aquella selva espesa.
A los pocos pasos vimos
la tan deseada oveja,
que, rendida de cansancio,
dormía sobre la yerba.
Tanta alegría me dio
ver la pastora contenta,
que di un salto de placer
y al punto dejé de verla:
"del salto me había plantado
aquí entre mis compañeras".
Una estrella verde dijo:
"pues no te creo, embustera".
Y la Luna replicó:
"pues sí que debes creerla,
porque huele a mejorana
y a romero y a verbena;
y esos aromas los da
sólo mi madre la Tierra".

TALLER DE

Bajo la inmensidad del cielo

REDACTA UN PÁRRAFO Alguna vez habrás visto el cielo de noche lleno de estrellas. Quizás hasta pudiste distinguir alguna constelación. Piensa en cómo te hizo sentir aquella visión. Describe en un párrafo qué tipo de sensaciones te provocó el cielo estrellado.

Un móvil espacial

REPRESENTA EL SISTEMA SOLAR Consulta en una enciclopedia los nombres de los planetas y sus posiciones con respecto al Sol. Haz un dibujo de cada uno de los planetas y el Sol e identifícalos con su nombre. Recórtalos, hazles un pequeño agujero y átales un hilo. Consigue una varilla o recorta un trozo alargado del cartón fuerte y cuelga los planetas en el orden que corresponde. Puedes ponerle otro hilo para colgarlo del techo.

ACTIVIDADES

OBSERVAR LAS ESTRELLAS

CREA UNA TABLA En el texto se cuenta que las estrellas se pueden estudiar según varias características (brillo, temperatura y tamaño). Crea una tabla de columnas con las tres categorías y las subdivisiones que corresponden en cada caso.

PASO A PASO

DIBUJA UNA TIRA CÓMICA Resume en cinco enunciados lo que se narra en el poema "La luna se hizo pastora". Crea una tira cómica (con diálogos) en la que se cuente cómo se desarrollan los acontecimientos que se describen en la poesía.

CONCLUSIÓN
DEL TEMA

¿Cuál es el mensaje?

ESCRIBE SOBRE EL MENSAJE DEL AUTOR El título de este tema es "Un mundo cambiante". Selecciona dos lecturas de este tema. ¿Cómo piensas que cada autor se siente sobre el tema que él escribió? Escribe un párrafo que explica lo que cada autor dice sobre cómo está cambiando la Tierra.

Queremos saber

INVESTIGA EL TEMA En grupo, piensen en temas acerca de la Tierra, los océanos, los volcanes o el espacio. Hagan una lista de preguntas para las cuales a tu grupo le gustaría buscar respuestas. Entonces seleccionen una o dos preguntas para investigar. Utilicen recursos como sus libros de texto, otros libros de no ficción, Internet y CD-ROMs para encontrar información. Después de completar la investigación, organicen la información que han aprendido y preséntenla en un afiche, una gráfica o en forma de reporte. Compartan con la clase lo que han aprendido.

¡No sabía eso!

ENCUENTRA INFORMACIÓN

¿Qué descubrimientos nuevos hiciste sobre la Tierra al leer las selecciones en "Un mundo cambiante"? Haz una lista de estos descubrimientos en una tabla. En la primera columna, escribe el título de la selección. En la segunda columna, escribe el número de la página donde encontraste la información. En la tercera columna, escribe lo que aprendiste. Muestra tu tabla a un compañero. Di por qué te sorprendió esta nueva información.

Título de la selección	Número de página	Lo que aprendí

Tema

¡Bravo!

Contenido

Los favoritos de los lectores

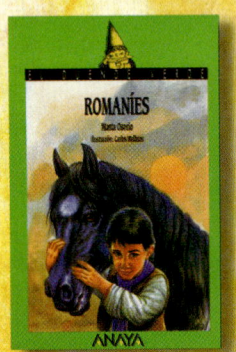

Romaníes
de *Marta Osorio*

FICCIÓN REALISTA

Sebastián y su caballo, Lucero, se criaron juntos en España y se tienen un respeto y amor muy especial.

COLECCIÓN DE LECTURAS FAVORITAS

Sarah, sencilla y alta
de *Patricia Maclachlan*

FICCIÓN HISTÓRICA

El padre de Caleb y Anna pone un anuncio pidiendo una esposa. Llega Sarah, quien trata de adaptarse a su nueva familia.

Medalla Newberry

Lista de Honor del IBBY

COLECCIÓN DE LECTURAS FAVORITAS

Diego, rana-pintor
de *Eunice y Laura Cortés*

BIOGRAFÍA

Aprende sobre la vida y obras de Diego Rivera, uno de los artistas mexicanos más importantes de los últimos tiempos.

La princesa era traviesa
de *Aline Pettersson*

FICCIÓN REALISTA

Margarita quiere lucir en el papel de la princesa guerrera del teatro pero Gilberto le hace la vida imposible.

El misterioso caso de la perra extraviada
de *Silvia Molina y Ruth Rodríguez*

FICCIÓN REALISTA

Rimi, la cachorrita de Mauricio, desaparece del auto de su padre. La hermana de Mauricio contrata un detective para resolver la misteriosa desaparición.

La curiosa historia de Lucila T.

JUGUETERÍA

TEXTO DE **María de la Luz Uribe**
ILUSTRACIONES DE **Mercedes McDonald**

Esto le sucedió a Lucila T. cuando iba, como todos los días, camino del colegio.

Había pasado ya la panadería, con su buen olor a pan caliente, el teatro con un nuevo cartel donde un señor de anteojos levantaba su dedo acusador, y estaba caminando frente a la juguetería aún cerrada, cuando tuvo un extraordinario encuentro.

Al comienzo no se dio cuenta de que se dirigía a ella. Era una viejecita muy pequeña, casi más baja que Lucila T.; esta pequeña viejecita le sonreía con mil arrugas alrededor de los ojos y movía su cabeza amablemente.

319

Lucila T. miró a su alrededor y vio que de pronto la calle, que estaba tan animada de madres que llevaban a sus hijos al colegio, de niños que corrían, de señores que avanzaban con pasos largos, estaba ahora vacía. Sólo habían quedado Lucila T. y la pequeña viejecita que sonriendo movía la cabeza de arriba abajo y le alcanzaba algo que tenía en la mano.

—Buenos días —dijo Lucila T. sin saber qué hacer ni qué más decir.

—Ah, entonces lo querías —contestó la viejecita.

—No, dije buenos días, cómo está usted —repitió la niña en voz más alta.

—No, no se trata de un pez —contestó la señora, y Lucila T., pensando que era muy vieja y muy sorda. . ., dio un paso adelante para seguir su camino. . . Pero la vieja señora se puso ante ella, siempre con la mano estirada y su sonrisa pícara.

—Llegaré tarde al colegio —dijo Lucila T.

—Sí, has comprendido bien, se trata de un secreto —contestó la señora, y al mismo tiempo le alargó una caja amarilla que llevaba en su mano.

—Pero sólo deberás abrirla dentro de tres días —le dijo.

Lucila T. tomó la caja, la miró, luego miró a la viejecita, quien con sus mil arrugas le decía adiós. Todavía miró dos o tres veces hacia atrás mientras se guardaba la caja en el bolsillo del abrigo, y se dirigió corriendo al colegio, donde llegó justo al momento de entrada.

Lucila T. ese día hizo mal las divisiones, cometió diez faltas en el dictado y contestó distraída cuando sus amigas la invitaron a jugar. Ponía la mano en el bolsillo y acariciaba la caja pensando "qué tendrá, qué tendrá". Cuando llegó a su casa, se fue directamente a su habitación, colocó la caja amarilla sobre la mesa y se sentó a contemplarla.

Muchas veces su mano tocó la tapa, y estuvo a punto de abrirla cuando recordaba la voz sonriente de la viejecita y se echaba atrás.

Toda la tarde estuvo ante la caja. Y cuando llegó la hora de cenar su madre creyó que estaba enferma y no le insistió en que comiera. Tal era la cara de preocupación de Lucila T. mientras pensaba: "la abriré, no la abriré".

Cuando fue a acostarse a su habitación, y mientras seguía dudando, no pudo más, se acercó a la mesa, tomó la cajita y la abrió de golpe. . .

Le pareció ver una mariposa que volaba, pero miró dentro de la caja, y se encontró con otra cajita, más pequeña, de color rojo.

Esta vez no quiso pensar más, se acostó, cerró los ojos y se durmió.

Al día siguiente, antes de irse al colegio, tomó la caja roja y la puso en su bolsillo.

Y cuando iba camino del colegio, justo frente a la juguetería, otra vez se encontró con la arrugada viejecita. Lucila T. se detuvo avergonzada.

—Has abierto la caja, lo veo en tu nariz —dijo la viejecita sonriendo.

—Es que no he podido. . . —comenzó a decir la niña.

—Ah, quieres saber lo que has perdido. . . —contestó la viejecita—. Pues bien, si hubieras esperado tres días, al abrir esa caja hubieras podido ver los lugares más lejanos del mundo, sus paisajes, sus gentes, sus costumbres. . . Lo que tú hubieras querido.

—Pero —dijo Lucila T.— es que no he podido esperar. . .

—Sí, ahora tendrás otra vez que esperar. Recuerda, tres días —dijo la vieja señora, y se alejó sonriendo.

Ahora quedó la niña no sólo enferma de curiosidad sino de pena, al pensar lo que se había perdido. Pero, ¿qué tendría la segunda caja, la cajita roja que podía tocar poniéndose la mano en el bolsillo? ¿Qué había allí dentro? Esto se lo preguntó todo el día. Y por la noche, cuando apretaba los ojos fuertemente, no se podía dormir, pensando en lo que había perdido, en lo que podría perder si abría la caja roja, en la viejecita que encontraría a la mañana siguiente camino del colegio. Y finalmente se durmió, sin haberla visto.

Al día siguiente, aunque se detuvo un momento frente a la juguetería, la viejecita no apareció.

Y Lucila T. estuvo todo el día pensando que, ya que la vieja señora no aparecía, esa noche abriría la caja, y quién sabe qué maravillas vería.

Así, en cuanto llegó a su casa, se encerró en su habitación y abrió la caja roja. Le pareció sentir un pequeño zumbido, pero vio con desilusión que ahora estaba ante una caja pequeñísima, de color azul.

Estaba tan furiosa que iba a abrir también la pequeña cajita, cuando se acordó de la sonrisa de la viejecita, y desistió.

Al día siguiente, frente a la juguetería estaba la vieja señora meneando la cabeza tristemente.

—Lo que has perdido —le dijo— es el sonido. Habrías podido escuchar, si hubieras esperado tres días, todos los sonidos más bellos del mundo, la música más maravillosa, los más hermosos versos. Deberás prometerme esperar ahora otros tres días antes de abrir la cajita azul.

Lucila T. inclinó la cabeza y se fue rápidamente.

Y esta vez, aunque no podía pensar en otra cosa, ni concentrarse en sus deberes, ni jugar a gusto, esperó. Esperó tres larguísimos días, y en ningún momento volvió a ver a la vieja señora, lo que para ella era peor, pues sentía una picazón en la mano que le obligaba a meterla en el bolsillo para acariciar la cajita azul. Por las noches no dormía, contemplándola y esperando.

Al final del tercer día, la puso sobre la mesa, y justo antes de acostarse, cuidadosamente, primero por un lado, abrió la cajita azul, lenta, lentamente, para que nada se le escapase.

En esta cajita tampoco había nada. Pero Lucila T. comenzó a sentir un perfume de árboles verdes, de hojas secas, de hierba, tan intenso, que cerró los ojos, y le pareció estar en un maravilloso bosque sombrío. La cerró de nuevo. Y al abrirla por segunda vez, sintió el olor fuerte y vigoroso del mar. Y le pareció estar en una vasta y soleada playa.

Largo rato estuvo jugando Lucila T. con la cajita. Y cada vez que la abría, desprendía de ella un nuevo olor: a campo, a jardín florido, a una tibia cocina donde se preparaban los mejores pasteles, al fuego encendido, a la niebla de un día de invierno. Y así, sin parar. Bastaba que pensara en algo para que, a través de su olor, le pareciera estar allí.

Lucila T. estaba entusiasmada. Ahora sí quería encontrar a la pequeña viejecita para contarle que había esperado los tres días, pero sobre todo para agradecerle el extraordinario regalo de la caja azul de los olores.

Y la encontró. Sonreía feliz, y se estuvieron mirando un momento cariñosamente.

—Señora, he esperado los tres días, y he encontrado el misterio de los olores. Gracias.

—Claro que sí, pasas. Y nueces también, lo que tú quieres podrás oler en la cajita azul —contestó la viejecita—. Pero nunca olvides lo que has perdido, y abre muy bien los ojos para ver todo lo que está a tu alrededor. Y pon oídos atentos a los sonidos de la naturaleza. Con eso, y con la caja, serás feliz.

Y diciendo esto, desapareció.

Nunca olvidó Lucila T. lo que la viejecita le había dicho. Abriendo bien los ojos, y con los oídos atentos, fue siempre muy feliz. Y cuando algo la entristecía, abría la cajita azul, olía un poco de campo, o de mar, o de montaña, y olvidaba todas sus penas.

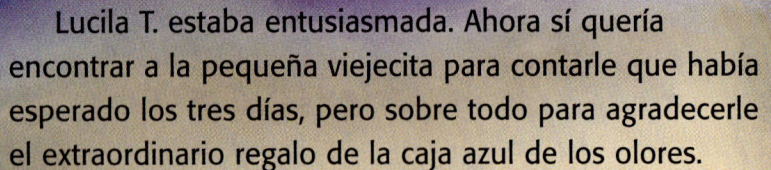

Piénsalo

1. Aunque esta historia no podría ocurrir en la realidad, ¿cómo se podría aplicar a la vida real?

2. Si Lucila T. hubiera abierto la tercera caja sin esperar los tres días, ¿qué hubiese podido pasar? Explica tu respuesta.

3. ¿Por qué tenía interés la viejecita en ayudar a Lucila T.? ¿Qué quería que aprendiera Lucila T.?

CONOCE A LA AUTORA

María de la Luz Uribe

María de la Luz Uribe nació en Chile en 1936. Ha publicado más de 20 libros para niños en los Estados Unidos, Venezuela y España. Su esposo Fernando Krahn ha hecho las ilustraciones de varios de sus libros como *Cuentecillos con mote*. María de la Luz también es poeta de mucho éxito. Piensa que es divertido ser artista creativa, poeta, cuentista y dibujante.

CONOCE A LA ILUSTRADORA

Mercedes McDonald

Mis ideas vienen de los sentimientos, los sueños, y los recuerdos que me inspiran a crear mis dibujos. Casi nunca uso referencias visuales. Cuando cierro los ojos imagino una escena, es como si flotara por encima de ella. Eso es porque mi perspectiva es un poco desvirtuada. Me gusta aplanar, estirar y jugar con el espacio como si fuera plastilina.

Los tonos vivos anaranjados en mis dibujos son inspirados por mi primera infancia en Colorado y Nuevo México. Me puedo acordar del morado, verde y azul naturalmente vívidos en el paisaje y de la luminosidad anaranjada del sol reflejando sobre los edificios de adobe.

Taller de

Paisajes, sonidos y olores

REDACTA UN PÁRRAFO Piensa en las cosas que perdió Lucila T. por abrir la caja amarilla y la roja antes de tiempo y también en las cosas que pudo oler por haber esperado los tres días necesarios para abrir la caja azul. Anota tres paisajes, tres sonidos y tres olores que te gustaría experimentar. Descríbelos en pocas palabras.

¡Qué imaginación!

DISEÑA UNA POSTAL Alguna vez habrás visto la foto de un lugar desconocido que quisieras visitar. Diseña una postal con el dibujo de un paisaje ideal para ti. Describe en unas líneas las actividades que te gustarían hacer en un lugar así. Intercambia tu postal con un compañero de clases.

actividades

Los sentidos

HAZ UNA TABLA Imagina que vas de pasadía al campo. Piensa en las cosas que verías, olerías, saborearías, tocarías y escucharías durante el paseo. Crea una tabla con cinco columnas (vista, olfato, gusto, tacto y oído) y escribe las cosas que identificas con cada uno de los sentidos.

Conversación mal interpretada

RELACIONA PALABRAS Repasa los primeros diálogos entre la viejecita y Lucila T. ¿Por qué crees que la viejecita contesta cosas que no tienen nada que ver con lo que dice Lucila T.? Anota las palabras que dice Lucila T. y al lado lo que entiende la viejecita. Comenta con un compañero cómo crees que se creó la confusión. Con un compañero, inventa otros posibles diálogos en los que se mal interpreta el mensaje con algo parecido.

Elementos narrativos: trama, personaje, escenario

Como todas las historias, "La curiosa historia de Lucila T." tiene los elementos narrativos de trama, personaje y escenario.

- La **trama** es todos los sucesos de la historia en orden.
- Los **personajes** son las personas y/o animales en una historia. Los personajes principales son los más importantes de la historia. Los personajes secundarios son menos importantes.
- El **escenario** es el tiempo y el lugar en que ocurre una historia.

Puedes usar un diagrama como el siguiente para identificar los elementos narrativos en "La curiosa historia de Lucila T".

Personajes

Lucila T. y la viejecita

Escenario

La calle, camino a la escuela y el cuarto de Lucila T.

Trama

Problema

Lucila T. debe esperar tres días para abrir las cajitas que la viejecita le entregó. Lucila es muy curiosa, ella las abre y pierde los dos primeros secretos.

Sucesos importantes

- La viejecita entrega a Lucila T. una caja amarilla y le pide que espere tres días para abrirla.
- La niña desobedece y pierde dos secretos.
- Lucila T. espera tres días para abrir la última cajita azul y recibe el secreto de los olores.

Solución

Lucila T. se da cuenta que el esperar trae algo bueno. Ella fue muy feliz cuando aprendió a nunca olvidar lo perdido, a abrir bien los ojos y a escuchar los sonidos de la naturaleza.

Cuando lees, por lo general te das cuenta enseguida de lo que se trata la historia, y dónde y cuándo tiene lugar. Esta información te ayuda a seguir la trama, o la secuencia de eventos. Lee la siguiente introducción a una historia e identifica los personajes, el escenario y la trama.

El vagón salió de Ogallala, Nebraska. Wilfredo escuchó que pronto tendrían que bajar el vagón por un gran acantilado. Papá dijo que tenían que ser muy cuidadosos. Mamá no podía ayudar ya que tenía que cuidar a los niños de los peligros de las víboras y de los vagones que pasaban. Eso significaba que todo le tocaba a Papá y a Wilfredo. Solamente con pensar en ello las rodillas le temblaban a Wilfredo.

El Rey que quería escribir un cuento

Texto de **Lara Ríos**   Ilustraciones de **David Groff**

Lara Ríos
El Rey que quería escribir un cuento

Ilustrador: Félix Arburola

Autora premiada

Había una vez un Rey que quería ser escritor, pero no sabía cómo hacerlo.

Un día llamó al Consejero Real y le dijo:

—Quiero escribir un cuento pero no sé por dónde empezar. ¿Puedes ayudarme?

—Es fácil, Majestad, sólo tienes que mirar a tu alrededor y escribir lo que brote de tu corazón.

Entonces el Rey se sentó en su balcón, ante
una mesa que tenía incrustaciones de marfil y
plata, tomó un lápiz formado de piedras
preciosas y abrió las páginas de un cuaderno de
oro.

—Ahora esperaré que brote algo de mi
corazón, —dijo.

Pasaron las horas; el Sol envió sus mejores
rayos y envolvió con su tibieza la mitad del mundo.
Pero el Rey no podía escribir ni una sola letra.

Cuando el Sol se cansó de esperar, envió un rayito
amarillo y travieso para que viera el cuaderno y, al notar
que el Rey no había escrito nada aún, el Sol dio un gran bostezo
y casi se traga una bandada de palomas que venía volando
entre las nubes.

—Voy a ayudarte, Rey —le dijo el Sol—. Haré en el cielo un espectáculo de colores.

Entonces comenzó el cielo a teñirse de naranja y rojo. Las nubes tomaron formas extrañas y empezaron a desfilar ante el balcón del Rey payasos, osos, gigantes, barcos, elefantes y piratas.

"¿Quién puede escribir en una tarde anaranjada? ¡Qué aburrido es escribir de día! Esperaré la noche; tal vez la Luna y las estrellas me inspiren."

El Rey tenía una esposa muy prudente y sabia y una hija preciosa y buena. Las dos se acercaron al balcón a ver qué había escrito el Rey.

—¿Terminaste el cuento, papá? —le preguntó su hija con dulzura.

—Todavía no, pero espero hacerlo pronto.

—¿Y qué vamos a hacer? —dijo la Reina con acento preocupado—. El Consejero Real nos ha informado que el país está en quiebra. Hay escasez de alimentos y nadie quiere trabajar. ¿Por qué no escribes otro día y atiendes ahora este gran problema?

—¿Cómo puedes decirme semejante cosa? Lo que estoy haciendo es muy importante para mí. Dile al Consejero Real que se las arregle como pueda y que pongo a su disposición a todos los Ministros. Ellos son muchos y pueden arreglar cualquier dificultad que se les presente, en cambio, sólo yo puedo escribir un cuento. ¿Te enteras ahora de que también mi problema es muy grande?

La Reina agachó la cabeza, no dijo nada y salió seguida por su hija.

Y comenzó la Luna a enviar su luz, alargando las sombras y
pintando de claro-oscuro los campos.

—¿Quién puede inspirarse entre tanta tiniebla? —pensó el Rey.

—Te ayudaremos —dijeron las estrellas—. También nosotras te
daremos algo de nuestra luz. Y, desprendiéndose del cielo, comenzaron
a caer al mar formando una lluvia luminosa como de fuegos

artificiales. Estrellas de colores: azules, rojas, amarillas y blancas, brillaban como si la noche fuera un gran árbol de Navidad.

"Ya es tarde —pensó el Rey—. Mañana iré al río y sé que de ahí brotará mi inspiración. El río siempre tiene algo interesante que contar. Porque los astros se creen serviciales y, al fin de cuentas, no me han servido para nada".

Al día siguiente el Rey se fue al río. Lo oyó cantar y lo vio correr entre las piedras, pero nada brotó de su corazón.

—Te ayudaré, Rey —le dijo el río. Y comenzó a formar cascadas vestidas de arcoiris.

"Este río me está mojando mi cuaderno de oro y así no puedo escribir. Me iré a hablar con la montaña, tal vez ella sí tenga algo que decirme."

Y comenzó a caminar por un sendero. De pronto vio a un anciano que venía en dirección opuesta. Cuando estuvo cerca, el hombre se detuvo y le preguntó al Rey:

—¿Has terminado ya tu cuento, Majestad?

—¿Y cómo sabes tú que estoy escribiendo un cuento? —le contestó sorprendido.

—Bueno. . . al fin y al cabo eres nuestro Monarca y tenemos que enterarnos de lo que haces. Estás escribiendo un cuento mientras tu pueblo se muere de hambre y miseria.

—Mis ministros ya se han hecho cargo de ese problema. Vete anciano, y déjame escribir en paz.

El anciano se retiró, muy triste, y el Rey se sentó a la orilla del camino para meditar.

En eso vio una fila de hormigas. Cada una llevaba una hojita verde.

—¡Oigan hormigas! —les gritó—. Tengo que escribir un cuento y tal vez ustedes puedan ayudarme.

—Estamos muy ocupadas trabajando y no podemos detenernos para hablar sobre cuentos ahora —dijo una hormiga con voz chillona. Mira dentro de nuestro hormiguero, tal vez esto te pueda servir de algo. El Rey miró durante varias horas el ir y venir de las hormigas. Vio cómo trabajaban, cómo alimentaban a sus crías y descubrió que no tenían Rey.

—¡Oigan, hormigas! —gritó—. ¿Cómo es eso de que ustedes no tienen Rey?

—Nuestros hormigueros los manejan las Reinas, porque, hace mucho tiempo, tuvimos un Rey que también quería escribir cuentos, y todavía lo está intentando. Y la verdad es que no lo necesitamos para nada; así estamos muy bien.

El Rey miró otra vez el hormiguero. Las hormigas en fila trabajaban en orden. Vio los depósitos de comida y a las hormiguitas que estaban como en un capullo y a las que llamaban "ninfas". Miró cientos de huevecillos y cómo a estos "bebés-hormigas" los cuidaban con gran amor las obreras. Y vio a una de las reinas, grande y fuerte, que trabajaba junto a estas obreras.

—Te voy a ayudar, Rey, dándote un consejo —le gritó la Reina de las Hormigas—. Regresa a tu palacio inmediatamente, pues allá te necesitan. Tú eres el Rey y debes gobernar con sabiduría y sobre todo con trabajo. Si al llegar a tu palacio no brota nada de tu corazón, entrégale el mando a tu esposa.

—Gracias por el consejo —le contestó el Rey—. Voy a pensarlo.

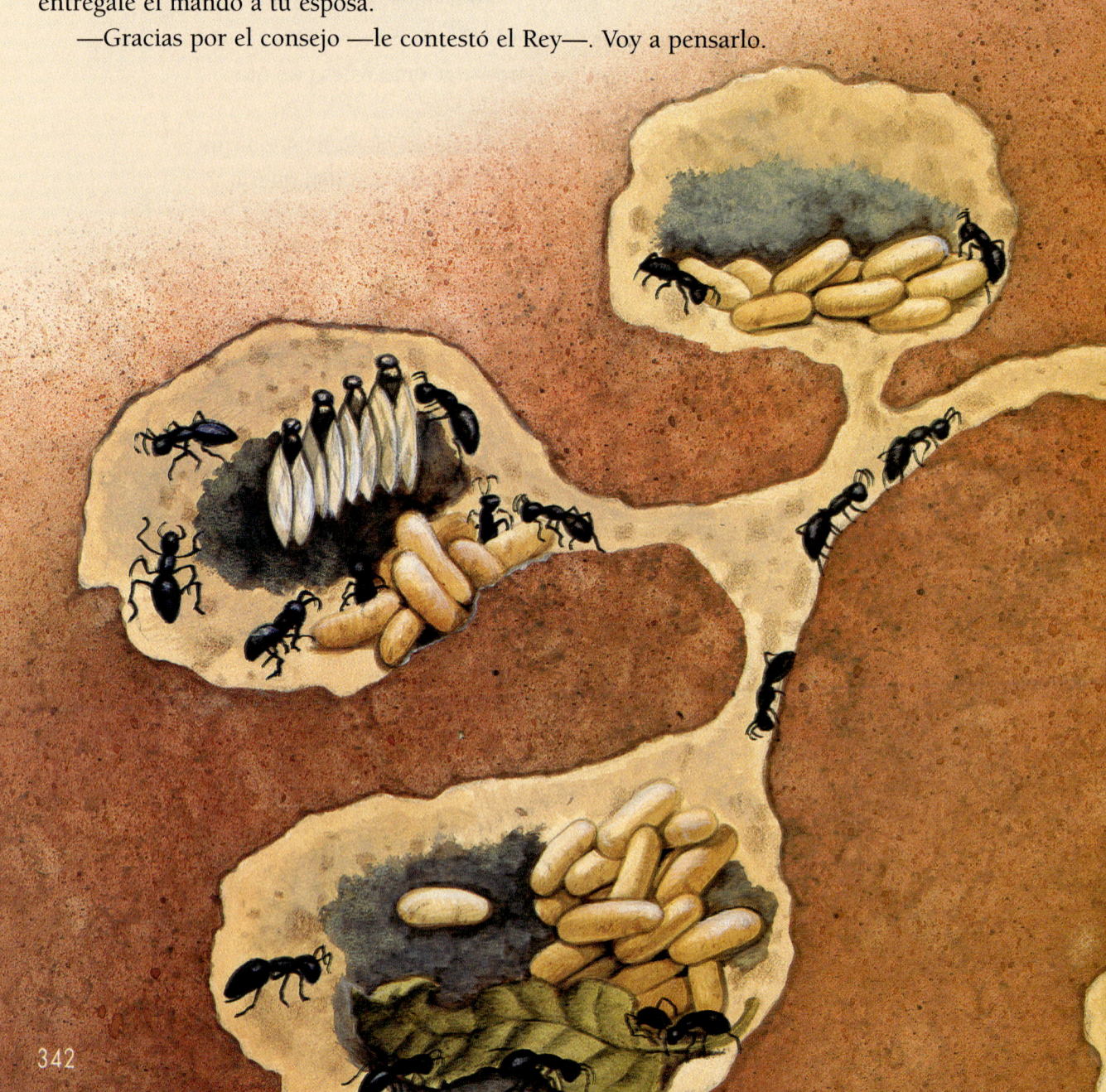

342

El Rey regresó al palacio, reunió al Consejero Real y a sus Ministros y habló con su esposa y con su hija.

Vendieron las joyas que tenían guardadas en los cofres y compraron tractores, herramientas de labranza y semillas para regar en los campos.

El Rey cambió sus trajes lujosos por ropas de trabajo y, con un gran sombrero, comenzó a recorrer sus tierras. Todas la mañanas, salía muy temprano a inspeccionar las labores agrícolas.

—¡Aquí todos vamos a trabajar! —les dijo a su esposa y a su hija—. Ustedes deben ir a las casas del pueblo a enseñar a hacer pan a las mujeres que no saben hacerlo. Porque de ahora en adelante, lo que va a sobrar es trigo.

—¡Pero si no sabemos cómo se hace! —protestaron.

—¡Pues aprendan! Que les enseñe el cocinero del palacio. Y dando un portazo, salió de la habitación en que se encontraban.

Pasó el tiempo. Las casitas blancas del reino parecían sonreír al sentirse envueltas en el delicioso aroma de cientos de panes recién salidos de los hornos. Y los campos dorados y verdes eran la envidia de los países vecinos. La gente estaba feliz.

Un día, cuando el Rey, lleno de orgullo y sudor, contempló sus manos callosas y quemadas por el sol, sintió que algo brotaba de su corazón. Tomó un lápiz cualquiera y un cuaderno rayado común y escribió. . . el cuento que acabas de leer.

Piénsalo

1. ¿Es importante o no el tipo de papel, lápiz y cuaderno que empleó el Rey al sentarse a escribir su cuento? ¿Por qué sí o por qué no?

2. En este cuento el Rey acabó escribiendo sobre algo que le apasionaba. Si tú escribieras un cuento, ¿qué tema te apasionaría a ti más? ¿Por qué?

3. En este cuento, las hormigas tenían un sistema de organizarse del cual el Rey pudo aprender mucho. Aprendió, por ejemplo, lo bueno que es trabajar en equipo. ¿Qué otras cosas podemos aprender de los animales?

Conoce a la autora
Lara Ríos

Marilyn nació en San José, Costa Rica, el 9 de abril de 1934. Es casada y tiene cuatro hijos y once nietos.

Escribe bajo el seudónimo de Lara Ríos, pues dice que su nombre de soltera, Marilyn Echevarría Zürcher, con el que debiera firmar sus libros, es muy largo y difícil de pronunciar.

Ha escrito once libros para niños y jóvenes. Varios de ellos son lectura obligatoria en las escuelas del país. Por eso, cuando los niños están leyendo sus libros, ella los visita en la escuela para que le hagan preguntas y les cuenta por qué y cómo los escribió, y las anécdotas sobre las historias que narra, que casi siempre se basan en la realidad.

Con el libro de poemas *Algodón de azúcar,* ganó el premio nacional Carmen Lyra en 1975 y con su novela juvenil *MO*, basada en los indios cabécares de Costa Rica, integró la Lista de Honor de IBBY (International Board of Books for Young People), en 1992.

El rey que deseaba escribir un cuento es, en cierto modo, autobiográfico. A Lara Ríos se le pidió que escribiera un cuento en una semana. La autora veía el sol, la luna, las estrellas, el río y "nada brotaba de su corazón". Cada día hacía el intento de escribir, pero la inspiración no llegaba nunca. Por fin tomó una libreta común y un lápiz y escribió el cuento que acabas de leer.

347

Orula miente y no miente

Texto de *Alga Marina Elizagaray*
Ilustraciones de *Julie Paschkis*

*H*ACÍA MUCHO TIEMPO que el gran Obatalá, rey de reyes, venía observando que Orula tenía mucha imaginación. . . En más de una ocasión pensó entregarle el mando del mundo, pero cuando reflexionaba detenidamente su propósito desistía, porque consideraba que Orula era demasiado joven para una misión de tanta importancia, a pesar del buen juicio y de la seriedad de sus palabras y actos.

Un día el gran Obatalá quiso saber si Orula era tan listo como parecía y le ordenó:

—Prepárame la mejor comida que puedas imaginarte.

Orula escuchó los deseos del gran Obatalá y cuán grande no sería su afán por complacerle. Así que inclinando ligeramente su cabeza, en señal de respetuoso asentimiento, se dirigió de inmediato al mercado con el fin de comprar una hermosa lengua de toro. Después la condimentó y cocinó de manera tan deliciosa, que el gran Obatalá, satisfecho, se relamió de gusto.

Terminada la cena, el gran Obatalá, que estaba intrigadísimo, le preguntó:

—Orula, ¿cuál es la razón por la que la lengua de toro es la mejor comida que puedas imaginarte?

Orula, con mucho respeto, respondió al gran Obatalá, su rey:

—Señor, con la lengua se conceden favores, se miden las cosas, se proclama la virtud, se elogian las obras y maneras, y con ella se llega también a encumbrar a los hombres.

Orula fue ampliamente compensado por el gran Obatalá rey de reyes, que muy satisfecho de su ingeniosidad y arte culinario le nombró desde esa ocasión, su primer secretario. En este encumbrado cargo el joven Orula tuvo múltiples oportunidades de demostrar sus hábiles cualidades de organizador. No había empresa de la que no se hablase favorablemente si era obra de Orula.

El gran Obatalá dejó que pasase algún tiempo porque el tiempo es como una cinta de medir y también es el mejor consejero. Un día, le hizo el siguiente pedido:

—Prepáreme la peor comida que puedas imaginarte.

El joven Orula estuvo un buen rato meditando, pues nunca se precipitaba a hacer algo que no hubiese pensado muy bien primeramente. Cuando al fin supo lo que debía hacer, organizó el menú, fue al mercado, compró de nuevo una lengua de toro, la cocinó y se la presentó a su rey, el gran Obatalá. Y al ver el rey de reyes la misma comida que anteriormente le había ofrecido como la mejor, le dijo furioso:

—¡Orula! ¿Cómo es posible que una vez al servirme esta comida me confesaras que era la mejor que podías imaginarte y ahora me la vuelves a presentar como la peor de todas?

Y Orula respondió muy respetuosamente:

—Señor, entonces le dije que era la mejor, pero ahora le afirmo que es la peor porque con la lengua también se vende y se pierde a un pueblo, se calumnia a las personas, se destruye su buena reputación, se cometen las más repugnantes traiciones. . . Dígame usted si no tengo razón al decir que la lengua es lo peor y lo mejor que pueda servirse a un rey.

Y así fue como el gran Obatalá, rey de reyes, impresionado ante la inteligencia del joven Orula le entregó el gobierno del mundo.

Piénsalo

En el mito "Orula miente y no miente" Orula ofrece una explicación creativa sobre el poder de la lengua. ¿Cuál es esa explicación?

Taller de

Contrastes

CREA UNA ESCENOGRAFÍA
¿Cómo te imaginas al Rey? Basándote en los datos del texto, dibuja una escena en la que se vea al Rey intentando escribir un cuento y otra escena que corresponda a la parte en la que trabaja junto a su pueblo.

Inspiración repentina

HAZ UNA LISTA Piensa en el ambiente más apropiado para escribir un cuento. Elabora una lista de las cosas que necesitarías preparar para poder escribir a gusto. Luego puedes ponerlas en práctica, ¡a ver si funcionan!

actividades

Dígame por qué

REPRESENTA UNA ENTREVISTA
Imagina que eres un periodista y
tienes la oportunidad de entrevistar al
Rey después de leer esta historia.
Prepara las preguntas. Con un
compañero que haga el papel del Rey,
hagan una pequeña representación de
la situación.

Pros y contras

HAZ UNA LISTA   Dibuja una línea
vertical en una hoja de tu cuaderno.
Según lo que has leído en el texto de
"Orula miente y no miente", en un
lado escribe lo que se presenta como
las virtudes de los hombres y en el
otro, enumera lo que se considera
como los defectos. Explica si estás
de acuerdo o no con esta división y
por qué.

Sor Juana Inés de la Cruz

TEXTO DE *Kathleen Thompson*

ILUSTRACIONES DE *Ann Barrow*

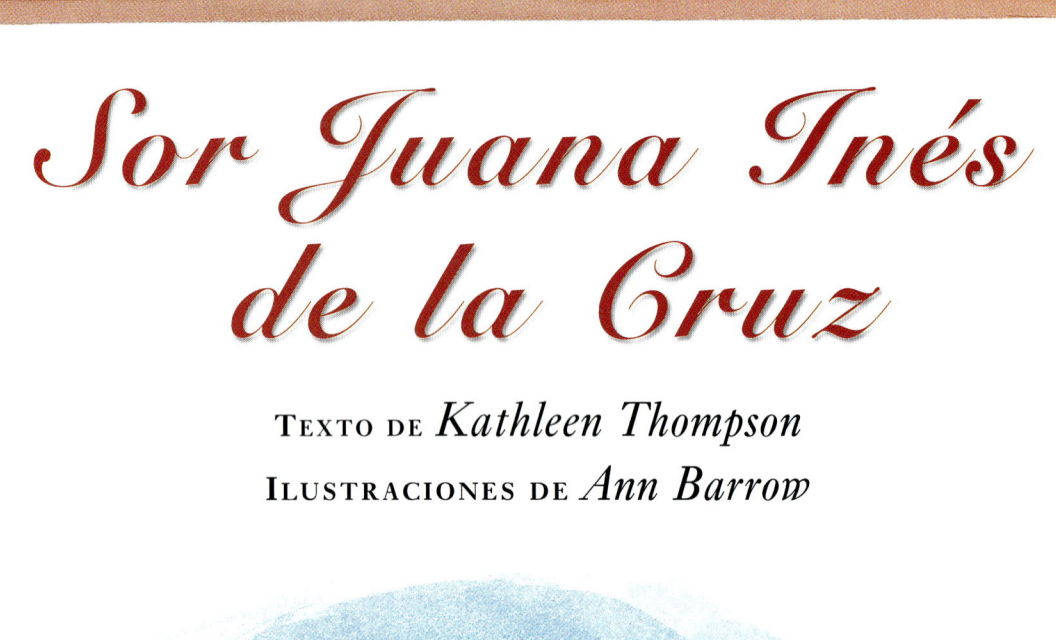

Al pie del volcán Popocatépetl en México, hay un pueblecito llamado San Miguel Nepantla. En ese lugar en 1648, o quizá en 1651, nació una niñita. Era pobre y nunca conoció a su padre, pero un día llegó a ser la más grande de los poetas de México.

Juana Inés Ramírez de Asbaje creció en la casa de su abuelo con su madre y dos hermanas. Su abuelo era un hombre bondadoso que amaba los libros y el saber. Desde el inicio de su vida, la pequeña Juana Inés compartió este interés por los libros y por aprender. Cuando tenía sólo tres años rogó y suplicó para que una de las maestras de su hermana mayor le diera clases. Había oído decir que la gente que come queso se vuelve lenta en el aprendizaje. Esto, por supuesto, no es cierto. Pero aunque a ella le encantaba el queso, Juana Inés dejó de comerlo.

Cuando Juana Inés tenía seis o siete años ya sabía leer y escribir bien, pero quería aprender más. Le pidió a su madre que la dejara vestirse de hombre para poder ir a la universidad, a donde no podían ir las mujeres.

Como es de imaginarse, su madre le dijo que no. Así que Juana Inés se pasaba todo el tiempo en la biblioteca de su abuelo, leyendo todos sus libros. Una vez, se puso a aprender gramática. Como no la aprendía con suficiente rapidez, se cortó el pelo. Y como, en su opinión, seguía demorándose mucho para aprender, se lo cortó todavía más. Sentía que no debía estar "vestida de cabellos cabeza que andaba tan desnuda de noticias".

Cuando Juana Inés tenía unos nueve años, murió su abuelo. Poco tiempo después, Juana Inés fue a vivir a la ciudad de México con sus tíos. Era un lugar muy diferente a San Miguel. Su tío, Juan de Mata, era muy rico. Él y su esposa, doña María, eran amigos del Virrey que gobernaba México o Nueva España, como se le llamaba entonces. En el hogar de los Mata se vivía con cierto lujo.

Pero la diferencia mayor para Juana Inés era que, en la ciudad de México, tendría la oportunidad de aprender mucho más de lo que hubiera podido aprender sólo con la biblioteca de su abuelo.

Juana Inés vivió con sus tíos hasta que cumplió quince años. Ellos la llevaron a la corte del virrey. Un nuevo virrey y su esposa, la virreina, acababan de llegar de España. A la virreina, Leonor Carreto, le encantó la bonita e inteligente jovencita en cuanto la conoció. Y le pidió a Juana Inés que viviera en el palacio y fuera una de sus damas personales.

Juana Inés y Leonor, que tenía exactamente el doble de su edad, se hicieron buenas amigas. Conversaban constantemente sobre arte, nuevas ideas y música. Cuando Juana Inés empezó a escribir poesía, Leonor le dio consejos y apoyo.

La vida en la corte virreinal era muy animada. Había bailes y obras de teatro y conciertos. También había muchos enamoramientos. Pero, aunque Juana Inés era hermosa e inteligente, no había expectativas de que se casara con ninguno de los jóvenes que la rodeaban. Era demasiado pobre.

En aquella época, ningún joven de la corte se hubiera casado con una muchacha a menos que tuviera una dote. Al realizarse un matrimonio, se esperaba que la novia aportara una suma substancial de dinero. Sin esa dote, no habría matrimonio. Juana Inés no tenía dote.

Algún día, Juana Inés tendría que decidir qué hacer en un mundo en que no había carreras para las mujeres y en que casarse con un hombre educado, dispuesto a compartir sus intereses, no era una opción posible.

Muy pronto, la inteligencia de Juana Inés se hizo tan famosa que el virrey concibió un examen para probarla. Hizo venir al palacio a cuarenta de los hombres más instruídos de la ciudad. Eran científicos y matemáticos, poetas y filósofos, hombres de todas las ramas del saber. Y los invitó a examinar a Juana Inés, que tenía diecisiete años.

Las preguntas se sucedieron con toda rapidez. Juana Inés contestó, argumentó y siguió contestando. Nadie podía vencerla. Los cuarenta estudiosos se marcharon, desconcertados por el conocimiento y la inteligencia de la notable joven.

Apenas un año más tarde, Juana Inés se hizo monja. Entró al convento de San Jerónimo. Su nombre pasó a ser Sor Juana Inés de la Cruz.

En aquella época ser monja no era lo mismo que es hoy. En primer lugar, para hacerse monja era necesario pagar una dote al convento, igual que para casarse. La dote de Juana Inés fue pagada por un hombre rico que ayudaba a que hombres y mujeres jóvenes se hicieran sacerdotes y monjas. Además, el convento consistía en "celdas" que se vendían o alquilaban a las monjas. La celda que compraron para Juana Inés tenía un dormitorio, una sala, una cocina y un baño. A través de los años ella logró coleccionar una enorme cantidad de libros, obras de arte e instrumentos musicales y científicos.

A las monjas de San Jerónimo no se les permitía salir del convento. Sin embargo, muchas personas del palacio del virrey y de otras casas ricas venían a visitar a las monjas. Las monjas las atendían con música y conversación agradable.

A causa de su sabiduría y de su personalidad, Sor Juana tenía muchos visitantes que incluían científicos y escritores. Conversaba con ellos con gran inteligencia sobre la vida y sobre literatura. Improvisaba poemas en varios idiomas. Hacía juegos de palabras y participaba en los chismes de la corte.

Sor Juana compuso poemas en muchas ocasiones para conmemorar eventos especiales de la corte. A cambio de ello, recibía regalos costosos y se le hacían favores especiales al convento. Y por eso el convento la animaba a escribir para la corte.

Sor Juana escribió dos obras de teatro extensas. Una de ellas es una comedia. También escribió muchas obras teatrales breves: comedias, dramas y obras religiosas. Todo lo que escribió es excelente.

Aunque se pasó la mayor parte de la vida en el convento, Sor Juana escribió hermosamente sobre la alegría y el dolor del amor que demostraba comprender muy bien. Creó un mundo poético y un lenguaje poético propio. Y llegó a ser uno de los mejores poetas de la lengua española.

Por muchos años, la vida de Sor Juana continuó de la misma manera. Sin embargo, había hombres en la iglesia que no estaban de acuerdo con esta monja brillante. No creían que se le debía dejar escribir sobre nada que no fuera la religión.

Después de una larga batalla, Sor Juana tuvo que ceder. Una de las pensadoras más brillantes del Nuevo Mundo permitió que vendieran su gran colección de libros. Una de las personas con mayor influencia en la cultura de su época se retiró de la sociedad y no volvió a hablar con otros escritores y artistas. El mejor poeta que México haya tenido nunca abandonó su pluma.

Poco después una epidemia azotó el convento y Sor Juana murió mientras cuidaba a otras monjas.

Piénsalo

1 ¿Qué muestra acerca de Juana Inés el que se cortara el pelo por considerar que no aprendía lo suficientemente rápido?

2 ¿Cómo crees que fue la vida de Sor Juana en el convento?

3 ¿Piensas que al tener que vender sus libros Sor Juana comprometió su pasión por escribir? ¿Por qué sí o por qué no?

KATHLEEN THOMPSON

Kathleen Thompson nació en 1918 y ha escrito más de ochenta libros para niños. Muchas veces ha colaborado con otros autores, o sea ha sido la "coautora". También ha preparado numerosas biografías de gente tan diversa como los héroes populares norteamericanos, la guía indígena Sacagawea y el pionero Daniel Boone, así como de personajes famosos del mundo hispano como la escritora mexicana Sor Juana Inés de la Cruz y el poeta cubano José Martí. Estos libros nos ayudan a saber cómo fueron las vidas de estas personas importantes. Adicionalmente, la Sra. Thompson ha sido la coautora de varios libros sobre la historia de las mujeres afroamericanas. Ha creado un libro para niños sobre cada estado de Estados Unidos. Los libros enseñan acerca de la historia, la economía, la cultura y el futuro de un estado en particular. Sus escritos también incluyen colecciones de juegos, cuentos y recetas navideñas, y también adaptaciones de clásicos literarios como *Gulliver's Travels* en ediciones divertidas para niños. Es evidente que Kathleen Thompson es una escritora a quien le encanta aprender y compartir lo que sabe acerca de las personas, los lugares y las cosas que le fascinan.

Taller de actividades

La poesía

LEE UN POEMA A LA CLASE
Busca en libros o antologías de
Sor Juana un poema que te guste.
Escribe un informe para explicar
cuáles son las ideas principales
del poema. ¿Por qué te gusta?
Comparte con tus compañeros
tu trabajo y léeles el poema en
voz alta.

Una tragedia

BUSCA INFORMACIÓN   El
relato que acabas de leer explica
que Sor Juana murió debido a una
epidemia que azotó el convento
donde vivía. Utiliza libros de la
biblioteca o Internet para
identificar una epidemia de esa
época, como la fiebre amarilla y la
peste bubónica.

La vida en el convento

HAZ UNA MAQUETA   ¿Cómo te imaginas que era la celda de Sor Juana en el convento? Utiliza las ilustraciones de éste u otros libros para darte una idea de cómo debió ser el lugar donde esta gran poetisa vivió la última parte de su vida. Haz una maqueta en miniatura para representar tus ideas o investigación.

Hombres necios

RELACIONA TEXTOS   Uno de los versos más conocidos de Sor Juana es uno que dice: "Hombres necios que acusáis a la mujer sin razón, sin ver que sois la ocasión de lo mismo que juzgáis". De acuerdo a lo que leíste sobre Sor Juana, ¿cuál crees que haya sido la situación de la mujer en ese tiempo? Discute con dos o tres compañeros los motivos que Sor Juana pudo haber tenido para escribir un verso así.

Hecho y opinión

En "Sor Juana Inés de la Cruz", la autora describe la vida y talento de esta gran escritora y pensadora. Al describir su vida y talento, la autora da hechos y opiniones. Un **hecho** es una declaración que se puede probar. Una **opinión** es lo que una persona piensa sobre algo. Una opinión no se puede probar. Lee el siguiente texto de la selección.

> A penas un año más tarde, Juana Inés se hizo monja. Entró al convento de San Jerónimo. Su nombre pasó a ser Sor Juana Inés de la Cruz. En aquella época ser monja no era lo mismo que es hoy.

Puedes usar una tabla como la que sigue para identificar los hechos y las opiniones.

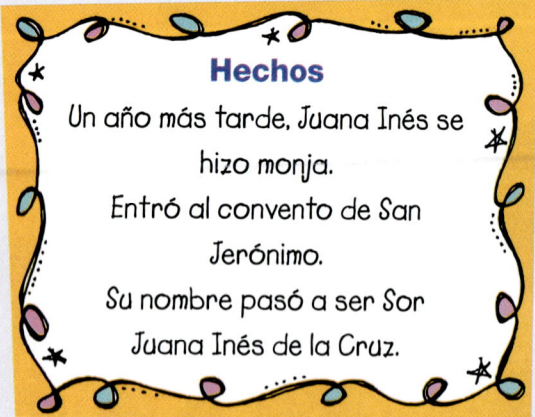

Hechos

Un año más tarde, Juana Inés se hizo monja.
Entró al convento de San Jerónimo.
Su nombre pasó a ser Sor Juana Inés de la Cruz.

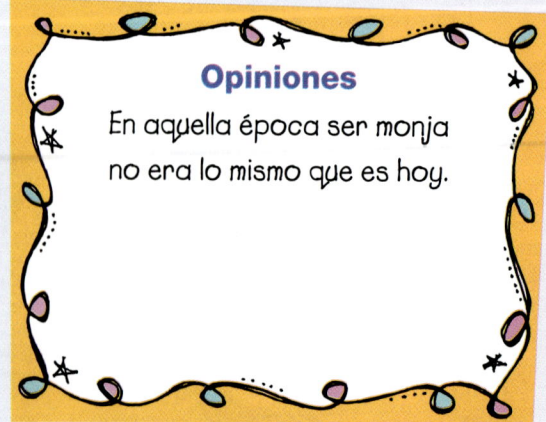

Opiniones

En aquella época ser monja no era lo mismo que es hoy.

Es importante que puedas diferenciar entre un hecho y una opinión cuando leas. A veces los autores dan sus opiniones como si fueran hechos. Puede que los autores también mezclen los hechos con las opiniones para intentar persuadir a los lectores que acepten las opiniones como si fueran hechos. Si puedes distinguir los hechos de las opiniones cuando lees, podrás formar tus propias ideas sobre un tema.

Lee el siguiente párrafo. ¿Cuáles afirmaciones son opiniones y cuáles son hechos? ¿Cómo lo sabes?

Nunca sé cuándo tendré una idea para un dibujo, así que siempre llevo mi cuaderno de dibujo en la mochila. Es un cuaderno de dibujo bello, con un león en la cubierta. A veces tengo que esperar en la oficina de mi mamá para que termine su proyecto. Esperar es muy aburrido, así que dibujo. Muchas veces me vienen las mejores ideas cuando voy en el carro.

¿QUÉ HAS APRENDIDO?

1 ¿Cuáles son algunos hechos que aprendiste sobre Sor Juana Inés de la Cruz? ¿Cuáles son algunas de tus opiniones sobre Sor Juana y su talento?

2 Lee un artículo en una revista o un periódico. Haz una lista de algunos hechos y opiniones que encuentres en el artículo.

INTÉNTALO • INTÉNTALO

Escribe un párrafo sobre tu autor o músico favorito. Di por qué te gustan sus obras o su música. Intercambia hojas con un compañero. Subraya todos los hechos en el párrafo de tu compañero con una línea. Subraya con dos líneas las opiniones.

Visita *The Learning Site*
www.harcourtschool.com

Satchmo
TOCA BLUES

TEXTO DE ALAN SCHROEDER
ILUSTRACIONES DE FLOYD COOPER

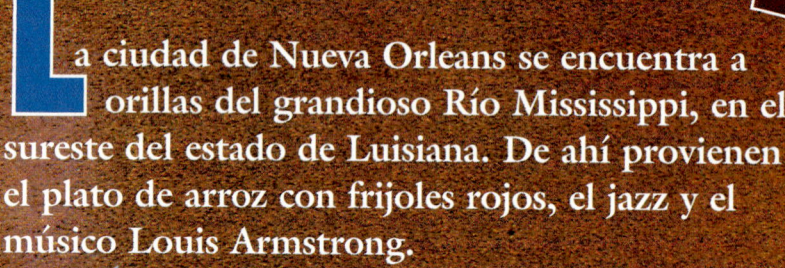

La ciudad de Nueva Orleans se encuentra a orillas del grandioso Río Mississippi, en el sureste del estado de Luisiana. De ahí provienen el plato de arroz con frijoles rojos, el jazz y el músico Louis Armstrong.

Durante las noches cálidas de verano, el joven Louis se sentaba fuera del salón de bailes Economy Hall a escuchar la orquesta Eagle Band tocar el mejor jazz de toda la ciudad. Observaba cómo su músico favorito, Bunk Johnson, hacía sonar la trompeta hasta que el techo retumbara. Louis esperaba tocar de la misma manera y hacer que las estrellas del cielo bailaran de alegría.

Louis y su familia vivían en la calle Perdido, en las afueras de la ciudad. Su vecindario era pobre, con botellas rotas por todas partes, muchos perros y cercas tumbadas. Pero eso no le molestaba. Por las noches, cuando se prendían los faroles y Willie Reed sacaba su violín, se sentía como si estuvieran dentro del *Economy Hall*, todo el mundo aplaudía al ritmo y bailaba sobre las tablas de madera.

En su vecindario, cada uno tenía un instrumento: clarinete, o banjo u olla de metal que se usaba como percusión. Pero Louis no quería tocar ni clarinete ni banjo. Quería una trompeta como la de Bunk Johnson, una de latón, con los pistones tan suaves como si susurraran cuando uno los tocaba. Para eso, sin embargo, necesitaba dinero y su mamá no lo tenía. Por lo menos no tenía suficiente para una trompeta.

—Vas a tener que esperar —le dijo su mamá—. Ahora ven a ayudarme a tender la ropa.

Un día, cerca de la calle Borbón, Louis vio una trompeta en la vitrina de una casa de empeño. Era una chulada con gran resplandor, que parecía rogarle que la comprara. El precio de cinco dólares estaba escrito en un rótulo de cartón. Louis tuvo que dar la vuelta e irse. Nunca lograría ahorrar esa cantidad.

"¡No es justo!" pensó. Todo el mundo tenía un instrumento musical. Hasta el pastelero Santiago tenía una pequeña trompeta que colgaba de su carrito de madera. La gente llegaba corriendo cuando oían su famoso "*tut-tut-tuuut*".

La próxima vez que Santiago pasó por el vecindario, Louis corrió hacia él y entusiasmado le preguntó:

—¿Me deja tocar la trompeta, don Santiago?

El pastelero le sonrió y se la prestó. Louis acercó la trompeta a sus labios y la sopló.

No salió nada; sólo un triste y horrendo *fffff*.

Todos se rieron, sobre todo Santiago. Louis lo intentó de nuevo. Esta vez el ruido fue más feo.

Santiago le quitó la trompeta.

—¿No dijiste que la podías tocar, Louis?

—Pensaba que sí podía —le contestó, arrugando la frente.

La gente se rió aún más.

Pero Louis no se dio por vencido. Quería convertir ese horrible *fffff* en un tono maravilloso, en un jazz tan pegajoso, que la gente vendría corriendo para escucharlo.

—Lo voy a lograr —se dijo a sí mismo.

Dos semanas más tarde, la trompeta seguía en la vitrina de la casa de empeño. Louis quería entrar, pero el señor detrás del mostrador no se veía muy amigable que digamos. El precio todavía era cinco dólares.

—Esa trompeta es mía —susurró pegando la nariz a la vitrina—. ¡Tiene que ser mía!

Todas las tardes al regresar de la escuela, Louis se paraba frente al espejo para practicar su técnica de soplar. Simulaba que era Bunk Johnson, que levantaba el techo con sus sonidos de 'do' agudos.

—¿Qué haces con los labios, Louis? —le preguntó su mamá—. Pareces un pez.

—Toco mi trompeta —le respondió.

—No veo ninguna trompeta —le dijo su mamá negando con la cabeza.

Pero Louis sí la podía ver, y era toda una belleza.

Cada vez que había un desfile en Nueva Orleans, Louis participaba.

—¡Anda, salte de aquí, niño! —le insistían los que marchaban. Pero eso no lo detenía. Ponía los pies en polvorosa y marchaba detrás de la Banda Charanga Excelsior. En una ocasión, Bunk Johnson lo vio desde la acera y lo saludó con la mano. Louis sonrió de oreja a oreja. No portaba uniforme ni siquiera tenía trompeta, pero tenía que ser el que con más orgullo marchaba en todo el desfile.

Esa primavera, Louis hizo todo lo posible por ganarse los cinco dólares. Vendió carbón y trapos y les hacía mandados a los vecinos. Dos veces por semana se iba al centro de la ciudad, a los mercados al aire libre, y se metía entre los basureros de los puestos de verduras.

—No vas a encontrar una trompeta allí —le dijo su hermana Beatrice a carcajadas.

—Vete —le pidió Louis. No buscaba una trompeta sino cebollas podridas. Con un cuchillo pequeño, cortaba las partes podridas y guardaba las buenas en una bolsa. Luego las vendía a los restaurantes de la calle Perdido a cinco centavos la bolsa.

—¿De dónde sacaste estas cebollas, muchacho? —le preguntó un señor que tenía sospechas.

—Las cultivo —le respondió Louis—. También me las como. ¿Quiere oler mi aliento?

El señor se lo quedó mirando un instante, luego se echó a reír. —¡Qué carácter tienes! Como me caes bien, te compro dos bolsas.

Todos los domingos, su mamá llevaba a Louis y a Beatrice a la iglesia del Reverendo Cozy. Louis apenas podía quedarse quieto cuando escuchaba la música gospel a su alrededor. Su mamá cerraba los ojos, se mecía hacia adelante y hacia atrás y aplaudía al compás. Durante el sermón, Louis simulaba tocar la trompeta.

—¡Deja de hacer esa cara de pez! —le ordenaba su mamá al oído.

Pero Louis no podía dejar de practicar. Sólo pensaba en tocar la trompeta. Un día de éstos entraría a la casa de empeño y compraría la trompeta. Ya tenía cuatro dólares. Le faltaba sólo uno.

Aún tendría que vender un montón de cebollas.

El Día de la Decoración Louis tomó el tranvía hasta el cementerio Girod. Se puso a quitar la maleza y a pulir las lápidas de las tumbas para ganarse unas cuantas propinas. Ese día ganó cincuenta y cinco centavos. Camino a casa, Louis estaba muy cansado pero se sentía contento. La trompeta finalmente sería suya, ¡ese fin de semana!

Se sorprendió cuando vio a su mamá esperándolo en la escalinata de su casa. Se veía preocupada.

—Es el cumpleaños de tu hermana —le dijo en voz baja—. Sabes que todos los años cocino *jambalaya*. Pero cuesta dinero y esta vez no me alcanza. Necesito que me des veinticinco centavos.

Su mamá le extendió la mano. En ese momento Louis quiso llorar. ¿Por qué le estaba pidiendo veinticinco centavos? ¿Acaso no sabía que trataba de ahorrar dinero? ¿Acaso no le importaba?

—Pero, Mamá . . .

—No es para mí, es para tu hermana.

Louis apuntó al bolsillo del delantal donde ella guardaba el dinero:

—Tienes suficiente, Mamá.

—Tal vez sí, tal vez no. Debes ayudar, Louis. No puedes pensar sólo en ti y en tus deseos. —Luego entró corriendo la mano suavemente sobre el hombro de Louis, y le dijo:

—Además, acuérdate de cuánto te gusta la jambalaya que hago.

Fue una decisión difícil. Louis metió la mano en el bolsillo de sus pantalones para sacar una moneda de veinticinco centavos. ¿Cómo? ¿Cómo era posible que su mamá le pidiera que hiciera eso?

—Ten —le dijo, dándole el dinero con rapidez. Antes de que su mamá pudiera darle las gracias, Louis entró corriendo a la casa con los ojos llenos de lágrimas.

Esa noche, su mamá les preparó una gran olla de la mejor jambalaya. Le puso camarones, cangrejos y rebanadas gruesas de salchichón con sazón criollo tipo cajún.

—Con esto sí que van a bailar tus mandíbulas —dijo sonriente, mientras servía los tres platotes hondos.

Louis comió hasta más no poder. Ahora estaba feliz de haberle dado la moneda a su mamá. En su vecindario no existía plato más delicioso que la jambalaya.

Una hora más tarde, después de lavar los platos, la mamá salió a la escalinata de la casa. Louis estaba sentado en silencio y contemplaba el cielo.

—Aprecio mucho lo que hiciste —le dijo—. Sé que ahorrabas los veinticinco centavos para otra cosa. —Pausó, como si no supiera qué decir—. Extiende la mano. Tengo algo para ti.

Louis la extendió. Su mamá soltó una moneda de plata de un dólar.

—Estoy cansada de ver esa cara de pez —le dijo con una sonrisa—. Es hora de que te compres una trompeta de verdad.

¡Por fin tenía los cinco dólares! Ni siquiera se puso los zapatos. Corrió a toda velocidad a la casa de empeño y puso su dinero en el mostrador con fuerza. Las monedas giraron sobre la madera.

—¿Qué quieres? —le preguntó el dueño—. Ya estoy por cerrar.

—Quiero la trompeta de la vitrina —le dijo Louis.

—Cuesta cinco dólares, muchacho —le gruñó.

—¡Esa trompeta es mía! —exclamó Louis con orgullo.

Al salir de la tienda, Louis no cabía en sí de la alegría. Examinó su trompeta debajo de un farol. Claro, abollada, pero a Louis no le importaba. Sabía que con un poco de trabajo, quedaría como nueva.

Esa noche, abundaba el aroma placentero de la madreselva y resonaba el jazz. Louis se apoyó contra un cajón de embalaje abandonado, apretó sus labios contra la boquilla y sopló.

Un momento después, un sonido maravilloso se oyó por todo el callejón: era música. Una nota, después dos, tres, cuatro, luego un acorde, como si se tropezaran entre sí. Las mejillas de Louis se expandieron como bolsas de aire. Adoró ese sonido. No era la mejor pieza del mundo, pero tampoco era ese desagradable *fffff*.

—¡Lou-is! —llamó su mamá a lo lejos. Pero Louis no estaba listo para regresar a casa, ni de chiste. Había esperado ese momento por mucho tiempo.

Louis se inclinó hacia atrás y apuntó la trompeta hacia la luna.

—Sean pacientes, estrellitas —susurró—. Algún día voy a lograr que bailen en el firmamento.

Se acomodó con sus codos sobre las rodillas, cerró los ojos y se puso a tocar.

Piénsalo

1. ¿Cómo utilizó Louis su imaginación y su creatividad para alcanzar su meta?

2. ¿Por qué su mama le quitó veinticinco centavos y luego le dio un dólar?

3. ¿Cuál fue la escena del cuento que más te gustó? ¿Por qué?

CONOCE AL AUTOR
ALAN SCHROEDER

Louis Armstrong resultó ser el trompetista más famoso en la historia de la música popular. Se fue de Nueva Orleans a los veintiún años de edad, viajó al norte hasta Chicago, y allí comenzó su larga carrera artística. El micrófono y el público adoraban a Louis. A través de los años, tuvo grandes éxitos como "*Ain't Misbehavin'* ", "*Tiger Rag*", "*West End Blues*" y "*¡Hello, Dolly!*" La industria cinematográfica también apreció su talento. Apareció en varios musicales y para los años cincuenta se había convertido en una estrella internacional, conocido en todo el mundo con el apodo de Satchmo o Embajador Satch.

Louis también fue un gran compositor. "*Coal Cart Blues*", "*Cornet Chop Suey*" y "*Struttin' with Some Barbecue*" son ejemplos de algunas de sus piezas más famosas. Su autobiografía, *Satchmo: My Life In New Orleans*, se publicó en 1954.

Louis Armstrong, el Rey Trompetista del Swing, murió en la ciudad de Nueva York el 6 de julio de 1971. Su voz ronca y su dinámica forma de tocar la trompeta jamás serán olvidadas.

FLOYD COOPER

Cuando yo tenía tres años, mi padre modernizó nuestra casa añadiendo más habitaciones. Compró grandes paneles de yeso para las paredes de los cuartos nuevos. Pensé que esos paneles eran pizarrones grandes y por lo tanto, dibujé un pato gigante en uno de ellos. Mi padre lo lavó con agua y jabón varias veces, pero el pato seguía allí. El hecho de que mi padre quisiera borrar mi arte no me impidió que continuara con mis dibujos. A los nueve años vendí mi primera pintura. Un amigo de la familia me dio $16 por la pieza y la colgó en su oficina. A partir de ese momento, empecé a dibujar y a pintar como nunca.

Cuando me gradué de la universidad, trabajé para una compañía que hacía tarjetas de felicitaciones pero sentí que no podía ser lo suficientemente creativo en ese puesto. Después descubrí el mundo de las ilustraciones para libros infantiles. Cuando leo un libro que voy a ilustrar, trato de visualizarlo. Me pregunto: ¿Cómo es el clima? ¿Qué hora es? ¿Qué sonidos puedo escuchar? ¿Cuáles son los olores? Luego intento dibujar el cuento de la forma más realista.

ALAN SCHROEDER

FLOYD COOPER

Los instrumentos metálicos de viento

Traducido de la enciclopedia *Oxford Children's Encyclopedia*

Los **instrumentos metálicos de viento** son tubos largos en forma de embudo y una boquilla, enrollados para facilitar su manejo. Entre más largo y ancho es el tubo, más graves son las notas que produce.

Para tocar una nota en un instrumento metálico de viento tienes que hacer que tus labios vibren en la boquilla[1], más o menos como al tratar de silbar. En los instrumentos simples como la corneta, puedes tocar distintas notas al variar la posición de los labios. Los instrumentos como la trompeta y el trombón tienen pistones o varas que alargan más los tubos para que puedas tocar más notas.

▼ El corno francés se sostiene con una mano dentro del pabellón. El sonido que produce el corno francés puede cambiar al sacar la mano del pabellón.

[1] Un buen músico de instrumentos metálicos de viento puede ponerle una boquilla a cualquier tubo —sea una manguera de jardín o un tubo de plomería— y hacerlo sonar.

pistones

boquilla

gancho del meñique
para ayudar a sostener
la trompeta

anillo para afinar la
trompeta al tocar

pabellón

saxofón

corno francés

trombón de varas

tuba

trompeta

▲ La trompeta es popular
en todos los tipos de música:
música de banda charanga,
clásica, jazz y rock. El
sonido de la trompeta puede
ser alterado al utilizar
sordinas, las cuales caben
dentro del pabellón del
instrumento.

◀ Una banda charanga consiste
sólo en instrumentos metálicos
de viento con excepción del
saxofón. Aunque es de metal, el
saxofón no es un instrumento
metálico de viento porque utiliza
una caña de madera para
producir su sonido.

MOVIMIENTOS DE JAZZ

MUÉVETE AL RITMO

En un grupo pequeño, escucha una grabación de jazz, quizá una de Louis Armstrong. Juntos, hablen sobre la música e inventen movimientos de baile para acompañarla. Muévete de forma creativa para representar las emociones que escuchas expresadas en la música.

Taller de

COMO NUEVO

ESCRIBE UN POEMA

A Louis no le importaba que su trompeta fuera vieja y estuviera abollada. Escribe un poema sobre un objeto que hayas querido mucho, a pesar de que no estuviera en buen estado. Cuenta el significado que el objeto tenía para ti.

LOUIS Y TÚ

ESCRIBE UN DIÁLOGO

Imagina que vives en Nueva Orleans y que Louis es tu amigo. ¿Qué le dirías la primera vez que ves su trompeta y lo escuchas tocar? ¿Qué crees que Louis te diría? Escribe la conversación en forma de diálogo, como si fuera una escena de una película o una obra de teatro.

Actividades

HACER CONEXIONES

HAZ UN FOLLETO ¿Qué datos del artículo de la enciclopedia sobre los instrumentos metálicos hubieran ayudado a Louis cuando él intentó tocar la trompeta por primera vez? Haz una lista de consejos con ilustraciones que se podría repartir entre los trompetistas novatos como Louis. Quizás quieras usar un procesador de palabras o un programa de edición electrónica para crear tu folleto.

Evelyn Cisneros

Prima bailarina

Por Charnan Simon

Autora premiada

Evelyn interpreta el papel principal en La bella durmiente. *El papel del príncipe azul lo interpreta Anthony Randazzo.*

En cuanto se cerró el telón, el público se levantó y aplaudió apasionadamente. El Ballet de San Francisco acababa de presentar una función de *La bella durmiente*. La princesa encontró a su príncipe y vivieron muy felices. Sin embargo, el público no estaba listo para despedir a la princesa.

—¡Bravo! —gritaban, mientras lanzaban flores al escenario—. ¡Bravo! ¡Bravo!

El telón se levantó y la bella durmiente apareció en el centro del escenario, hizo una reverencia delicada y sonrió. Evelyn Cisneros parecía una princesa.

Evelyn Cisneros es la prima bailarina del Ballet de San Francisco. Ha bailado en muchos escenarios alrededor del mundo. Es casi imposible imaginar que había sido una niña tan tímida que ni siquiera hablaba en la escuela.

Evelyn Cisneros nació en Long Beach, California, el 18 de noviembre de 1958. Los Cisneros se mudaron poco después a la comunidad de Huntington Beach. Evelyn, su hermano menor, Robert, y sus padres eran una familia muy unida y cariñosa. Además, los Cisneros fueron la única familia méxicoamericana en Huntington Beach durante mucho tiempo. El padre de Evelyn era un maquinista de precisión cuyos padres fueron trabajadores mexicanos que emigraron a los Estados Unidos. La familia por parte de la madre de Evelyn emigró a los Estados Unidos desde Durango, México, en 1910, después de que estallara la Revolución Mexicana.

En cuanto **se cerró el telón** el **público** se levantó y **aplaudió** **apasionadamente.**

Los estrechos y cariñosos lazos familiares ayudaron a Evelyn cuando los niños del barrio la molestaban por ser "diferente". Su tez, su cabello y sus ojos oscuros hacían que Evelyn sobresaliera entre sus amigos. Evelyn se tornó cada vez más y más tímida. A los

Evelyn se tornó cada vez más y más tímida.

siete años, tenía miedo de levantar la mano o de hablar en clase.

La madre de Evelyn pensó que quizás el baile la ayudaría a sobrepasar su timidez. Al principio, a Evelyn no le gustaba el ballet. Ella recuerda: "Yo era muy tímida y no me gustaba pararme en frente de todos en mallas y leotardo".

La madre de Evelyn la animó a que siguiera con las clases por lo menos un año. Al finalizar ese año, Evelyn ya había conocido a Phyllis Cyr, quien fue su primera verdadera profesora de ballet. Phyllis Cyr le enseñó a disfrutar del ballet. Ella le enseñó a Evelyn a bailar al son de diferentes clases de música y a apreciar la belleza del baile.

Evelyn se esforzó mucho por ser una buena bailarina. Era delicada por naturaleza y daba las vueltas y los saltos con gran facilidad. Sin embargo, Evelyn torcía el pie izquierdo un poco hacia adentro; ella trabajó muchas horas con ejercicios de estiramiento para enderezar su pie. Además Evelyn tendía a encorvar los hombros. Una vez más, Evelyn trabajó largas horas para desarrollar flexibilidad y fuerza en sus hombros y espalda.

A Evelyn no le molestaba trabajar duro. Al contrario, con el apoyo de su familia, Evelyn aprendió todo lo que necesitaba aprender sobre el baile. No sólo aprendió ballet sino que pronto dominaba el jazz, el zapateado y otros estilos de baile.

Las clases de baile eran costosas y por mucho tiempo la familia Cisneros sólo podía pagar una clase por semana.

Evelyn en su primer baile de puntillas, a los nueve años de edad.

La Escuela del Ballet de San Francisco requiere que sus estudiantes practiquen por largas horas todos los días.

Para ayudar a pagar más clases, Evelyn enseñaba el zapateado y posiciones de ballet a estudiantes menores. La señora Cisneros también trabajaba en la recepción del estudio de ballet para ayudar a pagar las clases.

A los catorce años, Evelyn supo que tenía que tomar una decisión. A ella le gustaba la escuela. En la secundaria jugaba al sóftbol, baloncesto y voleibol, y mantenía el récord de carreras de largo recorrido del distrito escolar.

Evelyn sabía que sería muy difícil dejar sus actividades deportivas y dedicarse sólo al ballet. Sin embargo, sería aún más difícil dejar el ballet. Evelyn escogió el baile.

Desde las 7:30 de la mañana hasta las 2:30 de la tarde, Evelyn asistía a la escuela con sus amistades. Después, iba directamente al estudio de ballet. Toda la tarde tomaba clases de ballet, mostraba pasos de ballet a otros profesores y daba clases de zapateado. Después de una ligera cena en casa, iba al Pacific Ballet Theatre en Los Ángeles. Evelyn bailaba al menos cinco noches por semana.

A los catorce años, sus profesores de baile la animaron a que intentara ingresar a la escuela de Ballet de San Francisco. Los profesores en San Francisco se quedaron muy impresionados con ella. Para su sorpresa y deleite, recibió una beca para el curso de verano.

Evelyn, tuvo mucho éxito en su entrenamiento ese verano. Practicó pasos nuevos y más complicados. Además empezó a representar a algunos personajes de los ballets más famosos. Cada vez, Evelyn estaba segura de que el ballet era lo que le tocaba hacer en la vida.

A los catorce años, Evelyn supo que tenía que tomar una decisión.

El año siguiente, tanto la Escuela de Ballet de San Francisco como la Escuela de Ballet Americana en Nueva York, le ofrecieron becas para sus cursos de verano. Aunque le encantaba San Francisco, Evelyn y sus padres pensaron que debía irse a Nueva York.

Ese verano fue intimidante, emocionante . . . y decepcionante. A los quince años, Evelyn nunca había estado fuera de casa por tanto tiempo. Nunca había vivido en una ciudad tan grande y desconcertante como Nueva York. De todas maneras tenía grandes deseos de estudiar con algunos de los mejores bailarines del mundo. Sin embargo, cuando las clases de ballet comenzaron, a Evelyn la asignaron a una clase para

"Estaba a punto de renunciar al ballet."

principiantes. Evelyn recuerda, "A fines del verano, estaba decepcionada. Estaba muy deprimida y tan insegura de mi talento que estaba a punto de renunciar al ballet".

Una vez más, sus padres la ayudaron. Le aconsejaron que llamara a la Escuela de Ballet de San Francisco. Esta compañía la invitó a participar en la última semana del curso de verano, así como en el siguiente verano.

Durante el invierno, Evelyn se esforzó mucho en sus tareas de la escuela y regresó a San Francisco a los dieciséis años. Al final de ese verano, la compañía le ofreció una posición de aprendiz, lo cual significaba que Evelyn debía mudarse a San Francisco y bailar a tiempo completo. Al final del año, si era suficientemente buena, la invitarían a formar parte de la compañía.

El 1º de febrero de 1976, Evelyn Cisneros se mudó a San Francisco. En menos de un año, la aceptaron en la compañía como miembro oficial del ballet. Sólo tenía dieciocho años.

En poco tiempo, Evelyn llamó la atención del director artístico de la compañía, Michael Smuin. En 1979, él creó un papel principal para ella en su producción llamada *A Song for Dead Warriors* (Un canto para los guerreros muertos). Esta obra se transmitió por televisión a nivel nacional y despertó mucha controversia. El ballet trataba del

El director artístico del Ballet de San Francisco, Helgi Tomasson, observa los ensayos del ballet La bella durmiente *con Evelyn Cisneros y Anthony Randazzo.*

maltrato de los indígenas. A algunas personas les encantó el ballet y a otras les disgustó. Sin embargo, críticos de todos lados elogiaron el talento de Evelyn Cisneros como bailarina.

En 1980, mientras la compañía presentaba una función en Nueva York, la bailarina principal se lastimó y llamaron a Evelyn para sustituirla. Algunos escritores importantes de periódicos y revistas la vieron bailar y elogiaron su interpretación. De la noche a la mañana, Evelyn Cisneros se convirtió en una bailarina famosa.

Durante los primeros años, Evelyn tuvo mucho éxito. En 1981, volvió a aparecer en televisión, esta vez en la producción de ballet *The Tempest* (La tempestad). En 1982, bailó ballet y zapateado en una

transmisión televisada en vivo desde la Casa Blanca. Ese mismo año, recibió más elogios del público y de los críticos por su papel principal en la nueva versión de *Romeo y Julieta*.

Sin embargo, no todo le fue bien a la bailarina. En 1978, cuando apenas tenía diecinueve años, Evelyn se casó con su compañero de baile David McNaughton. En menos de dos años, Evelyn y David se divorciaron. Fue un tiempo muy triste para la bailarina. Su familia tan unida no la había preparado para un trastorno personal como éste.

Por desgracia, también sufrió decepciones profesionales. En 1985, Helgi Tomasson reemplazó a Michael Smuin como director del Ballet de San Francisco. Durante sus años en San Francisco, Smuin trabajó mucho con Evelyn. Él creó algunos de sus papeles más hermosos para ella y el talento de Evelyn se desarrolló aún más bajo su dirección.

Helgi Tomasson también apreciaba el talento de Evelyn y su popularidad como la prima bailarina. Él continuó asignándole papeles importantes y hasta creó dos obras especialmente para ella. "Al principio fue muy difícil", Evelyn admite. "Pero ahora

Evelyn Cisneros realmente se ha ganado el título de prima bailarina.

tenemos una relación de trabajo muy sólida."

Evelyn Cisneros verdaderamente se ha ganado el título de prima bailarina. Una noche es la adorable y alegre Princesa Aurora en *La bella durmiente*. La siguiente noche deslumbra al público con su doble papel de Odette/Odile en *El lago de los cisnes*. Evelyn muestra su brillante técnica en bailes modernos difíciles y brilla como el hada del confite en la obra navideña, *El cascanueces*.

La belleza morena e hispana de Evelyn, objeto de burla para sus compañeros de escuela, es ahora admirada por su público en todas partes. Hoy día, Evelyn Cisneros es una bailarina a nivel internacional que nunca ha olvidado sus raíces hispanas. Evelyn está muy orgullosa de su herencia cultural. La juventud hispana la aprecia y encuentra en ella un modelo de inspiración. Ella toma en serio su

Evelyn está muy orgullosa de su herencia cultural.

responsabilidad como portavoz de la comunidad hispana.

Evelyn Cisneros recibió condecoraciones del grupo *Hispanic Women Making History* (Mujeres Hispanas Haciendo Historia) en 1984 y del *Mexican American Legal Defense Fund* (Fondo Méxicoamericano para la Defensa Legal) en 1985. En 1987, fue honrada como miembro destacado de la comunidad hispana por el *National Council of America* (Concilio Nacional de América). El año siguiente fue honrada por el *California State League of United Latin American Citizens* (Liga Unida de Ciudadanos Latinoamericanos del Estado de California) por su notable éxito en el ballet. El mismo año fue portavoz en una conferencia de jóvenes latinos en la Universidad de California.

A menudo, Evelyn da charlas sobre su vida a los estudiantes. Ella aconseja a los jóvenes bailarines: "Cuando realicen alguna actividad deportiva, así como el ballet, deben cuidar su cuerpo ya que estas actividades requieren mucha energía y un gran esfuerzo. Deben alimentarse bien y descansar mucho".

Cuando no está bailando, a Evelyn y a su marido, el ex bailarín Robert Sund, les gusta caminar en la playa, cenar con amigos e ir al cine. Ellos comparten su casa con sus dos gatos, Chatito y Boris. En sus vacaciones, les gusta ir a Hawai o visitar a la familia de Evelyn en Baja California.

El lago de los cisnes, *producción del Ballet de San Francisco.*

. . . la gente le aplaude dondequiera que va.

Hace mucho tiempo que Evelyn Cisneros dejó de ser la tímida niña mexicoamericana de Huntington Beach. Actualmente se siente muy tranquila en los escenarios de baile por todo el mundo. Hoy día, en vez de molestarla y excluirla, la gente le aplaude dondequiera que va. Gracias a su esfuerzo y determinación, Evelyn ha transformado su talento en un tesoro.

Piénsalo

1. ¿Cómo Evelyn Cisneros utilizó su creatividad para superar las dificultades que enfrentaba en la vida?

2. ¿Por qué crees que la autora decidió citar directamente a Evelyn Cisneros?

3. Según tú, ¿cuál fue el punto decisivo en la carrera de Evelyn? Explica tu respuesta.

Charnan Simon

Charnan Simon creció en Ohio, Oregón y Washington. Obtuvo su licenciatura en Literatura inglesa en Carleton College, en Northfield, Minnesota, y su maestría en la misma disciplina en la Universidad de Chicago. Después de la universidad, la Sra. Simon trabajó en una empresa de libros infantiles en Boston. Luego pasó cinco años muy felices como editora de la revista *Cricket*. Fue durante estos años que ella empezó a estudiar ballet y zapateado. Le encantó y fue muy buena preparación para escribir sobre Evelyn Cisneros. Charnan Simon ha escrito docenas de libros y artículos para jóvenes. Le gusta sobre todo escribir — y leer — historia, biografías y ficción de todo tipo. Ella escribió *Jane Adams: Pioneer Social Worker* (Jane Adams: Trabajadora social pionera) y en 1997 ganó el premio notable en Estudios sociales. Vive en Madison, Wisconsin, con su esposo y sus dos hijas.

Celebración

Bailaré esta noche.

Cuando arrastrándose llegue la oscuridad,

habrá bailes

y banquetes.

Bailaré con los demás

en círculos,

brincando,

zapateando.

La risa y las voces

se entretejerán con la noche,

entre los fuegos

de mi gente.

Se jugarán juegos

y yo seré

parte de ellos.

—Alonzo Lopez
Ilustración de Tomie de Paola

El vuelo del águila

Un águila aletea con gracia
 por el firmamento.
En la tierra estoy de pie
 y observo.
Mi corazón vuela con ella.

—*Alonzo Lopez*
Ilustración de Tomie de Paola

Taller de actividades

Una gran decisión

HAZ UNA LISTA   Evelyn Cisneros tuvo que tomar una decisión importante en su vida cuando sólo tenía catorce años. ¿Qué crees que tomó en cuenta? Haz dos columnas en una hoja de papel. En una, haz una lista de las razones a favor de su decisión. En la otra, haz una lista de las razones en contra. Recuerda que Evelyn no podía saber en ese momento cómo resultaría su vida.

En movimiento

CONSTRUYE UN MÓVIL   Utiliza materiales de arte y objetos cualquiera para construir un móvil. Trata de captar los movimientos elegantes del ballet. Algunas fotografías de la selección pueden darte ideas para tu móvil.

HAZ UNA PRESENTACIÓN   Busca información sobre una escuela de actuación cerca de ti. Por ejemplo, podrías hablar con personas conocidas que asisten a una de estas escuelas. También podrías usar las páginas amarillas de la guía telefónica para llamar a escuelas de actuación y pedirles que te envíen avisos y folletos. Usa la información que hayas reunido para hacer una presentación oral sobre la ubicación de las escuelas en tu comunidad, los tipos de programas que ofrecen y las fechas y horas en que dan sus clases.

Hacer conexiones

CREA MOVIMIENTOS DE BAILE   El ballet es un baile que cuenta una historia. Algunos ballets toman sus historias de cuentos de hadas, cuentos folclóricos, leyendas o poemas. En un grupo pequeño, selecciona uno de los poemas de Alonzo López. Inventa unos movimientos de baile para representar las ideas y emociones expresadas en el poema.

Conclusión del tema

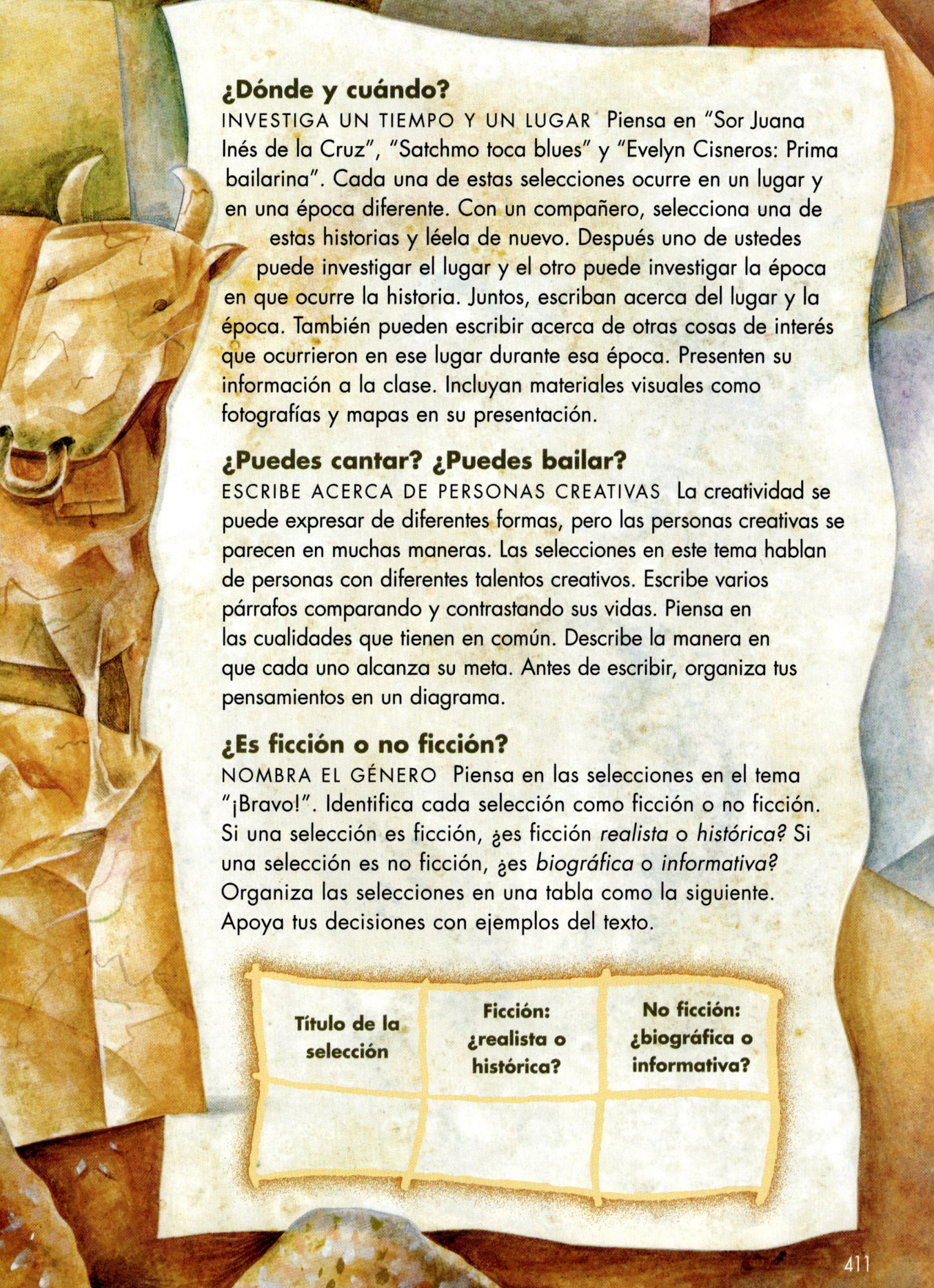

¿Dónde y cuándo?

INVESTIGA UN TIEMPO Y UN LUGAR Piensa en "Sor Juana Inés de la Cruz", "Satchmo toca blues" y "Evelyn Cisneros: Prima bailarina". Cada una de estas selecciones ocurre en un lugar y en una época diferente. Con un compañero, selecciona una de estas historias y léela de nuevo. Después uno de ustedes puede investigar el lugar y el otro puede investigar la época en que ocurre la historia. Juntos, escriban acerca del lugar y la época. También pueden escribir acerca de otras cosas de interés que ocurrieron en ese lugar durante esa época. Presenten su información a la clase. Incluyan materiales visuales como fotografías y mapas en su presentación.

¿Puedes cantar? ¿Puedes bailar?

ESCRIBE ACERCA DE PERSONAS CREATIVAS La creatividad se puede expresar de diferentes formas, pero las personas creativas se parecen en muchas maneras. Las selecciones en este tema hablan de personas con diferentes talentos creativos. Escribe varios párrafos comparando y contrastando sus vidas. Piensa en las cualidades que tienen en común. Describe la manera en que cada uno alcanza su meta. Antes de escribir, organiza tus pensamientos en un diagrama.

¿Es ficción o no ficción?

NOMBRA EL GÉNERO Piensa en las selecciones en el tema "¡Bravo!". Identifica cada selección como ficción o no ficción. Si una selección es ficción, ¿es ficción *realista* o *histórica*? Si una selección es no ficción, ¿es *biográfica* o *informativa*? Organiza las selecciones en una tabla como la siguiente. Apoya tus decisiones con ejemplos del texto.

Título de la selección	Ficción: ¿realista o histórica?	No ficción: ¿biográfica o informativa?

TEMA
A LA ESCUELA

CONTENIDO

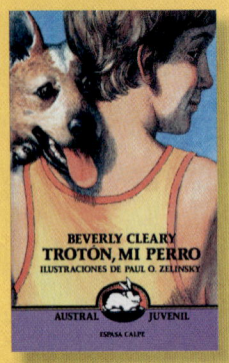

Trotón, mi perro
de Beverly Cleary

FICCIÓN REALISTA

Leigh y Barry encuentran un perro abandonado en la playa. Ellos lo nombran Trotón y comparten la custodia de su nuevo mejor amigo.

Autora premiada

La cazadora de Indiana Jones
de Azun Balzola

FICCIÓN REALISTA

Christie hereda la cazadora vieja de su hermano mayor. Para no ser objeto de burla en la escuela, ella cuenta que su cazadora perteneció a Indiana Jones.

Premio Euskadi de Novela Juvenil

Después del quinto año . . . el mundo
de Claudia Mills

FICCIÓN REALISTA

Heidi quiere ser famosa, pero para llegar a serlo tiene que terminar de cursar el quinto año y eso no parece muy fácil.

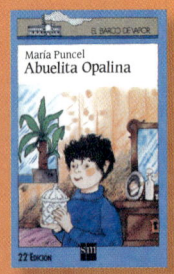

Abuelita Opalina
de María Puncel

FICCIÓN

Cuando la maestra pide a los alumnos que escriban una redacción sobre sus abuelas, Isa se mete en tremendo lío.

Autor premiado
COLECCIÓN DE LECTURAS FAVORITAS

Tengo un monstruo en el bolsillo
de Graciela Montes

FICCIÓN

Inés trae un pequeño monstruo en su bolsillo y suceden cosas extraordinarias.

COLECCIÓN DE LECTURAS FAVORITAS

Listos . . .

Miata Ramírez es candidata para presidente del quinto grado contra Rudy, el payaso de la clase. Miata promete plantar flores e iniciar un proyecto de limpieza en la escuela si la eligen. Rudy promete que el menú de la escuela llevará helado con más frecuencia y que los recreos serán más largos. Cuando Rudy parece ir ganando, Miata se pone a pensar en lo que puede hacer para poder ganar.

¡Fuera!

Texto de Gary Soto   Ilustraciones de Jerry Tiritilli

Era sábado por la mañana. Sólo faltaban unos días para las elecciones. Miata estaba en su cuarto, sentada frente a su escritorio desordenado rodeada de carteles de la campaña electoral y botones de propaganda. Agitó el agua de su acuario de cinco galones con un lápiz. Uno de los pececillos salió disparado y soltó una sola burbuja que subió a la superficie y se reventó.

—¡Contesta! —dijo Miata, con el teléfono entre el hombro y la oreja. Estaba llamando a una compañera para recordarle que votara el martes. Ya había llamado a Dolores, a Alma, a Sandra y a Apple, cuyo nombre verdadero era Apolonia.

—¿Belinda? —preguntó Miata, al escuchar una voz.

—No, habla su mamá —contestó una voz grave—. Belinda todavía está dormida.

—¿Me puede hacer el favor de recordarle que vote por mí? Habla Miata Ramírez.

La señora prometió dar el recado a su hija y colgó el teléfono.

Entonces, sonó el teléfono de Miata. Ella contestó en tono oficial:

—Residencia de la familia Ramírez.

Entonces oyó el graznido de la risa de un pato: —Cuac, cuac. Miata se enderezó, se colocó un mechón de pelo detrás de la oreja y preguntó:

—¿Quién habla?

—Cuac, cuac.

—¡Te crees muy gracioso!

—No, el gracioso es Rudy. Cuac, cuac.

—¿Eres amigo de Rudy?

—Soy más que un amigo . . .

Después de decir eso la persona que llamaba colgó el teléfono, mientras Miata, mirando el teléfono, se preguntaba: —Más que un amigo . . . ¿eso qué quiere decir?

Miata miró fijamente al teléfono. Volvió a tomar el aparato, esperando oír el odioso graznido, pero no le llegó más que el zumbido del tono de marcar.

Poco después oyó que su madre la llamaba. Salió del cuarto y percibió el delicioso olor de chorizo con huevos.

Intentó ponerse de buen humor y se dirigió brincando a la cocina donde su papá ya estaba sentado a la mesa.

—Buenos días —la saludó con el periódico abierto en la página de los deportes—. Llevas ya un buen rato en el teléfono, mi'ja. —Tomó un sorbo de café y añadió—: ¿Quién es tu novio?

—¡No tengo novio, Papi! Estaba llamando a unas muchachas para que voten por mí.

Luego, con el estómago ya gruñéndole, se sentó y se acomodó la servilleta. Le encantaban las mañanas de los sábados porque era cuando su mamá hacía tortillas.

—Papá, ¿has conocido alguna vez a alguien importante? —preguntó.

—¿Quieres saber si he conocido alguna vez a alguien importante? —repitió el papá lentamente mientras miraba a su esposa romper un huevo en la sartén—. ¿Qué te parece tu mamá? Ella es importante.

Miata se levantó y fue a abrazar a su mamá.

—Mamá es la mejor de todas.

Entonces miró los huevos que ya se coloreaban del café rojizo del chorizo, y olió las sabrosas papas fritas.

El papá tomó otro sorbo de café y luego le preguntó:

—¿Te refieres a alguien famoso?

—Eso es. —Miata volvió a sentarse, arrastrando la silla sobre el linóleo del piso.

—¿Alguien así como una estrella de rock o un actor?

—¡Exacto, alguien así!

—¿Alguien como Eddie Olmos o Carlos Santana?

—¡Sí Papá, eso es!

—¿Alguien como esos vatos Culture Clash?

—¡Exactamente!

El padre de Miata golpeó ligeramente la mesa con los dedos gruesos mientras hacía memoria. Después de un rato dijo:
—Fíjate que no . . . No creo haber conocido a nadie así.

Miata se descorazonó. Quería ver si alguien famoso podría apoyar su campaña electoral.

En ese momento, Joey entró a la cocina, todavía en pijama. Los párpados se le cerraban del sueño. Saludó nada más y se sentó en su silla.

El desayuno ya estaba servido. Mientras la familia de Miata gozaba del desayuno, la mamá le habló de una señora que había sido alcaldesa de un pueblo en México. Era cuñada de la abuela de Miata. Había ocupado ese cargo tres veces y tenía el mérito de haber educado a la juventud del pueblo.

—¿Una alcaldesa de verdad? —preguntó Miata, con la boca llena. Tragó y bebió de su vaso de leche. Puso su mente a trabajar. Quizá esa señora podría explicarle la manera de ganar una elección.

—Sí, en un pueblecito cerca de Aguascalientes. Eso fue mucho antes de mudarse para acá. —La mamá de Miata limpió su plato con un pedazo de tortilla.

—¿Podrías llamarla? —le preguntó Miata.

—Sí, si tú lo deseas, mi'ja —le contestó la mamá—. Creo que tengo su número de teléfono. Pero, ya está viejita.

La señora Ramírez se levantó de la mesa y empezó a recoger los platos.

Entonces mientras recogía su plato, el padre de Miata preguntó: —Vamos a ir a la fiesta de quince años, ¿que no?— Tenían una invitación para celebrar los quince años de la hija de una amiga.

—Por supuesto, pero primero voy a dejar que Miata hable un poco con la señora.

Después del desayuno Miata y su papá lavaron los platos; la espuma del jabón les llegaba a los codos. Cuando terminaron de lavarlos la madre de Miata ya había arreglado una visita con la señora, que vivía cerca de ellos. Se llamaba doña Carmen Elena Vásquez. La madre le contó a Miata que la señora había dicho que con mucho gusto hablaría con ella, pero que le hiciera el favor de comprarle un poco de pan y que ella se lo pagaría después.

—¿Qué le pregunto? —reflexionó Miata, sintiéndose de pronto insegura ante la idea de hablar con ella.

—No lo sé, mi'ja —le contestó su mamá, mientras se ponía el lápiz labial color durazno frente al espejo del

pasillo—. Vamos, te llevo en el coche y puedes regresar caminando.

—¿Adónde vas, Mamá? —preguntó Miata, mientras acercó su cara al espejo para ver sus rizos. Empezaba a gustarle su nuevo peinado.

—Voy a Kmart.

Miata y su mamá se subieron al nuevo auto usado, un Ford Thunderbird. Recorrieron la calle lentamente, mientras las ruedas del auto se abrían paso entre las hojas caídas del otoño. Se detuvieron en una tienda del vecindario para comprar el pan.

Por fin llegaron a la casa de doña Carmen.

—No permitas que te pague por el pan —dijo la mamá de Miata—. Dile que es un regalo.

Miata se bajó del auto y dio un vistazo a la pequeña casa, que era blanca y tenía una antena de televisión medio caída sobre el tejado. Unos geranios plantados en latas de café y en cartones de leche adornaban los escalones de la entrada. Una estatua de cerámica de la Virgen de Guadalupe se destacaba en medio del jardín. La defensa del viejo Ford LTD de doña Carmen mostraba orgullosamente una calcomanía que decía: YO ♥ JALISCO.

—¿Tengo que ir sola? —preguntó Miata.

—Claro. Tú querías conocer a alguien importante —replicó su mamá desde el auto.

—¿Es amable?

—Desde luego que sí. Es la cuñada de tu abuela. Es parte de la familia.

Miata contempló la casa. En ese momento, un gato se estiraba en los escalones de la entrada.

—Cuando termines de hablar con ella, quiero que regreses inmediatamente a la casa —dijo la madre—. La fiesta empieza a las tres.

Oprimió un botón y la ventanilla se cerró lentamente con un leve suspiro. El Thunderbird se alejó, esparciendo hojas y espantando a un gato anaranjado que se lamía una pata en medio de la calle.

Miata se acercó a la casa, pateando las hojas secas. Subió los escalones, dio unos golpecitos en la puerta del mosquitero y se asomó al interior. Una señora mayor estaba sentada en el borde del sofá. Con una mano sujetaba una lámpara y con la otra un destornillador. Sobre la mesa de la sala había una caja de herramientas.

—¡Hola! —saludó con vivacidad Miata— ¿La molesto?

—¿Quién es? —preguntó la señora. Se levantó del sofá y le abrió la puerta.

—Soy yo, Miata Ramírez —contestó, levantando la bolsa del pan—. Aquí le traigo esto, doña Carmen.

—¡Ven acá, muchacha! Pasa —dijo doña Carmen con una voz melódica.

Era una mujer de baja estatura: apenas una pulgada más alta que Miata, su andar era algo lento. Su rostro era tan suave como la seda y el cabello color gris acero.

Miata entró en la casa. Un rayo amarillento de sol iluminaba un rincón de la sala donde descansaba un estante con libros. De la pared colgaban retratos de los Kennedy y de César Chávez, más un crucifijo de bronce.

—¿Cómo te llamas? —preguntó doña Carmen.

—Miata.

—¿Miata? —doña Carmen observó a la joven y comentó—. Qué muchos rizos tienes.

Miata se tocó el cabello. Pensó en explicarle acerca de la permanente, pero decidió que era una historia demasiado complicada.

Doña Carmen le dijo que se sentara y se disculpó por el desorden de la casa.

Hizo un gesto señalando la caja de herramientas que estaba encima de la mesa.

—Estoy arreglando la lámpara —explicó—. No cierra.

—Usted querrá decir que no se puede apagar.

—Sí —suspiró y dijo: —¿De modo que quieres ser la jefa, la líder de tu escuela?

Cuando Miata asintió con la cabeza, los rizos se le movieron en torno a las orejas.

—Probablemente tu mami te ha dicho que yo fui alcaldesa en mi pueblo —se enderezó y se puso las manos en el regazo sobre su vestido estampado—. Efectivamente le gané la elección a mi esposo.

—¿Usted . . . presentó su candidatura contra la de su esposo? —preguntó Miata sorprendida.

—Sí, muchacha —a doña Carmen le brillaron los ojos al recordar a su esposo muerto ya desde hace ocho años. Se amaban mutuamente, pero rara vez pensaban de la misma manera.

— "Pues, vieja", argumentaba él, hoy es martes", y yo respondía: "No, hombre, es miércoles".

Después nos pasábamos toda la semana discutiendo si el martes era realmente miércoles. Esa era nuestra vida, y así la pasábamos, de discusión en discusión. ¡Imagínate! Así vivimos cuarenta y seis años, hasta que el Señor se lo llevó.

—¡Así es que usted se presentó como candidata para alcaldesa contra él!— Miata sentía ahora algo más que simple curiosidad; había visto de reojo un retrato de la pareja sobre el televisor. Estaban en la flor de su juventud.

—Así fue. El hombre no quería avanzar. Cuando tuvimos la oportunidad de contratar a unas jóvenes inteligentes de la Ciudad de México para que enseñaran en la escuela, él se oponía. Decía que las jóvenes tenían ideas muy modernas que volverían a los chicos malos. Doña Carmen se rió de buena gana y se dio una palmada en el regazo. —Pero, ¿sabes qué? —continuó—. ¡Nuestros estudiantes ya eran malos! —volvió a reírse con ganas—. Bueno, no; la verdad es que no eran *malos,* simplemente les gustaba jugar.

Miata pensó inmediatamente en Rudy y Alex. A ellos simplemente les gustaba jugar también.

Doña Carmen explicó que se había lanzado como candidata contra su

esposo porque sabía que un día en el futuro cercano los niños de su pueblo necesitarían progresar, no quedarse estancados.

—Los días de trabajar como burros ya habían pasado, mi'ja —agregó doña Carmen. —Y la gente se dio cuenta. ¡Por eso gané la elección! ¡Fui alcaldesa durante tres términos!

—¡Qué bien! —comentó Miata.

Miata quedó impresionada y enardecida al oír a doña Carmen hablar sobre la nueva escuela que habían construido y el número de estudiantes que habían pasado a la universidad.

—El otro candidato es un muchacho, ¿qué no? —preguntó doña Carmen.

—Sí, es un muchacho. Se llama Rudy Herrera.

—¿Qué es lo que promete?

—Helado diario y recreos más largos. —Miata chasqueó la lengua—. ¿No le parece ridículo?

Doña Carmen fijó la mirada en los ojos de Miata, y a ella le pareció que su mirada le llegaba al corazón.

—Y tú, ¿qué prometes?

Miata desvió la mirada un momento y se mordió el labio inferior. Después de haber escuchado la historia de Doña Carmen, a Miata le parecía que no tenía realmente nada que ofrecer.

—Lo único que quiero es hacer cosas pequeñas —contestó Miata.

—¿Cómo qué?

Miata le explicó que la escuela estaba deteriorada. Las paredes estaban llenas de graffiti, había equipo roto, el pasto estaba maltratado y lodoso, y los jardines no tenían flores. Su promesa era embellecer las cosas.

—Muy bien, yo te ayudo.

—¿Cómo?

—Te daré todas las flores y los rampollos que necesites. Doña Carmen se levantó del sofá, tomó a Miata del brazo y la llevó al jardín. Estaban paradas en el patio frente a centenares de plantas: geranios, azaleas, rosales, hortensias y jazmín.

—Estamos casi en invierno, pero en primavera, pues, ¡tendremos muchas flores!

"Sí", pensó Miata, imaginando el fragante jazmín agitado por el viento y la azalea que había plantado cubierta de flores blancas. "Vamos a tener una escuela que olerá riquísimo".

Piénsalo

❶ ¿Qué cambio produjo en la vida de Miata la visita a doña Carmen?

❷ ¿Qué hace el autor para que el cuento parezca real?

❸ ¿Qué características tiene Miata que la harían una buena líder en su escuela? ¿Por qué son importantes estos rasgos?

430

"Aún me siento como si fuera un niño", dice Gary Soto. "Me gustan los rasgos juveniles en mi poesía. Para mí son realmente importantes".

La perspectiva juvenil que Gary tiene de la vida fue lo que lo llevó a escribir poesía y cuentos para jóvenes. La mayoría de sus cuentos tratan sobre experiencias durante su niñez. Él piensa que escribe mejor cuando escribe sobre las cosas que conoce. Los momentos divertidos de su niñez salen a relucir en muchos de sus cuentos. También salen a relucir las cosas que no eran tan divertidas, como talar algodón y uvas bajo el sol ardiente de California. Al leer los cuentos de Gary Soto compartes estas experiencias con él.

Conoce al autor

Gary Soto

HAZ UN CARTEL

Piensa en un buen lema que Miata podría usar en su campaña. Luego haz un cartel llamativo basado en tu lema. El cartel debe comunicar a los votantes lo que Miata representa y por qué deben votar por ella.

UNA MEJOR ESCUELA

HAZ UNA TABLA

Miata se presenta como candidata para presidente de su clase porque quiere hacer cambios en su escuela. ¿Qué cambios te gustaría que se hicieran en tu escuela? Haz una tabla en la que listas los cambios que quisieras hacer. Al lado de cada cambio, haz una lista de los materiales u otros recursos que necesitarías. En una tercera columna, haz una lista de las personas o entidades a quienes les pedirías ayuda.

vidades

HAZ UNA HOJA INFORMATIVA   Doña Carmen fue la alcaldesa de su pueblo en México. ¿Quién es tu alcalde? Usa periódicos locales y otros recursos para averiguar sobre el alcalde de tu pueblo o ciudad. Haz una hoja informativa sobre el alcalde y lo que ha hecho para tu comunidad.

VEN A MI FIESTA

EXPLICA LA CELEBRACIÓN   A la familia de Miata la invitan a una fiesta de quince años. Averigua por qué esta celebración es tan importante en la cultura hispana. Quizá alguien en tu escuela o comunidad te pueda explicar cómo se celebra. Con un compañero, representen a alguien que invita a otra persona a una fiesta de quince años. La persona invitada no conoce este tipo de celebración, así que deben explicar en pocas palabras de qué se trata.

433

Hacer predicciones

Al leer "Listos . . . ¡Fuera!", probablemente hayas tratado de pensar qué pasaría a continuación. Al leer, muchas veces **hacemos predicciones**. Para esto combinamos lo que el autor nos dice con lo que ya sabemos. Si piensas en los sucesos del cuento y las acciones y sentimientos de los personajes, podrás hacer predicciones lógicas mientras lees.

Lee el diagrama siguiente para entender cómo puedes combinar la información del cuento con tu conocimiento previo para hacer una predicción.

Información que leí		Mis experiencias		Mi predicción
Miata quiere ganar la elección. Tiene mucha energía y es muy trabajadora.	**+**	Sé que las personas responsables y con mucha energía generalmente logran tener éxito.	**=**	Mi predicción es que Miata escuchará las ideas de Doña Carmen y ganará la elección.

El predecir los resultados te da un motivo para leer. Cuando hayas hecho una predicción, tratarás de leer para averiguar si tenías razón o no. Tener un motivo para leer te ayuda a recordar mejor lo que lees.

Lee el párrafo siguiente. Luego completa un diagrama como el que está a continuación.

Rosa golpeó levemente la lata de café contra el patio. Inclinó la lata hacia un lado, jaló suavemente el montón de tallos y con cuidado sacó las caléndulas. Con sus manos sostuvo la maraña de raíces y colocó la planta en la tierra. La tierra estaba húmeda pero se desboronaba fácilmente. Con mucho cuidado rellenó el hoyo con tierra para macetas.

Información		Experiencia		Predicción
	+		**=**	

¿QUÉ HAS APRENDIDO?

1. Doña Carmen se fue a la casa de una amiga a pasar el fin de semana y no regó sus plantas. ¿Qué predices que ocurrirá a las plantas?

2. Piensa en algún evento que están planificando en tu clase o en tu escuela. ¿Qué predices que ocurrirá? Explica tu respuesta.

Visita *The Learning Site*
www.harcourtschool.com

INTÉNTALO • INTÉNTALO

Escribe el principio de un cuento de misterio. Da a los lectores suficiente información para que hagan una predicción lógica. Los lectores pueden usar un diagrama como el que está a continuación para hacer sus predicciones.

Información		Experiencia		Predicción
	+		**=**	

El diario

TEXTO DE **Doris Luisa Oronoz**
ILUSTRACIONES DE **Byron Gin**

"Hoy es el día más triste de mi vida", escribió Elisa en su diario un veinticinco de marzo. Iba a continuar pero su padre tocó a la puerta y dijo: —Las nueve de la noche, mi niña. Apagar la luz y dormirse. Elisa guardó pluma y cuaderno en su mochila y obedeció al punto.

En la semioscuridad podía distinguir los objetos de la habitación. Había estado aquí antes, sin embargo le parecía como si fuera la primera vez. La colcha de flores, cuyos tonos alegres y brillantes le gustaban tanto, hoy le parecían fríos y apagados.

de Elisa

Vio la ardillita de porcelana y recordó el día en que se la regalaron. Fue la primera vez que visitó este país. Vino a pasar una temporada con su abuela. Una noche escuchó un ruido como de algo escarbando en el plafón. Se asustó pensando que serían ratones y corrió a preguntar.

Tata la condujo al patio señalándole con el gesto que estuviera muy calladita. Cuando llegaron a la parte de atrás y justo en el techo de su cuarto vio a dos ardillas jugando. Se deslizaban por la rama de un árbol y saltaban a las tejas a recoger bellotas. Regresaban a la rama para luego hacer lo mismo.

El diario
de Elisa

Texto de Doris Luisa Oronoz
Ilustraciones de Byron Gin

437

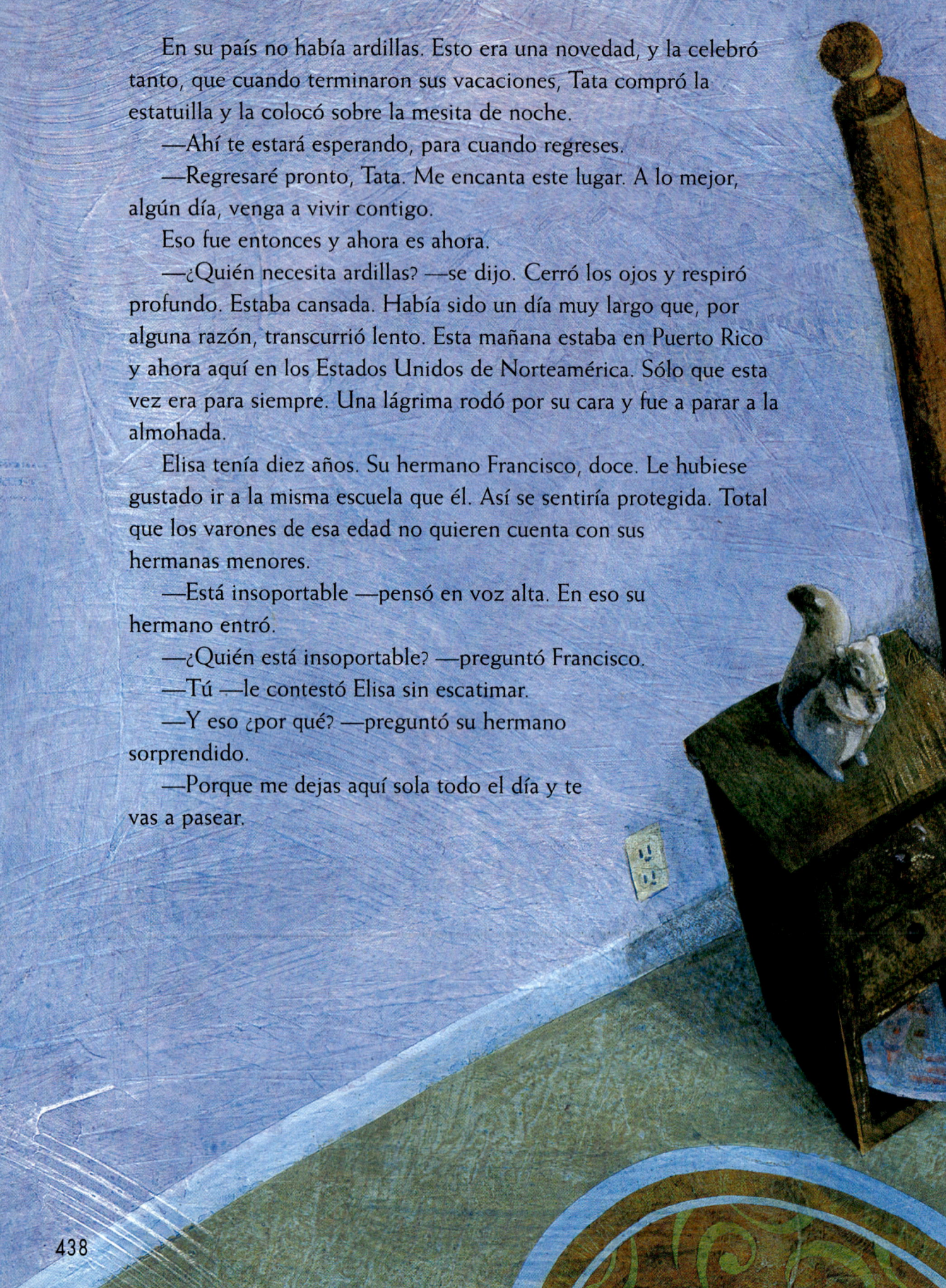

En su país no había ardillas. Esto era una novedad, y la celebró tanto, que cuando terminaron sus vacaciones, Tata compró la estatuilla y la colocó sobre la mesita de noche.

—Ahí te estará esperando, para cuando regreses.

—Regresaré pronto, Tata. Me encanta este lugar. A lo mejor, algún día, venga a vivir contigo.

Eso fue entonces y ahora es ahora.

—¿Quién necesita ardillas? —se dijo. Cerró los ojos y respiró profundo. Estaba cansada. Había sido un día muy largo que, por alguna razón, transcurrió lento. Esta mañana estaba en Puerto Rico y ahora aquí en los Estados Unidos de Norteamérica. Sólo que esta vez era para siempre. Una lágrima rodó por su cara y fue a parar a la almohada.

Elisa tenía diez años. Su hermano Francisco, doce. Le hubiese gustado ir a la misma escuela que él. Así se sentiría protegida. Total que los varones de esa edad no quieren cuenta con sus hermanas menores.

—Está insoportable —pensó en voz alta. En eso su hermano entró.

—¿Quién está insoportable? —preguntó Francisco.

—Tú —le contestó Elisa sin escatimar.

—Y eso ¿por qué? —preguntó su hermano sorprendido.

—Porque me dejas aquí sola todo el día y te vas a pasear.

—Chica, si tú no te atreves a salir —le respondió su hermano—. Mira, he conocido a algunos de los vecinos y son buena gente.

—¿Y en qué idioma les hablas, ah?

—Pues, en inglés.

—Me imagino los disparates que dices.

—Pero trato —contestó el hermano—. Lo que hay que hacer es atreverse. Si no me entienden, sigo haciendo señas hasta que algo pasa.

—Yo lo escribo bien. Y cuando leo, comprendo bastante. Ahora, si me hablan, no entiendo ni papa.

—Oye, la señora que vive en la casa de la esquina. . .

—¿Cuál? —interrumpió Elisa.

—La que me dio dos dólares por cuidarle el gato.

—¿Qué pasa con ella?

—Me contó que ella sintonizaba las noticias en la radio y así acostumbraba su oído y que, poco a poco, fue entendiendo mejor.

—No me gusta la radio. —sentenció Elisa.

—Pon el televisor, pero eso sí, nada de novelitas color de rosa en español y esas boberías que te gustan.

—¿Qué quieres que vea?

—Cosas de acá, como juegos de béisbol, las grandes ligas y eso.

—¡Detesto los deportes!

—Ni modo, si prefieres ser una ignorante. . .

—Ay, ya no sigas.

Elisa se arrepintió de haber deseado estar en la misma escuela que el sabelotodo de su hermano. Tendría que resolver por su cuenta, pero ¿cómo?

Pasó el verano y llegó la escuela. Fue allí donde conoció a José. Ese día escribió en su diario:

Conocí a un estudiante de Guatemala. Es muy callado. Se pasa todo el tiempo con la cabeza baja, haciendo dibujos en una libreta. Tiene los ojos negros y tristes. En un momento me pareció que iba a hablarme, pero no lo hizo. Sonrió y continuó con sus dibujos.

Leyó lo que había escrito y añadió: "Creo que me va a gustar esta escuela después de todo."

El caso es que no le gustó la escuela nadita de nada.

El segundo día de clases el maestro de inglés la llamó por su nombre, que más sonaba "Alisha" que "Elisa". Ella se levantó del pupitre anticipando un desastre. Y así fue. Le hicieron una pregunta y no entendió. Se la repitieron y, peor. Estaba tan tiesa que apenas balbuceó unas sílabas: —eh, ah, ah, uh. No pudo continuar y se desplomó en la silla ante cuarenta miradas: incrédulas unas, burlonas otras. ¡Qué vergüenza!

Cerca del mediodía le llegó el turno a José. Él se levantó y, tímido, habló sobre las costumbres y tradiciones de su país. Mencionó al quetzal: un ave de plumaje suave, verde tornasolado y muy brillante, rojo en el pecho. Contó que este hermoso pájaro era el símbolo de autoridad de los mayas y que hoy día es el ave nacional de Guatemala. Para terminar, mostró a todos un dibujo a colores y les dijo con orgullo que el quetzal en su bandera es el emblema de su libertad nacional. Todos le aplaudieron. Él se sentó y, como siempre, bajó la cabeza y volvió a sus dibujos.

En la tarde cada estudiante escribió una composición. Elisa escribió sobre su tierra. Al igual que José, describió sus costumbres y tradiciones y explicó el simbolismo del escudo de Puerto Rico: en el centro verde aparece un cordero, emblema de la paz y la confraternidad. Sobre el cordero, un haz de flechas, simbólicas de la fuerza creadora, y más arriba, un yugo, que representa la unión y armonía de esfuerzos para grandes logros. Pensó que no le había quedado tan mal, pero. . . Escribir era una cosa y hablar, otra.

Esa noche no abrió su diario. Estaba cansada de quejarse, aunque fuera a la tinta y al papel.

La siguiente mañana Elisa sonrió por primera vez desde que habían empezado las clases. Su composición fue calificada sobre promedio. Sintió deseos de enseñársela a todos para que vieran que no era tan torpe pero no lo hizo. Quizás a José. Sí, a él.

Así las cosas, durante el receso lo llamó y le mostró con orgullo su papel. Él lo miró y bajando los ojos le dijo con una breve sonrisa:

—Enhorabuena.

—Gracias —dijo Elisa—, ¿y a ti cómo te fue?

—Regular.

—De seguro que sacaste A y no quieres que me avergüence de nuevo.

—No es eso, Elisa. Es que. . . yo aprendí inglés escuchando a los demás, como quien dice, en la calle. Nunca estudié el inglés como materia formal. Lo escribo como lo oigo y, todo me sale mal.

Elisa leyó el papel que él le extendió y se dio cuenta inmediatamente. No supo qué decirle.

—Pero lo hablas muy bien —lo trató de animar Elisa.

—Hablar es una cosa y escribir es otra.

—Y viceversa —dijo Elisa.

—Y lo contrario —contestó José.

—Y al revés —añadió Elisa.

Rieron tanto que los demás se acercaron a ver cuál era el chiste. Pero ellos no contaron a nadie su secreto.

Esa tarde hicieron un pacto. Ella le ayudaría con la escritura, y él, a su vez, con la pronunciación.

Doce años más tarde, Elisa se preparaba para ir al trabajo. Jaló una caja de zapatos de la tablilla de arriba y con la prisa, se le cayeron encima varios objetos. Entre ellos, su viejo diario. Cayó abierto en la última página. Lo recogió y leyó:

Hoy recibo mi diploma de Escuela Superior. Cuando me miré al espejo con mi toga y mi birrete y mis cordoncillos dorados de "altos honores" me acordé de la niña que llegó aquí confusa, asustada y triste. Soy feliz.

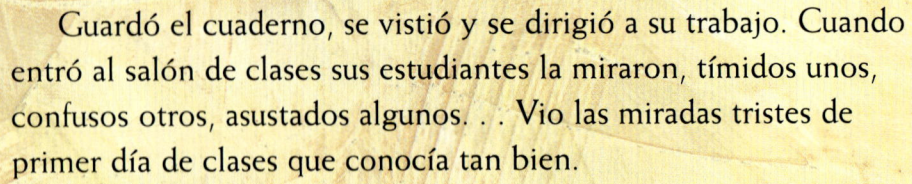

Guardó el cuaderno, se vistió y se dirigió a su trabajo. Cuando entró al salón de clases sus estudiantes la miraron, tímidos unos, confusos otros, asustados algunos. . . Vio las miradas tristes de primer día de clases que conocía tan bien.

Abrió su libreta de planes, pensó un momento, y la cerró. Se puso de pie y escribió en la pizarra: Unión y armonía de esfuerzos.

Entonces les dijo: —Voy a hacerles la historia de un quetzal que bajó a la llanura con la mansedumbre de un cordero, y de un cordero que se remontó a las alturas con las alas de un quetzal.

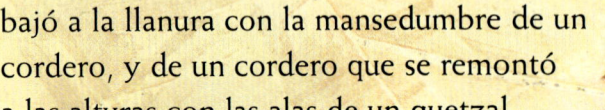

Piénsalo

1. Elisa y José están orgullosos de su cultura. Ellos hablan sobre símbolos de sus países de origen. Explica la importancia de los símbolos culturales.

2. En base a lo que Elisa escribía en su diario, ¿qué crees que la autora quiere que pensemos sobre Elisa?

3. Tanto Elisa como José tenían dificultad en comunicarse en inglés. ¿Qué diferencia había entre la dificultad de Elisa y la de José?

Conoce a la autora
Doris Luisa Oronoz

¿Qué la inspiró a convertirse en escritora?

Siempre quise ser escritora. Escribí mi primer poema cuando tenía seis años y desde entonces siempre escribo. Pero tenía otras prioridades, como la familia, y el trabajo, hasta que un día decidí que era mi tiempo. Entonces completé y publiqué mi primer libro. Ahora ya no puedo detenerme; tengo que seguir escribiendo. Escribir es mi verdadera vocación.

¿Cuál fue su propósito al escribir "El diario de Elisa"?

Compartir con los niños las emociones que sintió mi hija Elisa cuando llegó a Estados Unidos, que son las mismas que todos sentimos cuando dejamos nuestro lugar de nacimiento para iniciar una vida nueva en otra parte del mundo. Elisa descubrió que no estaba sola, había otros como ella: José, por ejemplo. Y a pesar de haber venido de países diferentes aprendieron que podían ayudarse mutuamente y triunfar. Por cierto que Elisa es ahora maestra de español y José, el niño de Guatemala, es su esposo. Son muy felices y continúan ayudándose y ayudando a los demás.

449

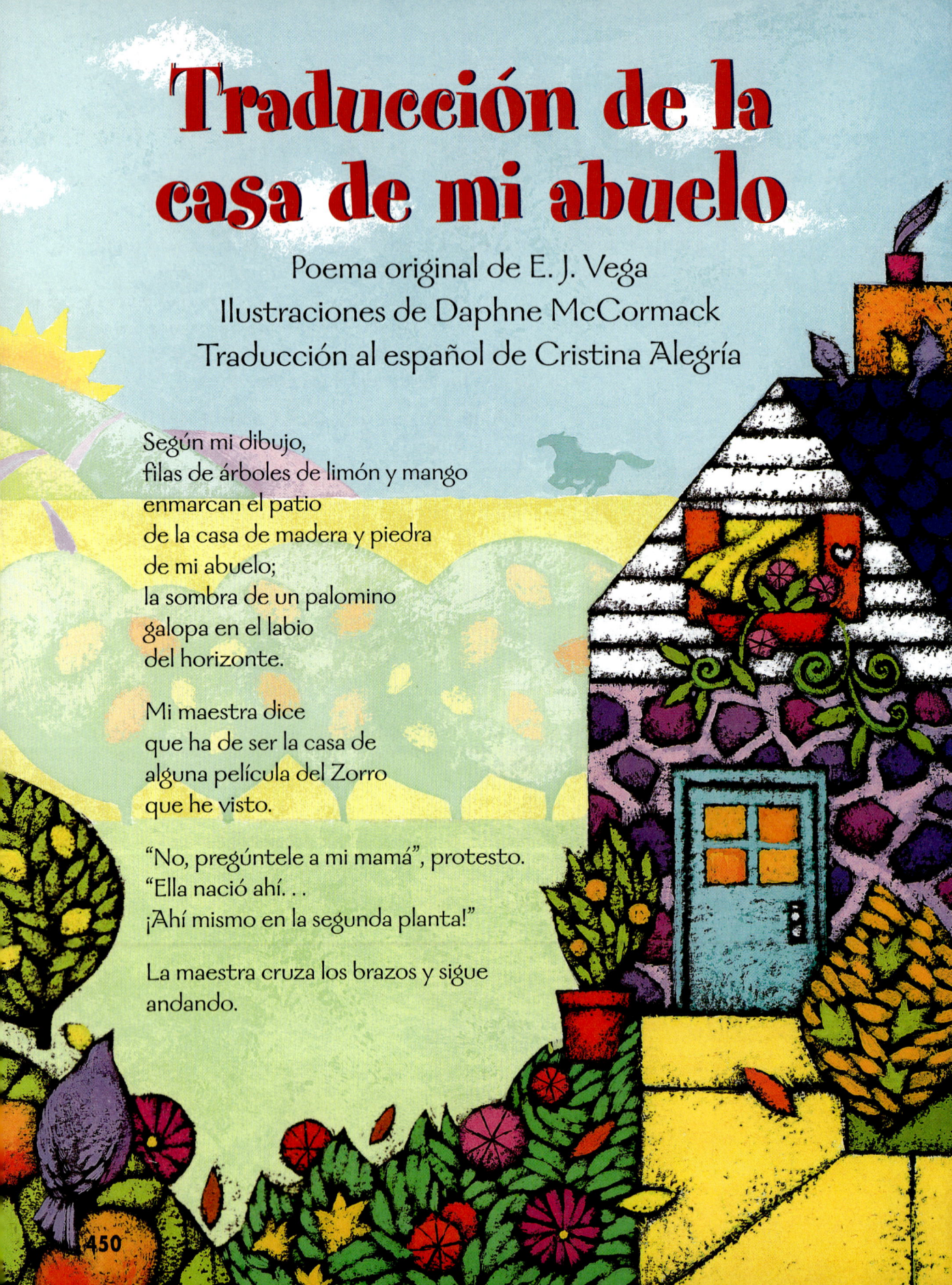

Traducción de la casa de mi abuelo

Poema original de E. J. Vega
Ilustraciones de Daphne McCormack
Traducción al español de Cristina Alegría

Según mi dibujo,
filas de árboles de limón y mango
enmarcan el patio
de la casa de madera y piedra
de mi abuelo;
la sombra de un palomino
galopa en el labio
del horizonte.

Mi maestra dice
que ha de ser la casa de
alguna película del Zorro
que he visto.

"No, pregúntele a mi mamá", protesto.
"Ella nació ahí. . .
¡Ahí mismo en la segunda planta!"

La maestra cruza los brazos y sigue
andando.

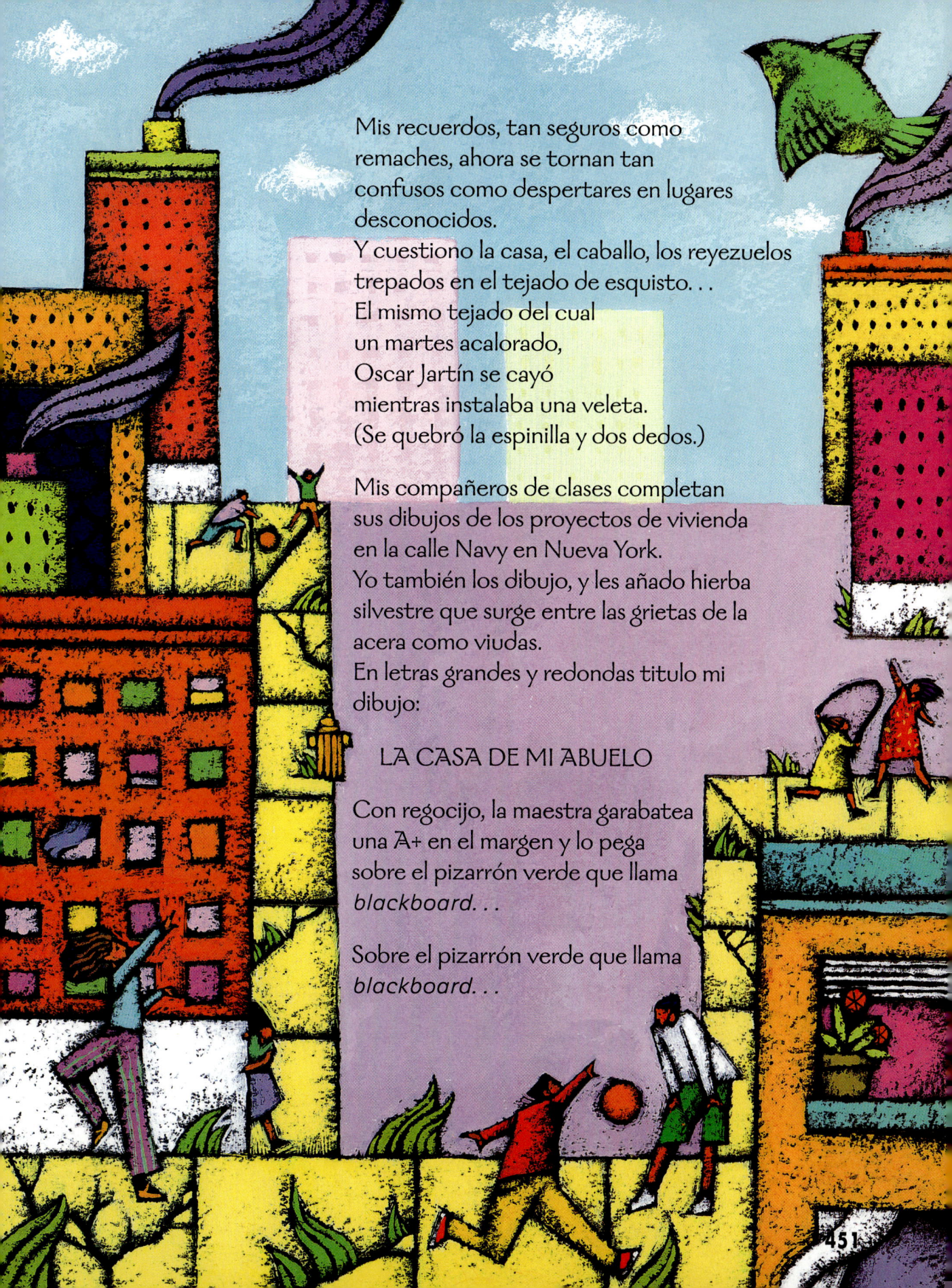

Mis recuerdos, tan seguros como
remaches, ahora se tornan tan
confusos como despertares en lugares
desconocidos.
Y cuestiono la casa, el caballo, los reyezuelos
trepados en el tejado de esquisto. . .
El mismo tejado del cual
un martes acalorado,
Oscar Jartín se cayó
mientras instalaba una veleta.
(Se quebró la espinilla y dos dedos.)

Mis compañeros de clases completan
sus dibujos de los proyectos de vivienda
en la calle Navy en Nueva York.
Yo también los dibujo, y les añado hierba
silvestre que surge entre las grietas de la
acera como viudas.
En letras grandes y redondas titulo mi
dibujo:

LA CASA DE MI ABUELO

Con regocijo, la maestra garabatea
una A+ en el margen y lo pega
sobre el pizarrón verde que llama
blackboard. . .

Sobre el pizarrón verde que llama
blackboard. . .

Taller de actividades

Viceversa, al contrario y al revés

ESCRIBE UN DIARIO   Elisa es una niña puertorriqueña que se fue a vivir a Estados Unidos y escribe en un diario las cosas que le van sucediendo cada día. Imagina cómo hubiera descrito lo que pasó el día que le mostró su papel a José. Redacta unas líneas que representen la entrada del diario de Elisa de aquel día.

Distintos países

DIBUJA UN MAPA   Busca en un atlas el mapa de las Américas. Cálcalo y marca los países. Señala con distintos colores los países de Puerto Rico, Guatemala y Estados Unidos. Localiza y escribe sobre el mapa la capital de cada uno de ellos.

Banderas nacionales

REPRESENTA LA BANDERA DE
TUS ANTEPASADOS   Dibuja la
bandera de tus antepasados.
Búscala en una enciclopedia o
diccionario y dibújala en tu
cuaderno. Investiga el significado
de los colores, escudos o imágenes
que tenga y escribe un pequeño
párrafo con la explicación. Fíjate
en los dibujos de tus compañeros.

Recuerdos de una casa

SIGUE LA DESCRIPCIÓN   A lo
largo del poema "Traduciendo la
casa de mi abuelo" se describe la
casa del abuelo del poeta. Intenta
reproducir un dibujo a colores
según como se describe la casa.
Seguro que encontrarás muy
interesante comparar lo que has
dibujado con lo que han imaginado
tus compañeros de clases.

C. El pequeño libro

Texto de JOSÉ ANTONIO MILLÁN

Ilustraciones de RUSS WILLMS

Autor Premiado

Esto era una vez un Cuentecito muy pequeño, muy pequeño, que no levantaba más que dos líneas del suelo: "Érase una vez. . ." y "Fin".

Su mamá era una *Revista Científica* muy importante, que cambiaba todas las semanas de portada, y su papá era un tomo estupendo de *Derecho Civil*. Antes de irse a la cama, el Cuentecito entraba en el estante de su padre, y allí estaba él

que aún no tenía nombre

siempre reunido con otros tomos muy serios, pero entonces interrumpía lo que estuviera haciendo y daba las buenas noches a su pequeño, y hasta le dejaba jugar con la cinta de registro, que era suave y colorada, y acababa en una borla que al Cuentecito le gustaba mucho. Su mamá, sin embargo, muchas noches no estaba en casa, y es que asistía a alguna cena con Sabios y Premios Nobel.

El Cuentecito se daba cuenta de que sus padres estaban muy preocupados porque no crecía. Otro niño de su misma edad, en el estante inglés, que hacía unos meses no levantaba del suelo más que un *"Once upon a time . . ."* y un *"The end"*, ya contaba cantidad de cosas, y hasta llevaba unos dibujos a dos tintas que era una maravilla verlos.

La Señora Revista a lo mejor estaba en un Congreso en Reykiavik y de repente se acordaba y le preguntaba a un Científico o a un Investigador: "¡Ay!, ¿cómo puedo hacer para que mi Cuentecito crezca?". Y le daban todo tipo de remedios, como que le cambiaran mucho de estante, o que le contaran cosas muy interesantes a ver si aprendía; pero nada daba resultado.

odos los jueves (y no sé muy bien por qué ese día y no otro) el Cuentecito iba de visita a la librería de sus abuelos. Iba de la mano de una criada de la casa, un *Libro de Cocina* muy gordo y que olía un poco a guisos, porque vivían muy lejos. Los abuelos, y otros viejecitos de su estante, tenían lomos muy gastados, y encuadernaciones de cuero, algunas con letras de oro. Pero ninguna era tan bonita como la de la abuelita: *El Amigo de la Joven*, o *Manual de Cortesía y Buenas Maneras*, y luego había como unas florecitas, también de oro.

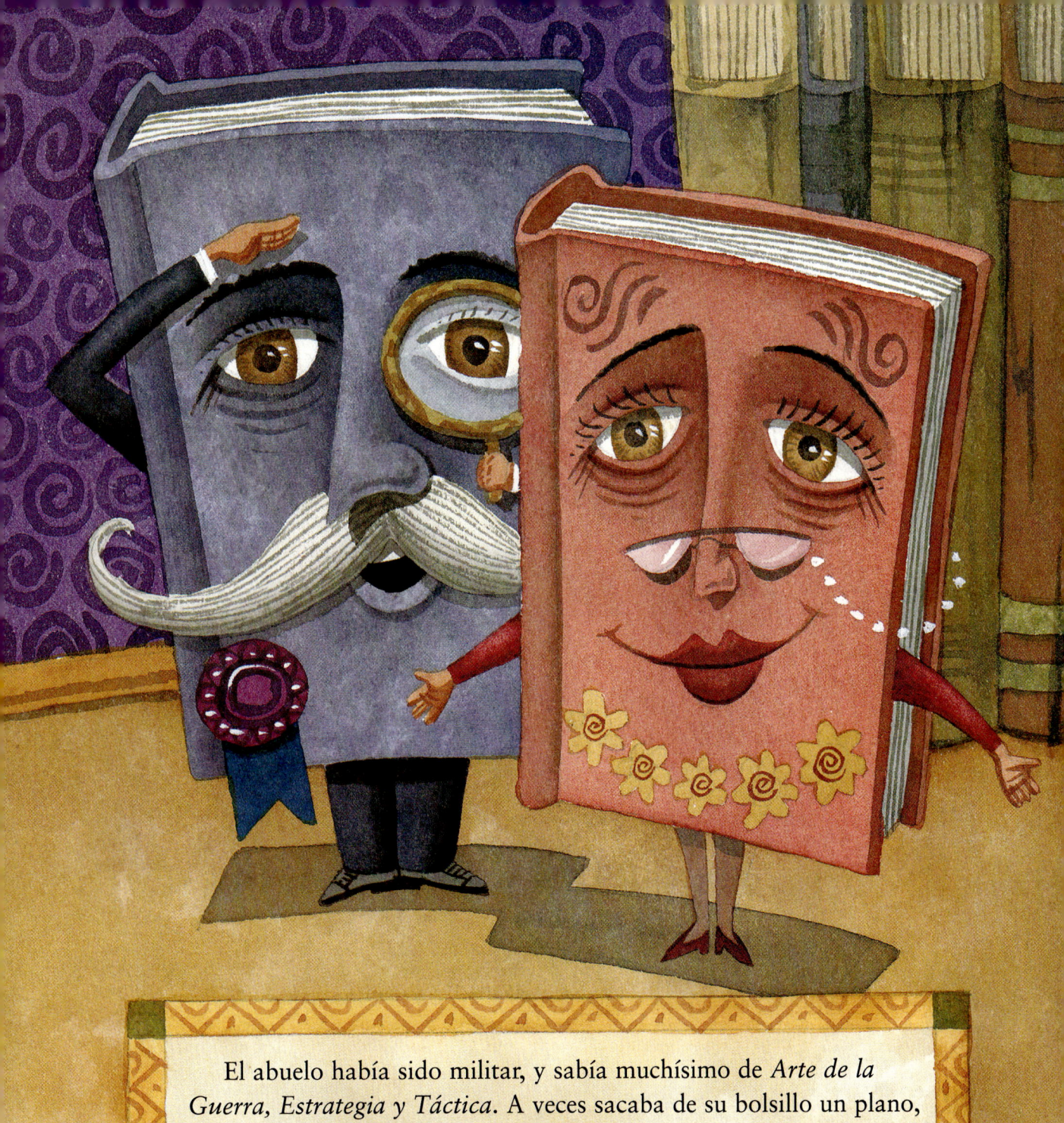

El abuelo había sido militar, y sabía muchísimo de *Arte de la Guerra, Estrategia y Táctica*. A veces sacaba de su bolsillo un plano, y lo desdoblaba con cuidado y el Cuentecito veía ríos y montañas y cuidades, y había flechas que eran ejércitos y líneas de puntos que querían decir fortificaciones.

A los abuelos no les preocupaba mucho que el Cuentecito fuera tan pequeño, porque para ellos eso es lo que tenía que ser un nieto: pequeño; así que no le daban la lata para que se hiciese mayor. Con lo que sí daba la lata la abuela era con los modales: siéntate derecho, no ensucies tus páginas, alísate la cubierta, y así todo el rato. La abuela era muy criticona, y hablaba mal de cuatro hermanas muy gruesas que vivían en la salita, "encima de una mesa", que decía ella: las *Guías Telefónicas*.

En el estante de los abuelos se reunía gente mucho más divertida que en el de sus padres. El Cuentecito se acordaba de la primera vez que vio un Libro de Poesía, blanco y de cantos dorados, que hablaba en líneas muy cortas y que sonaban muy bien.

—Di, Cuentecito:
   ¿quieres más a la abuela
   o al abuelito?

le preguntó el Poeta el primer día. Y el Cuentecito pensó que igual no era muy cortés hablarle de otra forma, y le contestó:

—Señor Poeta:
   su pregunta no atiendo
   por indiscreta.

Y todos se rieron mucho, y el Poeta dijo que el niño iba a ser de mayor un gran Poema Épico, como mínimo. Pero la abuela dijo que no, y que en su familia todos habían sido gente de prosa, y que el Cuentecito crecería hasta ser una gran Novela, y le darían Premios. Y allí todos se pusieron a pensar que una Novela de qué, y el abuelo dijo que una Novela Histórica, con bien de batallas, pero otra vez se enfadó la abuela, y dijo que no: que una novela de gente que paseaba tranquila por un jardín, debajo de árboles muy altos.

Al contrario que todo el mundo, los libritos van al colegio sólo dos días a la semana, y descansan los otros cinco días. La verdad es que tienen una vida muy dura mientras son pequeños, y les hace falta tomarse estos descansos. Muchas veces te habrás asombrado de lo bien escritos que están los libros: líneas rectas, todas las letras iguales . . . ¡por no hablar de la ortografía! Los libros pequeños estudian como locos caligrafía (para hacer las páginas iguales y bonitas), el alfabeto (para poder hacer índices y listas ordenadas), los números romanos (para los capítulos) y ortografía (para saber dónde van las haches y las uves).

Nuestro Cuentecito era muy aplicado, porque sabía que a los libros descuidados se les nota en seguida, porque les salen erratas. Una errata es para los libros lo que una mancha o un borrón para nosotros. Por ejemplo: donde debería poner *gusto*, pues pone *ugtso*, y aunque a veces se nota bastante la intención, queda feo.

Los martes y los viernes, pues, el Cuentecito iba al colegio. La primera clase era de Caligrafía, y al Cuentecito le pillaba casi siempre dormido, pero la Maestra, que era muy lista, sabía la forma de que sus alumnos atendieran.

—Repitan conmigo: ¡patata frita!

Y a los niños y niñas les sonaba muy bien y gritaban:

—¡Patata frita!

—Y ahora de cursiva —decía la Maestra.

—*¡Patata frita!* —gritaban encantados.

—Y ahora de negrita.

—**¡Patata frita!**

—¡Más fuerte!

—**¡PATATA FRITA!**

Y luego les regalaba, efectivamente, unas bolsas de patatas, porque lo contrario habría sido una crueldad.

Una vez a la semana los libritos reciben lecciones de dibujo, porque a veces hay que pintar un pirata o un barco, o enseñar cómo es un personaje, o hacer un gráfico para que se entienda algo, y esto no es una cosa fácil, ni mucho menos. Los cuentecitos pequeños, por ejemplo, tienen unas cubiertas con dibujos grandes y llenos de colorines. Algunos libros serios llegan a tener sólo el título escrito con unas letras grandes y bonitas, ¡pero hay que saber mucho para ponerlas de modo que queden bien!

Todos los libritos, sean niños o niñas, reciben también lecciones de costura, porque si se han fijado, muchos de ellos están hechos de cuadernillos cosidos por el lomo. Esto está muy bien, porque así no se despegan, ni se les caen las hojas. Y precisamente nuestro Cuentecito en esto era de los mejores de su clase.

Y casi se me olvidaba: además de las tablas de multiplicar hasta el nueve, ¡los libros pequeños necesitan saber la tabla del dieciséis! Hay una razón para ello: los libros no crecen como nosotros, milímetro a milímetro y centímetro a centímetro, sino a golpes de dieciséis páginas. Casi todos los libros están formados por cuadernillos de ese tamaño, de modo que al final no pueden tener cualquier número de páginas, sino. . . Pero pueden saberlo escuchando a la clase del Cuentecito repetir la lección:

—dieciséis por dos, treinta y dos

    dieciséis por tres, cuarenta y ocho

    dieciséis por cuatro, sesenta y cuatro

    . . .

    ¡dieciséis por dieciséis, doscientos cincuenta y seis!

En fin. . . como ves, la educación de un libro es algo complicado. Cuando se hacen mayores y terminan los estudios, reciben una distinción especial: un signo misterioso que se pone en las primeras páginas, y que dice ©. Unos opinan que es una cosa, y otros que otra, pero yo sé que es como un diploma por haber acabado bien una cosa tan difícil.

Piénsalo

1. El autor utiliza el recurso literario llamado "personificación" para dar características humanas a un objeto inanimado. ¿Por qué crees que decidió personificar los libros del cuento?

2. ¿Cuál era la importancia de que Cuentecito aprendiera los distintos estilos de caligrafía para "Patata Frita"?

3. El cuento dice que el padre de Cuentecito era un tomo de *Derecho Civil* y que siempre estaba reunido con tomos muy serios. En tú opinión, ¿a qué tipo de "tomos serios" se refiere el autor? ¿Es verdad que los libros tienen personalidades? Si tú fueras un libro, ¿qué tipo de libro serías, y por qué?

Conoce al autor
José Antonio Millán

José Antonio Millán nació en Madrid en 1954. José Antonio representa la tercera generación de escritores en su familia. No es de extrañar el tema de este cuento, pues José Antonio se ha dedicado a escribir, corregir, editar, traducir, reseñar y vender libros por varias décadas.

Conoce al ilustrador
Russ Willms

De niño en Saskatoon, Saskatchewan, Russ Willms pasó la mayoría de su tiempo jugando al hockey y al béisbol. Él y su mejor amigo, Al, llenaban sus cuadernos con dibujos de sus personajes favoritos. Los dos se animaron y se inspiraron el uno al otro hasta que terminaron sus estudios en el colegio de arte.

Russ estudió por cuatro años en el Colegio de Artes de Alberta, donde refinó su estilo y aprendió a dar vida a sus ilustraciones caprichosas. En el taller que Russ y su esposa Mary-Lynn poseen en Victoria, Canadá, él ha ilustrado varios libros para niños. "Me encanta ilustrar una historia completa", dice Russ. "Es como ser director de cine. Puedo dibujar el reparto, el escenario, las luces, y los colores."

Taller de actividades

Página por página

EXAMINA UN LIBRO Toma un libro de la biblioteca y anota en tu cuaderno el nombre del autor o autora, el título, el nombre de la editorial, la ciudad y el año de publicación. Haz un esquema de las partes que lo componen, incluso de los títulos de los capítulos, si los tiene. Sin leer el contenido del libro, escribe un párrafo en el que predices de qué se trata.

La vida estudiantil

DIBUJA UNA TIRA CÓMICA Elige tres o cuatro datos que se mencionan en el texto y crea una tira cómica con globos de diálogos. Inventa otro episodio que podría ocurrir en la vida de Cuentecito.

Regalos útiles

HAZ UN MARCADOR DE LIBROS
Consigue una cartulina y recorta un trozo rectangular. Haz un dibujo a colores sobre algo que te interese y escribe una frase llamativa al respecto. Utilízalo para marcar la página dónde dejaste tu lectura o ¡piensa en alguien a quién se lo puedas regalar!

Expresar opiniones

REDACTA UNA RESEÑA Piensa en un libro que hayas leído en clase recientemente. Escribe lo que te gustó y lo que no te gustó del libro y explica por qué. Comparte tu opinión y razones con tus compañeros.

Perspectiva y propósito del autor

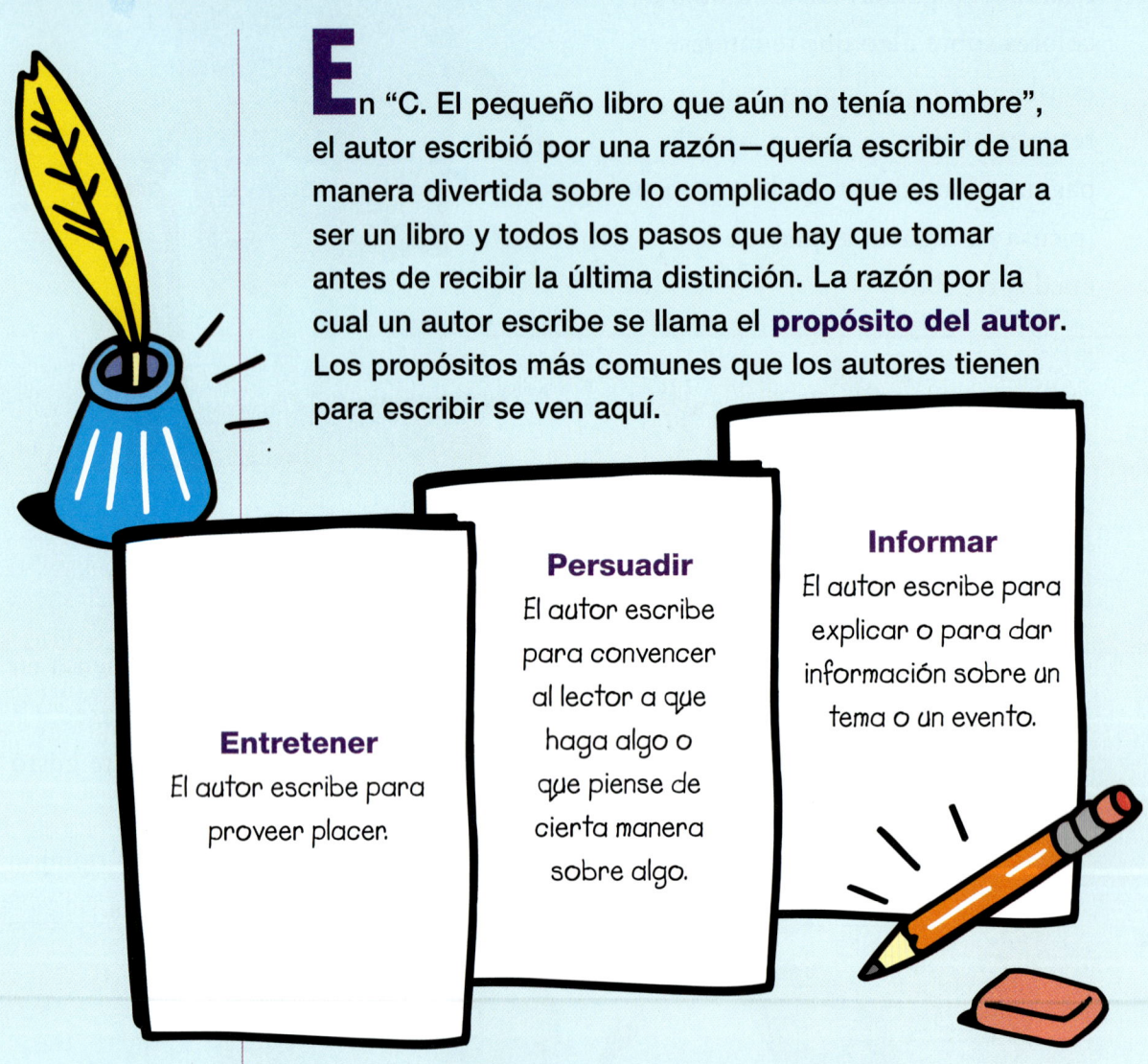

En "C. El pequeño libro que aún no tenía nombre", el autor escribió por una razón—quería escribir de una manera divertida sobre lo complicado que es llegar a ser un libro y todos los pasos que hay que tomar antes de recibir la última distinción. La razón por la cual un autor escribe se llama el **propósito del autor**. Los propósitos más comunes que los autores tienen para escribir se ven aquí.

Entretener
El autor escribe para proveer placer.

Persuadir
El autor escribe para convencer al lector a que haga algo o que piense de cierta manera sobre algo.

Informar
El autor escribe para explicar o para dar información sobre un tema o un evento.

Los autores a menudo tienen una opinión o actitud sobre un tema. Esto se llama la **perspectiva del autor**. Saber la perspectiva del autor te puede ayudar a determinar el propósito del autor al escribir.

Pensar sobre el propósito y la perspectiva del autor te puede ayudar a descifrar si un autor ha incluido opiniones personales en su obra. Si un autor menciona los dos lados de un asunto o incluye sólo hechos, entonces la obra se llama objetiva. A veces el autor omite información y presenta sólo hechos que apoyan su opinión. Entonces la obra se llama parcial o subjetiva.

¿Cuál es el propósito y la perspectiva del autor en el párrafo que sigue?

Todos deben escribir algo para el Anuario de autores jóvenes. Inscribirse en competencias es una buena manera para que los estudiantes mejoren sus destrezas de escritura. También, sé que los ganadores recibirán un premio excelente. El año pasado gané el tercer lugar, y fue tan divertido almorzar con un verdadero autor publicado.

¿QUÉ HAS APRENDIDO?

1 Anota el propósito del autor para los siguientes: una tira cómica, un anuncio y una reseña de una película.

2 Revisa otra selección que hayas leído este año. ¿Cuál era la perspectiva del autor? ¿Cuál era el propósito principal del autor al escribir la selección?

INTÉNTALO • INTÉNTALO

Lee una carta al editor en un periódico o revista. ¿Cuál es la perspectiva u opinión de la persona que escribió la carta? ¿Cómo lo sabes?

Visita *The Learning Site*
www.harcourtschool.com

TEXTO DE ELEANOR ESTES ILUSTRACIONES DE SI HUYNH

VESTIDOS

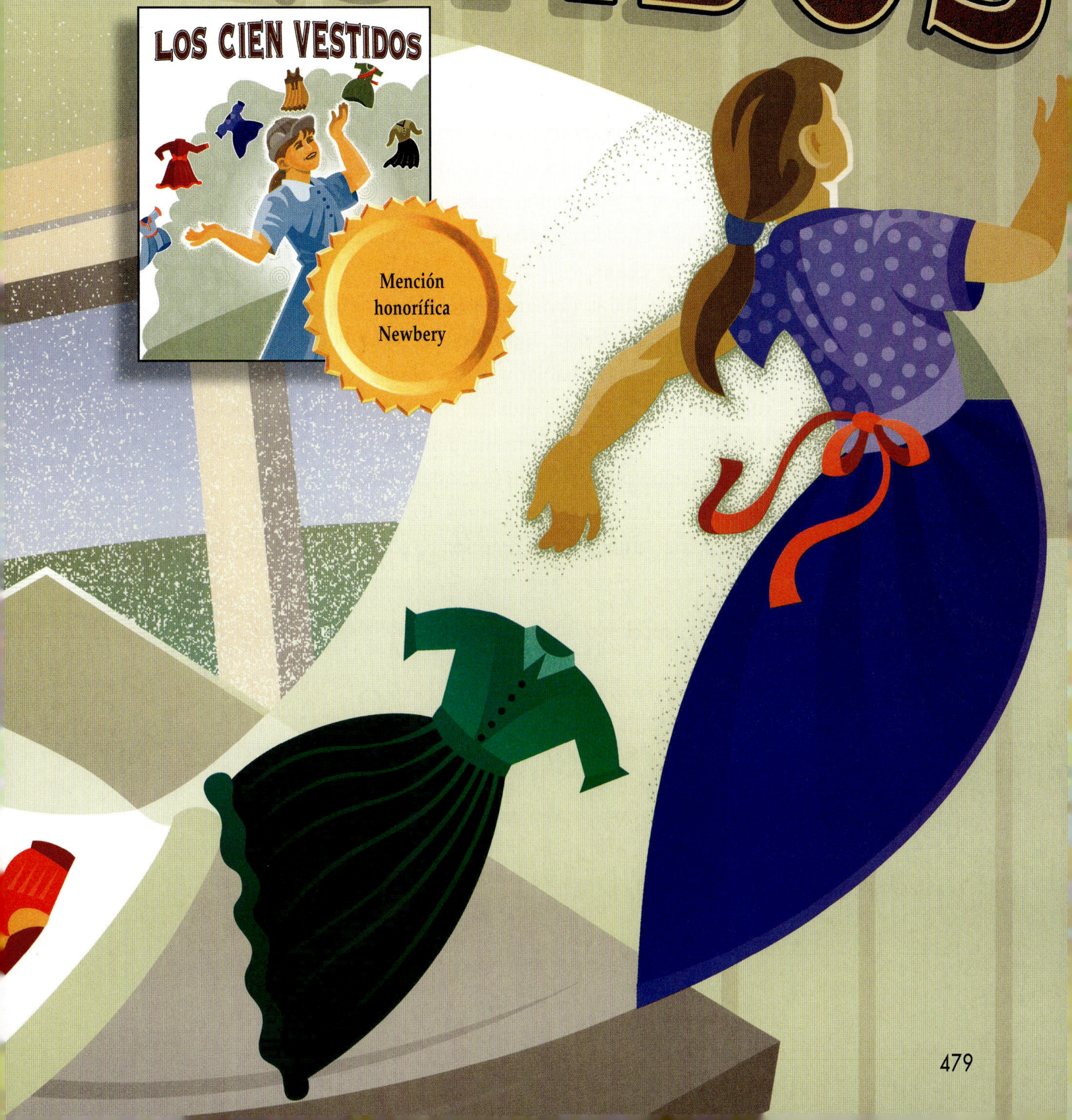
LOS CIEN VESTIDOS
Mención
honorífica
Newbery

Un día azul y radiante

Por alguna razón, Marta no podía aplicarse en el trabajo.

Afiló su lápiz, dándole vueltas cuidadosamente dentro del pequeño sacapuntas rojo, dejando que las virutas cayeran en un ordenado montón encima de un papel borrador, y tratando de no manchar su limpia hoja de aritmética con el polvo de la mina.

Una ligera arruga se dibujó en su frente. En primer lugar, no le gustaba llegar tarde a la escuela. Y en segundo lugar, seguía pensando en Wanda. Por alguna razón, el escritorio de Wanda, aunque vacío, era el único objeto que veía cuando miraba hacia esa parte del salón de clases.

"¿Cómo fue que había comenzado el juego de los cien vestidos?" se preguntó con impaciencia. Era difícil recordar la época en la que sus compañeras y ella no habían jugado ese juego con Wanda. Era difícil recordar los días en los que los cien vestidos no eran como el pan de cada día y todo parecía más agradable. Ah, por supuesto. Ella recordó. Todo comenzó el día en que Cecilia se puso por primera vez su vestido rojo. De repente, toda la escena apareció rápida e intensamente ante los ojos de Marta.

Por alguna razón, el escritorio de Wanda, aunque vacío, era el único objeto que veía cuando miraba hacia esa parte del salón de clases.

Era un radiante día azul de septiembre. No, debió haber sido de octubre, ya que cuando ella y Peggy estaban camino a la escuela, agarradas del brazo y cantando, Peggy había dicho: —¿Sabes qué? Éste debe ser uno de esos días a los que se refieren cuando hablan del "clima azul radiante de octubre".

Marta recordaba eso ya que poco después el ambiente no parecía ser el de un día con un clima azul radiante, a pesar de que el clima no había cambiado en lo más mínimo.

Cuando doblaron de la sombreada calle Oliver hacia la calle Magnolia, ambas parpadearon. Ahora el sol matutino brillaba directamente en sus ojos. Aparte de eso, les llegaban brillantes luces intermitentes de colores de un grupo de una media docena o más de niñas en el otro lado de la calle. Sus suéteres, chaquetas y vestidos, azules, amarillos y rojos, y uno carmesí en particular, reflejaban los rayos del sol como si fueran cristales brillantes.

Estaba soplando un viento fresco que batía sus faldas y azotaba el pelo en sus ojos. Todas las niñas estaban agitadas y gritaban, y cada una trataba de hablar más alto que las otras. Marta y Peggy se unieron al grupo y a las risas y al alboroto.

—¡Hola, Peggy! ¡Hola, Marta! —les dieron la bienvenida calurosamente—. ¡Miren a Cecilia!

Lo que las tenía admiradas era el vestido que Cecilia llevaba puesto: un vestido carmesí con un gorro y calcetines que hacían juego. Era un vestido nuevo, brillante y muy bonito. Todas estaban admirándolo y admirando a Cecilia. Desde hace tiempo, la alta y delgada Cecilia era una bailarina de ballet y se vestía con más elegancia que la mayoría de las niñas. Y llevaba su bolsa negra satinada con sus preciosas zapatillas blancas satinadas de ballet colgando del hombro. Hoy era el día de su lección de baile.

Marta se sentó en el borde de la acera para amarrarse los zapatos. Escuchaba encantada lo que estaban diciendo. Todas parecían particularmente contentas hoy, quizá porque era un día tan radiante. Todo resplandecía. Abajo, hacia el final de la calle, la luz del sol temblaba y convertía en plateado el azul de la bahía. Marta recogió un pedazo de espejo roto y dirigió un pequeño rayo de luz bordeado con los colores del arco iris hacia las casas, los árboles y la punta del poste del telégrafo.

Y fue entonces cuando Wanda había llegado acompañada de su hermano Javier.

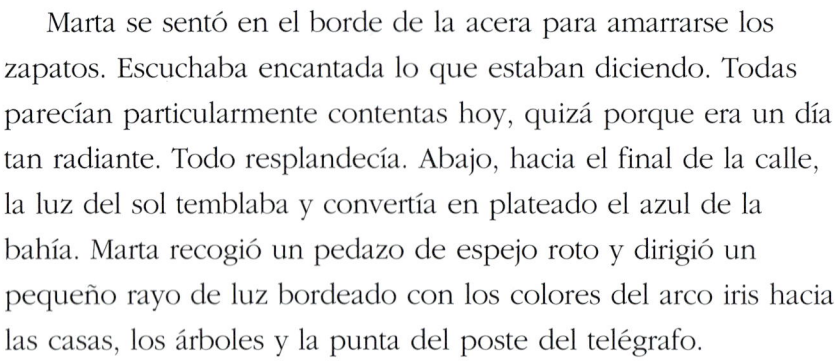

Marta recogió un pedazo de espejo roto y dirigió un pequeño rayo de luz bordeado con los colores del arco iris ...

No venían juntos a la escuela con frecuencia. Javier tenía que llegar muy temprano porque ayudaba al viejo señor Hernández, el conserje de la escuela, con la caldera, o a recoger las hojas secas, o a hacer otros trabajos antes de que la escuela abriera. Hoy debe de ir tarde.

Incluso Wanda se veía bonita bajo esta luz, y su vestido azul claro se veía como un pedazo de cielo de verano; y ese viejo gorro gris que vestía (debió haber sido alguno que Javier había encontrado) se veía casi elegante. Marta los miró distraídamente mientras dirigía su pedazo de espejo aquí y allá. Y sólo distraídamente notó que Wanda se detuvo de repente cuando alcanzaron al grupo de niñas sonrientes y alborotadas.

—Anda —Marta escuchó decir a Javier—. Tengo que apurarme. Tengo que abrir las puertas y tocar la campana.

—Sigue tú solo —dijo Wanda—. Yo quiero quedarme aquí.

Javier hizo un gesto con los hombros y subió por la calle Magnolia. Wanda se aproximó despacio al grupo de niñas. Cada vez que daba un paso al frente, parecía que dudaba por un largo, largo rato antes de dar el siguiente. Se acercó al grupo como lo haría un animal tímido, listo para huir ante cualquier indicio de peligro.

No obstante, la boca de Wanda dejaba entrever una vaga sonrisa. Ella también debió sentirse feliz ya que todo el mundo debía sentirse feliz en un día como ése.

Mientras Wanda se unía a las niñas que estaban en la periferia del grupo, Marta se levantó y se plantó junto a Peggy para echarle un buen vistazo al vestido de Cecilia. Se olvidó de Wanda mientras muchas niñas más seguían llegando, agrandando el grupo, y todas admirando el nuevo vestido de Cecilia.

—¡Qué lindo! ¿verdad ? —dijo una.

—Sí, yo tengo un nuevo vestido azul, pero no es tan bonito como ése —dijo otra.

—Mi madre me acaba de comprar uno a cuadros, uno con cuadros escoceses.

—Conseguí un nuevo vestido para la escuela de baile.

—Voy a hacer que mi madre me compre uno como el de Cecilia.

Todas hablaban con todas las demás. Nadie le dijo nada a Wanda, pero ahí estaba, una más del montón. Las niñas se apelotonaron aún más alrededor de Cecilia, seguían hablando todas a la vez y admirándola, y Wanda acabó, de algún modo, formando parte del grupo. Nadie le dirigió la palabra a Wanda, ni siquiera se dieron cuenta de que ella estaba ahí.

Quizá, pensó Marta al recordar lo que había pasado después, quizá Wanda pensó que todo lo que tenía que hacer era decir algo y se convertiría de verdad en una de las niñas del grupo. Y eso sería fácil de hacer ya que no hacían más que hablar de vestidos.

Marta estaba junto a Peggy. Wanda estaba junto a Peggy en el otro lado. De repente, Wanda tocó impulsivamente el brazo de Peggy y dijo algo. Sus ojos de color azul claro estaban brillando y se veía tan emocionada como el resto de las niñas.

—¿Qué? —preguntó Peggy, ya que Wanda había hablado muy bajito.

Wanda dudó un momento y entonces repitió sus palabras con firmeza.

—Tengo cien vestidos en casa.

—Eso es lo que pensé que dijiste. Cien vestidos. ¡Cien! —la voz de Peggy subía y subía de tono.

—Oigan, chicas —gritó—. ¡Esta niña tiene cien vestidos!

Según parecía, Peggy pensaba que los días se echarían a perder si no se burlaba de Wanda, ganando la risa aprobatoria de las niñas.

Recibieron la noticia en silencio, y el grupo que se había centrado alrededor de Cecilia y su nuevo atavío se centró curioso alrededor de Wanda y Peggy. Las niñas miraron a Wanda, primero incrédulas y luego sospechosas.

—¿Cien vestidos? —dijeron—. Nadie puede tener cien vestidos.

—Pero yo sí los tengo.

—Wanda tiene cien vestidos.

—Entonces, ¿dónde están?

—En mi armario.

—Ah, no te los pones para ir a la escuela.

—No, para ir a las fiestas.

—Ah, quieres decir que no tienes vestidos de diario.

—Sí, tengo todo tipo de vestidos.

—¿Por qué no te los pones para ir a la escuela?

Por un momento, Wanda se quedó callada. Sus labios se unieron. Luego ella repitió impasiblemente como si fuera una lección aprendida en la escuela: —Cien vestidos. Todos alineados en mi armario.

—Ah, ya veo —dijo Peggy, hablando como un adulto—. La niña tiene cien vestidos, pero no se los pone para ir a la escuela. Quizá le preocupa que se le manchen con tinta o tiza.

Al oír esto, todas comenzaron a reírse y a hablar al mismo tiempo. Wanda las miró impasible, apretando los labios, arrugando la frente hacia arriba y dejando que el gorro gris se deslizara hasta sus cejas. De repente, calle abajo, la campana de la escuela sonó su primer aviso.

—Oh, vámonos —dijo Marta, aliviada—. Llegaremos tarde.

—Adiós, Wanda —dijo Peggy—. Tus cien vestidos parecen ser her-mo-sos.

Recibieron este comentario con más gritos y sonrisas y las niñas corrieron, riendo y hablando y olvidándose de Wanda y de sus cien vestidos. Olvidándose hasta el día siguiente y el otro y el otro, cuando Peggy, viéndola llegar a la escuela, se acordaba y le preguntaba acerca de los cien vestidos.

Según parecía, Peggy pensaba que los días se echarían a perder si no se burlaba de Wanda, ganando la risa aprobatoria de las niñas.

Sí, el juego de los cien vestidos comenzó de esa manera. Todo pasó de una manera tan repentina e inesperada, con todo el mundo siguiendo el juego, de modo que aun si una se sentía incómoda, como Marta, no había nada que pudiera hacerse al respecto. Marta asintió con la cabeza. Sí, se repitió a sí misma, así comenzó todo, ese día, ese día azul radiante.

Y envolvió las virutas y caminó hacia el frente de la clase para tirarlas en el basurero.

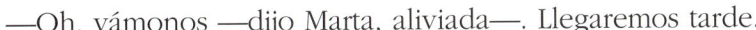

El concurso

Hoy, a pesar de que ella y Peggy habían llegado tarde a la escuela, Marta estaba feliz de no haber tenido que burlarse de Wanda. Resolvía sus problemas de aritmética distraídamente. Ocho por ocho . . . a ver . . . no podía hacer nada acerca de las bromas que se le hacían a Wanda. Le gustaría tener el valor para escribir una nota a Peggy, ya que Marta sabía que nunca tendría el coraje de enfrentarla cara a cara para decirle: —Oye, Peg, dejemos de preguntarle a Wanda cuántos vestidos tiene.

Cuando terminó su aritmética, comenzó a escribir una nota a Peggy. Repentinamente se detuvo y se estremeció. Se imaginó en el patio de la escuela como el nuevo blanco de las bromas de Peggy y las otras niñas. Peggy podía preguntarle de dónde había sacado el vestido que llevaba puesto, y Marta tendría que decir que era uno de los viejos vestidos de Peggy que la madre de Marta había tratado de disimular con nuevos adornos para que nadie en el salón 13 lo reconociera.

Si tan sólo Peggy decidiera por su propia voluntad dejar de burlarse de Wanda. ¡Qué importa! Marta se pasó la mano por el corto cabello rubio como si quisiera deshacerse de pensamientos incómodos. ¿Qué se podía hacer? Poco a poco, Marta hizo trizas la nota que había comenzado. Ella era la mejor amiga de Peggy y Peggy era la niña más popular de toda la clase. "Es imposible que Peggy haga algo demasiado malo", pensó.

Y en el caso de Wanda, ella era sólo una niña que vivía en Alturas de Villa del Rey, que se la pasaba sola en el patio de la escuela. Nadie en la clase pensaba en Wanda, excepto cuando le tocaba levantarse para la lectura oral. Entonces todos esperaban que ella se apurara y la terminara porque tardaba una eternidad en leer un párrafo.

A veces se levantaba y simplemente miraba su libro y no podía, o no quería, leer en lo absoluto. La maestra trataba de ayudarla, pero ella sólo se quedaba allí hasta que la maestra le dijera que se sentara. ¿Acaso era tonta, o qué? Quizá sólo era tímida. El único momento en el que ella charlaba era en el patio de la escuela acerca de sus cien vestidos. Marta recordaba que le había contado acerca de uno de sus cien vestidos, uno azul claro con adornos color cereza. Y ella recordaba otro que era verde brillante con una faja roja.

—Parecerías un árbol de Navidad en ése —le dijeron las niñas con admiración fingida.

Al pensar en Wanda y sus cien vestidos todos alineados en el armario, Marta comenzó a preguntarse quién iba a ganar el concurso de dibujar y de colorear. Para las niñas, el concurso consistía en diseñar vestidos, y para los niños, en diseñar lanchas de motor. Quizá Peggy ganaría la medalla de las niñas. Peggy dibujaba mejor que el resto de la clase. Al menos eso era lo que todos pensaban. Había que ver la manera en que podía copiar de una revista la foto del rostro de un artista. Casi podía uno adivinar de quién se trataba. Marta esperaba que Peggy ganara. ¿Esperaba? Más bien, estaba segura de que Peggy ganaría. Bien, mañana la maestra iba a anunciar a los ganadores. Entonces lo sabrían.

Los pensamientos sobre Wanda se alejaron más y más de la mente de Marta, y para cuando comenzó la lección de historia ya se había olvidado completamente de ella.

El único momento en el que ella charlaba era en el patio de la escuela acerca de sus cien vestidos.

En cuanto entraron a la clase, se detuvieron sorprendidos y sin aliento.

LOS CIEN VESTIDOS

Al día siguiente lloviznaba. Marta y Peggy se apuraban a llegar a la escuela bajo el paraguas de Peggy. Naturalmente, en un día como éste no querían esperar a Wanda Petronski en la esquina de la calle Oliver, la calle que allá, muy lejos, pasando las vías del ferrocarril y arriba de la colina, llevaba a Alturas de Villa del Rey. De cualquier modo, no querían arriesgarse a llegar tarde hoy, ya que era un día importante.

—¿Crees que la señorita Méndez anuncie a los ganadores hoy? —preguntó Peggy.

—Ay, espero que sí, en cuanto nosotras lleguemos —dijo Marta y añadió—, por supuesto que tú ganarás, Peggy.

—Espero que sí —dijo Peggy entusiasmada.

En cuanto entraron a la clase, se detuvieron sorprendidas y sin aliento. Había dibujos en todo el salón, en cada borde y antepecho de la ventana, fijados temporalmente encima de las pizarras, cubriendo todas las paredes, deslumbrantes colores y espléndidos diseños brillantes, todos dibujados en grandes hojas de papel para envolver.

¡Debía haber un centenar de ellos todos alineados!

Debían de ser los dibujos del concurso. ¡Así era! Todos se detuvieron y suspiraron o murmuraron con admiración.

Tan pronto se llenó la clase, la señorita Méndez anunció a los ganadores. Dijo que Sergio Figueroa había ganado entre los niños y su diseño de una lancha de motor fuera de borda estaba en exhibición en el salón 12, junto con las lanchas de los demás niños.

—En cuanto a las niñas —dijo ella— aunque la mayoría entregó uno o dos dibujos, una niña (y el salón 13 debería sentirse muy orgulloso de ella) dibujó cien diseños, todos diferentes y hermosos. En la opinión de los jueces, cualquiera de sus dibujos merecía el primer premio. Tengo el placer de anunciar que Wanda Petronski es la ganadora de la medalla de las niñas. Desafortunadamente, Wanda ha estado ausente de la escuela por algunos días y no está aquí para recibir el aplauso que se merece. Esperemos que venga mañana. Ahora, clase, pueden ir en fila por el salón, sin hacer mucho ruido, y admirar sus exquisitos dibujos.

Todos rompieron en un aplauso, aunque a los niños no les interesaban los vestidos. Ellos estaban contentos de tener la oportunidad de zapatear en el suelo y meterse los dedos en la boca para silbar. Marta y Peggy fueron de las primeras en alcanzar la pizarra para admirar los dibujos.

—Mira, Peg —susurró Marta— ahí está el azul del que nos habló. Es muy bonito, ¿verdad?

—Sí —dijo Peggy— y aquí está el verde. ¡Y yo que pensaba que yo podía dibujar!

PIÉNSALO

1 ¿Qué efecto tuvieron las burlas de sus compañeras en el comportamiento de Marta? ¿Qué hizo la señorita Méndez para remediar la situación?

2 Si pudieras darle un consejo a Marta, ¿qué le dirías y por qué? Explica tus respuestas.

3 ¿Por qué el autor escribió el cuento desde el punto de vista de Marta?

ELEANOR ESTES

Eleanor Estes fue la autora de diecinueve libros con temas infantiles. En una ocasión dijo: "Me gusta pensar que lo que escribo es un reflejo verdadero de lo que es la niñez".

Estes trabajaba como bibliotecaria infantil hasta que se publicó *The Moffats*, su primer libro que luego se convirtió en una serie muy popular. Ella basó muchas de sus historias en sus memorias de la infancia del lugar donde creció, West Haven, Connecticut, "un lugar que tiene todo lo que un niño puede desear". Estes ganó varios premios literarios incluyendo la medalla Newbery por su libro *Ginger Pye* y tres premios de Mención honorífica Newbery. Estes murió en 1988.

La Aritm

ética

CARL SANDBURG

ilustraciones de KITTY MEEK

LA ARITMÉTICA es donde los números vuelan
como palomas que entran y salen de tu cabeza.
LA ARITMÉTICA te dice cuánto ganaste o cuánto perdiste
si sabes cuánto tenías
antes de que ganaras o antes de que perdieras.
LA ARITMÉTICA es siete machete, ocho bizcocho
y nueve probadita de nieve.
LA ARITMÉTICA son los números que exprimes
de tu cabeza a tus manos, a tu lápiz, al papel
hasta que encuentras la respuesta. . . .
Si tienes dos galletas de animalitos, una buena y una mala,
y te comes una y una cebra rayada
repleta de líneas se come la otra,
¿cuántas galletas de animalitos tendrás
si alguien te da cinco, seis, siete y dices
No, no, no y dices nacarile, nacarile
y dices nananina, nananina?
Si pides a tu mamá un huevo frito
para desayunar y te da
dos huevos fritos y te los comes
ambos, ¿quién sabe más de aritmética,
tú o tu mamá?

TALLER DE ACTIVIDADES

EL VALOR DE LOS MAESTROS

HAZ UNA ENTREVISTA   Tal como la señorita Méndez en el cuento, los maestros en la vida real a menudo intentan enseñarles a sus alumnos lecciones importantes sobre la vida, como llevarse bien con los demás y apreciarse el uno al otro. Entrevista a un maestro, director, secretaria u otro adulto que forme parte de la comunidad de tu escuela. Pide a esta persona que te cuente sobre un maestro o una maestra que le haya enseñado una lección importante. Escribe un resumen sobre tu entrevista.

IDEAS, IDEAS

PIENSA EN TEMAS   Imagina que tu clase va a tener un concurso de dibujo como el del cuento. Júntate con compañeros y piensa en temas para dibujar, como camisetas, patinetas o uniformes deportivos. Intenta pensar en ideas originales que sean divertidas e interesantes de dibujar para todos. Haz una lista de tus ideas.

HAZLO TÚ

HAZ DIBUJOS Después de que hayas pensado en temas para la actividad "Ideas, ideas", selecciona el que más te interese. Dibuja cuantos diseños desees para ese tema y utiliza colores y combinaciones interesantes. Puedes dibujar sólo un diseño o varios.

HACER CONEXIONES

ESCRIBE UN POEMA Supón que la señorita Méndez tuviera un concurso de poesía en vez de un concurso de dibujo. Usando "Aritmética" como ejemplo, escribe un poema corto sobre tu materia favorita de la escuela. Comparte tu poema con tus compañeros.

Texto de ANDREW CLEMENTS
Ilustraciones de SHEILA BAILEY

A Nicolás Catan lo conocen por sus ideas. En el tercer grado, transformó su salón de clases en una isla tropical. En el cuarto grado, chirrió como un mirlo durante la clase, haciendo reír a los demás estudiantes. Pero ahora está en el quinto grado y sabe que tiene que tener mucho cuidado. Está en la clase de lenguaje de la Sra. Granger, que es tan inteligente como estricta. A ella le encanta el diccionario, y todos los días pone a la vista de todos en el pizarrón la "palabra del día". Cuando Nick intenta evitar que le asigne una tarea, hace una pregunta difícil pero la maestra termina dándole otra tarea más: un informe oral del origen de las palabras. Nick presenta un informe raro, pero la Sra. Granger lo sorprende con una reacción todavía más rara.

La Sra. Granger le clavó una mirada de júbilo. Nick se hundió aún más en su asiento. Aquello era peor que redactar el informe, peor que presentarlo oralmente. La maestra estaba tratándolo como . . . como su alumno predilecto y él tenía la sensación de que lo hacía a propósito. Su reputación estaba en grave peligro. Por eso, lanzó una nueva pregunta.

Levantó la mano y ni siquiera esperó a que la Sra. Granger pronunciara su nombre:

—Bueno, pero, sabe . . . yo todavía no entiendo bien por qué todas las palabras significan cosas diferentes. Como ¿quién dice que p-e-r-r-o significa la cosa ésa que hace "guau" y mueve la cola? ¿Quién?

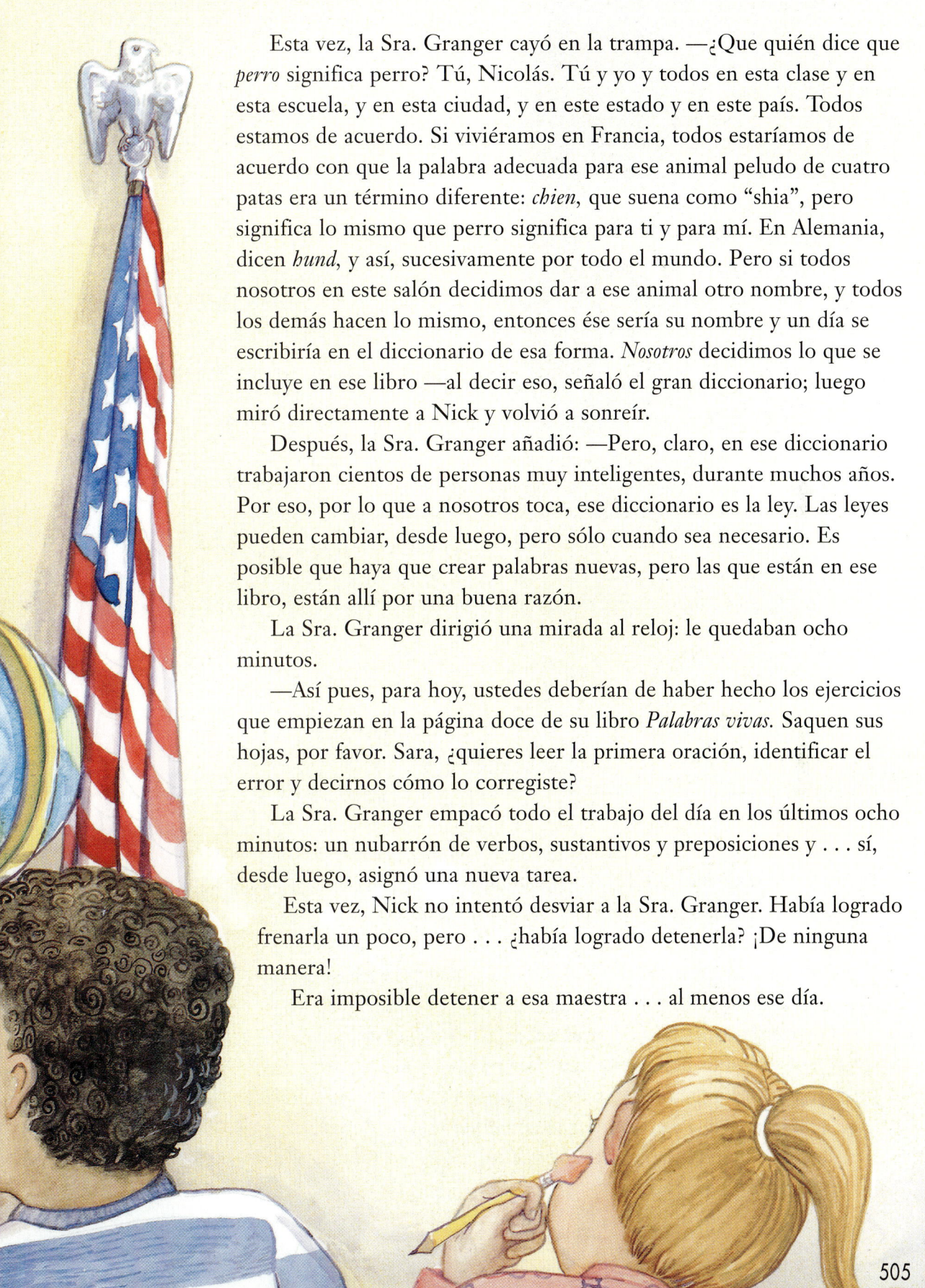

Esta vez, la Sra. Granger cayó en la trampa. —¿Que quién dice que *perro* significa perro? Tú, Nicolás. Tú y yo y todos en esta clase y en esta escuela, y en esta ciudad, y en este estado y en este país. Todos estamos de acuerdo. Si viviéramos en Francia, todos estaríamos de acuerdo con que la palabra adecuada para ese animal peludo de cuatro patas era un término diferente: *chien*, que suena como "shia", pero significa lo mismo que perro significa para ti y para mí. En Alemania, dicen *hund*, y así, sucesivamente por todo el mundo. Pero si todos nosotros en este salón decidimos dar a ese animal otro nombre, y todos los demás hacen lo mismo, entonces ése sería su nombre y un día se escribiría en el diccionario de esa forma. *Nosotros* decidimos lo que se incluye en ese libro —al decir eso, señaló el gran diccionario; luego miró directamente a Nick y volvió a sonreír.

Después, la Sra. Granger añadió: —Pero, claro, en ese diccionario trabajaron cientos de personas muy inteligentes, durante muchos años. Por eso, por lo que a nosotros toca, ese diccionario es la ley. Las leyes pueden cambiar, desde luego, pero sólo cuando sea necesario. Es posible que haya que crear palabras nuevas, pero las que están en ese libro, están allí por una buena razón.

La Sra. Granger dirigió una mirada al reloj: le quedaban ocho minutos.

—Así pues, para hoy, ustedes deberían de haber hecho los ejercicios que empiezan en la página doce de su libro *Palabras vivas*. Saquen sus hojas, por favor. Sara, ¿quieres leer la primera oración, identificar el error y decirnos cómo lo corregiste?

La Sra. Granger empacó todo el trabajo del día en los últimos ocho minutos: un nubarrón de verbos, sustantivos y preposiciones y . . . sí, desde luego, asignó una nueva tarea.

Esta vez, Nick no intentó desviar a la Sra. Granger. Había logrado frenarla un poco, pero . . . ¿había logrado detenerla? ¡De ninguna manera!

Era imposible detener a esa maestra . . . al menos ese día.

Tres cosas sucedieron esa tarde. Nick y Carol Fisk no habían tomado el autobús, a causa de una junta para el periódico de la escuela, así que regresaron a casa caminando juntos. Iban jugando. Querían ver quién podía caminar sobre el borde de la acera sin caerse. Era un juego que requería mucha concentración, y cuando Carol puso un pie en la calle, Nick dijo: —Con eso, yo gano tres puntos.

Pero Carol protestó: —No me caí; es que acabo de encontrar algo. Mira. Se inclinó y tomó un bolígrafo dorado, uno de esos bolígrafos finos.

Eso fue lo primero que sucedió: Carol encontró el bolígrafo.

Volvieron a subirse al borde de la acera y Nick seguía a Carol poniendo un pie enfrente del otro con mucho cuidado, sobre el estrecho borde de hormigón.

Mientras caminaba así, Nick reflexionó sobre lo que había pasado ese día en la escuela y especialmente sobre su informe. Por fin comprendió lo que la Sra. Granger había dicho al final de la clase acerca de las palabras.

Ése fue el segundo suceso de la tarde: entender lo que había dicho la Sra. Granger.

Sus palabras habían sido: "¿Quién dice que *perro* significa perro? ¡Tú, Nicolás!"

Tú, Nicolás —se repitió.

"¿Yo?" pensó Nick, mientras seguía poniendo un pie enfrente del otro siguiendo a Carol. "*¿Qué querrá decir?*" Entonces se acordó de algo.

Cuando tenía unos dos años, su mamá le había comprado una de esas caseteras irrompibles para niños y un montón de casetes para cantar al ritmo de la música. Le habían encantado, y las tocaba una y otra vez y una y otra vez. Llevaba el casete y la casetera a su madre, o a su hermano mayor o a su padre y los golpeaba uno con otro diciendo "pateto, pateto pateto", hasta que alguien ponía el casete en la máquina y lo ponía en marcha.

Por tres años, cada vez que él decía "pateto", la familia sabía que quería oír aquellos bonitos sonidos que resultaban de voces e instrumentos. Sin embargo, al llegar a prekinder, aprendió que si quería que la maestra y los demás niños le entendieran, tenía que usar la palabra *música*. Pero, para Nick, lo que expresaba ese bonito sonido era *pateto*, porque él así lo decía.

¿Quién dice que *pateto* significa música? "Tú, Nicolás".

—¡Eso no es jugar limpio! —gritó Carol.

Habían llegado a la esquina de su propia calle y Nick se había tropezado con ella, por estar completamente absorto en sus pensamientos. Carol había dado un traspiés, cayéndose del borde de la acera, y el bolígrafo dorado había ido a parar a la calle.

—Perdón. No lo hice a propósito, de veras —protestó Nick—. Lo que pasó fue que venía distraído . . . Aquí tienes —Nick se agachó, tomó el bolígrafo y se lo dio a Carol— aquí está tu . . .

Ése fue el tercer acontecimiento de la tarde.

En lugar de decir pluma o bolígrafo, Nick dijo frindel.

—¿Frindel? —Carol tomó la pluma y miró a Nick como quien mira a un loco; frunció la nariz y preguntó: —¿Qué es un *frindel?*

Con una leve sonrisa, Nick respondió: —Pronto lo sabrás. Hasta luego.

Fue ahí, en la esquina de la Calle Primavera con la Gran Avenida de las Rosas, a una cuadra de distancia de su casa en una tarde de septiembre que Nick concibió la gran idea.

Para cuando había corrido calle abajo, y subido las escaleras, entrado por la puerta y pasado hasta su cuarto, ya no era sólo una gran idea. Era un plan, todo un plan que pedía a gritos que Nick lo pusiera en acción. Y . . . ¡"Acción" era el apodo de Nick!

El día siguiente, después de las clases, puso el plan en marcha. Nick caminó hasta la tiendita de la esquina y pidió a la señora que estaba detrás del mostrador que le diera un frindel.

La señora frunció el ceño y preguntó: —¿Que te dé un qué?

—Un frindel, por favor; negro —contestó Nick sonriendo.

La señora se inclinó sobre el mostrador para escuchar mejor a Nick y repitió: —Tú quieres . . . *¿qué cosa?*

—Un frindel —contestó Nick y señaló los bolígrafos que estaban en el estante, detrás de ella— uno negro, por favor.

La señora le dio el bolígrafo; Nick le pagó los 49 centavos y dijo: —Muchas gracias— y salió de la tienda.

Seis días después, Carol estaba ante el mostrador de la tiendita. Se trataba de la misma tienda y la misma señora. Juan había ido el día anterior, Pepe un día antes, Cristian un día antes que Pepe y David un día antes que Cristian. Carol era la quinta persona que Nick enviaba a la tienda a pedirle a la señora un frindel.

Cuando Carol dijo lo que quería, la señora estiró el brazo hacia donde estaban los bolígrafos y preguntó: —¿Azul o negro?

Nick, mientras tanto, estaba parado en un pasillo cerca del mostrador frente a los dulces, y sonreía satisfecho.

Frindel era una verdadera palabra: significaba *bolígrafo.*
¿Quién dice que frindel significa bolígrafo? "Tú, Nicolás".

Media hora después, un grupo de alumnos serios del quinto grado celebraba una junta en el cuarto de juego de Nick. Eran Juan, Pepe, David, Cristian y Carol. Con Nick, eran seis en total; seis agentes secretos.

Levantaron la mano derecha y leyeron el juramento que Nick había redactado:

A partir del día de hoy y para siempre, jamás volveré a usar la palabra BOLÍGRAFO. En vez usaré la palabra FRINDEL y haré todo lo posible para que otros lo hagan también.

Los seis firmaron el juramento de lealtad . . . con el frindel de Nick.

El plan daría resultado.

Gracias, Sra. Granger.

Piénsalo

❶ ¿Cuál es la idea de Nick y cómo logra que dé resultado?

❷ ¿Por qué la Sra. Granger es un personaje importante en este cuento?

❸ Si tú fueras amigo de Nick, ¿hubieras querido ayudarle a llevar a cabo su plan? ¿Por qué sí o por qué no?

Conoce al autor
Andrew Clements

Cuando Andrew Clements visita escuelas y habla con los estudiantes, les repite el discurso que su personaje, la Sra. Granger, dijo a sus estudiantes: "Yo explico a los niños que el diccionario es una obra en progreso y que los significados de las palabras resultan de un acuerdo entre todos nosotros. Si dejáramos de llamar al bolígrafo *bolígrafo* y empezáramos a llamarlo *frindel*, a la larga el diccionario cambiaría".

Luego, pide a los estudiantes que piensen en juntar las palabras. Les explica: "Una palabra es una palabra porque tiene significado. Cuando juntamos las palabras obtenemos un significado aún más amplio".

Les explica que los escritores deben darse cuenta de que su trabajo tiene un público y por eso sus ideas escritas necesitan tener sentido. También les dice: "Contar cuentos es la exploración artística de una idea, y los mejores cuentos son los sinceros".

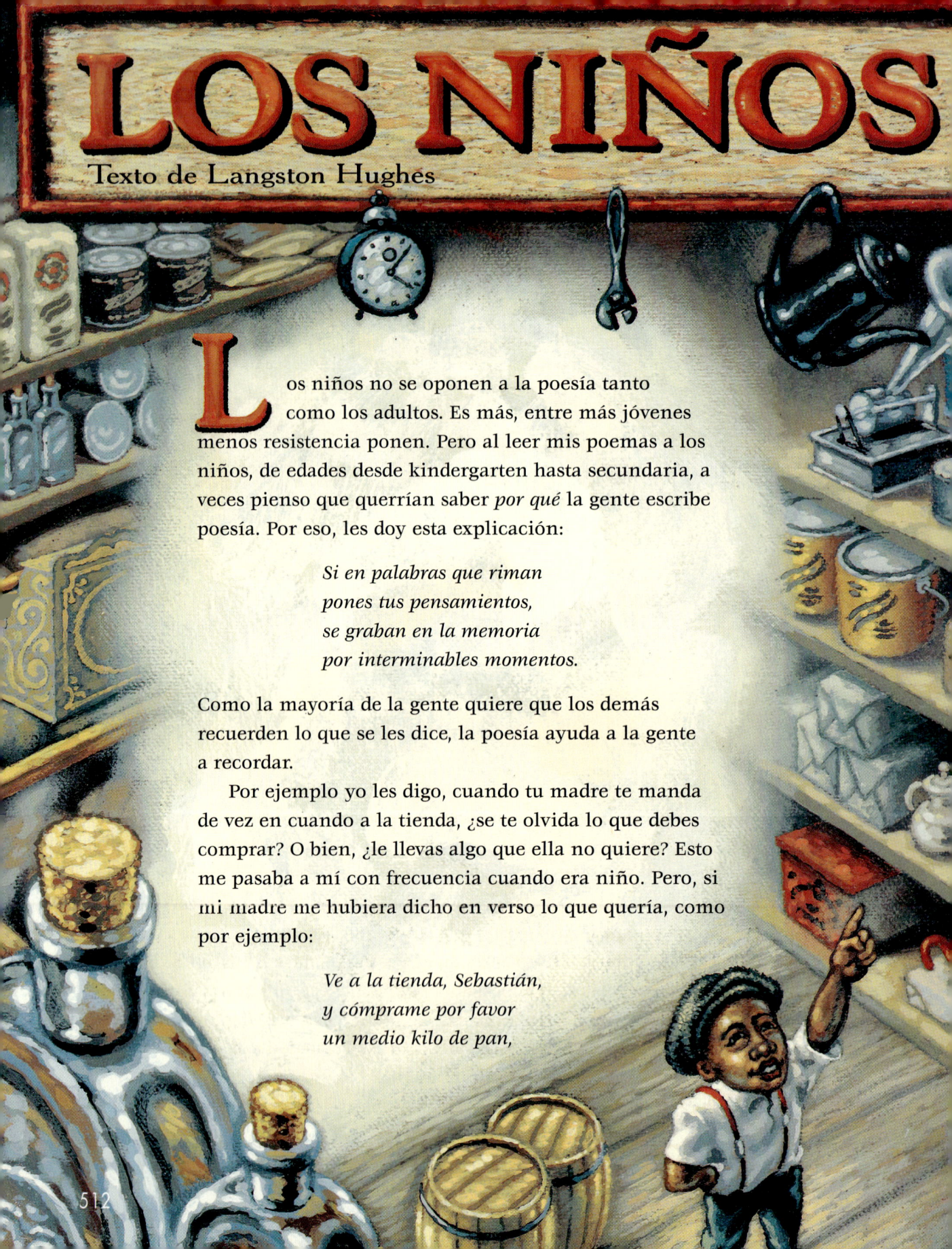

LOS NIÑOS

Texto de Langston Hughes

Los niños no se oponen a la poesía tanto como los adultos. Es más, entre más jóvenes menos resistencia ponen. Pero al leer mis poemas a los niños, de edades desde kindergarten hasta secundaria, a veces pienso que querrían saber *por qué* la gente escribe poesía. Por eso, les doy esta explicación:

> *Si en palabras que riman*
> *pones tus pensamientos,*
> *se graban en la memoria*
> *por interminables momentos.*

Como la mayoría de la gente quiere que los demás recuerden lo que se les dice, la poesía ayuda a la gente a recordar.

Por ejemplo yo les digo, cuando tu madre te manda de vez en cuando a la tienda, ¿se te olvida lo que debes comprar? O bien, ¿le llevas algo que ella no quiere? Esto me pasaba a mí con frecuencia cuando era niño. Pero, si mi madre me hubiera dicho en verso lo que quería, como por ejemplo:

> *Ve a la tienda, Sebastián,*
> *y cómprame por favor*
> *un medio kilo de pan,*

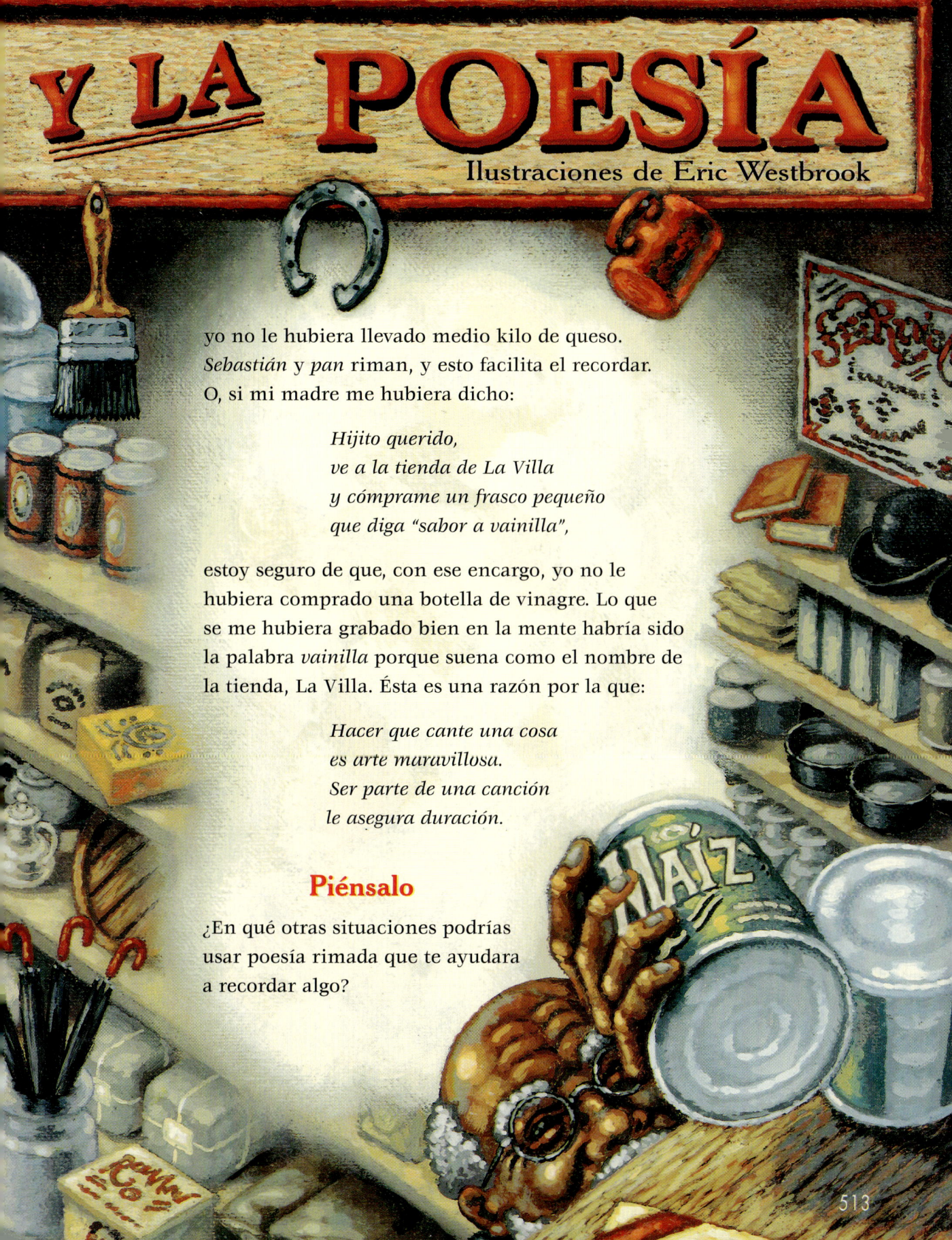

Y LA POESÍA

Ilustraciones de Eric Westbrook

yo no le hubiera llevado medio kilo de queso.
Sebastián y *pan* riman, y esto facilita el recordar.
O, si mi madre me hubiera dicho:

> *Hijito querido,*
> *ve a la tienda de La Villa*
> *y cómprame un frasco pequeño*
> *que diga "sabor a vainilla",*

estoy seguro de que, con ese encargo, yo no le
hubiera comprado una botella de vinagre. Lo que
se me hubiera grabado bien en la mente habría sido
la palabra *vainilla* porque suena como el nombre de
la tienda, La Villa. Ésta es una razón por la que:

> *Hacer que cante una cosa*
> *es arte maravillosa.*
> *Ser parte de una canción*
> *le asegura duración.*

Piénsalo

¿En qué otras situaciones podrías
usar poesía rimada que te ayudara
a recordar algo?

Taller de

Usa tu frindel

ESCRIBE PISTAS   Inventa una nueva palabra como lo hizo Nick. Escribe tu palabra en una hoja de papel. Luego, escribe buenas pistas para que otros adivinen el significado de la palabra. No escribas pistas muy fáciles ni muy difíciles. Intercambia hojas con otro compañero e intenta descifrar el significado de su palabra.

En el gimnasio

CREA UNA RUTINA   Trabaja en un grupo pequeño. Imagina que eres un instructor de ejercicios aeróbicos. Cada instructor debe inventar un nuevo movimiento y darle un nombre original. Haz un movimiento que sea divertido y que cree fortaleza y energía. Luego, tu grupo deberá combinar los movimientos de cada miembro para así crear una rutina de ejercicios. Ve diciendo el nombre de los movimientos a medida que los ejecutas.

actividades

Tú lo puedes buscar

AÑADE UNA PALABRA AL DICCIONARIO
A veces los miembros de una familia usan palabras
que sólo ellos entienden. La familia de Nick entiende
que la palabra *pateto* significa música porque Nick la
inventó. Imagina que tu familia o un grupo de
amigos tenga una de esas palabras inventadas. Escribe
la palabra y su significado para un diccionario.
Utiliza un diccionario de verdad como guía para
saber qué incluir.

Hacer conexiones

ESCRIBE UNA RIMA   Imagina que un poeta
quería acordarse de llevar su frindel a la escuela.
Escribe una rima que él o ella inventaría como
recordatorio. Si no puedes pensar en palabras que
rimen con frindel, recuerda que en la poesía el
poeta puede manipular las palabras y el orden en
el que van para alcanzar su meta. Por ejemplo,
en la poesía de Langston Hughes, el lugar
imaginario de "La Villa" se incorpora para rimar
con "vainilla".

CONCLUSIÓN DEL TEMA

La lección de hoy

EXAMINA PERSONAJES DE LOS CUENTOS Cada uno de los personajes principales de este tema aprende una lección importante que de alguna manera cambia su perspectiva. Lee de nuevo una de las selecciones de este tema y encuentra un momento crucial (el momento en el cuento en que el personaje principal aprende una lección). Lee esa parte de la selección a un compañero y discutan la manera en que la perspectiva del personaje cambia.

¿Qué piensas?

ESCRIBE SOBRE EL TEMA El título de este tema es "A la escuela". Recuerda las selecciones en este tema y escribe uno o dos párrafos en el que explicas lo que significa el título del tema para ti. Usa citas de los cuentos para apoyar tu opinión. Comparte tu explicación con tus compañeros.

Un personaje favorito

HAZ UN DEBATE ¿Cuál de los personajes principales de este tema es tu favorito? Trabaja con un grupo pequeño para hacer un debate. Cada miembro debe presentar un discurso corto para describir un personaje y explicar por qué piensa que esta persona sería un buen amigo. Usa ejemplos de la selección para apoyar tu opinión. Los otros miembros del grupo deben tomar apuntes durante cada discurso y después discutir por qué están de acuerdo o en contra. Pueden hacer preguntas a la persona que presenta el discurso para asegurarse de que entienden su mensaje.

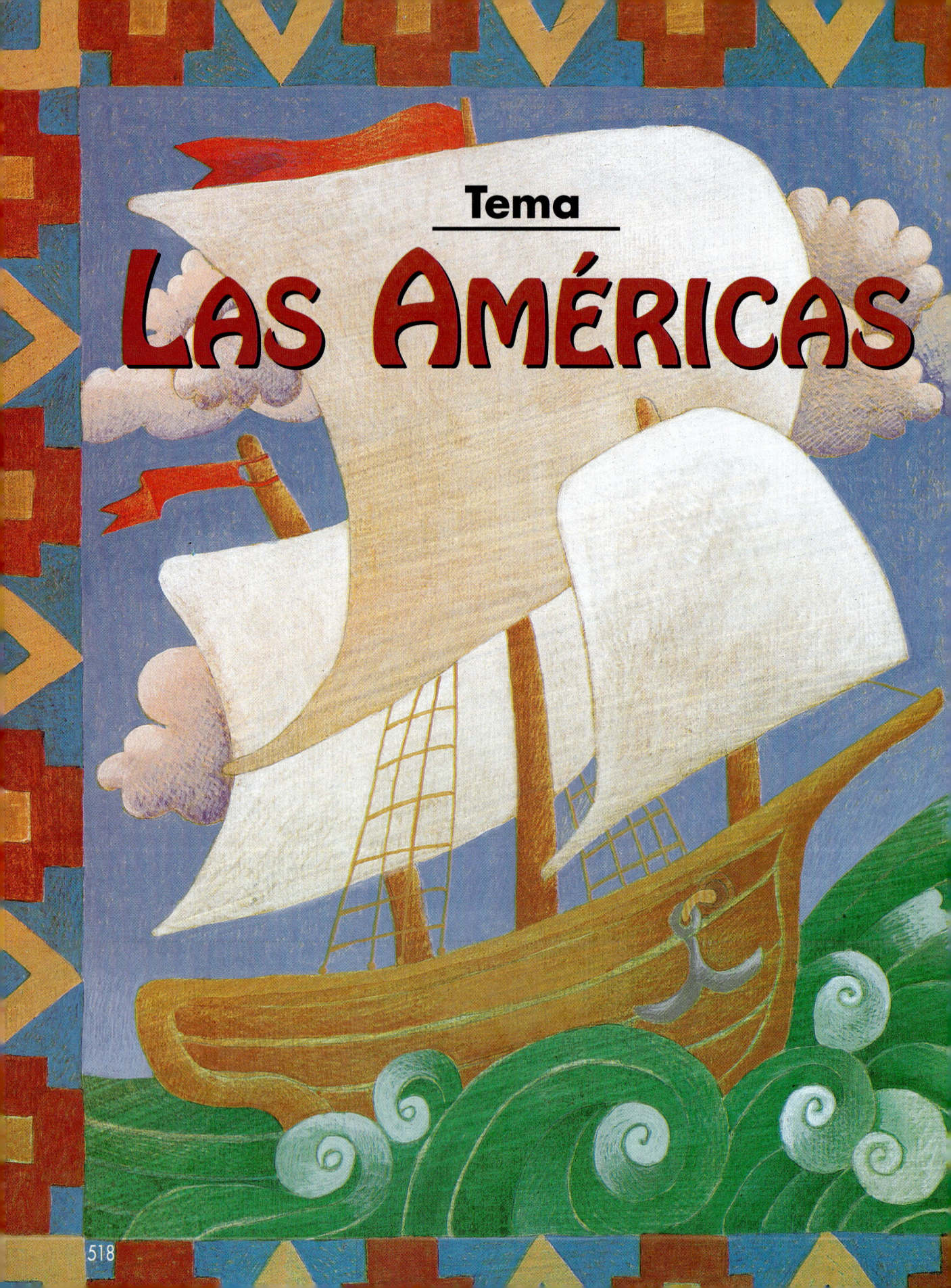

Tema
Las Américas

CONTENIDO

LOS FAVORITOS DE LOS LECTORES

Lucía y su huipil
Relato tzeltal
FICCIÓN REALISTA

Aprende el proceso de hacer una de las vestimentas de las mujeres tzeltales, un grupo indígena del sur de México.

COLECCIÓN DE LECTURAS FAVORITAS

Los pioneros españoles en el suroeste
por Joan Anderson
FICCIÓN HISTÓRICA

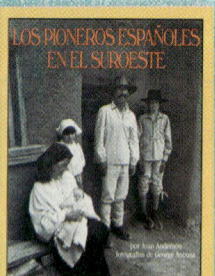

En el siglo XVIII la familia Baca era la dueña del Rancho de las Golondrinas en el suroeste de Estados Unidos. Aprende cómo vivían y mantenían su cultura y lengua hispana.

Autora premiada

COLECCIÓN DE LECTURAS FAVORITAS

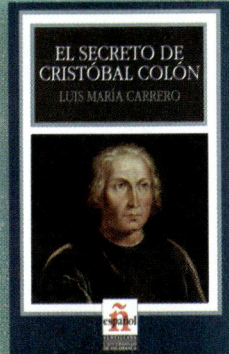

El secreto de Cristóbal Colón
de Luis María Carrero

FICCIÓN HISTÓRICA

Descubre cómo obtuvo Cristóbal Colón la idea de tomar un nuevo camino a las Indias.

Ciudades en la arena
Las antiguas civilizaciones del suroeste
de Scott Warren

NO FICCIÓN

Explora las ruinas arqueológicas del suroeste de Estados Unidos y mira las maravillas que la gente prehistórica dejó atrás.

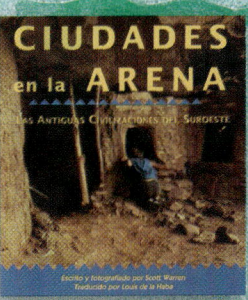

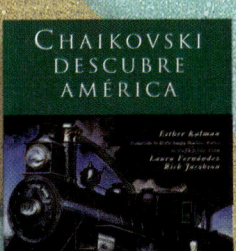

Chaikovski descubre América
de Esther Kalman

FICCIÓN HISTÓRICA

Eugenia Petroff, hija de inmigrantes rusos en Nueva York, decide mantener un diario después de compartir un tiempo con el compositor ruso, Chaikovski. En su diario recién estrenado relata experiencias, deseos y pequeñas cosas de su vida.

A° TRAVÉ
ANCHO Y O

S

E

S DEL
SCURO MAR

EL VIAJE DEL MAYFLOWER

Texto de Jean Van Leeuwen
Ilustraciones de Thomas B. Allen

Autora premiada

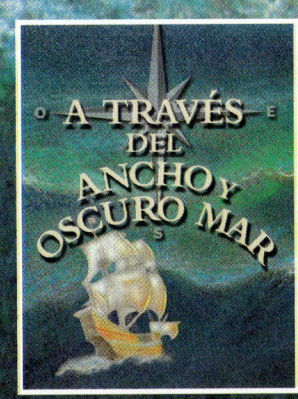

Plymouth, Inglaterra, 1620

PERMANECÍ AL LADO DE MI PADRE mientras sacaban el ancla del mar. Encima de nosotros, las velas blancas se agitaban llenas de viento contra el cielo azul brillante. El barco se deslizó del muelle.

Mi padre se despedía con la mano de los amigos que estaban en el muelle. Sus caras se hacían cada vez más pequeñas. Hacia adelante no vi nada más que el ancho y oscuro mar. Con fuerza agarré la mano de mi padre.

Emprendíamos un viaje largo hacia tierras desconocidas.

El barco estaba lleno de gente. Según mi padre, éramos casi cien personas. En el barco nos tocó un espacio tan bajo que mi padre casi no se podía parar y estábamos tan amontonados que apenas podíamos estirarnos para dormir.

También estaba lleno de todo lo que necesitaríamos en la nueva tierra: utensilios para construir y plantar, mercancías para intercambiar, armas de cacería. Comida, muebles, ropa, libros. Unas cuantas jaulas con gallinas, dos perros y un gato con franjas anaranjadas.

Nuestra familia era más afortunada que otras. Teníamos un rincón fuera de la humedad y del frío. Algunas personas tenían que dormir en la lancha de trabajo.

Los primeros días fueron hermosos y soplaba un fuerte viento.

Mi madre y mi hermano estaban mareados y pasaron mucho tiempo abajo. Pero yo me quedé en cubierta mirando a los marineros arrastrar las cuerdas, subir los aparejos y encaramarse hasta la parte más alta del mástil para vigilar el horizonte.

"¡Qué vida más estupenda deben tener los marineros!" pensé.

Un día se acumularon nubes en el cielo. Pájaros con alas negras daban vueltas alrededor del barco y el mar picado parecía estar enfadado.

Escuché a un marinero decir que se aproximaba una tormenta.

Nos enviaron a todos a la parte de abajo mientras los marineros se apresuraron a recoger las velas.

En poco tiempo estalló la tormenta. El viento aullaba y las olas se rompían con estrépito contra el barco. El barco se estremecía al subir y bajar entre las olas que eran tan altas como una montaña. Algunas personas lloraban, otras rezaban. Tenía miedo y me acurruqué junto a mi padre en la oscuridad.

¿Cómo podría un barco tan pequeño y vulnerable cruzar el vasto océano?

Salió el sol. Subimos a la cubierta para que se nos secara la ropa. Pero cuando parecía que mis zapatos se habían secado por fin, se volvió a nublar.

—Se aproxima una tormenta —le dije a mi padre.

Y así pasaron los días, uno igual al anterior y el próximo igual a éste. No había nada que hacer más que comer las mismas comidas de puerco salado, pan y frijoles, limpiar nuestro espacio atestado, dormir cuando podíamos y tratar de mantenernos secos. Cuando no estaba tormentoso, subíamos a la cubierta para estirar las piernas. Pero teníamos que quitarnos del paso de los marineros.

¡Qué ganas tenía de correr, de saltar y de treparme a los árboles!

Una vez durante una tormenta, un hombre se cayó al agua. Desesperadamente intentó agarrarse de algo, consiguió atrapar una cuerda y se aferró a ella.

Se hundió en la embravecida agua espumosa.

Luego, milagrosamente, salió a la superficie de nuevo.

Los marineros se apresuraron a ir al lado del barco. Jalaron la cuerda para acercar al hombre. Con un gancho lo sacaron del mar. Le salvaron la vida.

Pasó una tormenta tras otra. El golpeteo del viento y las olas
hicieron que se rompiera una viga y que entrara agua al barco.

Muy preocupados, los hombres se reunieron en la cabina del
capitán para determinar cómo la iban a componer. ¿Podría soportar
nuestro barco otra tormenta? ¿Deberíamos regresar?

Hablaron durante dos días y no se pusieron de acuerdo.

Entonces, alguien pensó en el gato de hierro para levantar casas
que llevábamos a la nueva tierra. Lo usaron para levantar la viga
quebrada, mientras los marineros colocaban un nuevo poste justo
debajo, bien ajustado y firme. Después, arreglaron todas las goteras.

Y nuestro barco continuó su travesía.

Habíamos viajado durante seis semanas y todavía no habíamos visto tierra. Estos días estábamos siempre mojados y con frío. El agua que se filtraba de la parte de arriba apagó el fuego que mamá usaba para cocinar y no había nada que comer excepto queso y unas galletas secas y duras. Mi hermano estaba enfermo, como muchos otros en el barco.

Algunas personas se preguntaban por qué habíamos dejado la seguridad de nuestros hogares para aventurarnos en un viaje interminable hacia una tierra desconocida.

—¿Por qué? —también le pregunté a mi padre una noche.

—Buscamos un lugar para vivir donde podamos adorar a Dios como queramos —contestó tranquilamente—. Es esa libertad que buscamos en la nueva tierra. Y tengo fe en que la encontraremos.

Al ver a mi padre tan sereno y seguro, de repente tuve fe también en que la encontraríamos.

El ancho y oscuro mar se prolongaba en el horizonte. Pasaron ocho semanas, luego nueve.

Hasta que un día, un marinero que olía el aire dijo: —La tierra está cerca. —No nos atrevimos a creerle. Pero pronto empezamos a ver algas marinas flotando en el agua. Después vimos la rama de un árbol y la pluma de un ave de tierra.

Después de dos días, al amanecer, escuché al vigía gritar: —¡Tierra a la vista!

Los que estábamos bien para pararnos, nos amontonamos en la cubierta. Frente a nosotros, a través de la niebla gris, vimos una línea oscura perfilada entre el mar y el cielo. ¡Tierra!

Rodaron las lágrimas por el rostro de mi madre, que además sonreía. Todo el mundo se arrodilló mientras mi padre rezó una oración de agradecimiento.

Por fin terminaba nuestro largo viaje.

Tiramos el ancla en una bahía tranquila, rodeada de tierra. A nuestro alrededor no vimos más que arena de color amarillo claro y árboles oscuros y encorvados. Regía un silencio profundo.

Nos preguntamos "¿Qué había detrás de los árboles? ¿Animales salvajes? ¿Hombres salvajes? ¿Habría comida, agua y un lugar para refugiarnos?"

¿Qué nos esperaba aquí, en la nueva tierra?

Un pequeño grupo de hombres fue a investigar. Pasé todo el día en cubierta esperando su regreso.

Cuando por fin remaron hasta donde los podía ver, vi que traían una gran cantidad de leña. Contaron lo que habían visto: bosques llenos de árboles, colinas onduladas por la arena, pantanos, lagunas y tierra negra. No vieron casas ni animales salvajes ni hombres salvajes.

Por fin desembarcamos.

En una laguna poco profunda, mi madre lavó la ropa que traíamos puesta durante semanas, mientras mi hermano y yo corríamos por la playa.

Vimos ballenas que arrojaban agua de sus respiraderos en la bahía azul brillante y ayudamos a buscar leña. Mi hermano y yo hallamos almejas y mejillones. Por primera vez en dos meses comimos comida fresca. Comí tanto que me enfermé.

Día tras día, el grupo de hombres bajaba del barco para buscar el lugar para construir nuestro asentamiento.

Empezó a hacer mucho frío. Copos de nieve bailaban en el viento. Muchos se volvieron a enfermar por el frío y la humedad. Tapándose bien con su abrigo, mi padre parecía preocupado.

—Debemos encontrar un sitio antes de que llegue el invierno —dijo.

Una tarde, los hombres regresaron fatigados pero con buenas noticias. Por fin habían encontrado un buen lugar.

Mi padre sonrió cuando lo vio. Estaba en lo alto de una montaña, cerca de un puerto seguro, con campos buenos para cultivar y arroyos de agua dulce. Le pusimos el nombre de la ciudad de donde habíamos zarpado.

Piénsalo

❶ ¿Qué problemas y dudas surgieron durante la travesía del *Mayflower* y cómo los superaron los pasajeros?

❷ ¿En qué se diferencia la forma en que el autor cuenta estos acontecimientos de lo que has leído en libros de texto?

❸ ¿Crees que los pasajeros del *Mayflower* fueron valientes o tontos en hacer un viaje tan arriesgado? Explica tu respuesta.

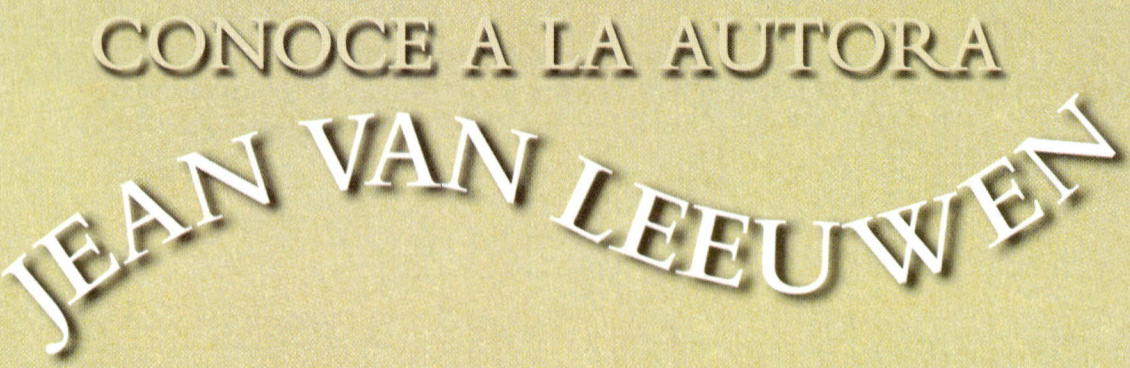

CONOCE A LA AUTORA
JEAN VAN LEEUWEN

De niña, a Jean Van Leeuwen le encantaba leer. Dice: "En cualquier momento y en cualquier lugar, tenía un libro en las manos. Leía también en el auto a pesar de que me mareaba. Leía hasta muy tarde con una linterna debajo de las sábanas cuando se suponía que estuviese durmiendo". Ella leía lo que fuera "con tal de que tuviese una trama".

Ahora de adulta, Jean Van Leeuwen sigue disfrutando de la lectura. Ha editado libros para niños por casi diez años y ha escrito libros por casi tres décadas. "Escribo para adaptar experiencias de mi infancia. Y escribo con esperanzas de tocar la vida de otra persona." ☸

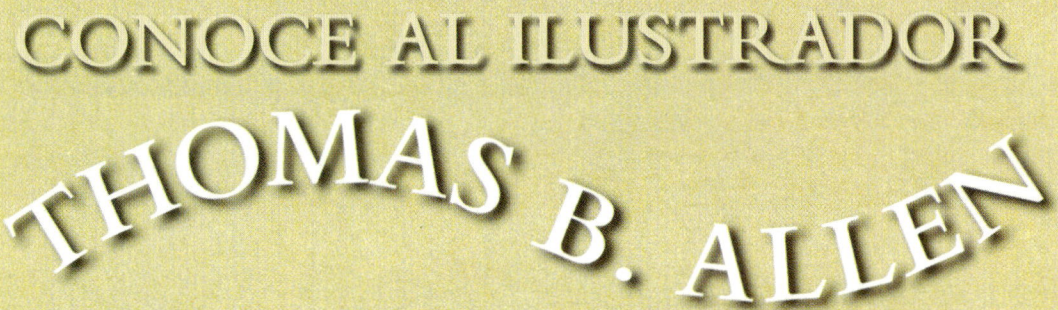

CONOCE AL ILUSTRADOR
THOMAS B. ALLEN

Thomas B. Allen nació en Nashville, Tennessee y pasó la mayor parte de su infancia jugando en los bosques y arroyos cerca de su casa. Empezó a tomar clases de arte a los nueve años y después estudió pintura en el Instituto de arte de Chicago. Declara: "Pasé tres veranos y tres inviernos en una cabaña a orillas de un lago cerca de Cold Spring, en el estado de Nueva York. Me dediqué a dibujar, pintar, ilustrar y escribir poesía. Pienso en esos tres años como una expedición". Desde entonces, Thomas B. Allen ha ganado muchos premios y sus obras se encuentran en revistas y libros infantiles. ✹

A TRAVÉS DEL ANCHO Y OSCURO CIELO

COMPARA Y CONTRASTA

Imagina que haces un viaje en una nave espacial para explorar un planeta lejano. ¿De qué manera se parecería este viaje al viaje del *Mayflower*? ¿Cómo sería distinto? Dibuja dos columnas en una hoja de papel. En la primera columna haz una lista de cómo los viajes serían iguales. En la otra, haz una lista de cómo serían diferentes.

TALLER DE

HISTORIA EN EL HOGAR

REGISTRA LA HISTORIA DE TU FAMILIA

Has aprendido cómo y por qué los pasajeros del *Mayflower* llegaron a lo que llamamos Estados Unidos. Pide a tus familiares que te cuenten cuándo, cómo y por qué tu familia vino aquí. También puedes leer sobre otra familia que llegó a este país. Luego escribe un documento breve que informe cómo tu familia, o la familia de la que has leído, vino a este país.

CANCIONES QUERIDAS

CREA UNA PÁGINA DE UN CANCIONERO

La nueva tierra que el cuento describe hoy día es Estados Unidos de América. Se han compuesto muchas canciones sobre este grande y bello país. Selecciona una que te guste. Averigua quién escribió la canción y cualquier otro dato relacionado. Luego emplea materiales gráficos o un programa de computadora de gráficos para crear una página sobre la canción. Agrega tu página al libro de la clase de canciones sobre los Estados Unidos.

ACTIVIDADES

LA HISTORIA DE UNA COLONIA

ESCRIBE UN INFORME

Los pasajeros del *Mayflower* le pusieron a su nueva colonia el nombre del pueblo en Inglaterra de donde zarparon. Usa una enciclopedia impresa o en la Internet para buscar información de la colonia que fundaron o de otra de las primeras colonias. Escribe un informe sobre la colonia y cuenta cómo es en la actualidad. Puedes incluir un mapa para mostrar la ubicación de la colonia.

Resumir y parafrasear

Al **resumir,** cuentas una versión más corta del texto original en tus propias palabras. Sólo explicas la información más importante del pasaje o la selección. Un resumen debe contestar las preguntas *¿quién? ¿qué? ¿dónde? ¿por qué?* y *¿cómo?* Las notas en el diagrama siguiente se pueden usar para escribir un resumen del principio de "A través del ancho y oscuro mar".

El siguiente diagrama enumera las ideas claves de la selección "A través del ancho y oscuro mar".

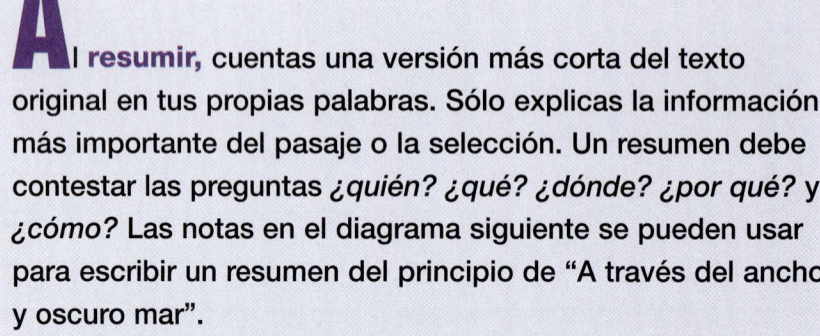

Personajes principales

Un niño y su padre

Escenario

A bordo del *Mayflower*
El período colonial

Sucesos importantes

- Después de unos días tranquilos, las tormentas comienzan a azotar el barco.
- La gente permanece bajo cubierta en espacios atestados. Muchos están enfermos.
- Una viga principal se rompe y empieza a entrar agua en el barco.
- Los marineros usan un gato mecánico para hacer arreglos.
- Algunas personas se preguntan por qué habían dejado Inglaterra.
- Ven tierra. El barco tira el ancla.

Al **parafrasear,** dices la misma cosa pero en tus propias palabras. El significado y por lo general la duración permanecen igual. Una paráfrasis puede usar sinónimos para reemplazar palabras claves del original.

Un resumen debe contener las ideas principales de una selección o un pasaje más extenso. No debe incluir detalles o ejemplos de poca importancia. Lee el siguiente párrafo y resúmelo. Luego vuelve a leer el párrafo y parafraséalo. Asegúrate de que el significado sea el mismo en ambos.

Nos tomó mucho tiempo adaptarnos a la nueva patria a la que habíamos llegado. Demoramos muchas semanas en desempacar nuestras pocas pertenencias, en limpiar la tierra y en juntar madera. Luego mi padre comenzó a construir una casa. Trabajó mucho para construir un lugar resistente para que nos mantuviera calentitos durante los inviernos fríos. Era una casa pequeña, pero alcanzaba para que todos estuviéramos en un lugar seguro. Cuando Papá terminó la casa, mi Mamá preparó una cena especial para celebrar. ¡Ahora sí que estabamos a gusto, estábamos en nuestro hogar!

¿QUÉ HAS APRENDIDO?

1. ¿Qué preguntas debe contestar un resumen?

2. ¿Por qué son útiles los sinónimos cuando quieres parafrasear algo?

INTÉNTALO • INTÉNTALO

Busca en una enciclopedia más información sobre el *Mayflower* y sus pasajeros. Resume en una oración la información que obtuviste.

Visita *The Learning Site*
www.harcourtschool.com

Vendedoras de flores, 1943

DIEGO RIVERA

TEXTO DE JAN GLEITER Y KATHLEEN THOMPSON

ILUSTRACIONES DE DORIS RODRÍGUEZ

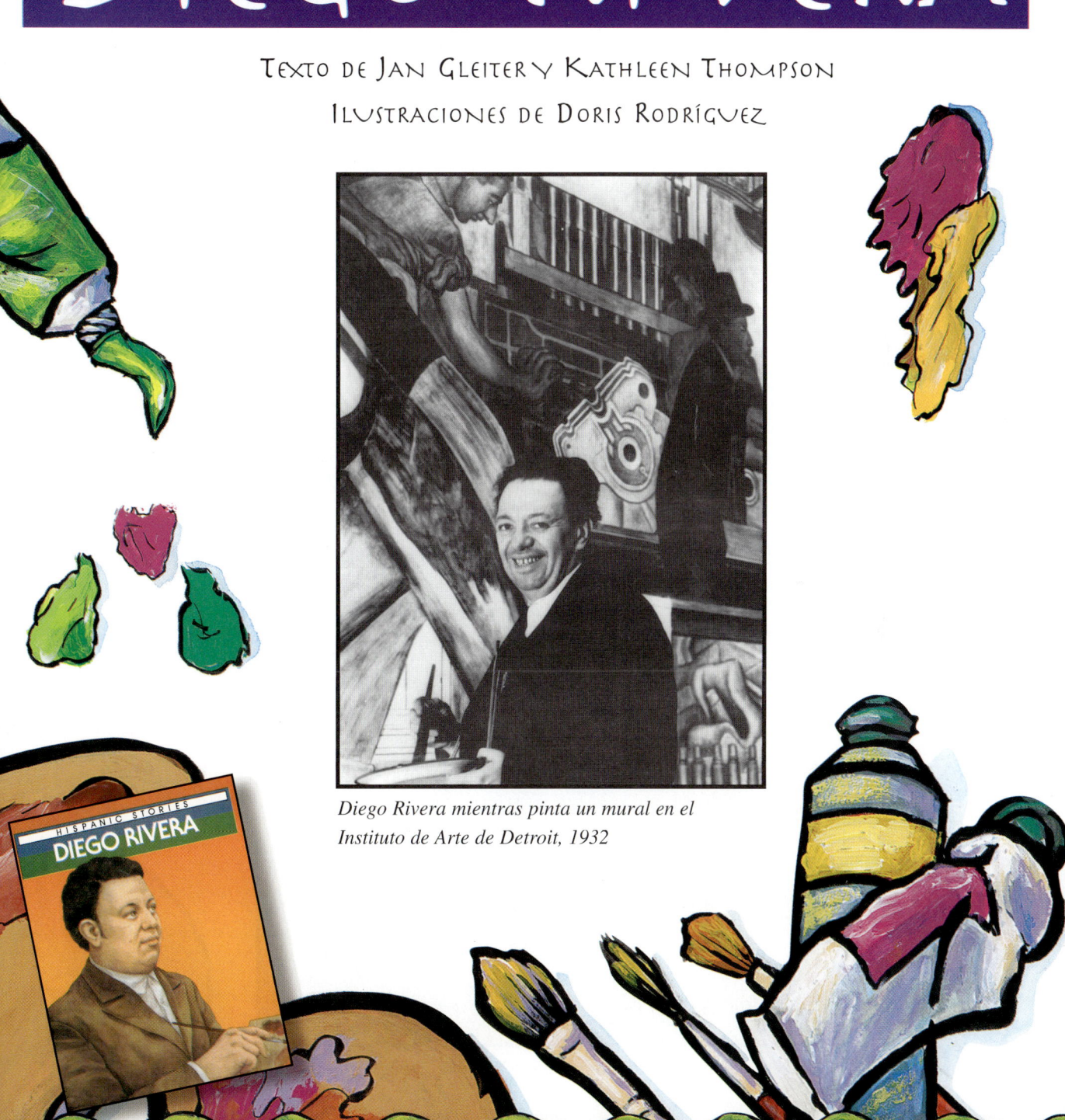

Diego Rivera mientras pinta un mural en el
Instituto de Arte de Detroit, 1932

Diego Rivera nació el 8 de diciembre de 1886 en la ciudad de Guanajuato en la parte central de México. Sus padres ansiaban tener hijos y cuando Diego nació su padre lloró de alegría. Cuando Diego cumplió un año y medio, adelgazó y se puso muy débil. El doctor le dijo a su madre que debía mandarlo al campo a vivir una vida sana y al aire libre. Los padres de Diego estuvieron de acuerdo, de tal manera que durante los siguientes dos años vivió en la sierra con su nodriza indígena corriendo y jugando en el bosque. Cuando regresó con sus padres estaba fuerte y sano.

En este cuadro Diego pintó a Ignacio Sánchez.

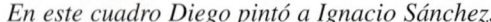

Diego dibujó este tren a la edad de tres años, 1889.

Diego empezó a dibujar cuando apenas podía sostener un lápiz. Un dibujo de un tren que realizó cuando tenía tres años mostraba detalles que no hubieran notado niños de esa misma edad. Él dibujaba en todo—en las paredes, las puertas y los muebles e incluso en papel. Para proteger el resto de la casa, su padre le apartó una habitación para que Diego dibujara en lo que quisiera. En ese cuarto, hizo sus primeros dibujos en las paredes, o sea, murales.

Cuando Diego tenía seis años, su familia se mudó a la ciudad de México. A los ocho años ingresó a la escuela por primera vez. Debido a su edad, lo pusieron en tercer año. Pero había aprendido tanto de su padre, quien había sido maestro e inspector de escuelas en Guanajuato, que pronto lo promovieron al sexto año.

Diego hizo este dibujo en 1898, a los 12 años de edad.

Cuando Diego tenía trece años, ingresó a la Escuela de Bellas Artes de San Carlos. Allí aprendió muchas de las cosas que un artista debe aprender, tales como dibujar o pintar un cuadro que muestre la distancia con exactitud. Diego era un alumno sobresaliente aunque no le gustaban algunas de las tareas que le daban, como dibujar o pintar cuadros de estatuas famosas. Sin embargo, hacía esto tan bien que la mayoría de las personas que vieron su pintura de la estatua de San Pedro creían ver una fotografía de la misma estatua.

En San Carlos, Diego descubrió cierto género de arte nuevo para él. Era el trabajo de artistas mexicanos anteriores a la época en que España conquistaba a los indígenas mexicanos. Este arte mostraba a gente trabajando, las tierras y los animales. Le parecía a Diego lleno de sentimientos—de esperanza, de alegría, de miedo—y representaba lo que en realidad había sido la vida para estas gentes. Diego estaba fascinado con esto. Un gran cariño por este arte se puede apreciar en muchas de sus obras.

Detalle de un mural de personas trabajando en una serie que pintó en el Ministerio de Educación de México, entre 1923 y 1928

El padre de Diego siempre se mantenía firme en sus sentimientos acerca de cómo debía funcionar la sociedad. Creía que el gobierno y los dueños de negocios frecuentemente eran injustos con las personas. Hablaba y escribía artículos acerca de este tema. No es sorprendente que, desde su niñez, Diego fuera rebelde como su padre.

Los sentimientos políticos de Diego le causaron problemas más de una vez. Creía, así como muchos mexicanos, que el presidente mexicano Porfirio Díaz era un dictador cruel. En 1902, Diego dirigió una huelga estudiantil para protestar la reelección de Díaz.

También en 1902, el gran artista mexicano que se hacía llamar el Dr. Atl regresó de Europa. Él trabajó con muchos de los artistas jóvenes y colmó a Diego con el deseo de estudiar y trabajar en Europa. Diego estaba muy emocionado cuando recibió el dinero para tal viaje del gobernador del estado de Veracruz. A fines de 1906, a la edad de veinte años, salió para España.

En España, Diego aprendió a pintar al estilo español de aquel tiempo. Sin embargo, creía que era muy exacto y que no le permitía expresarse.

En 1909, después de haber trabajado en España dos años, Diego se mudó a Francia y se estableció en París.

Una mañana, paseándose por la ciudad, vio una galería de arte que tenía en la vitrina una pintura del pintor francés Cézanne. Se detuvo en la acera y la miró fijamente por algunas horas. Finalmente el dueño de la galería reemplazó la pintura por otra de Cézanne. Nuevamente, Diego se quedó como plantado. Otra pintura fue reemplazada y luego otra. Al fin, ya muy de noche, Diego se fue a su casa cuando el dueño de la galería le gritó que ya no tenía más pinturas de Cézanne.

En este cuadro Diego ilustra flores, frutas, un libro y un tarro con jengibre.

Detalle de un mural de indias sentadas

Mujer recogiendo limones, 1928

En París Diego asistía a museos y conferencias y llevó su caballete junto al río Sena para pintar. Pero aunque estaba aprendiendo y desenvolviéndose como artista, empezó a sentir nostalgia por México. En 1910 decidió visitar su país.

De vuelta en México, Diego se dio cuenta de lo diferente que era de Europa. En Europa había pintado cuadros de personas de piel clara con fondos oscuros. En México la tierra parecía dar luz y la gente era morena contra aquel fondo luminoso. Diego empezó a pintar paisajes. Sintió el fervor de expresar lo que veía y sentía acerca de México, de ser un verdadero pintor mexicano.

Diego Rivera también sintió la necesidad de incorporarse a la lucha en contra del presidente Díaz. Vio a su alrededor y notó nuevamente que los pobres no tenían tierras mientras los ricos eran los dueños de todo. Creía que la gente que trabajaba tan duro debía poseer algunas tierras. Él diseñó grandes carteles que expresaban esta idea y se los daba a los pobres. En su caja de pinturas, debajo de las pinturas, escondía municiones que les llevaba a los revolucionarios.

Los rebeldes animaban a Diego a permanecer en México a luchar a su lado. Pero él sabía que aún le quedaba mucho por aprender como artista, y quería ser artista más que nada. Para el otoño de 1911, estaba de regreso en París.

En esta foto Diego está mezclando pinturas con un pincel.

Durante los años siguientes, Rivera experimentó con muchos estilos de pintura. Trabajó por un tiempo con un estilo llamado cubismo. Se hizo buen amigo de otro pintor, Pablo Picasso. En 1917 Rivera se interesó en pintar murales.

Rivera verdaderamente sentía que el arte debía estar al alcance de la gente. Quería producir pinturas que la gente pudiera ver—toda la gente, no solamente la gente que tenía tiempo de ir a las galerías de arte o el dinero para comprar piezas de arte. Quería pintar en las paredes de las escuelas, las estaciones de ferrocarril y otros edificios públicos.

Obra titulada El Rastro

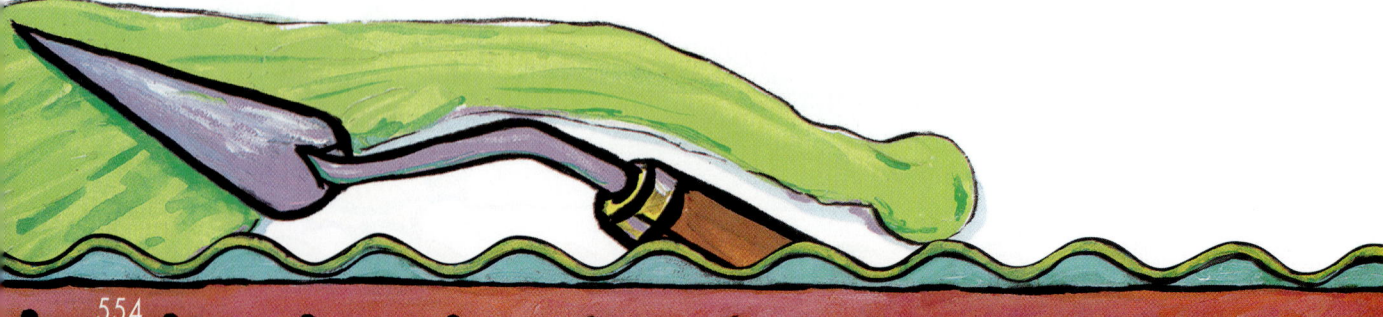

Frutas, 1917

Diego aparece aquí pintando otro de sus murales, 1933.

Otros pintores que Rivera conocía se preguntaban si fueran serias sus ideas. Después de todo, él había pintado solamente en lienzo igual que ellos. No tenía muestras de esta clase de arte nuevo.

Rivera se dio cuenta de que tenían razón y que él tendría que demostrar lo que quería decir, tendría que mostrarlo con su trabajo. Tuvo que dejar el cubismo y pintar lo que conocía y sentía. Era México lo que conocía mejor y de lo que se sentía más firme.

En esta época Rivera ya era bastante conocido. El representante que vendía sus obras estaba enfadado porque Rivera quería desarrollar un nuevo estilo. Discutió con él y le dijo que no tendría éxito con algo nuevo.

Detalle de un mural titulado El pan nuestro

Detalle de una réplica de la obra de Diego titulada Sueño de la Alameda. *El gobierno mexicano erigío este mural al aire libre para conmemorar el aniversario 40 del afamado artista.*

Detalle de una escena de la civilización Zapoteca en el Palacio Nacional, 1942.

Pero Rivera estaba resuelto. Empezó a tratar de quitarse de la cabeza las ideas de otras gentes y de desarrollar su propio estilo.

En 1919, Rivera salió de Francia para Italia a estudiar los murales de los grandes maestros. Durante diecisiete meses dibujó estos murales. Al fin decidió que ya estaba listo para trabajar en su casa en México.

Su regreso a México lo hizo sumamente feliz. Se sentía como si hubiera vuelto a entrar a un mundo donde los colores eran más claros y más ricos que en ningún otro lugar. Empezó a pintar tan naturalmente como respiraba. Consiguió trabajos pintando murales en paredes de la Universidad de México, el Ministerio de Educación, el Colegio de Agricultura en Chapingo y en otros lugares.

Este nuevo trabajo de Rivera era hermoso. Pero era aun más. Todo lo que pintaba significaba algo. Pintaba trabajadores tejiendo, extrayendo minerales y cultivando la tierra. Pero enseñaba como eran sus vidas en realidad. Los mostraba, por ejemplo, en un panel, entrando a una mina y, por otro panel, saliendo ya cansados y agotados. Pintó a una maestra rural dando clases mientras los campesinos armados vigilaban para protegerla a ella y a los niños. También pintaba soldados rebeldes.

Rivera no sólo mostraba la rudeza de la vida sino también demostraba sus alegrías. Ponía bailes, bodas y fiestas en sus murales. Su arte siempre alababa el amor y el trabajo y criticaba la crueldad y la pereza.

Mujer con un cesto de frutas

Retrato de un español

En este cuadro Diego ilustra a su esposa Frida Kahlo.

Hermoso cuadro de una tejedora

Los murales de Rivera frecuentemente necesitaban de años para completarse. A veces empezaba a planear uno, luego trabajaba en otro, y luego regresaba al primero. El mural que pintó en la escalera del Palacio Nacional lo inició en 1922, pero no fue completamente terminado sino hasta 1955.

Mientras pasaban los años, Diego llegó a ser muy conocido por todo el mundo. En 1930 empezó a trabajar en un mural en la Escuela de Bellas Artes de California en San Francisco. En 1931 hubo una exhibición de ciento cincuenta de sus óleos, pasteles y acuarelas en el Museo de Arte Moderno de Nueva York. Lo invitaron a trabajar en Rusia. Pero no importaba adónde viajara ni lo absorto que estuviera en el trabajo que realizaba, siempre regresaba a México.

Detalle del mural El buen gobierno, *que aparece en la Universidad Autónoma Chapingo, en Mexico, 1924*

No a todos les gustaba el trabajo de Rivera. Los patrones se oponían muy seguido a su obra en la cual mostraba compasión por los trabajadores. Los líderes políticos criticaban la idea revolucionaria que muy a menudo se representaba en sus murales. A veces era necesario proteger la obra de Rivera de la gente que pensaba que criticaba demasiado a los ricos y poderosos.

También había otras objeciones a su trabajo. En el mural que produjo en el Instituto de Arte en Detroit, Rivera mostró la industria de esa ciudad. Siempre le habían fascinado las máquinas, y se dedicó a pintar ese mural con gran interés y energía. Pintó la rutina diaria de los trabajadores, las fábricas y los talleres de productos químicos, las enormes correas transportadoras, las cañerías y los tubos. Algunas personas decían que había "pintado un poema a la fealdad". Se preguntaban por qué no habría pintado algo bonito. Pero para Rivera el trabajo sí era hermoso. Y mucha gente—los trabajadores de fábricas, los ingenieros, los científicos, los maestros—estaban de acuerdo.

Por medio de sus obras, Diego Rivera intentaba mostrar cómo veía el mundo, tal como es y como era, con todos los hechos y las emociones. También tenía una visión del mundo como creía que debía ser—un mundo de igualdad, de trabajo, de belleza y de paz. Todo lo que él hacía, hasta su muerte en 1957, demuestra tanto su imagen como su visión. Esa imagen y esa visión junto con el increíble talento del hombre, hacían de Diego Rivera un gran pintor.

Diego aparece aquí junto a su esposa, la también afamada Frida Kahlo.

PIÉNSALO

1. ¿Qué admiras más de Diego Rivera? Explica tu respuesta.

2. ¿De qué manera se parecían Diego Rivera y su padre? ¿Qué detalles del comportamiento de Diego lo muestran como un revolucionario?

3. ¿Por qué piensas que la autora incluyó datos sobre la vida diaria de Diego, además de mencionar sus grandes logros?

CONOCE A LAS AUTORAS
JAN GLEITER Y KATHLEEN THOMPSON

Nacida en 1947, Jan Gleiter ha escrito novelas policiacas y también más de treinta libros para niños. Es la coautora, con Kathleen Thompson, de varias biografías de personajes famosos de la historia norteamericana como la guía indígena Sacagawea y el patriota Paul Revere. Diego Rivera es sólo uno de los hispanos notables que estas dos autoras han tratado en biografías para niños. Entre ellos se incluyen Simón Bolívar y José Martí. La obra de la señora Gleiter también incluye adaptaciones interesantes para niños de cuentos clásicos como *Ivanhoe y Great Expectations*.

La coautora, Kathleen Thompson, también escribió "Sor Juana Inés de la Cruz". Su información se encuentra en la página 365 de este libro.

CONOCE A LA ILUSTRADORA
DORIS RODRÍGUEZ

Doris Rodríguez nació en la República Dominicana, terminó sus estudios de ilustración en la Escuela de Diseño Parsons y ahora vive en Nueva Jersey con su familia. Publicó su primer libro, *Diego Wants to Be, Diego quiere ser*, en inglés y en español. En 1995 recibió el Premio del Libro de Niños del Intercambio Editorial Multicultural y fue recomendado por la Junta de Padres de esa ciudad.

Doris Rodríguez

FRIDA KAHLO

Un mundo de colores

Texto de Marina Lagos
Ilustraciones de Amy Vangsgard

No es la casa de un cuento, pero parece; no es un castillo, pero guarda tesoros valiosísimos; no es la guarida de un hada, pero los cuadros en las paredes nos hablan de una mujer muy especial, con vestidos de colores vivos, largos cabellos y ojos profundos. Una mujer mexicana que fue un hada en su tiempo, y que nació y creció en esta misma casa azul en Coyoacán: Frida Kahlo.

Su nombre completo era Magdalena Carmen Frida Kahlo Calderón, y llegó al mundo un tormentoso día de verano, el 6 de julio de 1907. Su padre, Don Guillermo Kahlo, era alemán y su madre, Doña Matilde Calderón, mexicana: de ahí su largo, largo nombre, que refleja la herencia cultural de sus padres.

Desde pequeña, Frida disfrutaba contemplando la naturaleza: trepaba árboles, juntaba insectos, coleccionaba piedras y hojas, y se deslumbraba con los colores de los parques. Fotógrafo de profesión, su padre compartía con ella esta pasión y la acercó al arte, abriéndole las ventanas al mundo en las largas caminatas junto al río, en las que se mezclaban juegos y acuarelas.

Frida era entonces toda energía, pero cuando parecía remontar vuelo, a la edad de seis años, contrajo poliomielitis. Como consecuencia de la enfermedad, los músculos de su pierna derecha dejaron de crecer, y por eso esa extremidad quedó más corta y delgada.

Este defecto físico fue siempre motivo de burla entre los compañeros de escuela primaria de Coyoacán, y desde entonces Frida se esforzaría a diario por disimularlo.

A los 15 años, Don Guillermo inscribe a Frida en la Escuela Preparatoria Nacional. La joven aspiraba estudiar medicina, una carrera muy poco común entre las muchachas de aquella época.

Asistir a la preparatoria requería un viaje diario en bus de una hora, desde Coyoacán a México. Fue en uno de esos viajes, el 17 de septiembre de 1925, cuando tuvo un accidente junto a Alex, uno de sus amigos. Regresó a casa luego de un mes en el hospital. Alex y otros amigos la visitaban, pero no pudo volver a la escuela.

Fue en su cama, en los largos días de recuperación, cuando Frida empezó a pintar. Hizo colocar un caballete y un espejo, de modo que pudiera verse a sí misma y usarse de modelo para sus cuadros. Autorretrato: pintarse a sí misma se transformó en la característica más fuerte de su obra.

Cuando tuvo más fuerzas, decidió mostrar sus pinturas a un muralista muy famoso en México: Diego Rivera. Al artista le gustó el trabajo de esta dama mexicana. Comenzó a visitarla en Coyoacán, y a compartir con ella el mundo del lienzo y la paleta. Se transformaron en seres muy especiales el uno para el otro, se enamoraron y se casaron el 21 de agosto de 1929.

El trabajo de la artista se hizo conocido y valorado en el mundo. Mientras tanto, enseñaba arte, llevando a sus alumnos a los mercados, a las calles, las iglesias . . .

En 1953 se lleva a cabo la primera exposición individual de Frida Kahlo en su tierra, y a pesar de que aquella noche su salud era muy pobre, se las arregló para asistir, llegando en ambulancia hasta la sala y recibiendo el calor y admiración de su gente.

El cuerpo de Frida estaba cansado y adolorido. Volvió a su casa azul donde, a pesar de todo, siguió pintando.

El 13 de julio de 1954, en esa misma casa azul, más azul que el cielo, muere Frida Kahlo. Como un hada, se ha quedado entre nosotros en sus cuadros, en su arte, en sus ganas de vivir. Porque esa pequeña mujer de ojos profundos y cabellos largos nos enseñó que no hay obstáculo insuperable, que no hay dolor que nos doblegue si luchamos con todas nuestras fuerzas por aquello que llevamos en el corazón.

Piénsalo

Si te dieran la oportunidad de darle otro título a esta selección, ¿cuál sería? Explica tu respuesta.

TALLER DE

¡A PINTAR!

DIBUJA UN MURAL   El relato describe la pasión de Diego Rivera por mostrar en sus murales el mundo que lo rodeaba. Si tuvieras la oportunidad de diseñar un mural sobre tu comunidad, ¿qué cosas incluirías? Haz un bosquejo de un mural que retrate aspectos interesantes de tu comunidad.

ARTE EN PALABRAS

ESCRIBE UNA CRÍTICA   Busca en libros sobre Diego Rivera fotografías de sus murales. Escribe una crítica sobre uno de ellos. Expresa tus opiniones y los sentimientos que te produce el mural. Escucha las opiniones de tus compañeros y compáralas con las tuyas.

ACTIVIDADES

EL MURALISMO EN MÉXICO

HAZ UNA INVESTIGACIÓN
Utiliza la biblioteca o Internet para investigar sobre el muralismo en México. ¿Existieron otros representantes de esta corriente artística? Selecciona a uno de ellos y escribe una biografía corta. Quizás puedas ilustrar tu biografía con fotografías o dibujos de los murales creados por el artista que seleccionaste.

LA VIDA Y EL ARTE

IDENTIFICA UN MEDIO DE EXPRESIÓN   Aunque Frida Kahlo no gozaba de buena salud, esto no impidió su expresión creativa. Busca en libros de arte representaciones de sus pinturas y selecciona una que muestre su esfuerzo. Describe la pintura.

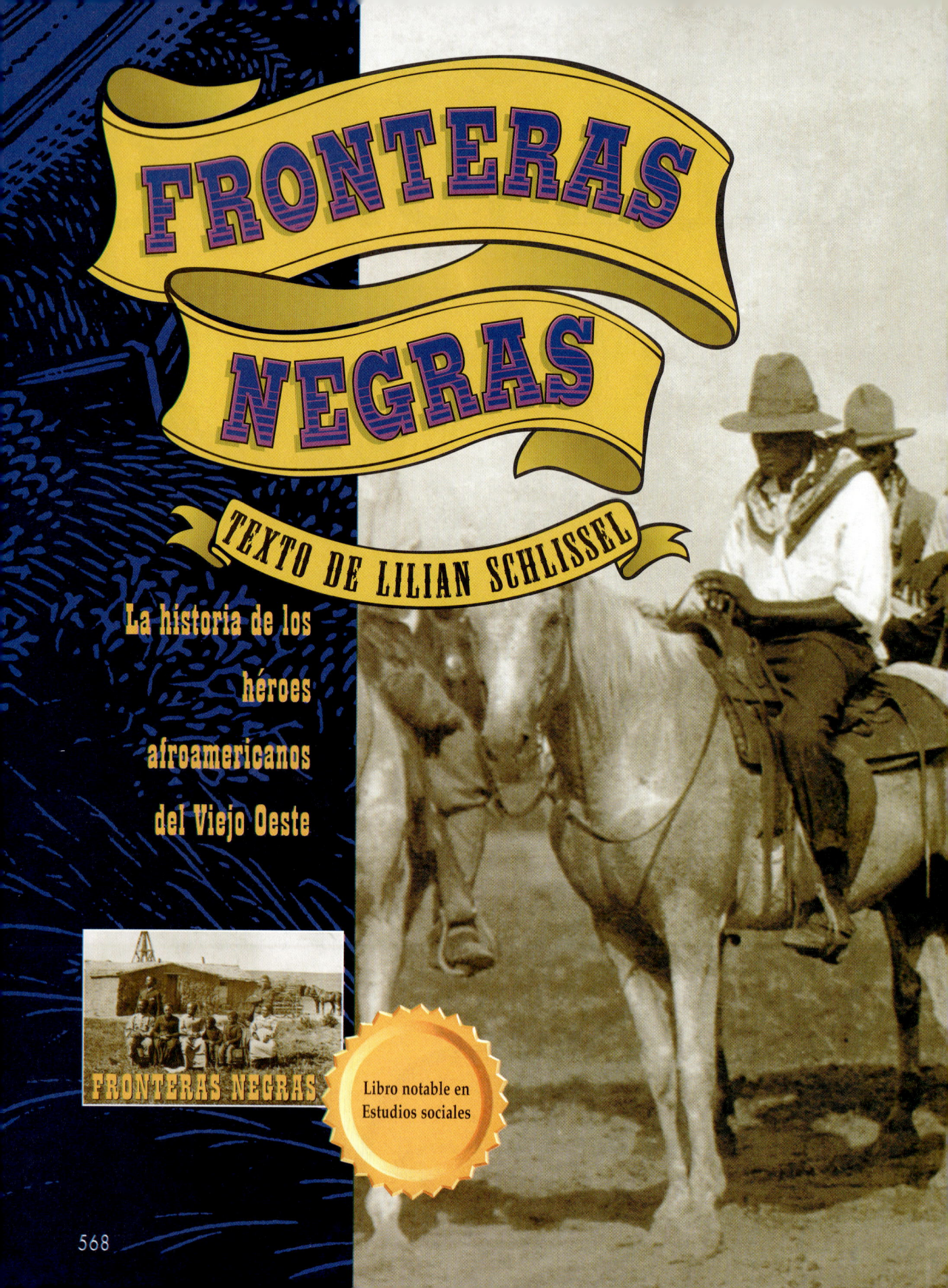

FRONTERAS NEGRAS

TEXTO DE LILIAN SCHLISSEL

La historia de los

héroes

afroamericanos

del Viejo Oeste

FRONTERAS NEGRAS

Libro notable en
Estudios sociales

NEGROS EJIDATARIOS

Ser ejidatario no fue fácil ni para los colonos negros ni para los blancos. Había que limpiar los terrenos de piedras, hierba y árboles antes de sembrar los cultivos. Un agricultor necesitaba un caballo, una mula y un arado. Necesitaba semilla para plantar y comida para su familia hasta que los cultivos estuvieran listos para cosechar. Sobre todo, un pionero necesitaba una casa.

Cargando tepes para una casa en el Río Dismal, condado de Thomas, Kansas

En las regiones en donde había árboles, los pioneros construyeron cabañas de madera. Pero en Kansas y Nebraska, sólo había hierba que crecía tan alta que llegaba al hombro de un hombre. Los pioneros aprendieron que los sistemas de raíces tupidos debajo de la hierba mantenían firmemente la tierra y que en esta clase de terreno se podía cortar tepes, o tierra herbosa, como si fueran ladrillos. Éstos se podían apilar en capas una sobre otra hasta que tomaran la forma de una casa. Al tepe se le llama *sod* en inglés. A estos ejidatarios se les llamaba *sod busters* (rompe tepes) y a sus casas *soddies* (casas hechas de tepe).

Las casas de tepe podían ser cálidas y cómodas. Algunas eran de dos pisos, con ventanas de vidrio y chimeneas. Pero durante una lluvia fuerte, las casas de tepe pequeñas goteaban y algunas familias recordaban haber sido sorprendidas por una víbora deslizándose por un muro.

En Dakota del Norte y del Sur, en donde la tierra era pedregosa y las temperaturas en el invierno llegaban hasta los 30 grados bajo cero, los primeros pioneros excavaban la tierra y se guarecían debajo del suelo con un techo de tierra. Metían a sus animales pequeños en la casa durante el invierno, mientras que las vacas y las cabras se acurrucaban en el techo, calentándose con el calor de la casa que estaba bajo sus patas.

Durante las primeras estaciones en un nuevo asentamiento, no era raro que una pionera no tuviera estufa. En esos casos, se hacía un hoyo en el suelo y se alimentaba el fuego con hierbas, agregando pequeñas piedras, como carbones, para conservar el calor del fuego. Las heces de los búfalos, su excremento, servía de combustible. Cuando los grandes animales emigraban a través del campo, las mujeres y los niños recogían heces que luego usaban en las fogatas para cocinar.

En el clima caliente y seco del sureste, los pioneros construyeron casas con paredes gruesas de barro y paja. Las paredes de barro, llamadas adobe, mantenían las casas frescas en el verano y cálidas en el invierno. En las regiones desérticas, las mujeres aprendieron de los indígenas a preparar té de hierbas silvestres y a hacer jabón y champú con la yuca.

Incluso los niños ayudaron a colonizar el Oeste. Éstos son niños de ejidatarios que vivieron cerca de Brownlee, condado de Cherry, Nebraska.

Al principio de la colonización, había pocas familias de negros que fueran ejidatarios. Para estas familias, la soledad era parte de la vida de un pionero. Pero las familias de pioneros negros aguantaron hasta el final y así facilitaron el camino para los que vinieron después.

Niño no identificado en el ejido de Maurice Brown en Nebraska

Para las familias de pioneros negros la vida como ejidatarios era solitaria.

Ho for Kan.

Brethren, Friends, & Fellow

I feel thankful to inform you

REAL ESTAT

AND

estead Associ

Will Leave Here the

oth of April,

n pursuit of Homes in the Sou
Lands of America, at Transp
Rates, cheaper than ev
was known before.

For full information inquire of

Benj. Singleton, better known a

NO. 5 NORTH FRONT STI

Beware of Speculators and Adventurers, as it is a

Benjamin Singleton,
fundador de la
comunidad negra de
Dunlap, Kansas

Los EXODUSTERS

Los negros que habían sido esclavos leyeron en la Biblia acerca de los antiguos israelitas, quienes salieron de la esclavitud y consiguieron su libertad. Benjamin Singleton, quien nació esclavo en Tennessee, estaba resuelto a llevar a su pueblo a tierra libre, aunque fuera lo último que hiciera en la vida.

Después de la Guerra Civil, Singleton visitó Kansas y, al cabo de algunos años, él y sus amigos consiguieron comprar parte de una reservación cheroquí. En 1877, pusieron un anuncio para los ejidatarios que quisieran comenzar una comunidad negra allí. Esperaban atraer doscientas familias. Por medio de volantes, prometían que los colonos que pagaran un dólar "en cuatro pagos parciales de 25 centavos, o si lo preferían de otra manera", podían ser parte de la nueva comunidad. En 1879, comenzó un éxodo de familias negras que dejaron el Viejo Sur y no pasó mucho tiempo antes de que hubiera ochocientos ejidatarios en las nuevas comunidades de Dunlap y Nicodemus en Kansas. Benjamin Singleton dijo: "El pueblo que traje a Kansas vino con sus propios recursos. Hemos intentado formar un pueblo nuevo". A ellos se les conoció como los *exodusters*.

Por medio de volantes se animaba a las familias negras a que se mudaran a Kansas. Observa el aviso al final.

Cuidado con los especuladores y aventureros, ya que es peligroso caer en sus manos.

DUNLAP ACADEMY and MISSION SCHOOL

Los agricultores en
Nicodemus tenían sólo tres caballos. Un hombre
araba con una vaca lechera y otros rompían el suelo
con palas y picos. Los agricultores blancos vieron lo
duro que trabajaban sus vecinos y les prestaron un
buey y un arado. Los agricultores negros plantaron
sus primeros cultivos y con el tiempo prosperaron.
Hacia fines del siglo, había más de ocho mil
ejidatarios negros en Nicodemus y Dunlap.

Algunos colonos negros se mudaron más hacia
el oeste a Nebraska y Oklahoma, en donde
construyeron tres comunidades negras nuevas: Taft,
Langston y Boley. George Washington Bush fue
hasta el Territorio de Oregon, en donde introdujo la
primera máquina segadora en la zona alrededor de
Puget Sound.

La familia Shores aparece aquí frente a su casa de tepe cerca de Westville, condado de Custer, Nebraska, 1887. Los Shores alcanzaron fama como músicos.

La familia Moses Speese, vecinos de los Shores, afuera de su casa de tepe, cerca de Westville, condado de Custer, Nebraska

Los Monarcas de Kansas City, 1908 ▶

Satchel Paige, uno de los mejores lanzadores de béisbol mientras jugaba para los Monarcas de Kansas City, 1908 ▼

Este equipo de béisbol jugó para el Pullman Club en Tonopah, Nevada, 1907.

De todas las comunidades negras, Nicodemus y Dunlap eran las más famosas. Cada año celebraban el 4 de julio, el Día de la Independencia estadounidense, y también tenían sus propios días festivos para celebrar el Día de la Emancipación. El 31 de julio y el 1 de agosto usaban una milla cuadrada de terreno para una feria. Celebraban peleas de boxeo y juegos de béisbol. En 1907, el pueblo formó uno de los primeros equipos de béisbol con jugadores negros: los Nicodemus Blues. Los Blues jugaban contra los equipos negros de estados lejanos como Texas, Nevada y Luisiana. Satchel Paige, uno de los mejores lanzadores negros en la historia del béisbol estadounidense, jugó al béisbol en Nicodemus.

En 1976, Nicodemus fue designado un lugar histórico nacional. Al presente se mantiene un registro de su historia y se están restaurando sus edificios. Este lugar marca el orgulloso legado de los ejidatarios negros en Estados Unidos.

PIÉNSALO

1 ¿Qué crees que se necesitaba para tener éxito como ejidatario? Explica tu respuesta.

2 ¿Cuál fue el hecho más interesante que aprendiste en esta lección? ¿Por qué?

3 ¿Por qué crees que la autora incluye información acerca del Día de la Emancipación y el equipo de los Nicodemus Blues?

Lilian Schlissel

Lilian Schlissel recuerda que cuando era estudiante, visitaba la biblioteca pública siempre que podía. "No había televisión", dice Schlissel. "Así que después de hacer la tarea, tenía montones de libros para leer."

Hoy, Schlissel ha escrito muchos libros para que otros los lean. En 1994, escribió su primer libro infantil, *The Way West: Journal of a Pioneer Woman* (Camino al Oeste: Diario de una mujer pionera). "Quería dar a los niños una idea de cómo era viajar más de mil millas en una carreta tirada por bueyes, moviéndose a treinta millas por día, sin moteles ni restaurantes."

Schlissel comenzó a coleccionar fotografías para "Fronteras negras" mientras escribía *Women's Diaries of the Westward Journey* (Diarios de mujeres en viajes al Oeste). Le gusta leer acerca del Oeste y descubrir relatos que nunca se han contado. Schlissel dice: "Ser historiadora y escritora es el mejor de los trabajos".

Taller de actividades

¡Imagínatelo!

REPRESENTA A LOS COLONOS   Trabajen en grupos pequeños y piensen en un incidente cómico o dramático que pudo haberle ocurrido a una de las familias de pioneros similar a las de la lectura. Usen información de la selección para inventar detalles que sean realistas. Representen el incidente frente a sus compañeros de clases.

Presente y pasado

REDACTA DOS PÁRRAFOS   Piensa sobre la vida en tu propia ciudad o pueblo en el presente. ¿Cómo se compara con la vida de los ejidatarios? Redacta un párrafo en el que mencionas una manera en que la vida es mejor hoy en día. Redacta otro párrafo en el que mencionas una manera en que la vida era mejor en el pasado. Explica tus respuestas en cada párrafo.

Querido diario

REDACTA LA ENTRADA DE UN DIARIO Imagina que eres uno de los primeros colonos. Piensa en lo que harías diariamente. ¿Has conocido nuevos colonos? ¿Estás plantando cultivos? ¿Estás trabajando en tu casa? Redacta la entrada de un diario en la que describes los acontecimientos de un día.

Hogar dulce hogar

ELABORA UNA MAQUETA Crea una maqueta de uno de los tipos de casas que leíste en la selección. Puedes usar cualquier material de arte que tengas a mano. Quizá también quieras usar materiales de la naturaleza para que tus maquetas se vean reales. Luego, ayuda a arreglar tu salón de clases para exhibir las maquetas de todos los estudiantes.

Idea principal y detalles de apoyo

En "Fronteras negras" leíste sobre la vida de los pioneros. Ésa es la idea principal de la selección. La **idea principal** de un párrafo o un escrito es de lo que se trata el mismo. La idea principal se puede expresar en una oración o se puede sólo insinuar o sugerir.

Los **detalles de apoyo** dan más información acerca de la idea principal. Contestan a las preguntas *quién, qué, dónde, cuándo, por qué* y *cómo*. El siguiente diagrama muestra la idea principal de los primeros párrafos de "Fronteras negras".

Qué
Los ladrillos de tepe que fueron cortados del suelo tenían sistemas de raíces tupidos.

Dónde
Algunos pioneros se asentaron en Kansas y en Nebraska.

Por qué
Las casas necesitaban ser cálidas y cómodas.

IDEA PRINCIPAL
Los pioneros construyeron sus casas con materiales disponibles.

Cuándo
Ser un ejidatario no era fácil a finales del siglo XIX.

Cómo
Los ladrillos de tepe apilados uno sobre otro formaban una casa.

Quién
A algunos ejidatarios se les llamaba *sod busters*.

Cuando se te pregunta de qué se trata una historia, puedes describir la idea principal de la historia en pocas palabras. Si se te pide que digas más acerca de la historia probablemente ofrezcas unos cuantos detalles. Los detalles apoyan la idea principal. Por eso se les llama detalles de apoyo.

Identificar la idea principal y los detalles de apoyo te puede ayudar a entender mejor lo que lees. Lee el siguiente párrafo e identifica la idea principal. Encuentra los detalles de apoyo que contesten a las preguntas *quién*, *qué*, *cuándo*, *dónde*, *por qué* y *cómo*.

Satchel Paige era uno de los muchos héroes afroamericanos. Paige fue un jugador de béisbol que jugó para el equipo de los Monarcas de Kansas City durante la mayor parte de su carrera. Apoyados por la gran habilidad de lanzador de Satchel Paige, los Monarcas ganaron cuatro campeonatos consecutivos en la Liga Americana Negra. En 1971, Paige fue admitido al Salón de la Fama del Béisbol Nacional, lo que lo convirtió en el primer jugador de las Ligas Negras en ser admitido.

¿QUÉ HAS APRENDIDO?

1. ¿La idea principal del párrafo anterior se declara abiertamente o se sobreentiende?

2. ¿De qué manera los detalles apoyan la idea principal y hacen que el pasaje sea más interesante?

Visita *The Learning Site*
www.harcourtschool.com

INTÉNTALO • INTÉNTALO

Lee un párrafo o un pasaje corto en tu libro de texto de ciencias o estudios sociales. Haz una red de palabras para mostrar la idea principal y los detalles.

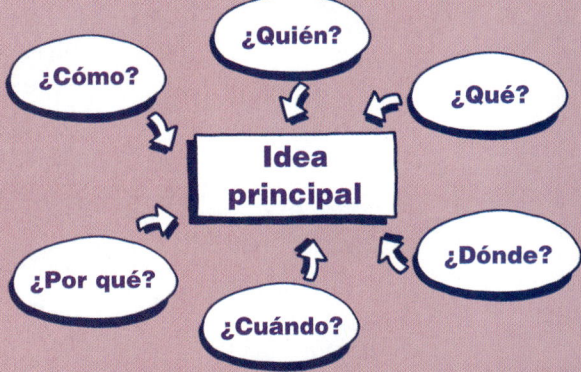

Un asombroso descubrimiento en Palenque

Texto de Horacio García
y Norma Herrera

En las estribaciones de una gran cordillera de Chiapas se encuentra una de las más hermosas e impresionantes muestras de la avanzada civilización maya: Palenque.

Atrás de la ciudad, casi en contacto con ella, aparece la selva cubriendo las empinadas colinas de su color verde brillante; al norte surge la llanura, también verde, que se desliza hacia el mar, a 128 kilómetros de distancia, atravesando Chiapas y Tabasco, rumbo a las zonas antiguamente habitadas por los, todavía hoy, misteriosos olmecas, del "país de hule".

En 1952 Alberto Ruz Lhuillier, arqueólogo mexicano, realizó excavaciones en la pirámide que contenía el llamado Templo de las Inscripciones, y uno de esos días en los que la suerte sonríe a los humanos hizo una importante observación: la gran losa que servía de límite lateral derecho del piso interior e inferior de la pirámide presentaba cinco agujeros en su base.

¿Por qué estaban allí?; ¿para qué podrían servir?

Alberto Ruz tuvo la impresión de que se encontraba frente a una losa que podía levantarse verticalmente, empujándola desde esos orificios, y eso lo llevó a pensar que la losa tapaba un corredor secreto, oculto.

PÁGINA 584: *Detalle de una pirámide maya* ARRIBA: *Templo de las Inscripciones (izquierda) y el Palacio (derecha)*

585

Las excavaciones descubrieron la entrada de una escalera, cubierta con la clásica bóveda maya, que descendía hacia el interior de la pirámide, hacia su centro.

Una escalera que penetrara en una pirámide sólo había sido observada anteriormente en otras pirámides muy lejanas; las de Egipto, y en éstas siempre se hallaba asociada con el entierro de un faraón, supremo gobernante y sacerdote. Las pirámides egipcias fueron concebidas como moradas eternas de los faraones, pero hasta el momento en que Ruz Lhuillier hizo su descubrimiento de la escalera no se conocía ninguna pirámide mesoamericana destinada al mismo fin.

¿Se había encontrado la primera en Palenque?

La mencionada escalera había sido cegada a propósito, muchos años antes, con piedras y lodo, desde su límite inferior hasta la disimulada tapa de los agujeros, que los arqueólogos retiraron cuidadosamente.

El primer tramo terminaba en un descanso, a partir del cual la escalera seguía descendiendo, ahora en

DE ARRIBA A ABAJO: *La escalera que descubrió Alberto Ruz en el Templo de las Inscripciones; Corredor en Palenque*

sentido contrario, hasta tropezar, a unos 18 metros de profundidad, con un muro artificial. Al retirarlo se descubrió un pasaje un poco más allá. También estaba cerrado por otra gran losa de piedra. Frente a la losa se hallaron los restos de seis personajes cubiertos por mezcla de cal, cuyo análisis y estudio anatómico llevó a la conclusión de que habían pertenecido a seis jóvenes, entre ellos una mujer y un niño. ¿Quiénes habían sido en vida?

Al llegar a este punto, los arqueólogos, dirigidos por Alberto Ruz, se encontraban intrigadísimos y muy emocionados, preguntándose qué hallarían detrás de la losa.

Un día después llegó el gran momento. Ruz Lhuillier dio las órdenes y los trabajadores desplazaron la losa. Acercando una lámpara, el arqueólogo jefe se asomó a una espaciosa cámara que se apreciaba hacia la parte inferior de la abertura . . . ¡Mil destellos producidos por el reflejo de la luz sobre superficies brillantes le impidieron ver el interior!

Con un pequeño salto, de gran importancia para él, penetró en la cámara y chocó con una columna helada y húmeda.

ARRIBA: *Vista desde el Palacio* AMBAS PÁGINAS: *Tallado en piedra de Pascal y Kan-Xul, gobernantes mayas*

¿Dónde estaba? ¿En qué palacio encantado había entrado? La luz de la lámpara se reflejaba dando destellos multicolores al chocar con una gran cantidad de estalactitas y estalagmitas, formadas por el goteo del agua a lo largo de siglos—de trece siglos para ser más exactos—, que llenaban el espacio donde se encontraba.

Ni Aladino en la cámara de la lámpara maravillosa, ni Alí Babá ante los tesoros de la cueva de los cuarenta ladrones, se asombraron y maravillaron tanto como Alberto Ruz Lhuillier en la cámara mortuoria del Templo de las Inscripciones de Palenque.

Al iluminar el interior, los arqueólogos notaron que el techo presentaba la clásica bóveda maya, al igual que la escalera.

Al acercarse a las paredes descubrieron, realzadas al relieve, nueve figuras humanas, artísticamente ataviadas al estilo maya. ¿Eran las figuras de las nueve deidades que, según los mayas, habitaban el mundo inferior? Si lo eran, ¿a quién protegían?

El piso estaba ocupado en su mayor parte por un enorme sarcófago de piedra, cubierto por otra losa inmensa, cuyo peso ha sido calculado en cinco toneladas, primorosamente labrada, como sólo los mayas eran capaces de hacerlo.

Toda la cámara mortuoria, pues eso era sin duda, se hallaba un poco más abajo del nivel del patio en que se asentaba, y asienta, la pirámide, y a unos 22 metros bajo el piso del templo situado en su cima.

Esto significaba una cosa: la cámara había sido construida *antes* que la pirámide, mientras el personaje, cuyos restos guardaba el sarcófago de piedra, aún vivía.

Comprendieron que estaban en una tumba y que la escalera que a ella los había conducido había sido rellenada inmediatamente después del entierro.

La construcción del conjunto significó un gran esfuerzo de los habitantes de Palenque, quienes tuvieron que trabajar en él durante varios años. Esto sólo se explica en una sociedad de organización política y religiosa muy desarrollada, pero también muy rígida, donde

Sarcófago en el Templo de las Inscripciones

un pequeño grupo gobernante es el que dispone y ordena el trabajo de la gran mayoría, exactamente igual que en la mayor parte de las culturas de la Tierra.

Los arqueólogos y antropólogos no son gente apresurada. Su trabajo requiere mucha paciencia y, así, se toman las cosas con calma, se dan su tiempo, como buenos científicos que son, para estudiar los restos y ruinas que van descubriendo, a fin de desentrañar el misterio que encierran y de imaginar cómo eran, cómo vivían y cómo pensaban los hombres de otros tiempos, muy remotos.

Sí, los arqueólogos y antropólogos son los mejores viajeros del tiempo que existen. Con su inteligencia y su técnica construyen la única máquina del tiempo que tenemos, la de la imaginación, y se

proyectan en ella hacia atrás, hasta llegar a las más lejanas épocas de la vida.

Hacen exactamente lo que con otra técnica, otros conocimientos y distinta filosofía, trataban de hacer los astrónomos-sacerdotes mayas, *los señores del tiempo.*

El hombre de la máscara de jade

Ruz Lhuillier decidió descansar un día antes de abrir el sarcófago, y aprovechó el tiempo para invitar telegráficamente a otros arqueólogos amigos que, desde la ciudad de México, seguían su trabajo con apasionado interés.

Llegaron los arqueólogos amigos de Alberto Ruz y, sin esperar las

594

explicaciones que éste quería darles sobre sus descubrimientos, casi lo arrastraron hacia el Templo de las Inscripciones, ansiosos de ver la cripta con el sarcófago.

Uno de ellos, José Servín Palencia, escribiría años más tarde: "El espectáculo que nos ofreció Ruz fue en realidad impresionante pues superaba, con mucho, todo lo imaginable. El estupor nos había hecho enmudecer. . ."

El sarcófago, de 3.80 metros de largo por 2.10 de ancho y 25 centímetros de espesor, estaba constituido por una sola roca cortada y trabajada para darle forma de prisma hexagonal; de ella se había eliminado gran parte del material para formar su cavidad interior.

Sobre las paredes laterales descansaba la enorme losa de cinco toneladas, primorosamente labrada con la figura del árbol de la vida de los mayas.

Fue necesario levantar cuidadosamente la losa, cosa que se hizo bajo la dirección de Alberto Ruz. Al cabo de dos días de trabajo se había levantado, utilizando troncos para sostenerla, lo suficiente para permitir que un hombre se deslizara por la abertura, arrastrándose, hasta el interior de la tumba.

Por supuesto, el primero en hacerlo fue Ruz. Nadie puso en duda ese privilegio. A él le correspondía la primicia de contemplar al que en vida había sido el poderoso personaje que dispusiera la construcción de aquella extraordinaria tumba.

PÁGINA 594: *Máscara de jade, Museo Nacional de Antropología, México*

El esqueleto que allí se encontraba estaba ataviado a la usanza de los grandes señores mayas. Entre sus adornos destacaba una perla de 2.5 centímetros de largo, pero lo más extraordinario era la máscara que cubría su rostro. Lo reproducía logrando transmitir sus rasgos; una máscara que era, y es, una magnífica obra de arte, realizada con aproximadamente 200 piezas de jade, armadas en mosaico; en los ojos, de fondo de concha blanca, el iris y la pupila de obsidiana parecían ver y seguir a Alberto Ruz con extraña vitalidad.

Allí se encontraron esas extraordinarias cabezas, con adorno de plumas orientado hacia el frente, que hoy son reconocidas y admiradas como muestras representativas del arte de los mayas.

¿Cuándo se produjo el entierro de este personaje, probablemente la autoridad máxima de Palenque en su tiempo?

La respuesta a esta pregunta la hallaron los arqueólogos en las figuras grabadas, los glifos, en las paredes laterales del sarcófago.

Los mayas palencanos habían escrito la fecha del suceso, para ellos muy importante, en los términos que empleaban para medir el paso del tiempo, en los términos de su propio calendario.

Traducido al que nosotros usamos, la fecha era: *año 692 de nuestra era.*

PIÉNSALO

1. ¿Qué indica acerca de los mayas la cantidad de reliquias encontrada en la tumba?

2. Imagina que eres un descendiente de los mayas de Palenque, ¿cómo te sentirías al ver que la tumba de uno de tus ancestros fuera abierta?

3. ¿Por qué los autores hacen la comparación con las tumbas de Egipto?

Horacio García y Norma Herrera

Cuando nos propusieron ser los autores de un libro que presentara los conocimientos mesoamericanos relacionados con el tiempo, en unas cuantas páginas, nos entusiasmamos y nos asustamos al mismo tiempo.

Nos entusiasmó la oportunidad de poder transmitir a los jóvenes lectores nuestra profunda admiración por los indígenas mesoamericanos que enriquecieron, y enriquecen todavía, nuestra propia cultura. Pero nos asustó pensar en la dificultad de resumir en un breve texto lo esencial de su pensamiento.

Esperamos despertar tu interés por conocer nuestro pasado con mayor profundidad, y transmitirte nuestra admiración por sus protagonistas.

EL ESPÍRITU
DE LOS
MAYAS

UN NIÑO INDAGA EN EL MISTERIOSO PASADO DE SU PUEBLO

texto de Guy García
ilustraciones de Manuel García

Este relato, ambientado en el México actual, cuenta muchas cosas acerca de los habitantes de ese país en la antigüedad. Kin, un niño de once años que vive en la ciudad de Palenque, se siente muy poco vinculado a sus antepasados, los antiguos mayas. Lee a continuación sobre algo que será un cambio en la vida de Kin.

El abuelo viste una túnica blanca, prenda tradicional de los indios lacandones, que habitaban en los verdes bosques de Palenque en el pasado. El abuelo recuerda las viejas costumbres de su pueblo, y habla a Kin en maya. Kin le entiende porque también habla maya, pero prefiere hablar español, el idioma oficial de México. A Kin le gustaría cortarse el pelo, como hacen otros niños mexicanos, pero su padre no se lo permite ya que tradicionalmente los lacandones llevan el cabello largo.

Kin nunca había mostrado mucho interés en las antiguas costumbres mayas. Pero ahora, ya que ha cumplido doce años, Chan Kin, su padre, cree que ha llegado el momento de que conozca las tradiciones mayas. Chan Kin es un artesano que vende su arte a los turistas que van a visitar las pirámides que están en las afueras de la ciudad. Kin prefiere jugar al fútbol en la calle en vez de ayudar a su padre a hacer sus figuras ceremoniales de arcilla.

Chan Kin moldea con gran habilidad las figuras con arcilla procedente de un lugar especial en la selva. En unos pocos minutos, sirviéndose tan sólo de sus dedos, transforma una bola de arcilla en un pequeño hombre con gruesas manos y piernas. Kin toma una figura y parece que lo está mirando con sus pequeños ojos.

Al ver que Kin se interesa por su trabajo, el padre le pide que se siente y que preste atención.

—Haces una idea mental de lo que quieres —le dice Chan Kin, señalándose la cabeza—. Y luego dejas que los dedos hagan el resto.

Una vez que termina de hacer las figuras, Chan Kin deja que se sequen durante un mes. Entonces las introduce en un horno de carbón para que se cuezan.

Mientras se están cociendo, Chan Kin enseña a su hijo a fabricar flechas de caza con plumas de loro y puntas de piedra. Usando un cuchillo de acero, separa con cuidado una vara de bambú y la ata a la punta de piedra. Después le pega las plumas, y la flecha queda lista para ser probada.

—La flecha y las figuras de arcilla forman parte de nuestro pasado —explica el padre de Kin—. Es importante conservar nuestras tradiciones, a pesar de que el mundo haya cambiado.

El padre de Kin sale al patio trasero y coloca una nueva flecha en su arco. El blanco es un árbol que se encuentra a unas veinte yardas de distancia. Estira la cuerda del arco, apunta y . . . , ¡bang!, la flecha vuela por los aires. El padre de Kin se ríe al haber fallado el disparo. Lo intenta de nuevo, y esta vez la flecha se clava en el árbol. Chan Kin explica que sus antepasados empleaban el arco y la flecha para cazar y alimentarse, y colocaban figuras de arcilla en el interior de las pirámides para venerar a sus dioses.

Aquella noche su abuelo le muestra a Kin un libro acerca de las pirámides con la historia de un rey llamado Pacal, que significa "escudo". Al igual que todos los reyes mayas,

Pacal poseía el poder de hablar a los dioses a través de sus sueños y sus visiones sagradas.

Al igual que Kin, Pacal tenía doce años. Y a los doce años Pacal se convirtió en rey de Palenque. Gobernó durante sesenta y siete años, y construyó muchas pirámides. Su tumba se encuentra enterrada en las profundidades de una pirámide llamada Templo de las Inscripciones.

—Me gustaría poder ver la tumba de Pacal —dice Kin.

—Puedes —responde su abuelo—. La tumba está abierta para los turistas todos los días. Mañana es sábado. Pide a tu padre que te lleve a las ruinas para que puedas visitar la tumba de Pacal.

Kin se levanta muy temprano la mañana siguiente. Al principio a su padre le sorprende ver a Kin esperando junto a la furgoneta de la familia, pero cuando Kin le cuenta que quiere ir a ver la tumba de Pacal, su padre comprende porqué y le dice que se suba al vehículo. Sólo dura unos minutos el trayecto a través de la ciudad hasta la señal que indica la desviación hacia las ruinas, pero a Kin se le hace una eternidad. Al fin llegan a las pirámides, aunque Kin aún no puede ver nada debido a la selva. Su padre aparca el coche en el estacionamiento y Kin le ayuda a llevar las cajas con flechas que ha traído para venderlas cerca de la puerta principal. Luego le compra la entrada y le dice que le esperará para llevarlo de nuevo a casa.

—Sabía que algún día vendrías —dice con orgullo el padre de Kin.

De todos modos, Kin siente una punzada de tristeza al ver a su padre vendiendo chucherías a los turistas en las puertas de la gran ciudad que en el pasado gobernaron sus ancestros.

Al traspasar la puerta, Kin camina por una vereda de árboles hasta una plaza rodeada por maravillosos edificios. Las pirámides son tan altas que tiene que doblar mucho su cabeza para ver las zonas más altas. Algunas pirámides están todavía parcialmente cubiertas por la selva, y otras tienen escalones laterales hasta la cima. Los mayas emplearon cientos de años en construir las pirámides con piedra extraída de roca que transportaban desde la selva.

Kin contempla la tumba de Pacal durante un largo rato, maravillado por la belleza de los grabados. Los símbolos y dibujos relatan la vida de Pacal, quien recibió la corona de

Palenque de manos de su madre en el año 615 d.C. Gobernó hasta la edad de ochenta años y fue enterrado en este lugar. Su tumba fue decorada con bellas cerámicas, joyas de oro y piedras preciosas.

Muchos años más tarde unos arqueólogos descubrieron la tumba y trasladaron los huesos de Pacal y otros objetos a un museo próximo a las ruinas.

Kin se dirige al museo de Palenque, donde aprende que Pacal formaba parte de una larga dinastía de gobernantes que perduraron hasta el reinado de Serpiente-Jaguar II, fallecido en el año 702 d.C. El esqueleto cubierto de jade de Pacal y su máscara fúnebre se exhiben en el Museo Antropológico Nacional en Ciudad de México.

Al abandonar el museo Kin siente algo de pena. Sube a lo alto de una ruina próxima pero no siente la misma excitación que antes. Ahora sabe que nunca conocerá a Pacal ni los increíbles mayas que construyeron estas pirámides. Kin hubiera deseado viajar en el tiempo para visitar esta ciudad en su época de gloria.

El padre de Kin lo espera cerca de la entrada de las ruinas. Le pregunta qué le han parecido las pirámides y Kin responde que le han producido una sensación de soledad, y que no quiere volver nunca.

Chan Kin no dice nada pero Kin presiente que su padre está decepcionado.

El padre de Kin conduce en silencio en el viaje de vuelta a la casa. De repente, sin decir nada, aparca cerca de la desviación hacia la ciudad. En el centro de una plaza hay una gran estatua. Kin lo ha visto miles de veces sin darse cuenta de que se trata de Pacal.

Kin corre para ver la estatua más de cerca. ¡Se parece a él! De pronto comprende porqué su padre le ha traído a ese lugar. A pesar de que Pacal vivió en un mundo de hace cientos de años, ellos son hermanos. Su piel y sus rasgos son iguales, y la misma sangre maya corre por sus venas.

Al continuar su camino de regreso a casa, Kin ve todo con ojos diferentes. Sus antepasados mayas ya no parecen tan distantes y no se siente solo. Por primera vez en su vida, sabe lo que se siente cuando uno es rey.

PIÉNSALO

¿Cuán importante es sentir un vínculo hacia nuestros antepasados?

¿Dónde vivían?

DIBUJA UN MAPA Investiga en una enciclopedia o en la Internet dónde se localizaba el imperio maya. Haz un mapa y muestra dónde estaba la ciudad de Palenque. Decora tu mapa con motivos mayas.

Las Pirámides

ESCRIBE UN INFORME
El relato que acabas de leer habla sobre las excavaciones en una pirámide de Palenque. Los egipcios también construyeron pirámides. Prepara un informe en el que expliques las similitudes y diferencias en el diseño de las pirámides de estas civilizaciones. Ilustra tu informe con dibujos.

actividades

¡Actores!

ESCRIBE UNA OBRA DE TEATRO Trabaja con un grupo de compañeros para representar una parte del relato como obra de teatro. Escriban los diálogos entre Alberto Ruz y sus ayudantes. Piensen en el vestuario y en la escenografía y decidan qué obra representarán.

Tradiciones familiares

EXPRESA TU PERSPECTIVA En el cuento "El espíritu de los mayas", Chan Kin muestra a su hijo la manera de hacer figuras de arcilla y flechas. Le explica que es importante conservar las tradiciones de nuestros antepasados. ¿Existen tradiciones en tu familia que tus padres y abuelos te han pasado? Organiza tus ideas y preséntalas a la clase.

UN VIAJE MEMORABLE

TEXTO DE *Germán Berdiales*
ILUSTRACIONES DE *Douglas Bowles*

PERSONAJES:

**Cristóbal Colón, El Piloto, Juan, Alonso,
Lope, Fernando, Ramiro, Marineros.**

ESCENOGRAFÍA

La acción se desarrolla sobre la cubierta de la carabela "Santa María", al pie del palo trinquete. El bauprés apunta hacia el oeste. Al foro se divisa la inmensidad desierta y dorada del océano.

CUADRO PRIMERO

Colón: (*Que aparece en escena con el piloto, atendiendo ambos a los gritos que llegan del otro extremo de la carabela*) ¿Oís?

El Piloto: Estalla el motín. . .

Una voz afuera: Vamos ahora mismo.

La voz de Lope: ¿Y si no quiere volver?

La voz de Juan: Entonces. . . ¡al mar con él. . . !

El Piloto: Capitán: os lo ruego, ¡ceda. . . !

Colón: ¡Nunca. . . !

El Piloto: Considerad, señor, que peligra su vida. . . ¡Están fuera de sí. . . !

Colón: ¡Los apaciguaré una vez más. . . !

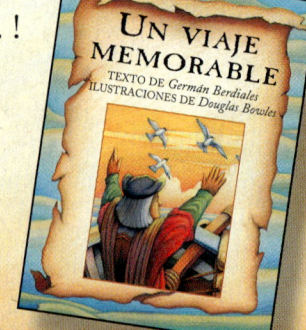

El Piloto: (*Que ha fingido observar a los amotinados*)
Ya vienen hacia aquí, Capitán. . . ¡Vienen armados. . . !

Colón: (*Severo*) ¿Tiene miedo el piloto de la "Santa María"?

El Piloto: No por mí, Capitán, no por mí. . . Por vos es por quien
temo. . .

Colón: Descuidad, que no es ésta mi hora. (*Durante esta escena se
ha oído una gritería cada vez más próxima y, ahora, los
marineros amotinados se presentan arrollando casi a* Colón *y
al* Piloto. *Blanden armas de todas clases.*)

Voces: ¡Abajo el Capitán! ¡A España! ¡Abajo Colón! ¡Queremos
volver a España! ¡A España! ¡No seguiremos más
adelante! ¡Volvamos proas! ¡Abajo el Capitán! ¡Abajo!

Colón: (*Cruzado de brazos ante las armas y dominando la escena*)
¿Qué significa esto? (*La breve y firme pregunta hace
retroceder a los cabecillas.*) ¿Qué queréis?

Juan: (*Algo cohibido*) ¡Señor. . . !

Alonso: (*Lo mismo*) Capitán. . .

Ramiro: (*Igual*) Queremos. . .

Varios: Habla, tú, Juan. ¡Que hable Juan! ¡Uno solo. . . !

Colón: (*A Juan*) Habla, pues. . . ¿Qué queréis?

Juan: (*Respondiéndose*) Pues. . . queremos volver a casa. . .

Colón: ¿Qué dices?

Juan: (*Más enérgico cada vez*) Que no queremos seguir delante,
¡ea. . . !

Colón: Pero. . . ¿por qué?

Alonso: ¡Porque no queremos morir de hambre. . . !

Juan: ¡O naufragar. . . !

Ramiro: ¡Eso!

Colón: ¿Ahora queréis volver? ¿Ahora que estamos a un paso de
nuestro destino?

El Piloto: Es ridículo, muchachos. . .

Juan: (*Muy brusco*) No es con vos, señor Piloto.

El Piloto: (*Enfurecido*) Voto a. . .

Ramiro: (*Frío*) Guarde las bravatas u os pesará. . .

Colón: ¡Atended! (*Movimiento de expectativa*) En pocos
días más llegaremos a las Indias. . .

Juan: (*Con una risita burlona*) En la vida llegaremos. . .

Colón: (*Que ya pierde la calma*) Pues yo os afirmo. . .

Alonso: (*Fiero*) ¡Yo no os creo!

Fernando: ¡Yo no sigo adelante!

Ramiro: ¡Ni yo!

Varios: ¡Ni yo! ¡Ni yo! (*Pausa*)

Lope: Hace dos meses justos que navegamos, y no se ven ni trazas de tierra. . .

Colón: (*Persuasivo*) ¡Vamos, muchachos, ánimo!. . . Dentro de unos días seréis ricos y volveréis a vuestras casas. . .

Lope: Siempre lo mismo. . .

Ramiro: Palabras. . .

Juan: Puras palabras. . .

Alonso: Nunca llegaremos a las Indias.

Fernando: Ni siquiera volveremos sanos a España. . .

Colón: (*Irritado*) ¡Basta! ¡Pensad que nos esperan la gloria, la riqueza, la dicha. . . !

Varios: Preferimos la miseria en España. . . Volvamos a España. . . Volvamos a España. . .

Juan: Hace un mes que nos entretenéis con la misma canción, día por día. . .

Colón: (*Desanimado ya*) Oro. . . plata. . . perlas. . . diamantes. . . tesoros. . .

Lope: ¡Os los dejamos todo para vos solo!

Juan: Ceded por las buenas, Capitán, o habréis de arrepentirse. . .

Ramiro: Sí, os enviaremos a contar vuestras historias a los peces. . .

Colón: (*Iracundo*) ¡Silencio! Os haré. . .

Juan:	(*Lo mismo*) Volved proas, Capitán; o, ¡por mi vida, que. . . !
Colón:	¿Retroceder ahora que toco las Indias con las manos? ¡Jamás! ¡Yo soy el Capitán! ¿Me habéis oído? Yo soy el Capitán, y sabré obligarles.
Juan:	¿Cómo? ¿No veis que todos somos uno?
Ramiro:	¡Ya no tenéis a quien mandar!
Lope:	¡Volved proas!
Colón:	¡No ha de ser!
Varios:	¡Al agua el Capitán! ¡Al agua! ¡No queremos morir con un loco! ¡Que salte! ¡A España! ¡Al agua! ¡Al agua con ellos! ¡Al mar!
Colón:	¡Rebeldes! ¡Hato de cobardes! ¡He de. . . !
El Piloto:	¡Eh, de la Pinta! ¡A mí. . . ! ¡Tú Juan, oye! ¡Pero. . . !
Colón:	¡Oíd! ¡Cedo!
Varios:	¡Cede! ¡Oídlo! ¡Cede! ¡Cede! ¡Dejadlo!
Colón:	Cedo, sí. He dicho que cedo; pero con una condición. . .
Juan:	¡Venga!
Ramiro:	¿Cuál?
Lope:	¡Decidla ya!
Varios:	¡Hablad!
Colón:	Ésta: que aún me sigáis por. . .
Varios:	(*Con mucha violencia*) ¡No! ¡No! ¡No! ¡Nunca! ¡Al agua con él! ¡No le escuchéis! ¡Al agua!
Colón:	Seguidme aun por tres días más y. . .
Varios:	¡Nada! ¡Nada! ¡Ni un día más! ¡No daremos ningún plazo! Es una burla. ¡Al agua!
Colón:	(*Con fervor*) Pensad. Tres días no son nada. . . Y si hasta entonces no hemos hallado tierra, que la hemos de hallar, volveremos la proa a España. . .
El Piloto:	Concededle esos tres días. . . Ya tenéis su palabra. . .

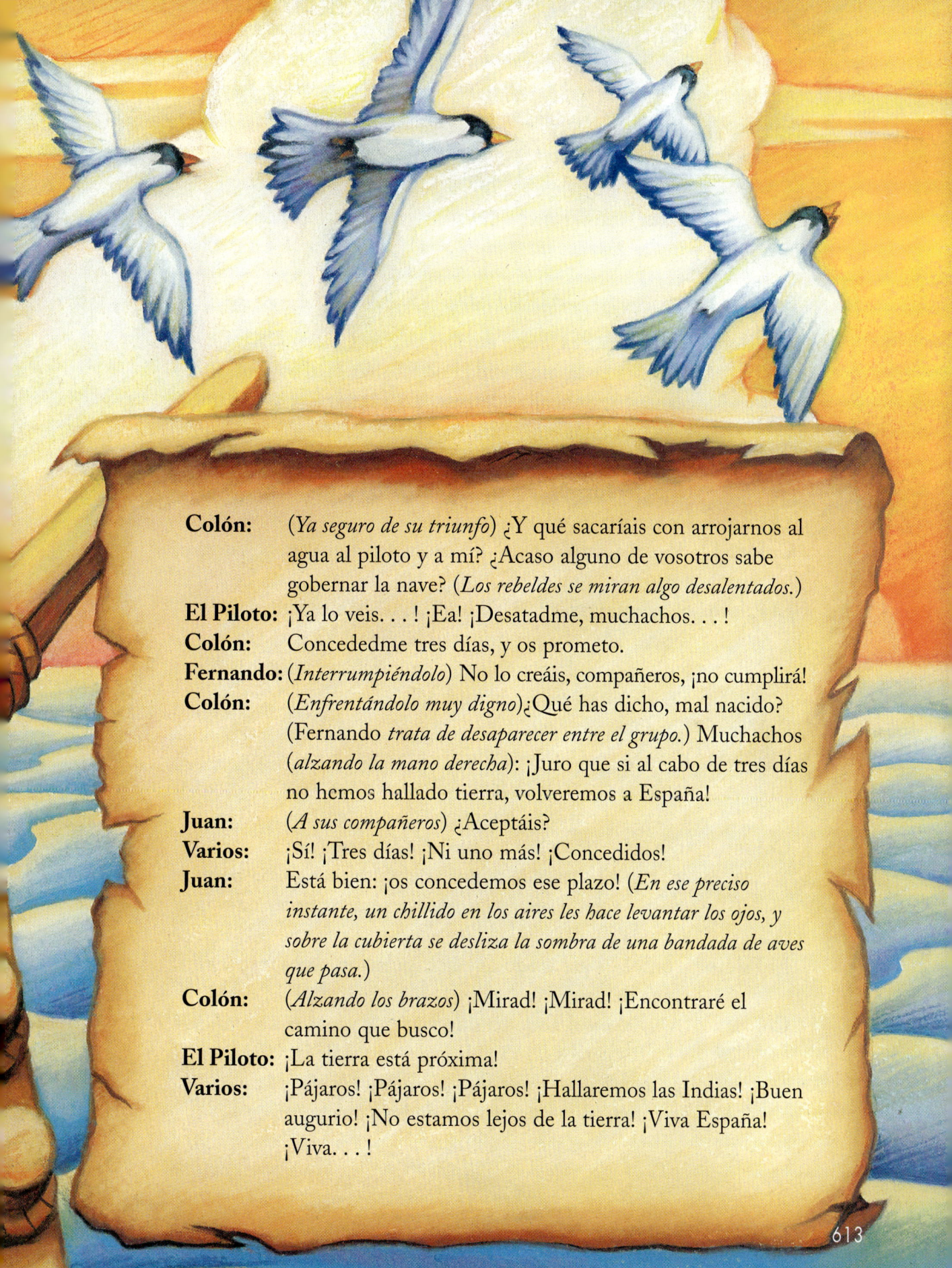

Colón: (*Ya seguro de su triunfo*) ¿Y qué sacaríais con arrojarnos al agua al piloto y a mí? ¿Acaso alguno de vosotros sabe gobernar la nave? (*Los rebeldes se miran algo desalentados.*)

El Piloto: ¡Ya lo veis. . . ! ¡Ea! ¡Desatadme, muchachos. . . !

Colón: Concededme tres días, y os prometo.

Fernando: (*Interrumpiéndolo*) No lo creáis, compañeros, ¡no cumplirá!

Colón: (*Enfrentándolo muy digno*)¿Qué has dicho, mal nacido? (Fernando *trata de desaparecer entre el grupo.*) Muchachos (*alzando la mano derecha*): ¡Juro que si al cabo de tres días no hemos hallado tierra, volveremos a España!

Juan: (*A sus compañeros*) ¿Aceptáis?

Varios: ¡Sí! ¡Tres días! ¡Ni uno más! ¡Concedidos!

Juan: Está bien: ¡os concedemos ese plazo! (*En ese preciso instante, un chillido en los aires les hace levantar los ojos, y sobre la cubierta se desliza la sombra de una bandada de aves que pasa.*)

Colón: (*Alzando los brazos*) ¡Mirad! ¡Mirad! ¡Encontraré el camino que busco!

El Piloto: ¡La tierra está próxima!

Varios: ¡Pájaros! ¡Pájaros! ¡Pájaros! ¡Hallaremos las Indias! ¡Buen augurio! ¡No estamos lejos de la tierra! ¡Viva España! ¡Viva. . . !

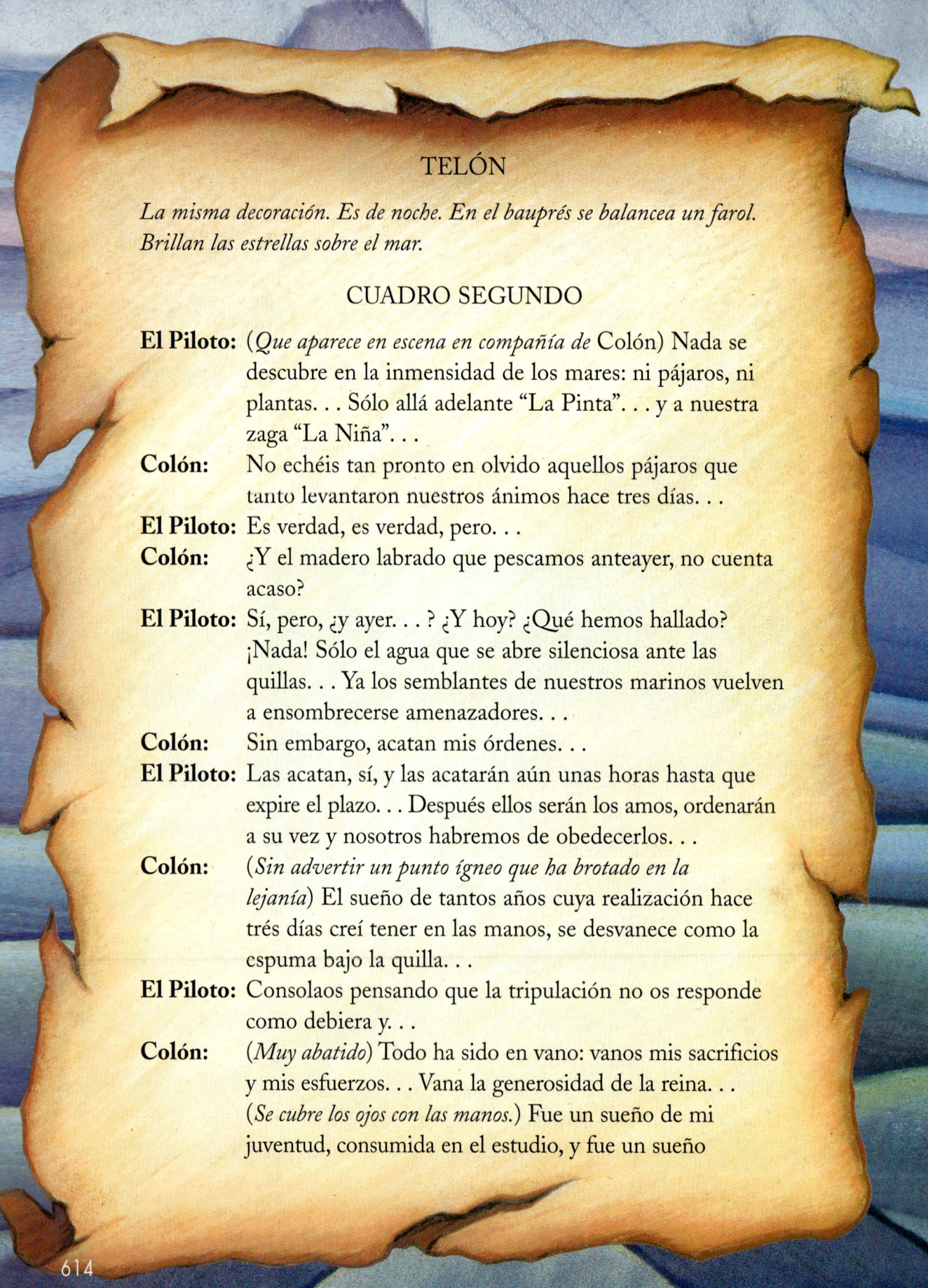

TELÓN

La misma decoración. Es de noche. En el bauprés se balancea un farol. Brillan las estrellas sobre el mar.

CUADRO SEGUNDO

El Piloto: (*Que aparece en escena en compañía de* Colón) Nada se descubre en la inmensidad de los mares: ni pájaros, ni plantas. . . Sólo allá adelante "La Pinta". . . y a nuestra zaga "La Niña". . .

Colón: No echéis tan pronto en olvido aquellos pájaros que tanto levantaron nuestros ánimos hace tres días. . .

El Piloto: Es verdad, es verdad, pero. . .

Colón: ¿Y el madero labrado que pescamos anteayer, no cuenta acaso?

El Piloto: Sí, pero, ¿y ayer. . . ? ¿Y hoy? ¿Qué hemos hallado? ¡Nada! Sólo el agua que se abre silenciosa ante las quillas. . . Ya los semblantes de nuestros marinos vuelven a ensombrecerse amenazadores. . .

Colón: Sin embargo, acatan mis órdenes. . .

El Piloto: Las acatan, sí, y las acatarán aún unas horas hasta que expire el plazo. . . Después ellos serán los amos, ordenarán a su vez y nosotros habremos de obedecerlos. . .

Colón: (*Sin advertir un punto ígneo que ha brotado en la lejanía*) El sueño de tantos años cuya realización hace trés días creí tener en las manos, se desvanece como la espuma bajo la quilla. . .

El Piloto: Consolaos pensando que la tripulación no os responde como debiera y. . .

Colón: (*Muy abatido*) Todo ha sido en vano: vanos mis sacrificios y mis esfuerzos. . . Vana la generosidad de la reina. . . (*Se cubre los ojos con las manos.*) Fue un sueño de mi juventud, consumida en el estudio, y fue un sueño

615

también mi peregrinación a través de las cortes de Europa. . . Sólo este fracaso brutal no es vano sueño. . . Vedme a merced de una tripulación rebelde que me amenaza. . .

El Piloto: No habléis así, Capitán. . . Regresaréis para. . .

Colón: ¿Y cómo sería ese regreso? ¡El del vencido! ¡Ah, todo ha sido en vano, todo, todo! (*Ha dado unos pasos y fija los ojos en el punto ígneo que parpadea muy lejos.*) Mas. . . ¿qué es aquello que brilla en lontananza? ¡Mirad! ¡Mirad!

El Piloto: ¿Una estrella, quizá?

Colón: No quiero dar crédito a mis ojos. . . Pero aquello no se mueve, no fluctúa, no cambia de lugar ni se obscurece. . .

El Piloto: ¡No hay duda, Capitán, es una luz!

Colón: (*Junta las manos.*) Esta vez no es absurda ilusión de mis sentidos. . . ¡Ah! ¡Ha desaparecido!

El Piloto: ¡Hemos visto una luz, en pocos minutos divisaremos tierra!

Colón: Quizá el vigía de la "Pinta" alcance a distinguirla ya. . .

El Piloto: Las estrellas palidecen y las neblinas van a desgarrarse. . . (*Va amaneciendo*)

Colón: ¡Oh, qué largos minutos! (*Pausa*) ¿Veís algo vos?

El Piloto: Yo nada veo. . .

Colón: (*Señalando*) Creo que allá hay algo que se interpone. . . (*Pausa larga*) (*Un gran grito fuera de escena*) Tierra a la vista.

Voces: ¡Tierra! ¡Tierra!

Colón: (*Que ha tomado violentamente del brazo a este.*) ¡Las Indias! ¡Las Indias! (*Han ido irrumpiendo los marineros en escena.*)

Voces: ¡Tierra; ¡Tierra! ¡Las Indias! ¡Vean! ¡Una isla! ¡Palmeras! ¡Tierra! ¡Muchachos! ¡Tierra!

El Piloto: Algo se mueve allá entre los árboles.

Colón: ¡Hombres!

Varios: ¡Oh, vedlos! ¡Llevan adornos de plumas! ¡Las Indias! ¡Tierra!

(*Rápidamente cae el Telón.*)

Piénsalo

1 ¿Por qué se alegró la tripulación cuando vio las aves por primera vez?

2 ¿Qué intención pudo haber tenido el autor al escribir una obra de teatro sobre la llegada de Colón a América?

3 Si la clase fuera a representar esta obra, ¿qué personaje te gustaría representar? ¿Por qué?

El 12 de octubre, Día de la Raza

texto de
Cecilia Costero
ilustraciones de
Diane B. Dempsey

En 1492, con el apoyo de Isabel la Católica, reina de España, Cristóbal Colón realizó un viaje por mar con el propósito de encontrar una ruta más corta para llegar al Oriente. Sin saberlo, el navegante arribó a un continente, que años más tarde recibió el nombre de América.

La primera tierra americana que tocó Colón fue la isla de Guanahani, que bautizó con el nombre de San Salvador, hoy llamada Wathing y perteneciente al grupo de las Bahamas.

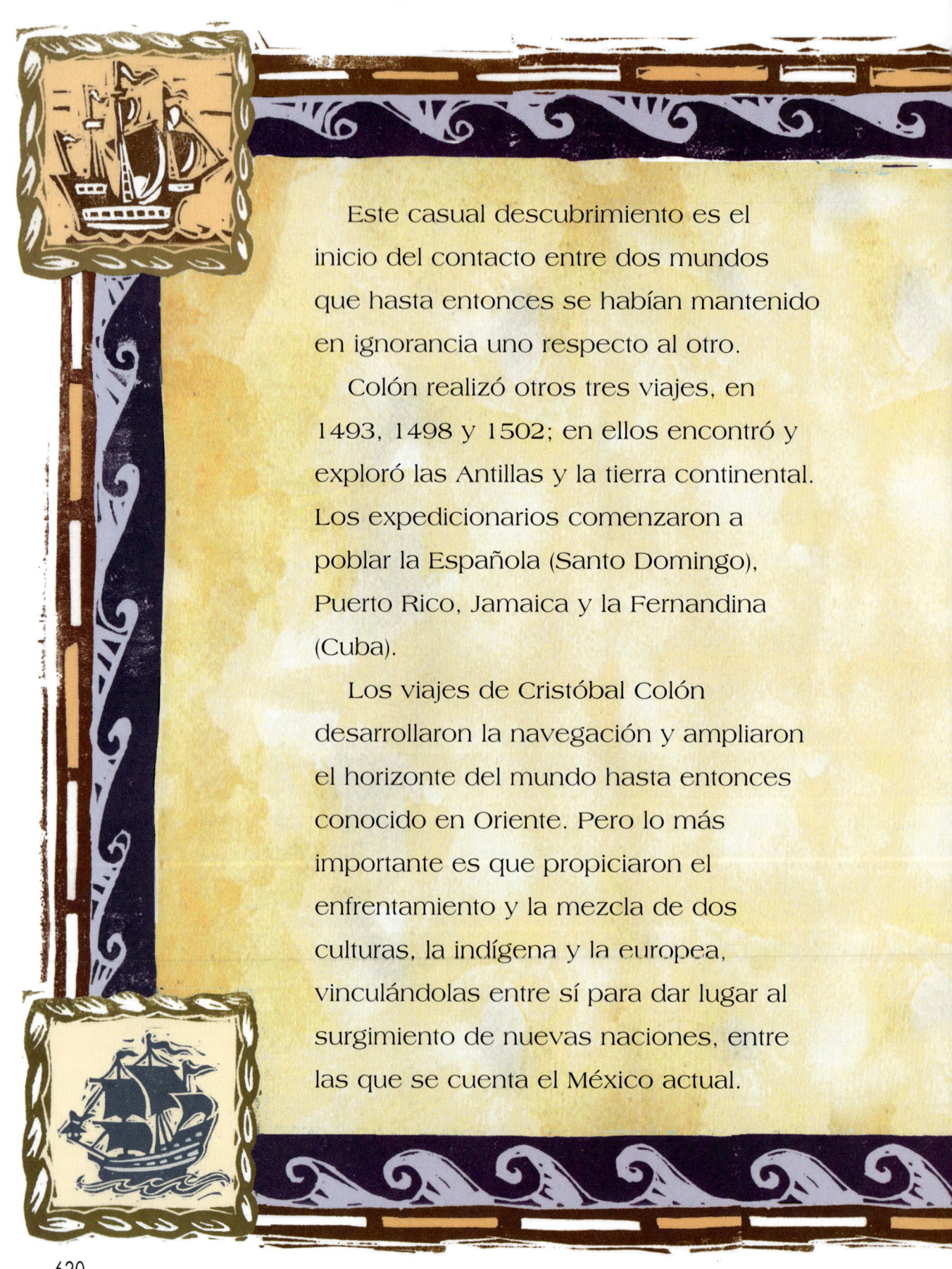

Este casual descubrimiento es el inicio del contacto entre dos mundos que hasta entonces se habían mantenido en ignorancia uno respecto al otro.

Colón realizó otros tres viajes, en 1493, 1498 y 1502; en ellos encontró y exploró las Antillas y la tierra continental. Los expedicionarios comenzaron a poblar la Española (Santo Domingo), Puerto Rico, Jamaica y la Fernandina (Cuba).

Los viajes de Cristóbal Colón desarrollaron la navegación y ampliaron el horizonte del mundo hasta entonces conocido en Oriente. Pero lo más importante es que propiciaron el enfrentamiento y la mezcla de dos culturas, la indígena y la europea, vinculándolas entre sí para dar lugar al surgimiento de nuevas naciones, entre las que se cuenta el México actual.

El 12 de octubre se conmemora con fiestas cívicas y escolares ese encuentro de razas y la llegada de los navegantes de Colón a tierras americanas.

Piénsalo

¿De qué otras maneras llamarías el día festivo que se presenta en esta selección?

TALLER DE

Rebelión a bordo

CREA UN DIÁLOGO Los marineros bajo el mando de Colón se amotinan porque creen que el barco no va a tocar tierra firme y quieren dar la vuelta para regresar a España. Elabora un diálogo entre Juan, Alonso, Lope y el resto de los marineros, en el que planeen el motín.

Diario del capitán

ESCRIBE UN PÁRRAFO Colón debió de sentir inquietud y angustia al ver que el viaje se alargaba, los marineros estaban descontentos y no llegaban a ningún sitio. Escribe la entrada del diario de Colón hablando de esta circunstancia y las razones que crees que tenía para seguir con la travesía.

ACTIVIDADES

A través del océano

DISEÑA UN CARTEL Imagina que la obra se va a representar en la escuela y hace falta crear el cartel con el que se anuncie el evento. Recuerda que debes incluir el título de la obra, el nombre de los actores principales y el lugar, hora y fecha de la representación.

Los viajes de Colón

DIBUJA UN MAPA Busca en una enciclopedia los itinerarios de los viajes de Colón. Calca los contornos de los dos continentes, Europa y América, y marca con colores diferentes las cuatro trayectorias. Apunta las fechas.

Conclusión del Tema

¿Cuál es el propósito?

IDENTIFICA EL PROPÓSITO   Los autores escriben con un propósito en mente. Piensa en cada selección del tema *Las Américas*. ¿El autor escribió la selección para informar, entretener, expresar un punto de vista sobre un tema o persuadir al lector? Haz una tabla como la siguiente para mostrar el propósito de cada selección. Apoya tus respuestas con ejemplos de las selecciones.

Selección	Propósito
A través del ancho y oscuro mar	
Diego Rivera	
Fronteras negras. . .	
Un asombroso descubrimiento en Palenque	
Un viaje memorable	

¡Imagina esto!

CREA IMÁGENES MENTALES
La mayoría de los cuentos en este tema tienen que ver con la aventura y el descubrimiento. Selecciona una de las historias y analiza su relación con el tema *Las Américas*. Escribe apuntes y encuentra ejemplos en la selección para apoyar tus ideas. Después, júntate con uno o dos compañeros y expliquen por qué la historia que seleccionó cada uno pertenece en este tema.

¿Qué más pasó?

INVESTIGA LA ÉPOCA
Las selecciones de este tema abarcan muchas épocas de la historia americana. Selecciona una época que te interese. Entonces haz una lista de tres preguntas acerca de la época de la cual te gustaría saber más. Puedes incluir preguntas sobre una persona o un evento descrito en una de las selecciones de este tema o de otros eventos que ocurrieron durante esa época. Investiga las respuestas y presenta a la clase lo que encuentres.

Cómo puede este
Manual de destrezas de estudio
ser útil

¡Las herramientas de estudio son la clave del éxito! Te pueden ayudar a localizar información, evaluar cuán precisa es y saber cómo usarla. Este manual te dará las herramientas que necesitas para

 localizar información,

 estudiar,

 escribir un informe o

 tomar una prueba.

Consulta el Manual cuando se te pida hacer estas cosas.

Luego, usa las herramientas de estudio para que tu trabajo sea más rápido, sencillo y de mejor calidad.

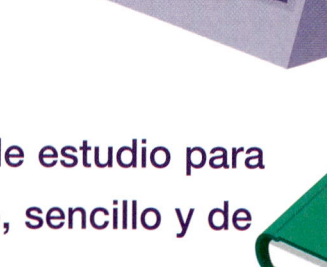

Contenido

Recursos de la biblioteca

Los libros de ficción se clasifican por el apellido del autor en orden alfabético. Otros libros se ordenan según el **sistema decimal Dewey.**

Clasificación del sistema decimal Dewey

000–099	**Trabajos de temas generales**
100–199	**Filosofía**
200–299	**Religión**
300–399	**Ciencias sociales:** libros sobre costumbres, gobiernos y leyes.
400–499	**Idioma, diccionarios, gramática**
500–599	**Ciencias puras:** aquí se incluyen matemáticas, física, química, biología y otras ciencias.
600–699	**Tecnología**
700–799	**Arte y recreación:** pintura, música, fotografía y deportes.
800–899	**Literatura**
900–999	**Historia, geografía, biografía y temas relacionados.**

Recursos Impresos

- Enciclopedias
- Periódicos
- Atlas
- Diccionarios
- Almanaques
- Revistas
- Libros de ficción
- Libros de no ficción

Audiovisuales

- Videocasetes
- Negativos
- Audiocasetes

Recursos informáticos

- Bases de datos de la biblioteca
- Internet
- Programas de computadora
- Recursos en CD-ROM

¿QUÉ HAS APRENDIDO?

¿En qué sección del sistema decimal Dewey esperarías encontrar un libro que describa las islas de la costa de California?

INTÉNTALO • INTÉNTALO

Haz una lista de los recursos de la biblioteca que utilizarías para buscar información sobre las Islas Channel. ¿Qué tipo de información esperas encontrar en cada uno de ellos?

Fichero electrónico

Todos los libros, vídeos y grabaciones de audio disponibles en una biblioteca pueden estar reunidos en un **fichero electrónico.**

Algunas bibliotecas tienen el tradicional catálogo de tarjetas ordenadas alfabéticamente en cajones. Otras tienen un fichero electrónico que permite al usuario teclear el título, tema o nombre del autor de los libros que buscan. Usa el catálogo o el fichero electrónico para encontrar el **número de referencia** del libro que quieres. Este número sirve para localizar la estantería donde está colocado el libro.

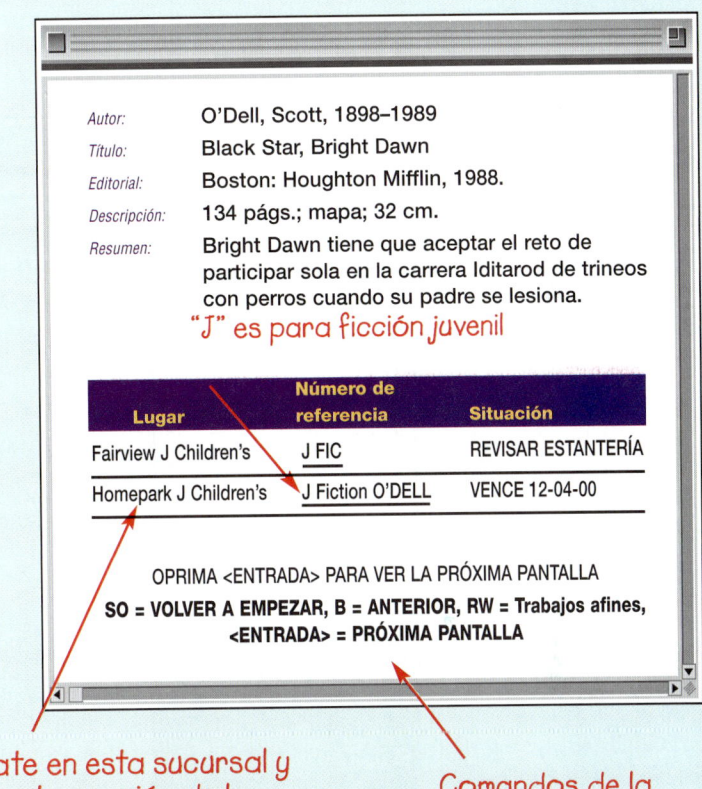

Autor:	O'Dell, Scott, 1898–1989
Título:	Black Star, Bright Dawn
Editorial:	Boston: Houghton Mifflin, 1988.
Descripción:	134 págs.; mapa; 32 cm.
Resumen:	Bright Dawn tiene que aceptar el reto de participar sola en la carrera Iditarod de trineos con perros cuando su padre se lesiona.

"J" es para ficción juvenil

Lugar	Número de referencia	Situación
Fairview J Children's	J FIC	REVISAR ESTANTERÍA
Homepark J Children's	J Fiction O'DELL	VENCE 12-04-00

OPRIMA <ENTRADA> PARA VER LA PRÓXIMA PANTALLA
SO = VOLVER A EMPEZAR, B = ANTERIOR, RW = Trabajos afines, <ENTRADA> = PRÓXIMA PANTALLA

Fíjate en esta sucursal y en esta sección de la biblioteca.

Comandos de la computadora

¿QUÉ HAS APRENDIDO?

¿Quién es el autor de Black Star, Bright Dawn? ¿Dónde buscarías el libro en la biblioteca? ¿Cómo puedes encontrar más libros de este autor?

INTÉNTALO • INTÉNTALO

Busca en el catálogo o base de datos computarizados de tu biblioteca / centro de información libros u otros recursos de consulta sobre la historia de California. Haz una lista con los resultados de tu búsqueda.

Recursos en CD-ROM

Un **CD-ROM** es un disco de computadora que contiene una enciclopedia, un almanaque, un atlas u otra fuente de información.

En la primera pantalla que aparece en una enciclopedia o atlas en CD-ROM es posible que encuentres una lista por orden alfabético de los artículos, mapas o temas que hay en el disco.

Revisa la lista para encontrar lo que buscas.

Puedes teclear un tema o lugar en la casilla de búsqueda.

Selecciona una entrada.

Lista de entradas por orden alfabético

¿QUÉ HAS APRENDIDO?

¿Qué información esperas encontrar en un artículo de enciclopedia sobre California?

¿Qué información esperas encontrar en una entrada de atlas?

INTÉNTALO • INTÉNTALO

Si le tuvieras que enseñar a un estudiante más joven cómo buscar un artículo en una enciclopedia en CD-ROM, ¿qué le dirías? Escribe una explicación breve.

Internet

La **Internet** es una red mundial que conecta las computadoras a fuentes de información sobre muchos temas diferentes. La Internet puede contener la información más actualizada disponible.

Para aprender cómo buscar un tema en la Internet, busca en el manual la sección llamada Técnicas de búsqueda. Después de usar un motor de búsqueda, encontrarás los Sitios de Internet que puedes visitar. Pero recuerda: no toda la información que encuentres en la Internet es correcta. Comprueba que la información proviene de una fuente de referencia en la que puedes confiar.

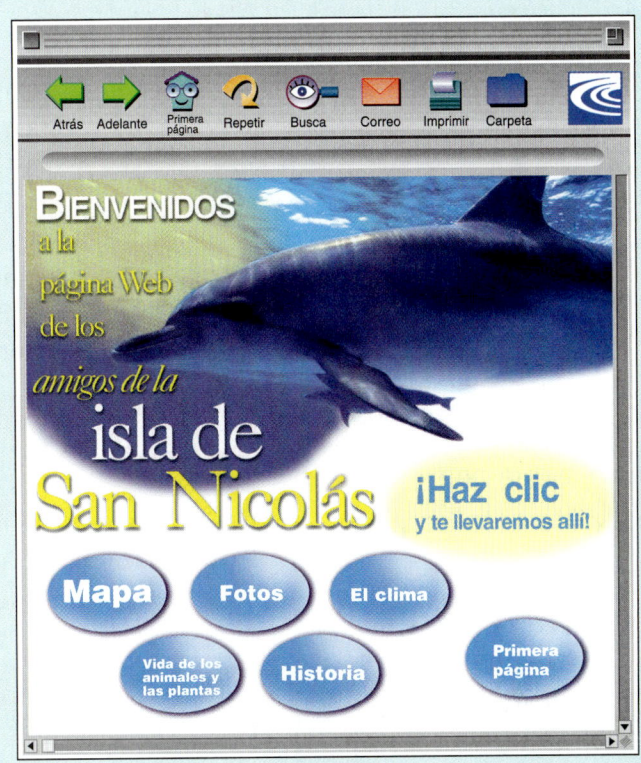

Atrás Adelante Primera página Repetir Busca Correo Imprimir Carpeta

BIENVENIDOS a la página Web de los amigos de la isla de San Nicolás

¡Haz clic y te llevaremos allí!

Mapa Fotos El clima Vida de los animales y las plantas Historia Primera página

¿QUÉ HAS APRENDIDO?

¿Qué tipo de información se muestra en este sitio de Internet sobre la Isla San Nicolás? ¿Cómo puedes averiguar si la información es correcta?

INTÉNTALO • INTÉNTALO

Busca en Internet información sobre los delfines. ¿Qué sitio de Internet resulta más útil? Cuéntale a tus compañeros lo que has encontrado allí.

Enciclopedia

Una **enciclopedia** es un libro o conjunto de libros en los que se encuentran artículos sobre una variedad de temas ordenados alfabéticamente por su título.

Suponiendo que necesitas información sobre el Parque nacional de Yellowstone. Puedes empezar la búsqueda mirando el **índice de la enciclopedia.**

Tomo y número de página.

Cada uno de estos artículos contiene información relacionada con los parques nacionales.

Parque nacional P:42
Sistema de parques nacionales P:43
Parque (tipo de parques) P:168;
   (historia) P:168 – 169
Conservación de la vida salvaje
   (Métodos de conservación de la vida
   salvaje) C:306
Parque nacional de Yellowstone Y:506

Ahora que has localizado el tomo y el número de página, puedes encontrar el **artículo de la enciclopedia** con la información que necesitas.

506 Parque nacional de Yellowstone

Parque nacional de Yellowstone ← *Título*

El parque nacional más antiguo es conocido por sus maravillas naturales. Este parque tiene más géiseres que ninguna otra área del mundo. Situado en el noroeste de Wyoming, se expande hasta Idaho y Montana.

Plantas y vida salvaje ← *Subtítulo*

El parque Yellowstone está cubierto de bosques de árboles perennes y praderas montañosas. Los árboles son muy abundantes. En verano, sus praderas se cubren de una gran variedad de flores salvajes.

¿QUÉ HAS APRENDIDO?

Utiliza el índice de la enciclopedia. ¿En qué tomo encontrarías un artículo sobre el sistema de parques nacionales? ¿En qué página empieza el artículo?

INTÉNTALO • INTÉNTALO

Lee en una enciclopedia un artículo sobre un parque nacional. Comparte lo que has aprendido con tus compañeros de clase.

Diccionario

Un **diccionario** es un libro de referencia en el que se enumeran, por orden alfabético, la mayor parte de las palabras de un idioma. Los diccionarios especializados contienen palabras relacionadas con un tema particular, como personas, lugares o deportes.

Un **diccionario** común aporta información, como la definición y pronunciación de las palabras.

Un **diccionario biográfico** provee información importante sobre personas famosas.

Un **diccionario geográfico** contiene información detallada sobre lugares.

Género

Definición

gla•ciar *m*. Una gran masa de hielo que desciende muy despacio por el valle de una montaña o a lo largo de la tierra hasta que se derrite o se rompe en el mar formando icebergs.

Parque nacional de Yellowstone

El parque nacional más grande y antiguo de Estados Unidos, situado en el noroeste de Wyoming.

¿QUÉ HAS APRENDIDO?

¿Qué diccionario sería la mejor fuente de información sobre Theodore Roosevelt? ¿Y sobre el Parque nacional con Glaciares? ¿Y sobre la conservación?

INTÉNTALO • INTÉNTALO

Busca una palabra que no conozcas en un artículo de una revista. Búscala en el diccionario. Explica cómo decidiste en qué diccionario buscarla.

Atlas

Un **atlas** es un libro de mapas. Algunos atlas también incluyen información sobre población, productos y accidentes físicos tales como montañas o lagos.

Al usar el índice de un atlas, puedes encontrar el mapa que muestra un lugar o área particular, como por ejemplo el estado de Wyoming.

Ciudad	País	Número de página	Latitud	Longitud
Wyoming, Iowa	U.S.A	22	42 4 N	91 0 W
Wyoming, Mich.	U.S.A	22	42 53 N	85 42 W
Wyoming (estado)	U.S.A	21	42 48 N	109 0 W
Wyong	Australia	42	33 14 S	151 24 E

El índice del atlas señala que hay un mapa de Wyoming en la página 21. Recuerda lo que aprendiste en estudios sociales; que la latitud y longitud son líneas de referencia que cruzan mapas y globos terráqueos. Puedes usar las medidas de latitud y longitud que se dan en el índice del atlas para encontrar Wyoming en el mapa. (En la mayoría de los mapas no se muestran todas las líneas de latitud y longitud. Necesitas usar las líneas más cercanas que aparezcan.)

Los mapas especializados también se encuentran en los atlas. Busca sus números de página en la tabla de contenido.

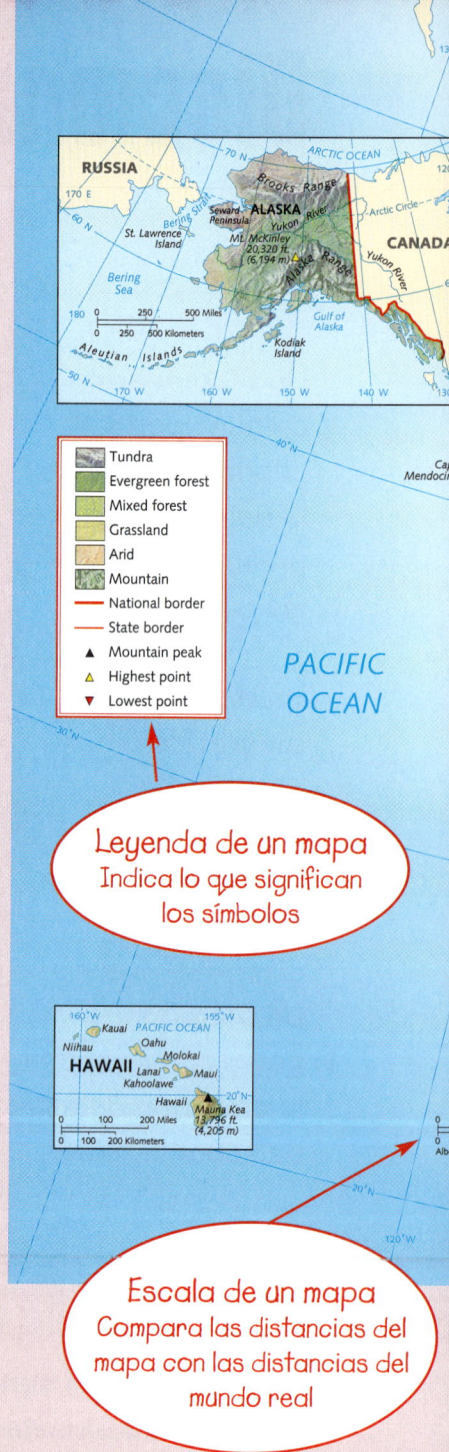

Leyenda de un mapa
Indica lo que significan los símbolos

Escala de un mapa
Compara las distancias del mapa con las distancias del mundo real

Estados Unidos: Físico

Latitud

Título del mapa

Longitud

Rosa náutica: señala las direcciones norte, sur, este y oeste.

¿QUÉ HAS APRENDIDO?

¿Qué tipo de información se puede encontrar en el mapa del atlas de esta página? ¿Qué parte de Wyoming tiene bosque? ¿Cómo lo sabes?

INTÉNTALO • INTÉNTALO

Busca tu estado u otro estado en el atlas. ¿Qué tipo de información muestra el mapa? Comenta esta información con tus compañeros.

Motores de búsqueda

Los **motores de búsqueda** son programas poderosos de computadora que buscan temas en la Internet.

En los Sitios de Internet de la Internet hay información disponible sobre miles de temas. Piensa en una pregunta que necesites averiguar y reduce la pregunta a una o pocas palabras clave. Los motores de búsqueda revisarán toda la Internet y te mostrarán los Sitios de Internet en los que es posible que encuentres la información que buscas.

Pregunta	Palabra clave en general
¿Qué saben los científicos sobre los asteroides?	asteroides
¿Cómo es Caronte, la luna de Plutón?	Caronte
¿Cuáles son las principales constelaciones?	constelaciones

Teclea la palabra clave aquí.

En este apartado también puede decir "Buscar" o "Ir"

asteroides   Busca

Presiona aquí para llevar a cabo la búsqueda.

El resultado de tu búsqueda puede ser una larga lista de enlaces a Sitios de Internet que contienen la palabra o palabras clave que has tecleado. Presiona el ratón sobre aquéllos que quieras visitar.

Resultados de la búsqueda

Haz clic en el enlace al Sitio de Internet

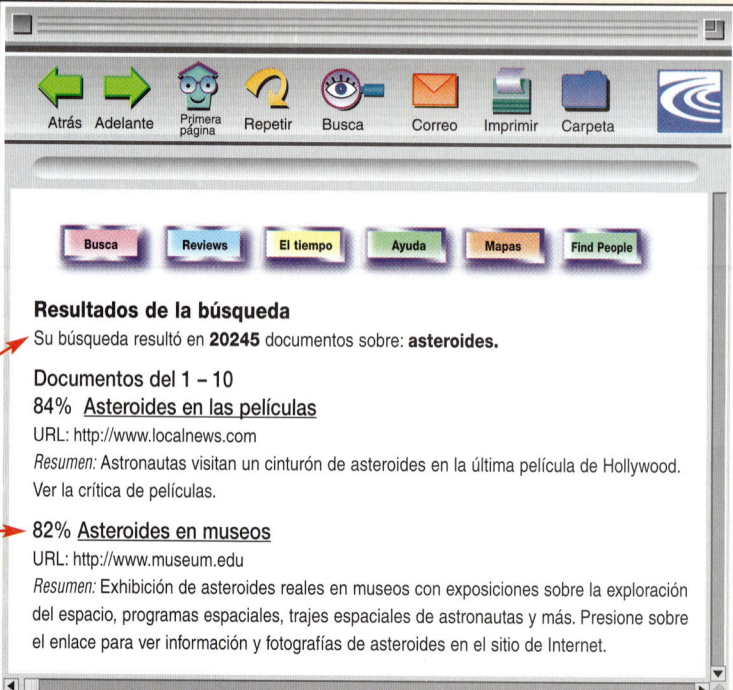

| Atrás | Adelante | Primera página | Repetir | Busca | Correo | Imprimir | Carpeta |

| Busca | Reviews | El tiempo | Ayuda | Mapas | Find People |

Resultados de la búsqueda
Su búsqueda resultó en **20245** documentos sobre: **asteroides.**

Documentos del 1 – 10
84% Asteroides en las películas
URL: http://www.localnews.com
Resumen: Astronautas visitan un cinturón de asteroides en la última película de Hollywood. Ver la crítica de películas.

82% Asteroides en museos
URL: http://www.museum.edu
Resumen: Exhibición de asteroides reales en museos con exposiciones sobre la exploración del espacio, programas espaciales, trajes espaciales de astronautas y más. Presione sobre el enlace para ver información y fotografías de asteroides en el sitio de Internet.

Si estás buscando información en particular, tienes que utilizar palabras clave específicas para delimitar la búsqueda y encontrar los sitios más útiles en la Internet.

Pregunta	Palabra clave en general	Palabras clave específicas
¿Cuáles son los nombres de las lunas de Júpiter?	Júpiter	lunas de Júpiter
¿Qué nos muestran las fotografías de la superficie de Marte?	Marte	fotografías de Marte

Si tu búsqueda no te proporciona la información que necesitas, no te rindas. Inténtalo de nuevo con otras palabras clave o prueba con otro motor de búsqueda.

Prueba otras palabras clave

Presiona aquí para llevar a cabo la búsqueda.

fotografías de planetas   [Busca]   Ayuda

En este cuadro puede decir "Sugerencias para una búsqueda".

¿QUÉ HAS APRENDIDO?

¿Qué palabras clave utilizarías para buscar sitios de Internet con fotografías tomadas por el Telescopio espacial Hubble? Si tu búsqueda fracasa ¿qué harías después?

INTÉNTALO • INTÉNTALO

Escribe tres preguntas sobre estrellas o planetas y las palabras claves para buscar las respuestas en la Internet. Si es posible realiza las búsquedas y discute los resultados obtenidos con tus compañeros.

Hacer búsquedas con Y u O

Para especificar aún más tu búsqueda en la Internet, utiliza las palabras Y u O con las palabras clave que teclees. Usa Y para tu búsqueda (algunos motores de búsqueda emplean el signo de suma [+] en vez de Y). Presiona el ratón sobre *Ayuda* o *Sugerencias para una búsqueda*, para conseguir instrucciones específicas.

Pregunta	Palabras clave específicas	Más palabras clave específicas
¿Qué experimentos científicos han sido llevados a bordo de los cohetes espaciales?	cohetes espaciales	cohetes espaciales Y experimentos

Utiliza O para ampliar tu búsqueda

Pregunta	Palabras clave específicas	Más palabras clave específicas
¿Qué capacitación debe de tener una persona para convertirse en astronauta?	astronauta Y capacitación	astronauta Y capacitación O entrenamiento

¿QUÉ HAS APRENDIDO?

¿Qué palabras clave utilizarías para encontrar información en la Internet sobre la comida que se consume en los cohetes espaciales? Explica por qué usarías o no usarías Y u O en tu búsqueda.

INTÉNTALO • INTÉNTALO

¿Se podrá ver el año que viene un gran cometa desde la Tierra? Diseña una búsqueda en la Internet para averiguarlo. Lleva a cabo la búsqueda y cuéntale a tus compañeros lo que has aprendido.

Tipos de sitios de Internet

Los diferentes sitios de Internet se identifican con las tres letras después del punto (.) en las direcciones de las páginas. En algunas ocasiones, la dirección del sitio de Internet puede darte una pista sobre la seguridad de la información que encuentres allí. Recuerda que no toda la información de la Internet es correcta. Asegúrate de contrastar la información que encuentres con una fuente de referencia en la que confíes.

Tipos de Sitios de Internet	
Páginas personales	Sitios colocados en la Internet por individuos. (La persona que crea la página puede incluir información verdadera o no)
Direcciones Web con .com u .org	Estos sitios son creados por empresas u organizaciones que a menudo incluyen información sobre sus servicios. Los sitios que usan *.org* generalmente pertenecen a organizaciones no lucrativas tales como museos o asociaciones benéficas.
Direcciones Web con .edu	Sitios de organizaciones educativas tales como colegios o universidades. (Las letras *edu* quieren decir *educativa*.)
Direcciones Web con .gov	Sitios de agencias de gobierno. (Las letras *gov* son la abreviatura de *government,* en inglés, que quiere decir *gobierno*).

¿QUÉ HAS APRENDIDO?

¿En qué tipo de Sitios de Internet crees que encontrarías la información más fidedigna sobre la investigación científica? ¿Por qué?

INTÉNTALO • INTÉNTALO

¿Cómo buscarías en la Internet información sobre la estación espacial Skylab? Si es posible, lleva a cabo la búsqueda y comenta tus resultados en clase. ¿En qué sitios confiaste más?

Resumen de un estudio

Tomar notas mientras lees y utilizarlas para hacer un **resumen** es una manera muy efectiva de revisar y recordar información. Al ir leyendo, ve identificando cuáles son los temas principales, las ideas secundarias y los detalles.

Tema

Ideas secundarias

Detalles

Explorar
San Francisco

Sitios que ver

Cuando visites San Francisco enseguida podrás ver los aspectos más conocidos de la ciudad, incluso sus calles inclinadas y sus tranvías. Tampoco podrás dejar de ver sus famosos puentes. Probablemente has visto muchas fotos de los puentes Golden Gate y San Francisco–Oakland Bay. El Embarcadero de los pescadores (Fisherman's Wharf) es otro lugar muy conocido. Allí puedes encontrar un enjambre de barcas pesqueras, así como restaurantes de pescado y mariscos. Las tiendas del muelle ofrecen muchos tesoros para llevarse a casa.

Puente Golden Gate

Ve tomando notas según vas leyendo un texto. Después organízalas por puntos en un esquema para que te sirva de ayuda cuando estudies.

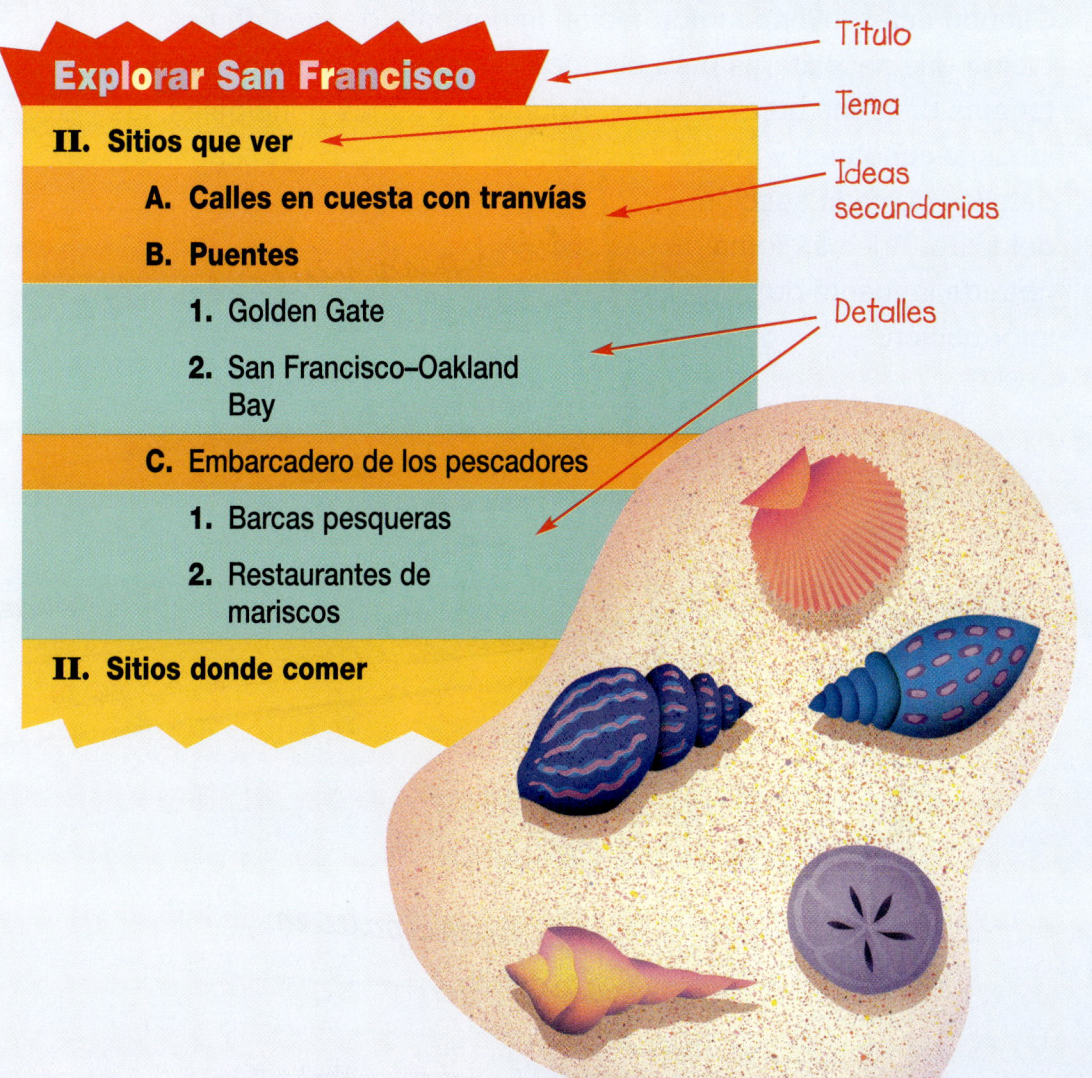

Título

Tema

Ideas secundarias

Detalles

Explorar San Francisco

II. Sitios que ver

   A. Calles en cuesta con tranvías

   B. Puentes

      1. Golden Gate

      2. San Francisco–Oakland Bay

   C. Embarcadero de los pescadores

      1. Barcas pesqueras

      2. Restaurantes de mariscos

II. Sitios donde comer

¿QUÉ HAS APRENDIDO?

¿Cuál es el tema de este artículo?

¿Cuáles son las ideas secundarias?

¿Cómo añadirías el detalle de las *tiendas de recuerdos* del Embarcadero de los pescadores?

INTÉNTALO • INTÉNTALO

Busca en una enciclopedia un artículo sobre San Francisco. Lee una sección sobre algún tema que no esté incluido en este artículo. Enumera en un esquema los puntos que destacarías.

Bosquejo de un informe

Cuando estés leyendo información importante de más de una fuente que necesitarás para elaborar un informe, toma notas en tarjetas o en una hoja de papel. Apunta los temas principales, las ideas secundarias y los detalles de cada sección del texto. Además toma nota de la fuente de información.

Sitios para visitar en San Francisco

Artes escénicas y teatro

    Ballet de San Francisco

    Orquesta sinfónica de San Francisco

    Grupos de teatro locales

    Grupos nacionales de gira

    En Broadway se está representando <u>El rey y yo</u> y <u>Annie</u>

Revista <u>Vacation Cities</u>, Sept. 2000, Vol. 3. No. 9. pág. 56

¡Atracciones principales en San Francisco!

Ballet de San Francisco

    La compañía de ballet profesional más antigua de América. Más de cien representaciones cada año en la War Memorial Opera House

Revista <u>Dance U.S.A.</u>, Julio 2000, Vol. 4. No. 7, pág. 103

Si organizas tus notas en un esquema, tu resumen podría parecerse al que sigue a continuación. Puedes ampliar tu esquema para dar cabida al número de temas, ideas secundarias y detalles que hayas acumulado en tus notas. Siempre recoge más de una idea secundaria y más de un detalle. De no ser así, la única idea secundaria realmente es el tema y el único detalle es de hecho la idea secundaria.

Las Bellas Artes en San Francisco

I. El teatro en San Francisco ← Tema

   A. Ballet de San Francisco ← Idea secundaria

      1. Compañía de ballet profesional más antigua de EE.UU.

      2. Más de cien representaciones cada año

      3. War Memorial Opera House

   B. Orquesta sinfónica de San Francisco

   C. Grupos de teatro locales

   D. Grupos nacionales de gira de los espectáculos de Broadway

      1. El rey y yo

      2. Annie

II. Los museos en San Francisco

(Detalles)

¿QUÉ HAS APRENDIDO?

Supón que encuentres otra fuente de información sobre la Orquesta sinfónica de San Francisco. Describe cómo ampliarías el esquema de arriba.

INTÉNTALO • INTÉNTALO

Lee parte de un libro de no ficción o el artículo de una revista sobre San Francisco. Toma notas y haz un bosquejo. Comenta tus notas y bosquejo con tus compañeros de clase.

Cómo seguir instrucciones

Seguir instrucciones correctamente es una destreza importante que te resultará muy útil en tu vida cotidiana. Recuerda estas sugerencias cuando te pidan que sigas instrucciones.

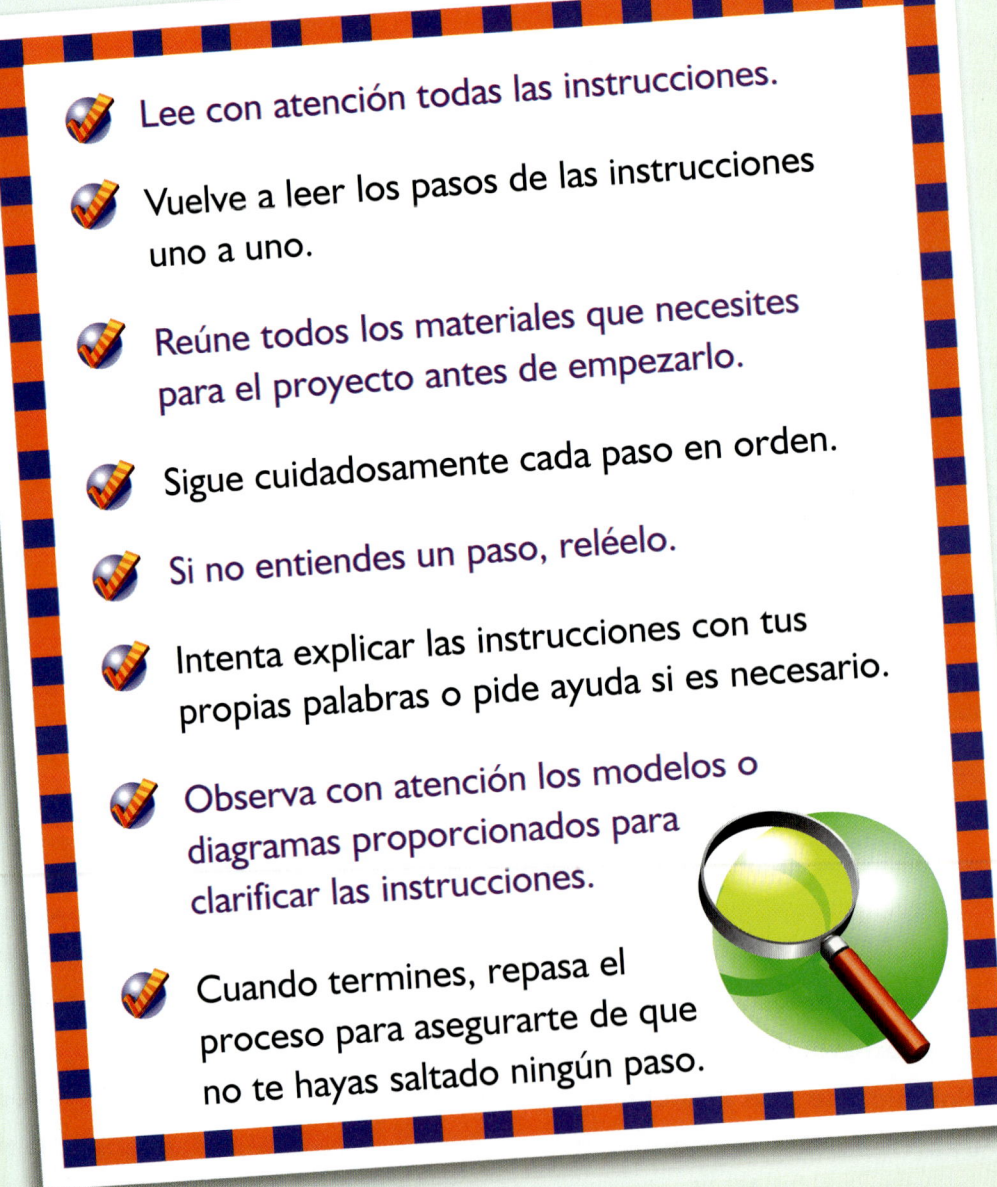

Lee con atención todas las instrucciones.

Vuelve a leer los pasos de las instrucciones uno a uno.

Reúne todos los materiales que necesites para el proyecto antes de empezarlo.

Sigue cuidadosamente cada paso en orden.

Si no entiendes un paso, reléelo.

Intenta explicar las instrucciones con tus propias palabras o pide ayuda si es necesario.

Observa con atención los modelos o diagramas proporcionados para clarificar las instrucciones.

Cuando termines, repasa el proceso para asegurarte de que no te hayas saltado ningún paso.

Analiza las instrucciones para crear una gráfica de barras. ¿Crees que la persona que realizó la gráfica de esta página siguió las instrucciones correctamente?

Crear una gráfica de barras

Elabora una gráfica de barras que muestre cuántos estudiantes de cada grado participaron en la Feria de Inventos.

1. En la parte izquierda de tu papel, dibuja ocho líneas horizontales con una separación de media pulgada.

2. Marca con un *0* la línea inferior, la siguiente con un *10,* la siguiente con un *20* y así sucesivamente hasta que la línea superior tenga un *70.*

3. Dibuja la parte inferior de cada una de las cuatro barras de la gráfica. Marca la que está más a la izquierda con *3º*, la siguiente con *4º*, la siguiente con *5º* y la última con *6º.*

4. Colorea la primera barra hasta el número 40 para mostrar que 40 estudiantes del tercer grado participaron.

5. Colorea la segunda barra hasta la mitad entre 20 y 30 para mostrar que 25 estudiantes del cuarto grado participaron.

6. Colorea la tercera barra hasta el número 60 para mostrar que 60 estudiantes del quinto grado participaron.

7. Colorea la cuarta barra hasta justo por encima de 40 para mostrar que 42 estudiantes del sexto grado participaron.

8. Escribe el siguiente título encima de la gráfica: *Número de estudiantes de cada grado que participaron en la Feria de Inventos.*

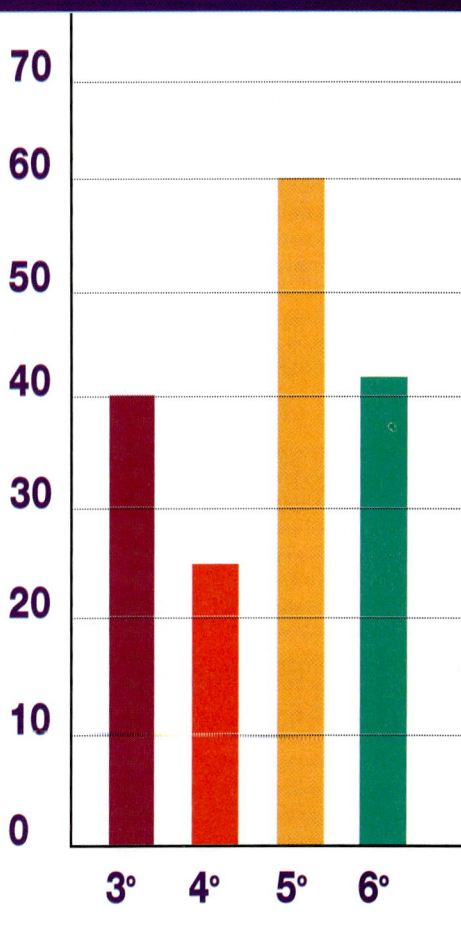

Número de estudiantes de cada grado que participaron en la Feria de Inventos

¿QUÉ HAS APRENDIDO?

¿Qué hubiera pasado si la persona que hizo la gráfica se hubiera saltado el primer paso? ¿Cómo mostrarías que 35 estudiantes del 7º grado participaron en la feria?

INTÉNTALO • INTÉNTALO

Haz una gráfica de barras que muestre cuántos estudiantes hay en cada grado en tu escuela. Después escribe las instrucciones para que alguien más pueda hacer la gráfica.

Leer las instrucciones

Muchas situaciones distintas requieren que leas y sigas instrucciones. ¿Cuánto te ayudan las siguientes instrucciones para jugar este juego de mesa?

Cómo jugar "Inventor en movimiento"

Este es un juego para dos a cuatro jugadores. Se necesitará una ficha para cada jugador, el tablero del juego y un dado.

¡Tu invento funcionó! Adelanta hasta la META.

1. Para determinar quién empieza, cada jugador debe tirar el dado una vez. El jugador que saque el número más alto tiene el primer turno. El jugador que tenga el segundo número más alto va segundo y así sucesivamente.

2. Colocar una ficha por jugador en la casilla de SALIDA.

3. El primer jugador tira el dado y mueve su ficha al número que le corresponda de casillas del tablero en sentido contrario a las agujas del reloj. El jugador debe seguir las instrucciones que se le indiquen en la casilla en la que aterriza su ficha.

4. Todos los jugadores van tirando por turnos el dado y moviendo sus fichas.

5. El ganador es aquel jugador que alcanza primero la META. Para ganar hay que sacar en el dado el número exacto de casillas necesarias para llegar a la META.

Inventor en movimiento

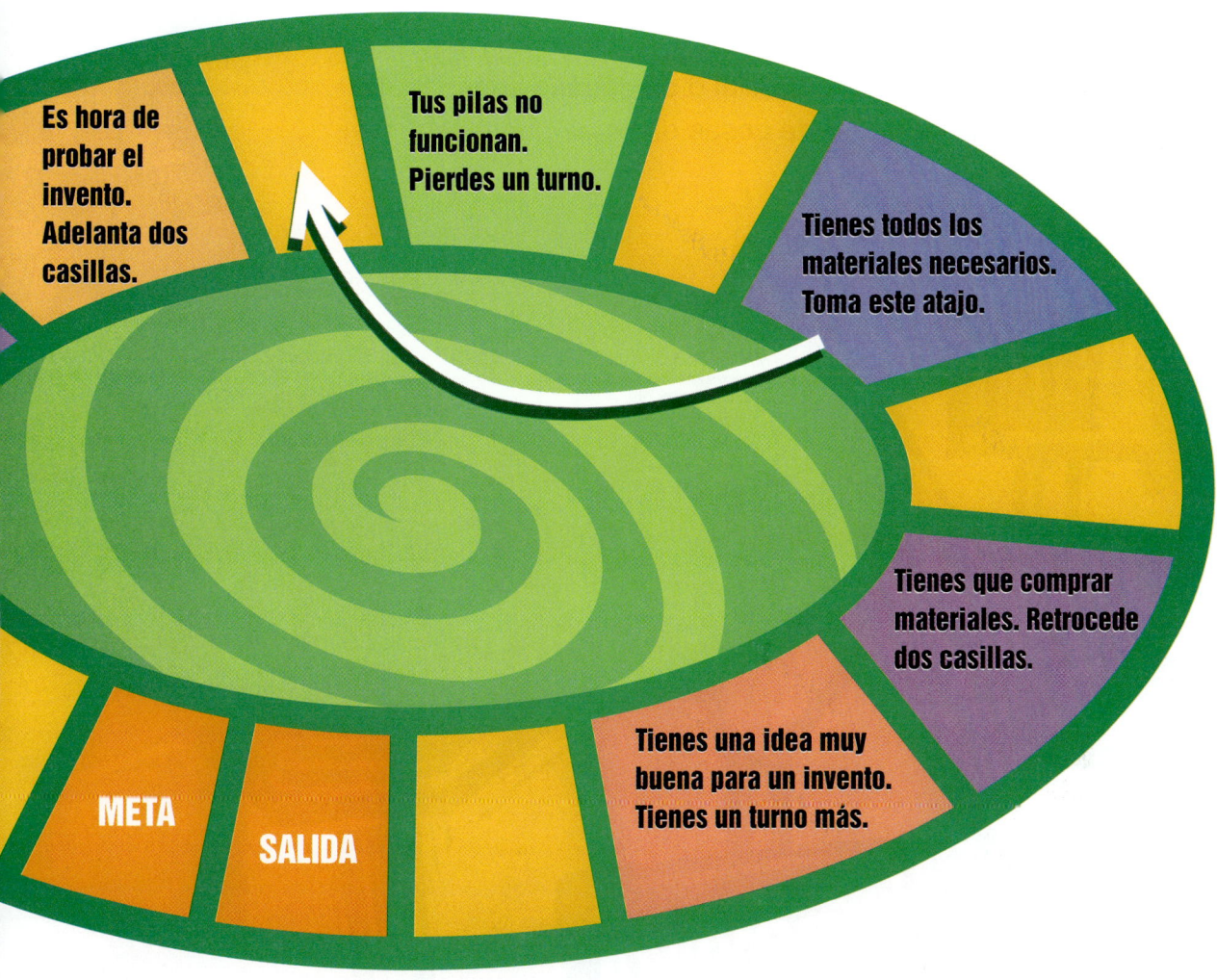

Es hora de probar el invento. Adelanta dos casillas.

Tus pilas no funcionan. Pierdes un turno.

Tienes todos los materiales necesarios. Toma este atajo.

Tienes que comprar materiales. Retrocede dos casillas.

Tienes una idea muy buena para un invento. Tienes un turno más.

META

SALIDA

¿QUÉ HAS APRENDIDO?

¿Por qué leerías todas las instrucciones completas antes de empezar a jugar? ¿Qué harías si no entendieras parte de las instrucciones?

INTÉNTALO • INTÉNTALO

Invéntate un juego de mesa. Escribe las instrucciones del juego. Después intercambia tu juego con el de algún compañero e intenten jugar los juegos de cada uno. ¡Asegúrate de leer primero las instrucciones!

Letreros

Los **letreros** son los anuncios, señales y carteles que ves todos los días en un centro comercial o de camino a la escuela. ¡Fíjate en la cantidad de cosas distintas que lees!

¿QUÉ HAS APRENDIDO?

Explica qué razón podrías tener para leer cada elemento del dibujo.

INTÉNTALO • INTÉNTALO

Escribe una lista de los anuncios que recuerdas haber visto en tu camino a la escuela. Al lado de cada elemento describe qué información aportan.

Leer para informarnos

Estas páginas muestran algunos ejemplos de las lecturas diarias. Lee para informarte:

Datos de nutrición

Cantidad por ración 1 taza

	Cereal	Cereal con leche
	% del valor diario	
Grasa total 0 gr	0%	1%
Colesterol 0 gr	0%	0%
Sodio 300 mg	13%	16%
Potasio 25 mg	1%	2%
Fibra 5 gr	20%	20%

Asegúrate de comer alimentos nutritivos.

Manzanas al horno

2 manzanas grandes para hornear

2 cucharadas de azúcar morena

$\frac{1}{2}$ cucharadita de canela

2 cucharadas de nueces picadas

$\frac{1}{2}$ taza de agua

Saque el centro de las manzanas y colóquelas en una charola para hornear. Añádales encima el azúcar morena, la canela y las nueces. Vierta $\frac{1}{4}$ de taza de agua sobre cada manzana. Cocínelas a 350 grados durante 50 a 60 minutos o hasta que estén blandas.

Cocina un plato delicioso.

Talla mediana

100% algodón. Lavado a máquina con agua fría. Usar secadora en ciclo lento. No necesita planchado.
Hecho en EE.UU.

Comprueba las instrucciones de lavado de tu ropa.

Infórmate sobre un nuevo producto.

Máquina ligera
de escribir
Wilson

¡El regalo perfecto para la
persona que lo tiene todo! No
necesita electricidad ni pilas.
Tampoco necesita energía solar.
Fácil para transportar de un
sitio a otro. ¡Dura muchos años!

Ahora por sólo
$49.99.

Busca el teléfono de un amigo.

Jackson, Alton F. Willistown	....	**555-0400**
Jackson, Robert Willistown	....	**555-3824**
Jackson, Sherry R. 4 Cedar Ross	....	**555-0525**
Jackson, T. A. 23 Deer Rd Greens	....	**555-6079**
Jackson, Valerie Greens	....	**555-2210**

Pide una comida
apetitosa.

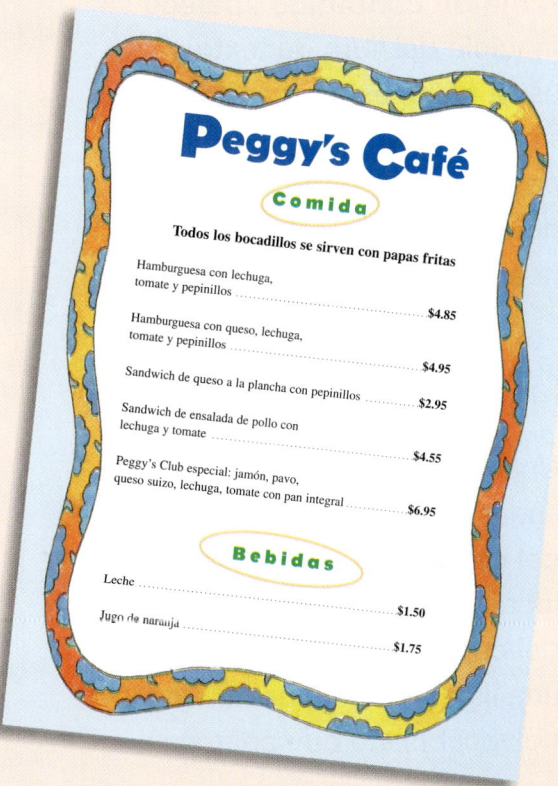

Peggy's Café
Comida

Todos los bocadillos se sirven con papas fritas

Hamburguesa con lechuga,
tomate y pepinillos
.... $4.85

Hamburguesa con queso, lechuga,
tomate y pepinillos
.... $4.95

Sandwich de queso a la plancha con pepinillos ... $2.95

Sandwich de ensalada de pollo con
lechuga y tomate
.... $4.55

Peggy's Club especial: jamón, pavo,
queso suizo, lechuga, tomate con pan integral ... $6.95

Bebidas

Leche $1.50

Jugo de naranja $1.75

¿QUÉ HAS APRENDIDO?

¿Qué información se obtiene de cada elemento representado? ¿Qué pasaría si no pudieras leer las etiquetas de los paquetes de comida?

INTÉNTALO • INTÉNTALO

Imagina que alguien dice que leer sólo resulta útil para el trabajo de la escuela. ¿Qué le dirías a esa persona para convencerla que no es verdad? Escribe tu respuesta.

Partes del libro de texto

Las partes de un libro de texto te pueden ayudar a encontrar y entender información.

Tabla de contenido

La **tabla de contenido** aparece al principio del libro de texto y muestra cómo está organizado. Además se enumeran los mapas, gráficos, barras cronológicas y otra información gráfica.

Capítulos

1. Una **introducción** presenta las líneas generales del contenido del capítulo. Se centra en las ideas principales. Al principio del capítulo puedes encontrar una lista de términos nuevos de vocabulario que aparecen en el texto.

2. Al final de cada capítulo puedes encontrar el **resumen** de los puntos principales.

3. Las **preguntas** enfatizan la importancia de la información.

CONTENIDOS

VOCABULARIO NUEVO

cartografía

compás

exploración

monarquía

navegar

Glosario

En el **glosario** se definen las palabras más importantes usadas en el texto. Los vocablos se ordenan alfabéticamente.

Índice

En el **índice** se enumeran por orden alfabético los temas de los que se habla en el texto y se muestra la página donde aparecen.

GLOSARIO

A

Abilene (a′bə•lēn) Ciudad de Kansas con estación ferroviaria, meta de muchos trayectos de ganado de Chisholm.

arroyo (ə•roi′ō) Riachuelo generalmente seco.

B

búho ave nocturna de España de color rojo y negro.

C

carreta *chuck* Carromato utilizado como lugar de preparación y almacenamiento de alimentos durante las caravanas de ganado por los senderos.

carretera Chisholm Famosa ruta utilizada por los rancheros texanos en el traslado de sus reses para venderlas en las ciudades con el tren de Kansas.

ÍNDICE

A

Abilene, Kansas, 122, 137–138, 151
arroyo, 101

B

búho 110, 164–165

C

Carreta 102, 108, 113
carretera Chisholm 102, 105–106, 179

¿QUÉ HAS APRENDIDO?

¿En qué parte del texto buscarías el significado de una palabra que no conoces? ¿En qué parte del texto buscarías los números de las páginas donde puedes encontrar información sobre un tema?

INTÉNTALO • INTÉNTALO

Examina un libro de texto sobre otro tema. Haz una lista con las partes del libro creadas para organizar la información.

Características del libro de texto

Las características del libro de texto pueden ayudarte a encontrar y recordar información importante. Presta atención a los elementos del capítulo de un libro de texto de ciencias sociales.

- Título del capítulo
- Comentarios y preguntas que aparecen en el margen de la página, al principio o final del capítulo. Pueden resultar muy útiles para seguir la comprensión del texto.
- Títulos y subtítulos del texto. Dividen el capítulo en partes. Convierte estos títulos en preguntas para guiar tu lectura y para que te ayude a pensar críticamente mientras estudias y repasas la lección.
- Gráficas de ayuda. Tales como cuadros, tablas, gráficas, barras cronológicas y mapas que explican el texto o proporcionan información adicional.
- Los subrayados, letras en negrilla o itálica destacan la información importante.

CAPÍTULO 5
*E*L TRANSPORTE

Título del capítulo

En la década de 1860, el ferrocarril estaba expandiéndose hacia el oeste pero todavía no había llegado a Texas. Los rancheros de Texas tenían que llevar su ganado al mercado dirigiéndolo hacia el norte hasta una ciudad que tuviera ferrocarril como Dodge City o Abilene, Kansas.

Introducción en la que se explica de qué trata el capítulo

Ayuda gráfica

Leyenda

Los senderos llegaban desde el sur de Texas hasta las ciudades del norte que tenían ferrocarril.

Cattle trail
Railroad
Present-day border

DE GANADO

Subtítulo que informa del tema de esta sección. Para guiar la comprensión de la lectura, convierte este subtítulo en una pregunta: ¿Cuáles eran algunos de los retos del sendero?

Negrilla que destaca palabras importantes.

Busca en el glosario las palabras que desconozcas.

LOS RETOS DEL SENDERO

El primer reto que tenía que superar la caravana de **ganado** era la **distancia.** La ciudad con ferrocarril podría encontrarse a cientos de millas y los vaqueros tenían que pasarse semanas en su silla de montar para conducir el ganado hacia el norte. Una velocidad de 15 a 20 millas por hora era considerada muy buena. Un rebaño promedio de ganado constaba de 2,500 cabezas. Conseguir que tantos animales se movieran en una única dirección día tras día era un trabajo duro y agotador. Los vaqueros tenían que dirigir el ganado a través de ríos y *arroyos*, encontrar agua para beber y buscar a los animales extraviados. Los vaqueros cantaban para que la manada permaneciera tranquila. El mal tiempo era otra dificultad con la que los vaqueros se tenían que enfrentar. El sol abrasador y las tormentas de polvo eran muy incómodos. La lluvia empapaba a los vaqueros. Las tormentas podían asustar a los animales y causar que huyeran en **estampida** o corrieran libremente. Asimismo, muchos vaqueros montando a caballo en las llanuras murieron con los relámpagos.

LA COMIDA EN LA CARAVANA

La carreta *chuck* era la cocina y el restaurante de los vaqueros. En esta carreta era donde se preparaba y almacenaba la comida. Los vaqueros comían sobre todo panecillos, judías y guiso de carne. Tenían abundante ternera fresca y puerco a la sal pero no disponían de muchas frutas y verduras.

¿QUÉ HAS APRENDIDO?

¿Cuáles son los puntos principales del extracto del libro de texto que se muestra en estas páginas? ¿Cómo lo sabes?

INTÉNTALO • INTÉNTALO

Compara uno de tus libros de texto con tu capítulo favorito de un libro. Haz un diagrama de Venn para comparar y contrastar los elementos de ambos textos.

Estrategias para tomar pruebas

Estas estrategias pueden ayudarte a la hora de tomar pruebas.

- **LEE LAS INSTRUCCIONES.** Síguelas con atención.

- Revisa la prueba. Busca palabras clave que identifiquen el tema de las preguntas.

- Estudia con cuidado las preguntas. Identifica si las preguntas tienen varias opciones de respuesta, son respuestas de verdadero o falso, respuestas que hay que emparejar o respuestas que requieren que escribas un pequeño ensayo. Busca palabras que implican interrogación tales como *quién, qué, cuándo, dónde, por qué, cómo* y *cuál*. Asegúrate que tu respuesta corresponda al tipo de pregunta que te hacen.

- Organiza tu tiempo. Si no sabes la respuesta de una pregunta, pasa a la siguiente.

- Revisa tus respuestas.

- Vuelve a las preguntas que te has saltado.

- Cuando termines relee todas las preguntas y tus respuestas.

Lee estos ejemplos de preguntas. ¿Qué estrategias pueden ayudar a la persona que está haciendo este examen?

Lee las instrucciones con cuidado.

Elimina las opciones que no tengan sentido.

Busca palabras de interrogación.

Encierre en un círculo la letra de la respuesta correcta.

1. En la montaña Rushmore están esculpidas las caras de

   A cuatro presidentes de Estados Unidos.

   B importantes jefes indios (americanos nativos).

   C Gutzon Borglum y su hijo.

   D al principio de 1927.

Ponga en la línea en blanco una *V* si la frase es verdadera y una *F* si es falsa.

2. La montaña Rushmore se encuentra en las Black Hills de Dakota del Sur. _____

Escriba la respuesta de cada pregunta. Use frases completas.

3. ¿Quién fue el escultor que planeó y empezó las esculturas de la montaña Rushmore?

   _____

4. ¿Cuántos años se tardó en terminar las esculturas?

   _____

   _____

¿QUÉ HAS APRENDIDO?

¿Qué es lo que debes hacer antes de comenzar a contestar las preguntas de un examen? ¿Qué debes hacer una vez que termines de contestar todas las preguntas?

INTÉNTALO • INTÉNTALO

Inventa un examen sobre una historia que hayas leído. Elabora una pregunta con varias opciones de respuesta, otra con una respuesta de verdadero o falso y otra que requiera una respuesta larga.

Uso del glosario

Igual que los diccionarios, este glosario presenta una lista de las palabras en orden alfabético. Para encontrar una palabra, sólo busca las primeras letras de la misma.

Para ahorrar tiempo, consulta las palabras guía al principio de cada página. Las palabras guía te dicen cuáles son la primera y última palabra de esa página. Déjate llevar por las palabras guía para ver si la palabra que estás buscando se encuentra en la página.

Observa este ejemplo de una entrada de glosario:

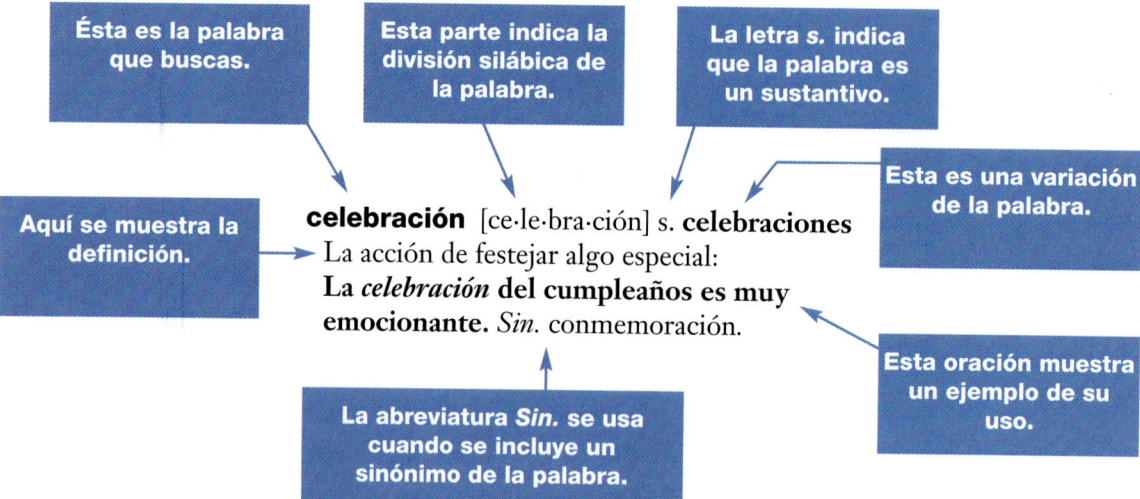

Origen de las palabras

En este glosario encontrarás notas sobre el origen de algunas palabras o las relaciones entre palabras. Estos datos pueden ayudarte a recordar el significado de muchas palabras.

Observa este ejemplo sobre el origen de las palabras:

familiar Término que proviene del latín *familiaris*. En un principio significaba "de la *familia*", pero su significado se amplió y ahora también se dice de aquello que uno sabe muy bien o hace fácilmente.

La división silábica

Las palabras se dividen en sílabas. Cada sílaba constituye un sonido o un conjunto de sonidos. Las sílabas siempre tienen por lo menos una vocal. En el caso de los diptongos, la sílaba tiene dos vocales, y en los triptongos la sílaba tiene tres vocales.

REGLAS DE LA DIVISIÓN SILÁBICA

Cada vocal se agrupa con la consonante anterior a ella.

ca·mi·sa   ma·ña·na   a·bue·la

Las siguientes combinaciones de consonantes son inseparables: bl, br, cl, cr, dr, fl, fr, gl, gr, pl, pr, tr.

blu·sa   glo·bo

A excepción de las combinaciones anteriores, cuando hay cualquier otra pareja de consonantes entre dos vocales, cada consonante se agrupa con una sílaba diferente.

bal·sa   lin·ter·na

Cuando hay tres consonantes juntas y hay una de las combinaciones de consonantes inseparables, la combinación inseparable se queda junta y la otra consonante se separa y forma parte de la otra sílaba.

tem·blar   ren·glón

Cuando hay cualquier otro grupo de tres consonantes, dos consonantes se agrupan con la primera vocal y la otra consonante con la segunda vocal.

cons·tan·te   ins·tan·te

Cuando hay cuatro consonantes juntas, se agrupan dos con una sílaba y dos con la otra.

mons·truo   ins·tru·men·to

Nota
• divide las palabras en sílabas

Abreviaturas: *adj*. adjetivo, *adv*. adverbio, *s*. sustantivo, *v*. verbo, *Sin*. Sinónimo, *Ant*. Antónimo, *Fig*. Figurativo

abollada [a·bo·lla·da] *adj.* Que tiene unas mellas o impresiones: **A él le gusta la trompeta, aunque está un poco *abollada*.**

abrumados [a·bru·ma·dos] *adj.* **abrumado** Oprimido por un peso o molestia: **Los estudiantes se sienten *abrumados* durante la semana de exámenes.** *Sin.* agobiados.

absorto [ab·sor·to] *adj.* Admirado, distraído: **Javier está *absorto* en sus estudios, preparándose para el examen.**

acariciaba [a·ca·ri·cia·ba] *v.* **acariciar** Hacer caricias o demostración de cariño: **Al niño le gustaban mucho los perros y siempre los *acariciaba* cuando se le acercaban.**

acarreando [a·ca·rre·an·do] *v.* **acarrear** Transportar o mover de cualquier manera: **El río *acarreaba* arena creando una pequeña playa.** *Sin.* llevar.

achicharrarse [a·chi·cha·rrar·se] *v.* Quemarse: **Aunque saben que no es bueno tomar mucho sol, algunos se quedan hasta *achicharrarse*.**

Origen

achicharrarse Esta palabra es una variación de la palabra *chicharrón*, un plato de pellas del cerdo fritas y requemadas después de que se derrita la manteca. *Chicharrón* se suele usar para describir cualquier alimento requemado y familiarmente se usa para describir una persona muy tostada por el sol.

acurruqué [a·cu·rru·qué] *v.* **acurrucarse** Encogerse para protegerse a sí mismo: **Cuando oí la tormenta, me *acurruqué* junto a mi mamá.**

advertencia [ad·ver·ten·cia] *s.* Acción de fijar atención en una cosa: **El trueno era una *advertencia* de la tormenta que venía.** *Sin.* aviso.

agradable [a·gra·da·ble] *adj.* Que complace, que gusta, que es bueno: **Es un muchacho muy *agradable*; le gusta conversar y es muy bien educado.** *Ant.* dcsagradable.

alce [al·ce] *s.* Mamífero parecido al ciervo que habita regiones de Escandinavia, Siberia, Alaska y Canadá: **A él le gusta esquiar y el otro día vio un *alce*, que puede ser peligroso.**

alce

alineamiento [a·li·ne·a·mien·to] *s.* El orden y la posición en que aparecerán los miembros de un equipo para un partido: **Logró el primer puesto en el *alineamiento* de jugadores.**

amainando [a·mai·nan·do] *v.* **amainar** Perder fuerza, aflojar, ceder: **El viento estaba *amainando* y por fin pudimos salir un poco.** *Sin.* disminuir.

anonadada [a·no·na·da·da] *v.* **anonadar** Hacer pequeño, hacer perder las fuerzas: **La muchacha no podía creer la noticia del desastre, se sentía *anonadada*.** *Sin.* humillar.

aparejos [a·pa·re·jos] *s.* Las cosas necesarias para hacer algo: **Un mecánico tiene los *aparejos* para arreglar carros.**

aplicado [a·pli·ca·do] *adj.* Estudioso, atento: **El muchacho es muy *aplicado* y sacó muy buenas notas.** *Sin.* cuidadoso, esmerado.

apoyar [a·po·yar] *v.* Ayudar a una persona **Los maestros deben *apoyar* a los estudiantes para que aprendan.**

aprendiz [a·pren·diz] *s.* Alguien que aprende un arte o un oficio: **El joven era *aprendiz* en la panadería por algunos años para aprender a hacer pan y poder abrir su propia panadería.**

apretaba [a·pre·ta·ba] *v.* **apretar** Estrechar u oprimir fuertemente: **Cuando abrazaba, *apretaba* tan fuerte que a veces lastimaba.**

araba [a·ra·ba] *v.* **arar** Abrir surcos en la tierra con el arado: **El hombre *araba* la tierra para poder sembrar.**

arrepintió [a·rre·pin·tió] *v.* **arrepentirse** Sentimiento o pena que le da a uno por haber hecho o dejado de hacer algo: **La muchacha le contestó mal a su madre y se *arrepintió* inmediatamente.**

artificiales [ar·ti·fi·cia·les] *adj.* **artificial** Que no proviene de la naturaleza o hecho por el hombre: **Ella prefiere decorar la casa con flores *artificiales* porque es alérgica al polen.**

as [as] *s.* Persona que sobresale en un ejercicio o profesión: **Ella siempre mete muchos goles; es el *as* de su equipo.**

avergonzada [a·ver·gon·za·da] del *v.* **avergonzar** Sentir pena por alguna falta cometida o por alguna acción humillante: **Estaba *avergonzada* cuando le habló la maestra porque sabía que había hecho algo malo.**

beca [be·ca] *s.* Una pensión temporal para que una persona haga sus estudios: **La joven recibió una *beca* que le pagó la matrícula de la universidad por cuatro años.**

bóveda bóveda [bó·ve·da] *s.* Habitación bajo tierra arqueada: **Al excavar descubrieron muchos artefactos en una *bóveda* bajo la pirámide.**

caballete [ca·ba·lle·te] *s.* Soporte para poner el lienzo en que se pinta: **El pintor colocó su *caballete* en la colina con una vista bellísima del valle que iba a pintar.**

cálidas [cá·li·das] *adj.* **cálido** Caliente; caluroso: **Las playas del Caribe son *cálidas* y por lo tanto excelentes para la natación.**

caballete

caligrafía caligrafía [ca·li·gra·fí·a] *s.* Arte de escribir con bella letra: **Las invitaciones para la boda fueron escritas en *caligrafía*.**

campaña electoral [cam·pa·ña e·lec·to·ral] *s.* Conjunto de actividades de tipo político: **Miguel organizó su *campaña electoral* para las elecciones de su clase escolar.**

> **Origen**
>
> **campaña electoral** La palabra *campaña* proviene del vocablo italiano *campagna* que significa "campo llano sin montes". Las *campañas* militares antiguas se daban lugar en tales campos. La palabra *campaña* se usa hoy día para esfuerzos de tipo político, social o económico con un fin determinado, o sea algo que se quiere lograr o ganar, como una campaña publicitaria o campaña electoral.

candidata [can·di·da·ta] *s.* **candidato** Persona que debe competir por algún premio o posición: **Ser *candidata* a la presidencia puede ser muy competitivo.** *Sin.* aspirante.

carmesí [car·me·sí] *adj.* Tela de seda roja: **La muchacha lucía un bellísimo vestido de *carmesí*.**

casa de empeño [ca·sa de em·pe·ño] *s.* Una tienda donde se da algo en depósito para obtener un préstamo: **Compré una guitarra por poco dinero en una *casa de empeño*.**

cedo [ce·do] *v.* **ceder** Rendirse, obedecer: **Todos estaban en contra del capitán y por fin, frente a la posibilidad de muerte, dijo —*Cedo*.**

centenar [cen·te·nar] *s.* cien unidades o cosas: **Había un *centenar* de niños en fila esperando entrar al parque.**

> **Origen**
>
> **centenar** El prefijo latino *cent-* forma parte de gran cantidad de palabras importantes. Ya que se sabe que *centenar* significa "cien unidades", se puede analizar la palabra *centavo* para saber que es "cada una de las cien partes de una unidad monetaria" y que una persona *centenaria* tiene "cien años de edad".

certeza [cer·te·za] *s.* Conocimiento seguro de las cosas: **Amy es una sabelotodo; dice todo con *certeza*.**

chapoteara [cha·po·te·a·ra] *v.* **chapotear** Dar repetidos golpes para que el agua salpique: **La madre dejó que la niña *chapoteara* en la bañera a su gusto.** *Sin.* chapalear, salpicar.

charanga [cha·ran·ga] *s.* Grupo musical de sólo instrumentos de viento: **Vi a un grupo *charanga* en el desfile.**

661

cofres [co·fres] *s.* **cofre** Tipo de caja para guardar algo: **Los piratas siempre esperan encontrar un *cofre* lleno de joyas en sus aventuras.**

compuso [com·pu·so] *v.* **componer** Crear o inventar una obra: **La cantautora *compuso* varias canciones para niños.** *Sin.* producir.

condensó [con·den·só] *v.* **condensar** Vapor que se ha convertido en líquido o en sólido: **Cuando el gas se *condensó*, se formó un planeta nuevo.**

consejero [con·se·je·ro] *s.* Alguien que le sugiere a otro lo que puede hacer en una situación determinada: **Mi papá es el mejor *consejero* porque sabe un poco de todo.**

conserje [con·ser·je] *s.* Persona que limpia y cuida una casa, edificio o escuela: **El *conserje* del edificio limpia los pisos antes de que llegue la gente.**

consolarse [con·so·lar·se] *v.* **consolar** Ayudar a quitar o aliviar la pena o dolor: **Cuando algunas personas tienen problemas, tratan de *consolarse* haciendo algo especial.** *Sin.* confortar.

contemplación [con·tem·pla·ción] *s.* Acción de observar con atención: **La *contemplación* de la naturaleza puede proporcionar mucha tranquilidad.**

contrincante [con·trin·can·te] *s.* Competidor, rival: **La joven había practicado mucho y venció fácilmente a su primer *contrincante* en el torneo de tenis.**

controversia [con·tro·ver·sia] *s.* Debate o polémica que surge a raíz de diferencias de opinión: **El artículo en el periódico causó mucha *controversia* porque todos tenían opiniones distintas.** *Sin.* discusión.

correspondencia [co·rres·pon·den·cia] *s.* Correo que se manda o se recibe: **Hoy en día mucha gente mantiene su *correspondencia* por correo electrónico.**

cripta [crip·ta] *s.* Lugar bajo tierra para enterrar a los muertos: **En algunas civilizaciones antiguas enterraban a los familiares en *criptas* muy detalladas.**

cubierta [cu·bier·ta] **1.** *s.* Cada puente o suelo de un barco: **El barco crucero es tan grande que tiene seis *cubiertas*. 2.** *s.* **cubierta** Forro de un libro: **En la escuela siempre ponemos plástico sobre las *cubiertas* de los libros.** *Sin.* envoltura.

decepcionado [de·cep·cio·na·do] del *v.* **decepcionar** Desilusionar: **El resultado no era tan bueno como yo esperaba y me ha *decepcionado*.**

dedicada [de·di·ca·da] *adj.* Consagrar una cosa a personas importantes: **En Chicago hay una estatua *dedicada* a Michael Jordan, un jugador famoso de baloncesto.**

designado [de·sig·na·do] *adj.* Señalar una cosa para determinado fin: **Este edificio fue *designado* un lugar histórico nacional.**

desprendía [des·pren·dí·a] *v.* **desprender** Separarse: **Cada vez que tocaba la cobija, se *desprendía* una cantidad de hilos.**

desviar [des·viar] *v.* Distraer a alguien de lo que hacía o decía: **María siempre intenta *desviar* el tema.**

> **Origen**
>
> **desviar** La raíz de esta palabra es *-viar* que proviene del sustantivo latino *viam*. El prefijo *des-*, de origen latino, tiene el significado de negación o inversión, o sea "lo opuesto". Por lo tanto, ya que *via* significa "camino", *desviar* significa "sacar algo o a alguien de su camino". Otras palabras que usan el mismo prefijo son: *desterrar*, *desinfectar* y *desaparecer*.

dignidad [dig·ni·dad] *s.* Seriedad y decoro en la forma de comportarse: **Hay que comportarse con *dignidad* para ganarse el respecto de los demás.**

disentí [di·sen·tí] *v.* **disentir** No estar de acuerdo: ***Disentí* con la opinión de Sandra sobre la energía nuclear.**

disimuladamente [di·si·mu·la·da·men·te] *adv.* De una manera oculta o escondida: **Cuando la muchacha se cayó, miró *disimuladamente* a su alrededor para ver si alguien la había visto.**

disparates [dis·pa·ra·tes] *s.* **disparate** Hecho o dicho que es contrario a la razón: **La señora estaba perdiendo la mente y a veces decía unos *disparates* sin sentido alguno.** *Sin.* contrasentido.

distraída [dis·tra·í·da] *adj.* de **distraer** o **distraerse** Persona que, por no prestar atención, habla o hace cosas sin darse cuenta de lo que dice o hace: **Dejó la tarea en casa por andar *distraída*.**

dote [do·te] *s.* Algo de valor o fortuna que lleva la mujer al casarse: **Los padres tuvieron que ahorrar por mucho tiempo para que su hija tuviera una buena *dote* y se pudiera casar bien.**

emigraron [e·mi·gra·ron] **1.** *v.* **emigrar** Cuando una persona, familia o pueblo sale de su país para ir a vivir a otro extranjero: **En tiempos difíciles muchas familias** *emigraron* **de Europa a América. 2.** **emigraban** El cambio de lugar de algunas especies animales para alimentarse o reproducirse: **Las palomas** *emigraban* **hacia el sur cada invierno.**

enardecida [en·ar·de·ci·da] *adj.* Llena de ánimo: **Ella estaba** *enardecida* **por la oportunidad de comenzar una nueva vida.**

energía [e·ner·gí·a] *s.* Fuerza, potencia: **Muchos países usan la** *energía* **solar para producir electricidad.**

enfadado [en·fa·da·do] *v.* **enfadar** Lleno de enojo o disgusto: **Su padre estaba** *enfadado* **puesto que no había llegado a tiempo para la cena.** *Sin.* enojado.

enfrascado [en·fras·ca·do] *adj.* Poner mucha atención a una cosa: **Pablo no oyó el teléfono porque estaba** *enfrascado* **en su nuevo videojuego.** *Sin.* absorto.

enmudecer [en·mu·de·cer] *v.* Quedar mudo o sin habla: **El susto le hizo** *enmudecer* **y, aunque abrió la boca, no salía ningún sonido.**

ensenada [en·se·na·da] *s.* Pequeño golfo o cavidad que se tienden a formar en las costas del mar: **La** *ensenada* **ha atraído una gran cantidad de peces porque ofrece seguridad.**

entusiasmada [en·tu·sias·ma·da] *v.* **entusiasmar** Sentir una admiración y emoción extraordinaria: **La madre estaba** *entusiasmada* **cuando supo que su hijo había quedado en primer lugar.** *Sin.* motivada.

equidistante [e·qui·dis·tan·te] *adj.* Que se hallan a igual distancia: **No sabía a cual lugar ir primero puesto que se encontraba** *equidistante* **de los dos.**

Origen

equidistante La palabra *equidistante* está compuesta de las siguientes partes: *equi-*, un prefijo latino que significa "igual", y la palabra *distante*, "apartado, remoto, lejano". Al unir las partes, se entiende que una distancia no es más lejana que la otra.

equilibrio [e·qui·li·brio] *s.* Posición vertical del cuerpo humano: **Después de dar vueltas, el chico no podía mantener su** *equilibrio*. *Sin.* balance.

erratas [e·rra·tas] *s.* Faltas que aparecen en algo impreso: **No revisaron bien el artículo y lo publicaron con varias** *erratas*. *Sin.* errores.

error [e·rror] *s.* Acción equivocada: **El estudiante sólo cometió un** *error* **en el examen.**

escalinata [es·ca·li·na·ta] *s.* Escalera exterior: **Cuando llegó a casa, su papá estaba allí esperando en la** *escalinata*.

escasez [es·ca·sez] *s.* Poca cantidad de algo: **No hay papas en los supermercados; hay una** *escasez* **en todo el país.**

escenario [es·ce·na·rio] *s.* Parte del teatro donde representan la acción los actores: **Cuando el actor salió al** *escenario*, **todos aplaudieron.**

escudo [es·cu·do] *s.* Arma que se llevaba en el brazo para proteger el cuerpo o parte de él: **Los caballeros iban listos para la batalla con la espada en una mano y el** *escudo* **en la otra.**

Origen

escudo Aunque el significado más conocido de *escudo* es "arma defensiva que protege el cuerpo", esta palabra proveniente de *scutum* en latín, tiene una variedad de usos. También se usa para describir las partes duras de ciertos animales como la tortuga o el armadillo, aplicación lógica de la palabra, ya que estas partes sirven como armas defensivas para los animales.

escudo

esquimales [es·qui·ma·les] *adj.* Relacionado al pueblo establecido en las tierras árticas de América del norte y de Groenlandia: **Muchos pueblos** *esquimales* **están muy aislados y es difícil llegar a ellos.**

esquivarlo [es·qui·var·lo] *v.* **esquivar** Conseguir no hacer algo o que no ocurra algo: **El camión venía hacia él, y aunque trató de *esquivarlo*, no dobló a tiempo y chocaron.** *Sin.* evitar.

estruendoso [es·truen·do·so] *adj.* Ruidoso: **Un avión hace un ruido muy *estruendoso*.**

evaporarse [e·va·po·rar·se] *v.* Desaparecer: **Cuando me estoy divirtiendo, el tiempo parece *evaporarse*.**

exageraba [ex·a·ge·ra·ba] *v.* **exagerar** Decir o hacer algo más allá de lo normal: **Mi abuelo *exageraba* al decir que podía levantar un coche.**

exigente [ex·i·gen·te] *adj.* Que pide alguna necesidad o requisito al que se tiene derecho: **El nuevo profesor quiere todo muy bien hecho, es muy *exigente*.** *Sin.* severo.

éxodo [é·xo·do] *s.* Emigración de un grupo de personas de un pueblo: **Por no tener derechos básicos, había un *éxodo* de familias de su ciudad.**

extinguirse [ex·tin·guir·se] *v.* **extinguir** Hacer que algo desaparezca poco a poco: **Hay varias especies de animales protegidas por el gobierno y no se deben cazar porque están a punto de *extinguirse*.**

farallones [fa·ra·llo·nes] *s.* **farallón** Una roca alta en el mar o en la costa: **Los exploradores subieron los *farallones* para poder ver a lo largo de la costa.**

fatigados [fa·ti·ga·dos] *adj.* Excesivamente cansados: **El esfuerzo de escalar la montaña los dejó *fatigados*.**

fenómeno [fe·nó·me·no] *s.* Un hecho natural que no siempre se puede explicar: **Existen *fenómenos* en el espacio que no existen en la Tierra.**

> ### Origen
> **fenómeno** La palabra *fenómeno* del bajo latín *phaenomenon* significa "lo que se puede percibir por los sentidos". A través del tiempo, se han desarrollado nuevos usos debidos a los avances tecnológicos, tal como fenómeno óptico. También se usa la palabra con el significado "magnífico, estupendo".

fingió [fin·gió] *v.* **fingir** Aparentar o simular algo que no es: **El otro día la niña no quería ir al partido y *fingió* estar enferma.** *Sin.* disimuló, aparentó.

flexibilidad [fle·xi·bi·li·dad] *s.* Calidad de poderse doblar fácilmente: **Ha practicado gimnasia toda su vida por lo que tiene mucha *flexibilidad*.**

fortalecer [for·ta·le·cer] *v.* Dar fuerza o hacer más fuerte: **Para *fortalecer* su cuerpo decidió comer bien y hacer ejercicio.** *Sin.* fortificar.

fracasado [fra·ca·sa·do] *v.* **fracasar** No conseguir el resultado deseado: **Aunque hizo todo lo posible para que no cortaran los árboles, finalmente los cortaron y él sentía que había *fracasado*.**

frenarla [fre·nar·la] *v.* **frenar** Disminuir: **Lizet habla tan rápido que es difícil *frenarla* para entender lo que dice.**

función [fun·ción] *s.* Representación de una obra de teatro: **Anoche fuimos a ver la *función* de La Bella Durmiente.**

gravedad [gra·ve·dad] *s.* Fuerza que resulta de la gravitación entre la Tierra y los cuerpos próximos: **Hay menos *gravedad* en la Luna que en la Tierra.**

incandescente [in·can·des·cen·te] *adj.* Describe algo ardiente, tan caliente que quema: **Cuando el metal está *incandescente* es mucho más fácil de doblar.** *Sin.* candente, encendido.

indefensos [in·de·fen·sos] *adj.* Sin protección: **Después de que les robaran, los granjeros se quedaron *indefensos*.**

inercia [i·ner·cia] *s.* Estado sin actividad o movimiento propio: **La *inercia* de la nave espacial le permitió entrar en órbita.**

inexorable [i·ne·xo·ra·ble] *adj.* Difícil de vencer por ruegos: **El gran campeón de boxeo es *inexorable* ante el dolor de su adversario.** *Sin.* severo, duro.

inmóvil [in·mó·vil] *adj.* Que no se mueve: **Cuando le dieron la noticia se quedó *inmóvil*, sin reacción alguna.**

inocua [i·no·cua] *adj.* Describe algo que no hace daño: **No hay que usar guantes porque esa sustancia química es *inocua*.**

inspirarte [ins·pi·rar·te] *v.* **inspirarse** Sentir inspiración creadora: **Espero que pueda *inspirarte* a aprovechar tu vida.**

intrínseco [in·trín·se·co] *adj.* Esencial, que viene de adentro: **Además de ser preciosas las joyas de oro, tienen un valor** *intrínseco.* *Sin.* interior, propio.

intuir [in·tuir] *v.* Conocimiento claro sin razonamiento: **Aunque el bebé no hablaba, la madre parecía** *intuir* **lo que su hijo necesitaba.**

ira [i·ra] *s.* Enojo, cólera: **Su** *ira* **lo hizo sonrojar de puro coraje.** *Sin.* furia, rabia.

irrigar [i·rri·gar] *v.* Rociar de agua u otro liquido: **En el verano hay que** *irrigar* **la cosecha a menudo puesto que casi no llueve y hace mucho sol.** *Sin.* regar.

juramento [ju·ra·men·to] *s.* Promesa de una persona para hacer algo: **Él prestó** *juramento* **antes de dar su testimonio.**

legarse [le·gar·se] *v.* **legar** Dejar algo para el uso y disfrute de un individuo o generaciones futuras: **Hay que proteger nuestros recursos naturales para que puedan** *legarse* **a las generaciones que vienen.**

lienzo [lien·zo] *s.* Tela de lino u otras plantas textiles: **El estudiante empezó dibujando en papel y después pasó a pintar en** *lienzo.*

luciérnagas [lu·ciér·na·gas] *s.* Insectos con alas y aparatos luminiscentes: **En el verano por la noche siempre puedes ver** *luciérnagas* **cerca de mi casa.**

luciérnagas

lujo [lu·jo] *s.* Calidad de riqueza excesiva: **A la reina le gustaba vestirse de** *lujo,* **con su ropa fina y sus joyas de oro y diamantes.** *Ant.* pobreza.

mandados [man·da·dos] *s.* Las cosas necesarias para la comida: **Mi familia compró** *mandados* **para estar bien preparados.**

maremotos [ma·re·mo·tos] *s.* Movimientos bruscos y violentos del mar causado por sacudidas del fondo: **Todos tuvieron que salir de la isla porque había** *maremotos* **y era peligroso quedarse.**

Datos importantes

maremotos Al igual que a los terremotos, los maremotos son causados por movimientos sísmicos de la tierra. A veces los maremotos producen *tsunamis* (una palabra japonesa que significa "ola anómala"). Uno de los maremotos más desastrosos fue en el sur de Chile en 1960. Se reportaron olas de 10 a 11 metros. No se sabe cuántos murieron porque pueblos enteros fueron destrozados y el evento sísmico cambió la costa permanentemente.

mástil [más·til] *s.* Palo de un barco: **El marinero subió el** *mástil* **para ver mejor la tierra.**

matutino [ma·tu·ti·no] *adj.* De la mañana: **Todas las mañanas se levanta temprano y hace su trabajo** *matutino.*

monja [mon·ja] *s.* Persona que se dedica a la religión: **Decidió dedicar su vida a ayudar a otros por medio de la iglesia, así que se hizo** *monja.*

mosaico [mo·sai·co] *s.* Obra compuesta de pedacitos de piedra, vidrio, cerámica, etc. que juntos forman un diseño: **Está de moda hacer** *mosaicos* **con pequeñas piezas de platos rotos.**

Datos importantes

mosaico Las obras de *mosaico* son muy antiguas. Hoy sobreviven ejemplos de mosaicos creados por los romanos y los bizantinos. España está embellecida por el arte y arquitectura de los musulmanes; entre los tesoros está el Alhambra, un palacio de los siglos XII–XIV, reconocido por sus mosaicos decorativos.

motín [mo·tín] *s.* Movimiento de rebelión contra la autoridad: **La tripulación del barco formó un *motín* contra el capitán para que dejara su mando.** *Sin.* agitación, tumulto.

murales [mu·ra·les] *s.* **mural** Pintura hecha sobre una pared: **El artista pintaba *murales* enormes que cubrían todas las paredes del cuarto.**

musgo [mus·go] *s.* Un tipo de planta que tiene cortos tallos foliáceos y apretados: **Hay mucho *musgo* en el tronco del árbol.**

musgo

naufragar [nau·fra·gar] *v.* Perder o peligrar la embarcación en el mar: **Nadie pensaba que el Titanic, tan grande y resistente, podría *naufragar*, pero así pasó.**

navío [na·ví·o] *s.* Un barco muy grande: **Acaba de entrar un *navío* al puerto.**

ninfas [nin·fas] *s.* **ninfa** Insecto que ha pasado ya del estado de larva pero todavía no es adulto: **Las hormigas que llaman *ninfas* están en una fase entre recién nacidas y adultos.**

núcleo [nú·cle·o] *s.* Parte central y de prima importancia: **El *núcleo* del sol está protegido por la atmósfera que lo rodea.**

obstáculos [obs·tá·cu·los] *s.* **obstáculo** Algo que estorba el paso: **Las piedras que cayeron crearon muchos *obstáculos* en el camino y era difícil pasar.**

ondulante [on·du·lan·te] *adj.* Tiene una superficie ondulada: **María Eugenia tiene el pelo brillante y *ondulante*.**

optamos [op·ta·mos] *v.* **optar** Escoger entre varias posibilidades: **Como no podíamos ir al cine, *optamos* por ir al parque.**

orgullo [or·gu·llo] *s.* Opinión o sentimiento elevado de una persona: **La madre sintió un inmenso *orgullo* cuando su hija fue elegida presidente.**

orquesta [or·ques·ta] *s.* Conjunto de instrumentistas: **Asistí al concierto de la *orquesta* en el auditorio.**

orquesta

pabellón [pa·be·llón] *s.* Edificio no muy grande: **Había tantos estudiantes que tuvieron que construir un *pabellón* adicional para algunas clases.**

Datos importantes

pabellón Palabras como *pabellón*, que tienen una variedad de significados, también llegan a tener significados regionales. Aunque generalmente se usa *pabellón* para describir algún tipo de edificio, tal como *el pabellón de una exposición*, en Colombia tiene el significado de "cohetes grandes y luminosos" y en Venezuela se usa como el nombre del plato típico que lleva carne mechada, arroz, caraotas negras y plátano frito.

parciales [par·cia·les] *adj.* **parcial** Una parte de un todo: **Puedes comprar el "Super-Cocinapapas" por tres pagos *parciales* de treinta dólares.**

pasillo [pa·si·llo] *s.* Pieza estrecha de paso del interior de un edificio o una casa: **Hay que pasar por el *pasillo* para llegar a la oficina.** *Sin.* corredor, pasadizo.

pasillo

pícara [pí·ca·ra] *adj.* Traviesa: **La niña tenía una expresión *pícara* porque sabía que debía estar durmiendo.**

⌐ Datos importantes

pícara Esta palabra describe la personalidad de los protagonistas de un género de novelas que se escribieron en España en el siglo de oro. Entre los más famosos está "El Lazarillo de Tormes" de 1554. Estas novelas describen unos pobres y simpáticos criados y mozos que cometen engaños para suplir sus necesidades en una sociedad avara y mezquina.

piloto [pi·lo·to] *s.* El que guía o dirige un barco o avión: **El *piloto* estaba nervioso navegando en la tormenta porque sentía que perdía control del barco.** *Sin.* conductor.

podio [po·dio] *s.* Una plataforma baja: **El conductor de la orquesta se paró en el *podio* y todos aplaudieron.**

potencial [po·ten·cial] *s.* La capacidad para realizar algo: **Si Manuel continúa con sus estudios podrá hacer lo que quiere; tiene mucho *potencial*.**

precisamente [pre·ci·sa·men·te] *adv.* De una manera exacta: **El profesor dio la respuesta y era *precisamente* la que yo había escogido.**

precisión [pre·ci·sión] *s.* Con gran perfección y exactitud: **Tiraba la pelota de baloncesto con tal *precisión* que nunca le fallaba.**

presentimiento [pre·sen·ti·mien·to] *s.* Algo que se siente que va a pasar: **El tenía un *presentimiento* que algo malo iba a suceder y así fue, el actor principal se enfermó.** *Sin.* intuición.

presumida [pre·su·mi·da] *adj.* Pensar en sí mismo, especialmente de la propia belleza: **Hay una chica *presumida* en mi clase; siempre habla de la importancia de la apariencia física.**

protuberancia [pro·tu·be·ran·cia] *s.* Parte que se levanta sobre lo que lo rodea: **Le sacaron una muela y tiene una *protuberancia* increíble en la mejilla.** *Sin.* bulto, hinchazón.

prudente [pru·den·te] *adj.* Que actúa de manera que evita y prevee las faltas y peligros: **El hermano mayor es muy *prudente* y nunca actúa sin pensar.** *Sin.* juicioso.

ráfagas [rá·fa·gas] *s.* **ráfaga** Movimiento con fuerza impetuosa o violenta del viento: **Esa mañana empezaron las *ráfagas* de viento y ya para la tarde había entrado la tormenta.**

rampollos [ram·po·llos] *s.* **rampollo** Tallo joven de vid o de otra planta que se siembra: **Hoy compré los *rampollos* que necesito para empezar mi jardín.**

redacciones [re·dac·cio·nes] *s.* Ejercicio escolar para escribir: **Mañana entregaremos nuestras *redacciones* sobre el eclipse.** *Sin.* composiciones.

rampollos

refunfuñé [re·fun·fu·ñé] *v.* **refunfuñar** Decir palabras mal articuladas en señal de enojo o desagrado: *Refunfuñé* **hora tras hora sin importarme quien me escuchaba.**

Origen

refunfuñar *Refunfuñar* es una palabra onomatopéyica o sea una palabra que sugiere el sonido del objeto o la acción que describe. Otros ejemplos de onomatopeya son *tilín* (el sonido de una campana) y *susurrar* (hablar en voz muy baja).

reglas [re·glas] *s.* **regla** Principios que deciden como se hace algo: **El que no siga bien las** *reglas* **del juego perderá automáticamente.**

relucir [re·lu·cir] *v.* Hacer que resalte más: **El azul de suéter hacía** *relucir* **sus ojos claros.** *Sin.* resplandecer.

remachó [re·ma·chó] *v.* **remachar** Repetir algo muchas veces: **Después de que me regañaran mis padres, mi hermano** *remachó* **que eso no estuvo bien.**

remedios [re·me·dios] *s.* **remedio** Algo que se toma como medicina: **Al niño le daban una variedad de** *remedios* **para que no le doliera el estómago.** *Sin.* medicamento.

repentinamente [re·pen·ti·na·men·te] *adj.* De repente, sin preparación, de pronto: **Todos se sorprendieron cuando** *repentinamente* **se fue la electricidad.**

reputación [re·pu·ta·ción] *s.* Opinión que se tiene sobre alguien: **Tomás tiene buena** *reputación* **porque siempre ayuda a los demás.**

residencia [re·si·den·cia] *s.* Lugar en que se vive: **Finalmente hemos llegado a la** *residencia* **de la familia López.**

rezagado [re·za·ga·do] *adj.* **rezagarse** Quedarse atrás: **El último barco,** *rezagado*, **apenas se alcanzaba a ver.**

ridiculizado [ri·di·cu·li·za·do] *adj.* Situación del que queda burlado: **José está** *ridiculizado* **de vez en cuando porque siempre llega tarde a clase.**

rostro [ros·tro] *s.* Cara: **La muchacha tenía un** *rostro* **bello y alegre.**

rudeza [ru·de·za] *s.* Calidad de duro o penoso: **Con la educación, se aprende a no tratar la gente y especialmente a los niños con** *rudeza*.

sarcófago [sar·có·fa·go] *s.* Lugar donde algunos antiguamente metían los cuerpos de los muertos: **Cuando por fin abrieron el** *sarcófago* **egipcio, se asombraron al ver la cantidad de joyas que habían enterrado con el cuerpo.**

sensato [sen·sa·to] *adj.* Prudente, que evita las faltas y peligros: **El muchacho** *sensato* **piensa y analiza antes de actuar.** *Sin.* juicioso.

sarcófago

sintonizaba [sin·to·ni·za·ba] *v.* **sintonizar** Adaptar las longitudes de onda de una radio: **El señor siempre** *sintonizaba* **la radio en la misma estación.**

talando [ta·lan·do] *v.* **talar** Cortar árboles: **A pesar de los esfuerzos por salvar el bosque, siguen** *talando* **los árboles.**

tensión [ten·sión] *s.* Intensidad, suspenso o emoción suprimida: **Se sentía la** *tensión* **cuando el clavadista saltó desde más de veinte metros de altura.**

teñirse [te·ñir·se] *v.* **teñir** Dar a una cosa un color diferente al que tenía: **Cuando terminó de** *teñirse* **el cabello de negro, quedó sorprendida de lo diferente que se veía.**

tiniebla [ti·nie·bla] *s.* Falta de luz: **A causa de la tiniebla, apenas alcanzaba a ver la persona que iba enfrente.** *Sin.* oscuridad.

tomo [to·mo] *s.* Sección de una obra que forma un volumen completo: **La enciclopedia está dividida en diez tomos.** *Sin.* libro.

tornasolado [tor·na·so·la·do] *adj.* Que tiene reflejos de colores que parecen ser diferentes a los que de veras son: **El mar tornasolado deleita a los turistas con su variedad de colores.**

torre de control [to·rre de con·trol] *s.* En los aeropuertos, construcción elevada para el control local del tránsito aéreo: **La mujer en la torre de control habló con el piloto.**

torre de control

transcurrió [trans·cu·rrió] *v.* **transcurrir** Pasar el tiempo: **La semana transcurrió rápidamente puesto que había tanto que hacer que no nos dábamos cuenta del tiempo.**

trineo [tri·ne·o] *s.* Vehículo provisto de patines o esquís que se desliza sobre el hielo o nieve: **Había tanta nieve que la única manera de viajar era en trineo.**

tripulación [tri·pu·la·ción] *s.* Grupo de personas que van al servicio de una nave o embarcación: **La tripulación del avión ya tiene todo en orden para el despegue.**

tropezar [tro·pe·zar] *v.* Detenerse porque otra cosa le tapa el paso: **Cuidado, no vayas a tropezar con una piedra.**

ulular [u·lu·lar] *v.* Sonido continuo: **Al pasar cerca del bosque, oímos el ulular del viento.**

vasto [vas·to] *adj.* Muy amplio: **Charles Lindbergh fue el primero en cruzar el vasto Océano Atlántico por avión.**

vehemencia [ve·he·men·cia] *s.* Violencia: **Hablaba con tal vehemencia que todos le temían.** *Ant.* dulzura.

viga [vi·ga] *s.* Pieza de una construcción que soporta una carga: **Se necesita una viga fuerte para soportar el peso del segundo piso de esta casa.**

virrey [vi·rrey] *s.* Persona que gobierna un estado o provincia con autoridad de rey: **El virrey era justo y práctico y la gente estaba feliz.**

Datos importantes

virrey La institución del virreinato tiene su origen en la Corona de Aragón, donde el rey, por causa de la diversidad de sus territorios tenía que ausentarse con frecuencia, y más aún cuando se estableció la residencia real en Castilla. Los virreyes podían gobernar sus territorios en nombre del rey.

Índice de títulos

Printed in the United States of America

Acknowledgments

For permission to translate/reprint copyrighted material, grateful acknowledgment is made to the following sources:

Aguilar, Altea, Taurus, Alfaguara S. A. de C. V., Mexico: Cover illustration by Boris Pilatowski from *Diego Rana-Pintor* by Eunice and Laura Cortés. Illustration © by Boris Pilatowsky. Cover illustration by Rapi Diego from *La princesa era traviesa* by Aline Pettersson. Illustration © 1997 by Rapi Diego.

Árbol Editorial, S. A. de C. V., México: "El 12 de octubre, Día de la Raza" from *Celebremos nuestras fiestas* by Cecilia Costero. Text copyright © 1988 by Árbol Editorial, S. A. de C. V.

Félix Arburola: Cover illustration by Félix Arburola from *El Rey que deseaba escribir un cuento* by Lara Ríos.

Anne de Barrenechea: "Cosecha" by Julio Barrenechea.

Curtis Brown, Ltd.: From *Earthquake Terror* by Peg Kehret. Text copyright ©1996 by Peg Kehret. Published by Cobblehill Books, a division of Penguin Putnam, Inc.

C.E.L.T.A. Amaquemecan: "Orula miente y no miente" from *Fábulas del Caribe* by Alga Marina Elizagaray. Text © 1988 by Editorial Amaquemecan, S. A. de C. V. "Coplerita" from *¿Te canto un cuento?* by Antonio Ramírez Granados. Text © 1985 by Consejo Nacional de Fomento Educativo.

Childrens Press, Inc.: Evelyn Cisneros: Prima Ballerina by Charnan Simon. Text copyright © 1990 by Childrens Press®, Inc.

Compañía Cultural Editora y Distribuidora de textos Americanos, S. A.: From "Como el bronco redoble de un tambor" in *Serie Aguayo de lecturas, lecturas universales 6...* by Alfredo M. Aguayo, Francisco Alvero Francés, and F. Vicente Sánchez. Text copyright © 1982 by Compañía Cultural Editora y Distribuidora de textos Americanos, S. A.

Dial Books for Young Readers, a division of Penguin Putnam Inc.: Illustrations by Thomas B. Allen from *Across the Wide Dark Sea* by Jean Van Leeuwen. Illustrations copyright © 1995 by Thomas B. Allen.

Dorling Kindersley Ltd., London: Cover illustration from *Volcanes* by Susanna van Rose. Copyright © 1992 by Dorling Kindersley, London and Editions Gallimard, Paris; Spanish edition © 1993 by Santillana, S. A.

Doubleday, a division of Bantam Doubleday Dell Publishing Group, Inc.: "Celebration" and "Eagle Flight" by Alonzo Lopez from *Whispering Wind*, edited by Terry Allen. Text copyright ©1972 by Institute of American Indian Arts.

Ediciones Anaya, S. A.: Cover illustration by Tino Gatagán from *A bordo de La Gaviota* by Fernando Alonso. © 1991 by Fernando Alonso.

Ediciones Corunda, S. A. de C. V.: Cover illustration from *El misterioso caso de la perra extraviada* by Silvia Molina and Ruth Rodríguez. © 1997 by Ediciones Corunda, S. A. de C. V.

Ediciones SM: Text and cover illustration from *La cazadora de Indiana Jones* by Asun Balzola. Text and cover illustration © 1987 by Asun Balzola/Ediciones SM. Cover illustration by Alfonso Ruano from *Jeruso quiere ser gente* by Pilar Mateos. Cover illustration © by Alfonso Ruano/Ediciones SM. Cover illustration by Margarita Puncel from *Abuelita Opalina* by María Puncel. Cover illustration © by Margarita Puncel/Ediciones SM.

Editorial edebé, Barcelona, Spain: From *Aydin* by Jordi Sierra i Fabra, cover illustration by Teo Puebla (*Tucán* collection). Text and cover illustration © 1994 by Jordi Sierra i Fabra; text and cover illustration © 1994 by edebé.

Editorial Norma S. A.: Cover illustration by Daniela Violi from *Pantalones cortos* by Lara Ríos. Copyright © 1996 by Lara Ríos; copyright © 1996 by Editorial Norma S. A.

Editorial Universitaria S. A.: "La función" from *Cuentos con algo de mermelada* by Cecilia Beuchat. Text © 1987 by Editorial Universitaria.

Espasa-Calpe, S.A.: Cover illustration by Paul O. Zelinsky from *Trotón, mi perro* by Beverly Cleary. Illustration © by William Morrow and Company Inc.

Jorge Ortiz Espinosa: Un viaje memorable by Germán Berdiales from *Literatura infantil* by Francisco Espinosa.

Sheldon Fogelman Agency, Inc., on behalf of Jean Van Leeuwen: From *Across the Wide Dark Sea* by Jean Van Leeuwen. Text copyright © 1995 by Jean Van Leeuwen.

Fondo de Cultura Económica, S. A. de C. V.: Cover illustration by Ana Zoebisch from *Después del quinto año, el mundo* by Claudia Mills. © 1989 by Claudia Mills; © 1991 by Fondo de Cultura Económica, S. A. de C. V. "La campeona de canicas" from *Beisbol en abril y otras historias* by Gary Soto, translated by Tedi López Mills. Text © 1990 by Gary Soto; Spanish translation © 1993, 1995 by Fondo de Cultura Económica, S. A. de C. V.

Harcourt, Inc.: From *The Hundred Dresses* by Eleanor Estes. Text copyright 1944 by Harcourt, Inc., renewed 1971 by Eleanor Estes. Cover illustration from *Béisbol en los barrios* by Henry Horenstein. Copyright © 1997 by Henry Horenstein. From "Arithmetic" in *The Complete Poems of Carl Sandburg* by Carl Sandburg. Text copyright © 1970, 1969 by Lilian Steichen Sandburg, Trustee. "The Marble Champ" from *Baseball in April and Other Stories* by Gary Soto. Text © 1990 by Gary Soto.

HarperCollins Publishers: From *Oceans* by Seymour Simon, illustrated by Frank Schwartz. Copyright © 1990 by Seymour Simon.

Hyperion Books for Children, an Imprint of Disney Children's Book Group, LLC: From *Sees Behind Trees* by Michael Dorris. Text © 1996 by the Estate of Michael Dorris.

Kerstin Kvint Agency AB: From *Salven mi selva* by Monica Zak, cover illustration by Bengt-Arne Runnerström.

Marina Lagos: Frida Kahlo: Un mundo de colores by Marina Lagos. Text copyright © by Marina Lagos.

Lee & Low Books, Inc., New York: From *Dear Mrs. Parks: A Dialogue With Today's Youth* by Rosa Parks with Gregory J. Reed. Text copyright © 1996 by Rosa L. Parks.

Heirs of Salvador de Madariaga: "La Luna se hizo pastora" by Salvador de Madariaga from *El Sol, la Luna y las estrellas.*

Noguer y Caralt Editores, S. A.: Cover illustration by Margarita Puncel from *El río de los castores* by Fernando Martínez Gil. © 1980 by Fernando Martínez Gil; © 1980 by Editorial Noguer, S. A. Cover illustration by Teo Puebla from *El cuento interrumpido* by Pilar Mateos. © 1983 by Pilar Mateos; © 1983 by Editorial Noguer, S. A. From *La isla de los delfines azules* by Scott O'Dell, translated by Agustín Gil Lasierra, cover illustration by R. Riera Rojas. Text and cover illustration © 1960 by Scott O'Dell; text and cover illustration © 1964 by Editorial Noguer, S. A.

Harold Ober Associates Incorporated: From "Children and Poetry" in *The Langston Hughes Reader* by Langston Hughes. Text copyright © 1958 by Langston Hughes; text copyright renewed 1986 by George Houston Bass.

Doris Luisa Oronoz: El diario de Elisa by Doris Luisa Oronoz. Text © 1999 by Doris Luisa Oronoz.

Oxford University Press: From "Musical Instruments" (Retitled: "Brass Instruments") in *Oxford Children's Encyclopedia*, Volume 4. Text and illustrations © 1991 by Oxford University Press.

Pangea Editores, S.A. de C.V.: "Un asombroso descubrimiento en Palenque" from *Los señores del tiempo: Sistemas calendáricos en Mesoamérica* by Horacio García and Norma Herrera, cover illustration by Ignacio Pérez-Duarte. Text and cover illustration copyright © 1991 by Pangea Editores, S. A. de C. V.

G. P. Putnam's Sons, a division of Penguin Putnam, Inc.: Illustrations from *Tomie de Paola's Book of Poems.* Illustrations copyright © 1988 by Tomie de Paola.

Random House Children's Books, a division of Random House, Inc., New York, NY: From *Satchmo's Blues* by Alan Schroeder, illustrated by Floyd Cooper. Text copyright © 1996 by Alan Schroeder; illustrations copyright © 1996 by Floyd Cooper.

RDC Agencia Literaria S.L.: From *C. El pequeño libro que aún no tenía nombre* by José Antonio Millán. Text © 1992 by José Antonio Millán. Published by Ediciones Siruela, Madrid, 1993.

Santillana USA Publishing Company, Inc., Miami, FL: Cover illustration by Laura Fernández and Rick Jacobson from *Chaikovski descubre América* by Esther Kalman. Illustration © 1994 by Laura Fernández and Rick Jacobson.

Marilyn E. de Sauter: El Rey que deseaba escribir un cuento by Lara Ríos. Originally titled: *El Rey que quería escribir un cuento.*

Scholastic Inc.: From *We'll Never Forget You, Roberto Clemente* by Trudie Engel. Copyright © 1996 by Trudie Engel. From *Aesop's Fables*, retold by Ann McGovern. Text and cover illustration copyright © 1963 by Scholastic Inc. Published by Apple Classics, an imprint of Scholastic Inc.

Simon & Schuster Books for Young Readers, an imprint of Simon & Schuster Children's Publishing Division: From *Frindle* by Andrew Clements. Text copyright © 1996 by Andrew Clements. From *Black Frontiers* by Lillian Schlissel. Text copyright © 1995 by Lillian Schlissel.

SITESA: From *Las estrellas* by Miguel Ángel Herrera and Julieta Fierro, cover illustration by Laura García Renart and Rocío Barbará. Text and cover illustration © 1987 by Sistemas Técnicos de Edición, S. A. de C. V. From *Salven mi selva* by Monica Zak. Spanish translation © 1989 by Sistemas Técnicos de Edición, S. A. de C. V.

Gary Soto and BookStop Literary Agency: From *Off and Running* by Gary Soto. Text copyright © 1996 by Gary Soto.

Sports Illustrated for Kids: "Honorable Mention—Mark McGwire and Sammy Sosa" from *Sports Illustrated for Kids, 1998 Sports Yearbook.* Text copyright © 1999 by Time Inc.

Steck-Vaughn Company: From *Diego Rivera* by Jan Gleiter and Kathleen Thompson, cover illustration by Yoshi Miyake. Text and cover illustration copyright © 1993 by Steck-Vaughn Company; text and cover illustration copyright © 1989 by Raintree Publishers Limited Partnership. From *Sor Juana Inés de la Cruz* by Kathleen Thompson, cover illustration by Rick Karpinski. Text and cover illustration copyright © 1990 by Raintree Publishers Limited Partnership.

Estate of María de la Luz Uribe: "La curiosa historia de Lucila T." from *El pequeño monstruo de las casas y otros cuentos* by María de la Luz Uribe. Text © 1979 by María de la Luz Uribe. Published by Grupo Santillana de Ediciones, S. A .

E. J. Vega: "Translating Grandfather's House" by E. J. Vega. English text copyright © by E. J. Vega; Spanish translation copyright © by Harcourt, Inc.

Rodolfo Neri Vela: From *El pequeño astronauta* by Rodolfo Neri Vela, cover illustration by Jorge L. Ruiz G. Text and cover illustration © 1987 by Rodolfo Neri Vela.

Walker and Company, 435 Hudson Street, New York, NY 10014, 1-800-289-2553: From *Spirit of the Maya: A Boy Explores His People's Mysterious Past* by Guy García. Text copyright © 1995 by Guy García. From *Iditarod Dream* by Ted Wood. Copyright © 1996 by Ted Wood.

Writer's House, Inc.: From *Mick Harte Was Here* by Barbara Park. Text copyright © 1995 by Barbara Park. Published by Alfred A. Knopf, Inc.

YouthLine USA (www.youthline-usa.com): "Educating About the Internet: Gore Announces New Plan" from *YouthLine USA*, Vol. 1, Issue 22, December 13, 1997.

Every effort has been made to locate the copyright holders for the selections in this work. The publisher would be pleased to receive information that would allow the correction of any omissions in future printings.

Photo Credits

(t), top; (b), bottom; (c), center; (l), left; (r), right.

Page 41, Robert Royal / Black Star / Harcourt; 59, Parallel Productions; 79, Juan Pablo Lira; 84, AP / Wide World Photos; 85(l), AP / Wide World Photos; 85(r), AP / Wide World Photos; 97, AP / Wide World Photos; 111, courtesy, Barbara Park; 131, UPI / Bettmann; 139(l), UPI / Bettmann; 157, David Levenson / Black Star / Harcourt; 162-172, Ted Wood; 168(inset), Ted Levin / Animals Animals; 173, David Swift; 174 (l), Ted Wood; 174 (tr), Ted Levin / Animals Animals; 174 (br), Ted Wood; 175(all), Ted Wood; 189, Peter Stone / Black Star / Harcourt; 234-235, Erwin & Peggy Bauer; 247, Tomas Sodergren / Black Star / Harcourt; 247, Peter Stone / Black Star / Harcourt; 248-249, 250-251, Kevin Schafer / Peter Arnold, Inc.; 254-255, Chuck Place; 256, NASA, 258(both), Tourism Nova Scotia, 259 (all), NOAA; 260-261, Terraphotographics / BPS; 261, John Broda / Woods Hole Oceanographic Institute; 262-263, US Coast Guard; 264-265(both), Chuck Place; 266, BPS; 267, Chuck Place; 269, US Coast Guard; 283, NASA; 284, Presslink; 288-289, Science Photo Library / Photo Researchers; 290, The Granger Collection, New York; 291, Hugh Sitton / Stone; 292, 293, NASA; 296, John Chumack / Photo Researchers; 297(l), 297(r), John Sanford / SPL / Photo Researchers; 298, 299, 301, 304, SPL / Photo Researchers; 305, Hector Amezquita / Black Star / Harcourt; 329, Keith Skelton / Black Star / Harcourt; 347, Diana Teran Victory Fotografias; 385(r), Tom Sobolik / Black Star; 390-391, 392, Marty Sohl; 393. 394-395; Lloyd Englert / San Francisco Ballet; 395, courtesy, Evelyn Cisneros; 396, Marty Sohl / San Francisco Ballet; 397, 398, 399, 400, Marty Sohl; 401, Bonnie Kamin / San Francisco Ballet; 402, courtesy, Evelyn Cisneros; 403, Marty Sohl; 404(t), Marty Sohl; 404(b), courtesy, Evelyn Cisneros; 431, Dale Higgins / Harcourt; 449, Victoria Bowen / Harcourt; 473, Joseph Rupp / Black Star / Harcourt; 473, Dexter Hodges / Black Star / Harcourt; 539, Ron Kunzman / Harcourt; 544, Private Collection / Bridgeman Art Library, London / Superstock; 545, A Wide World Photos; 546, Christie's Images / Superstock; Museo Dolores Olmedo Patiño; 548, UNAM; 549, Corbis-Bettmann; 551, Christie's Images / Superstock; 552(l), Corbis-Bettmann; 552(r), Christie's Images / Superstock; 553, Corbis-Bettmann; 554, Schalkwijk / Art Resource, NY; 555, Art Resource, NY; 556(t), UPI / Corbis-Bettmann; 556(br), Superstock; 557, Schalkwijk / Art Resource, 558, Christie's Images / Superstock; 558(r), Superstock; 559(l), AP / Wide World Photos; 559(r), Superstock; 560, AP / Wide World Photos; 561, Corbis-Bettmann; 563, Lisa Quinones / Black Star / Harcourt; 563, Larry Evans / Black Star / Harcourt; 564, Corbis-Bettmann; 565, Christie's Images / Superstock; 568-569, Library of Congress, 571, 572, Solomon D. Butcher Collection, Nebraska State Historical Society; 573(both), Nebraska State Historical Society; 574(both), 575, 576, Kansas State Historical Society; 577 (both), Solomon D. Butcher Collection, Nebraska State Historical Society; 578(l), (c), National Baseball Hall of Fame; 578(r) Nevada Historical Society; 660, Stephen J. Krasemann / Photo Researchers; 661, Harcourt; 663, Erich Lessing / Art Resource; 665, Grant Heilman Photography; 666(l), Grant Heilman Photograph; 666(r), Oliver Benn / Stone; 667(l), Superstock; 667(r), Steve Taylor / Stone; 668, George Holton / Photo Researchers; 669, David R. Frazier / Photo Researchers.

Illustration Credits

Helen D'Souza, Cover Art; Anne Smith, 4-5, 18-19, 20-21, 120-121; Tuko Fujisaki, 4, 18, 20, 120; David Groff, 6-7, 122-125, 208-209, 334-347, 352-353; Dave LaFleur, 8-9, 210-213, 312-313; Marc Mongeau, 10-11, 314-317, 410-411; Will Terry, 12-13, 412-415, 516-517; Gerado Suzán, 14-15, 518-521, 624-625; Ethan Long, 16-17, 142-143, 178, 189, 190-191, 334, 346-347, 416-417, 430-433, 582-583; Karla Ginzinger, 22-45; Laura Coyle, 234-235, 368-369; Rocco Baviera, 46-61, 64-65; Nora Köerber, 62-63; Greg Couch, 66-79; Kelly Kennedy, 82-83, 270-271, 332-333; Lori McElrith-Eslick, 84-97, 102-103; David Scott Meir, 98-101; Mark Mohr, 104-119; Gil Adams, 126-141; Amanda Harvey, 144-157, 160-161; Klaus Heesch, 478-479, 568, 579, 580; Stephen Schudlich, 176-177, 476-477; Jui Ishida, 178-191; Rich Nelson, 192-203, 206-207; Tom Foty, 204-205; Mike Steirnagle, 214-233; Alain Stivell, 236-247, 252-253; Max Seabaugh, 249, 251; Stephen Peringer, 272-283, 286-287; Charles Glaubitz, 284-285; Larry Johnson, 292-293, 585, 596-597; John and Judy Waller, 295, 302; Becky Heavner, 306-309; Mercedes McDonald, 318-331; Julie Paschkis, 348-353; Ann Barrow, 354-367; Jerry Tiritilli, 416-433; Mary Lynn Blasutta, 434-435, 542-543; Byron Gin, 436-449, 452-453; Daphne McCormack, 450-451; Russ Willms, 454-475; Si Huynh, 478-497, 500-501; Kitty Meek, 498-499; Sheila Bailey, 502-511, 514-515; Eric Westbrook, 512-513; Doris Rodríquez, 544-563, 566-567; Amy Vangsgard, 564-565; Janet Hamlin, 564-565; Douglas Bowles, 604-617, 622-623; Diane Borowski-Dempsey, 618-621.